"十二五"职业教育国家规划教材

经全国职业教育教材审定委员会审定

纺织企业管理基础

（第 4 版）

王　毅　潘绍来　主编

中国纺织出版社

内 容 提 要

本书从培养纺织应用型专门人才的实际出发,围绕现代纺织业企业管理实务操作的相关知识、技能要求,从初步认识纺织企业管理、纺织企业决策理念与方法、纺织企业营销理念与方法、纺织企业生产管理运作方法以及纺织企业成本控制与财务分析5个单元,详细全面介绍了现代纺织企业运行与管理中最基本的理论知识、实用技术和方法。本书的特点是突出纺织管理业务岗位和工作任务或项目所需的知识、技能要求,深入浅出、知识容量大、可操作性强,有利于培养学生分析问题和解决问题的能力。

本书适用于高职高专院校纺织、服装、管理等相关专业学生使用,也可作为纺织企业管理、技术人员的培训教材和参考资料。

图书在版编目(CIP)数据

纺织企业管理基础/王毅,潘绍来主编. —4 版. —北京:中国纺织出版社,2014.12 (2025.3 重印)
"十二五"职业教育国家规划教材　经全国职业教育教材审定委员会审定
ISBN 978 - 7 - 5180 - 0978 - 7

Ⅰ.①纺…　Ⅱ.①王…　②潘…　Ⅲ.①纺织工业—工业企业管理—高等职业教育—教材　Ⅳ.①F407.816

中国版本图书馆 CIP 数据核字(2014)第 213672 号

策划编辑:孔会云　　责任编辑:符 芬　　责任校对:王花妮
责任设计:何 建　　责任印制:何 建

中国纺织出版社出版发行
地址:北京市朝阳区百子湾东里 A407 号楼　邮政编码:100124
销售电话:010—67004422　传真:010—87155801
http://www.c-textilep.com
中国纺织出版社天猫旗舰店
官方微博 http://weibo.com/2119887771
三河市宏盛印务有限公司印刷　各地新华书店经销
2025 年 3 月第 28 次印刷
开本:787×1092　1/16　印张:21
字数:465 千字　定价:49.00 元

凡购本书,如有缺页、倒页、脱页,由本社图书营销中心调换

出版者的话

　　全面推进素质教育,着力培养基础扎实、知识面宽、能力强、素质高的人才,已成为当今职业教育的主题。教材建设作为教学的重要组成部分,如何适应新形势下我国教学改革要求,与时俱进,编写出高质量的教材,在人才培养中发挥作用,成为院校和出版人共同努力的目标。2012年11月,教育部颁发了教高[2012]21号文件《教育部关于印发第一批"十二五"普通高等教育本科国家级规划教材书目的通知》(以下简称《通知》),明确指出我国本科教学工作要坚持育人为本,充分发挥教材在提高人才培养质量中的基础性作用。《通知》提出要以国家、省(区、市)、高等学校三级教材建设为基础,全面推进,提升教材整体质量,同时重点建设主干基础课程教材、专业核心课程教材,加强实验实践类教材建设,推进数字化教材建设。要实行教材编写主编负责制,出版发行单位出版社负责制,主编和其他编者所在单位及出版社上级主管部门承担监督检查责任,确保教材质量。要鼓励编写及时反映人才培养模式和教学改革最新趋势的教材,注重教材内容在传授知识的同时,传授获取知识和创造知识的方法。要根据各类普通高等学校需要,注重满足多样化人才培养需求,教材特色鲜明、品种丰富。避免相同品种且特色不突出的教材重复建设。

　　随着《通知》出台,教育部组织制订了"十二五"职业教育教材建设的若干意见,并于2012年12月21日正式下发了教材规划,确定了1102种"十二五"国家级教材规划选题。我社共有47种教材被纳入国家级教材规划,其中本科教材26种,职业教育47种。26种本科教材包括了纺织工程教材12种、轻化工程教材4种、服装设计与工程教材10种。为在"十二五"期间切实做好教材出版工作,我社主动进行了教材创新型模式的深入策划,力求使教材出版与教学改革和课程建设发展相适应,充分体现教材的适用性、科学性、系统性和新颖性,使教材内容具有以下几个特点:

　　(1)坚持一个目标——服务人才培养。"十二五"职业教育教材建设,要坚持育人为本,充分发挥教材在提高人才培养质量中的基础性作用,充分体现我国改革开放30多年来经济、政治、文化、社会、科技等方面取得的成就,适应不同类型高等学校需要和不同教学对象需要,编写推介一大批符合教育规律和人才成长规律的具有科学性、先进性、适用性的优秀教材,进一步完善具有中国特色的普通高等教育本科教材体系。

　　(2)围绕一个核心——提高教材质量。根据教育规律和课程设置特点,从提高学生分析问题、解决问题的能力入手,教材附有课程设置指导,并于章首介绍本章知识点、重点、难点及专业技能,增加相关学科的最新研究理论、研究热点或历史背景,章后附形式多样的习题等,提高教材的可读性,增加学生学习兴趣和自学能力,提升学生科技素养和人文素养。

（3）突出一个环节——内容实践坏节。教材出版突出应用性学科的特点，注重理论与生产实践的结合，有针对性地设置教材内容，增加实践、实验内容。

（4）实现一个立体——多元化教材建设。鼓励编写、出版适应不同类型高等学校教学需要的不同风格和特色教材；积极推进高等学校与行业合作编写实践教材；鼓励编写、出版不同载体和不同形式的教材，包括纸质教材和数字化教材，授课型教材和辅助型教材；鼓励开发中外文双语教材、汉语与少数民族语言双语教材；探索与国外或境外合作编写或改编优秀教材。

教材出版是教育发展中的重要组成部分，为出版高质量的教材，出版社严格甄选作者，组织专家评审，并对出版全过程进行过程跟踪，及时了解教材编写进度、编写质量，力求做到作者权威，编辑专业，审读严格，精品出版。我们愿与院校一起，共同探讨、完善教材出版，不断推出精品教材，以适应我国高等教育的发展要求。

中国纺织出版社
教材出版中心

第4版前言

本书自20世纪90年代初面世以来,一直作为纺织、服装、轻化、针织等相关专业学生掌握纺织企业管理业务技能的指定教材,也成为数十万纺织企业技术人员熟悉的一本专业用书。伴随着20多年来纺织行业的一系列发展变化,本书先后进行了二次重大修订,尤其是2007年底的修订,适逢国家推进高职教育教学改革如火如荼,本教材开发团队的成员以奋战在各自国家示范和骨干职业院校建设项目的教学改革一线的体验,对工学结合的教材有了新的感悟,将一些最新的教学理念和教改成果融入到教材之中,内容设计紧密结合纺织行业企业的管理实践,修订后赢得了各界的好评。

此次适逢"十二五"职业教育国家规划教材建设,本教材在保留原有特色的基础上组织了第三次修订。修订主要体现在以下几点:一是基于纺织企业最新的管理理念和管理模式,更强调对学生纺织企业管理素质的培养;二是结合纺织企业管理业务能力标准,对相关内容大胆地进行了整合和序化;三是淘汰了一些不太实用或没必要介绍的内容,更新了一些过时的训练案例。通过以上的修订,以期成为纺织高职院校适用性更强的精品教材。

为适应不同院校的课时要求,下表提出了本课程在不同专业及三种课时(学分)配置下的授课课时与实训安排,以供参考。

序号	篇章		课时分布		
			1	2	3
1	第一单元 走进纺织企业管理	第一章 纺织企业与管理	4	4	4
2	第二单元 纺织企业决策理念与方法	第二章 纺织企业决策战略理念	3	2	2
		第三章 纺织企业决策方法	3	2	2
3	第三单元 纺织企业营销理念与方法	第四章 纺织企业营销理念	2	2	2
		第五章 纺织企业营销策略	2+2※	2+2※	2+2※

序号	篇章		课时分布		
			1	2	3
4	第四单元　纺织企业生产管理运作方法	第六章　纺织企业生产组织管理	4+2※	4+2※	2+2※
		第七章　纺织企业工艺管理	4	2	2
		第八章　纺织企业设备管理	4	2	2
		第九章　纺织企业供应链管理	4	4	2
		第十章　纺织企业质量管理	4+2※	2+2※	2+2※
5	第五单元　纺织企业成本控制与财务分析方法	第十一章　纺织企业成本控制	4	4	2
		第十二章　纺织企业财务分析	2+2※	2	2
合计			48	40	32

※表示可作为实训安排学生上机实验或研讨。

参加本书编写的有:江苏工程职业技术学院张震(第一章)、王毅(前言、第二章)、潘绍来(第九章)、金永安(第七章、第八章);河南工程学院张建华(第六章)、姚文喜(第三章、第五章);武汉职业技术学院阮喜珍(第十章);盐城工业职业技术学院徐宏桂(第十二章);浙江工商职业技术学院王若明(第四章);常州纺织服装职业技术学院钱华生(第十一章)。全书由王毅、潘绍来主编。

由于编者水平的限制,在内容设计、结构体系以及实例选取等方面难免有不当之处,敬请各位专家、读者批评指正,我们会在下次再版时继续修订补充,以使其日臻完善。

编　者

2014 年 2 月

第1版前言

本教材是根据纺织工业部教育司组织制订的中等纺织专业学校企业管理课程教学大纲和教材编写提纲编写的,适用于棉纺织、毛纺织专业,也可供其他非企业管理类纺织专业参考。

本教材完成初稿后,曾请河北纺织工业学校、河南纺织工业学校、上海第一纺织工业学校、南通纺织工业学校以及天津纺织工学院等单位会审,由常州纺织工业学校蒋介景主审,提出了中肯的修改意见后,编者根据这些意见进行了修改和补充。

由于编者水平有限,加上时间仓促,书中难免存在不妥之处,热忱希望读者批评指正。

编　者
1990 年 8 月

第 2 版前言

  《纺织企业管理基础》是由中国纺织总会教育部组织编写的、供中等纺织专业学校使用的系列教材之一。本书从1990年12月第一版出版四年以来,先后共发行了近五万册,受到了全国各兄弟学校师生与纺织企业各级管理人员的欢迎。但鉴于现时期我国的经济发展正处于从计划经济向市场经济的转型时期,及时地反映企业管理方面的成熟经验和改革动态是十分必要的。为此,为适应现代纺织工业对企业管理人员培养的需要,本书作者根据当前纺织工业的发展形势,对原书中的某些章节及其具体内容做了重大变动,力图使其结合我国纺织工业的实情,以求反映企业管理的新成果。

  参加本书修订的有:安徽纺校李庆华(第十章);常州纺校张瑞荣(第五章)、刘伟中(第八章);南通纺校张震(第一章、第二章二、三、四节)、顾锦林(第二章一、五、六节)、王水华(第六章)、潘绍来(第七章)、李长遂(再版序言、绪论);盐城纺校徐宏桂(第三章);上海一纺校马元娟(第四章);宁波纺校邵云水(第九章)。

  本书由南通纺校高级讲师李长遂任主编,常州纺校高级讲师蒋介景任主审。

  本书在修订过程中得到了中国纺织总会教育部职教处贾成文处长、中国纺织出版社第三编辑部张建副编审及中国纺织大学旭日工商管理学院市场营销系主任孙景奎教授的热情指导;同时,还参考了有关书刊和文献资料等,在此一并表示感谢。

  由于时间紧,编者水平有限,书中难免尚存不妥之处,敬请各位专家、读者批评指正。

编 者
1996 年 3 月

第3版前言

由原中国纺织总会教育部组织编写的《纺织企业管理基础》教材,1990 年 12 月出版第一版,1996 年 10 月出版第二版。自出版以来,先后发行数万册,受到读者的广泛好评。该书第一版和第二版由南通纺织职业技术学院原高级讲师李长遂同志担任主编。当中国纺织出版社根据新形势和实践要求提出对该教材进行再次修订时,李长遂同志由于年龄、身体等原因,提出再次担任这个任务有一定的困难,并热情地向出版社推荐了新的主编人选。根据各方面意见,最后由富有教学经验和工厂管理经历的一线教师组成了新的编写组。

第三版编写组针对高等职业教育培养面向生产一线的高等技术应用性人才的目标,紧密结合纺织企业实际,在吸收国内外现代管理理论精华的基础上,基于管理能力存在于具体的管理行动之中的理念,以管理实践为主线,以工作岗位为导向,按照现代纺织企业决策者、营销者、生产组织者、工艺管理者、设备管理者、质量管理者、财务管理者等岗位要求的知识与技能来组织教学内容,把管理实践的过程设计为学习的过程。

教材每章均以纺织企业管理案例引入,着重介绍怎么做、如何做,力求通俗易懂,注重案例分析及图表的运用。

参加本书编写的有:南通纺织职业技术学院张震(第一章)、王毅(前言、第二章)、潘绍来(第九章)、金永安(第七章、第八章);河南工程学院张建华(第六章)、姚文喜(第三章、第五章);武汉职业技术学院阮喜珍(第十章);盐城纺织职业技术学院徐宏桂(第十二章);浙江纺织服装职业技术学院王若明(第四章);常州纺织服装职业技术学院钱华生(第十一章)。全书由王毅任主编,潘绍来、张建华任副主编。

由于本教材进行了一些新的尝试,同时限于编者水平,本书不足之处在所难免,敬请各位专家、读者不吝指正。

编　者
2008 年 1 月

目录

第四单元 纺织企业生产管理运作方法

第一单元　走进纺织企业管理

第一章　纺织企业与管理

> **⊙ 本章学习目标 ⊙**
>
> 1. 了解企业设立的条件、企业的类型和企业系统的构成等企业基本运行环境。
> 2. 掌握企业登记、注册、开办的基本流程。
> 3. 了解企业管理内涵及职能。
> 4. 了解纺织企业管理的基本内容、纺织企业管理的基础工作和纺织企业管理者角色以及应具备的素质与技能。
> 5. 通过查阅相关网站,获取有关企业管理的资料,并能运用所学知识对相关现象及问题进行评析。

☞ **[导入案例]创新驱动转型升级 自主品牌发力突围**(选编自《纺织服装周刊》)

2012 年,波司登集团实现了提升品牌价值、开拓两个市场的精彩"蝶变":波司登羽绒服 18 年蝉联中国市场销售第一名;连续 16 年作为唯一代表发布中国防寒服流行趋势;品牌价值达到 245.08 亿元,蝉联纺织服装业首位。该公司还获得国务院颁发的"全国就业先进企业"荣誉称号、亚洲卓越质量奖及工信部"国家级两化深度融合示范企业"等殊荣。同年,波司登伦敦旗舰店暨欧洲总部在英国伦敦最繁华的牛津商业街区盛大开业。这份漂亮的成绩单来之不易,其中闪现着集团董事局主席高德康作为中国领袖级企业家的运筹帷幄,更凝聚着波司登人的集体智慧和勤奋努力。在高德康看来,创新驱动、企业转型及品牌提升,是企业未来发展的新方向。改变成本导向竞争与价格竞争模式,转向靠服务和产品质量提高、靠品牌附加值提升增强核心竞争力,赢得发展新优势,是传统产品转型升级的必由之路。

创新驱动,增强发展新动力　高德康表示,中央提出实施创新驱动战略,打造中国经济新的核心竞争力。落实到纺织企业,就是要提高自主创新能力,做好结构调整和转型升级,从低水平制造、数量型增长向质量效益转变,向价值产业链的高端迈进。90s,这是波司登生产一件羽绒服的时间,这得益于波司登坚持加大技改投入,提升质量效益。最近三年,波司登将原有的缝纫设备全部更新为高效低能耗缝纫机,扩大了低碳化生产成果;导入精益生产模式,成功应用单件流、吊挂生产线及模板标准化生产作业,培育国际服装先进制造基地。尤其是在羽绒服生产领域率先引进瑞典的吊挂流水生产线,使生产效率提高近30%。

独立运营,打造品牌新活力 作为中国市场品类驱动战略的优秀代表,波司登显然精于集中与分散平衡术。在集团公司层面,波司登充分利用名牌资源与规模优势,实现"采购:按订单生产+产销一体化"、"物流:从二级物流向多层级物流"的灵活运营目标,对项目业务进行统筹、协同管理。在品牌业务层面,首次对旗下各品牌实行公司制的、产供销一体化的品牌独立经营模式,从市场定位、产品设计到市场规划、营销管理等方面"一分到底"。

通过差异化定位和加大资源支持,波司登在做大市场"蛋糕"的同时,真正细分了市场。以前波司登、雪中飞、康博三个品牌由集团下属的营销公司统一经营,在波司登的终端门店里,往往既销售波司登,也销售雪中飞、康博等品牌,但由于品牌风格、市场定位并不相同,并不利于持续拓展市场份额。经全面细分后,运作团队分开,终端团队也分开,各自建立销售网络与渠道,消费者能直接感受到品牌细分带来的变化。更重要的是,分品牌运营有力推动了波司登各品牌向时尚化、个性化、高端化转型升级,巩固和提高了企业的市场占有率。

勇闯英伦,迈向国际新起点 作为中国品牌国际化的先行者,波司登的国际化步履一向稳健。2011年,波司登斥巨资在英国伦敦最繁华的牛津街区买下一块不动产,改建为一座拥有优雅中国红外墙立面、极具地标意义的建筑,用以设立波司登旗舰店和欧洲总部。2012年7月26日,总投资达3 500万英镑的波司登伦敦旗舰店开门迎客。一时间,中国服装品牌波司登借势奥运闯荡英伦的消息登上中英各大媒体的显著位置。波司登最终摘取英国商会2012年英国商业大奖"年度中国投资奖"。

●启示

1. 当前,我国纺织企业的发展既面临新的发展机遇,又面临各种挑战,诸如:企业的科技创新能力不足,高新技术和装备与国际先进水平仍然存在差距,自主品牌建设的步伐滞后,产品的附加值仍然较低,节能减排和淘汰落后产能任务艰巨,发达国家在产业链高端、发展中国家在产业链低端的双重竞争,许多国家的货币贬值加剧和贸易保护主义抬头等。纺织企业应如何把握机遇,应对挑战?波司登集团的做法值得我们思考与借鉴。

2. 俗话说:"管理有章法,管理无定法",由于每个纺织企业面临的内外部环境和拥有的资源条件的差异,每一位企业管理者应该思考的是如何把握企业管理的发展规律来指导本企业的不断发展和壮大,同时,又能独辟蹊径地探索出一条适合本企业的发展之路。

第一节　企业设立与企业系统

一、企业设立的基本条件

(一)企业的概念

企业是从事生产、流通、服务等经济活动,以产品或劳务满足社会需要,以营利为目的,自主经营、自负盈亏、自我约束、自我发展的法人实体和市场竞争的主体。企业的概念主要包括以下几个方面的含义。

1.企业是经济实体　企业不同于政府部门、事业单位,它必须追求经济效益,获取赢利。赢利是企业创造附加价值的重要组成部分,也是社会对企业生产的产品和服务能否满足社会需要的认可和报酬。

2.企业必须自主经营和自负盈亏　企业能够根据市场的需要,独立自主地使用和支配其所拥有的人力、物力和财力,并能够对其经济结果独立地享有相应的权益并承担相应的责任。

3.企业必须承担社会责任　企业要满足社会需要,不仅指满足消费者的需要,而且也应包括出资者、银行、职工、供货者、交易对象、政府、地区以及一切与之相关团体需要。同时,企业还应为社会提供就业机会,要防止环境污染,维护生态平衡,节约资源等。2005 年,中国纺织工业协会就组织纺织企业参与制定中国纺织企业社会责任管理体系——CSC9000T,规范纺织企业社会责任。目前在全国数十个纺织产业集群,300 多家骨干企业已全面推广 CSC9000T 社会责任管理体系,从加强社会责任方面和行业自律方面自我规范。

4.企业必须有法人资格　企业是依法成立,具有民事权利能力和民事行为能力,独立享有民事权利并承担民事义务的组织。它的经济利益不能随意被侵犯,所拥有的资产不能随意被侵占。

(二)企业设立的基本条件

在我国,企业必须具备了《民法通则》《公司法》《公司登记管理条例》及《中华人民共和国企业法人登记管理条例》等有关法律法规所规定条件的方能申请登记,经过登记主管机关核查登记后才能取得法人资格,从事经营活动。企业一般应符合下列条件。

(1)有符合规定的名称和章程。

(2)有企业经营管理所需的财产,并能够以其财产独立承担民事责任。

(3)有与生产经营规模相适应的管理机构、财务核算机构、劳动组织以及法律或者章程规定必须建立的其他机构。

(4)有符合国家法律、法规和政策的经营范围。

(5)有必要的与经营范围相适应的经营场所和设施。

(6)有与生产经营规模和业务相适应的从业人员,其中专职人员不得少于 8 人。

(7)有健全的财会制度,能够实行独立核算、自主经营、自负盈亏、独立编制资金平衡表或资产负债表等财务报表。

(8)有与经营范围相适应的注册资本。

(9)法律、法规规定的其他条件。

(三)企业类型

随着市场经济的不断发展,现代企业越来越多样化。根据不同的分类标准,现代企业可以分为不同类型(表 1 - 1)。

表1-1 现代企业类型一览表

分类标准	类 型		主 要 特 征
按集约程度划分	单厂企业		由生产技术上有密切联系的若干生产经营部门组成
	多厂企业		按专业化、联合化和经营合理化原则组织的由2个以上存在相互关系的工厂企业组成
	企业集团		由1个或若干个大企业为核心,以资本、产品、技术、契约等要素为纽带联结而成的经济联合体
按规模划分	特大型企业		衡量企业规模一般按不同行业类别进行划分,其重要指标主要包括以下四个方面: a. 生产能力 b. 机器设备的数量或装机容量 c. 固定资产原值 d. 职工人数
	大型企业		
	中型企业		
	小型企业		
按生产要素划分	劳动密集型企业		用人多、产品成本中劳动消耗所占比重大,技术装备程度低
	技术资金密集型企业		用人较少,技术装备程度较高,资金投入较多
	知识密集型企业		拥有较多中高级科技专家,综合运用先进的现代化科学技术成就
按财产组织形式划分	个人业主制企业		业主个人出资并管理企业,享受全部成果和承担全部责任。它也称为自然人企业,一般不具有法人资格
	合伙制企业		2个或2个以上个人出资通过信用建立起来的企业,合伙人共同承担盈亏责任,分享利润,它一般也是自然人企业
	公司制企业	有限责任公司	资产不分为等额股份,不能向社会公开募股和发行股票。股东以出资额为限对公司承担责任,公司以其全部资产对公司的债务承担法律责任
		股份有限公司	资本总额平分为数额相等的股份,可以向社会公开募股集资,可以向社会公开发行股票。股东以其所持股份为限对公司承担责任,公司以其全部资产对公司的债务承担法律责任

此外,还可按照和生产资料所有制性质和形式的不同,将企业分为国有企业、集体企业、私营(民营)企业、个体企业和"三资"企业等;按企业所属的行业领域的不同,可以将企业分为工业企业、农业企业、服务企业等。

二、企业设立登记、注册的基本流程

(一)企业设立登记、注册的程序

1. 企业名称预先核准 由企业(公司)设立申请人(或委托人)先行名称查询,填写由工商管理部门印制的企业(公司)名称预先核准申请书,由工商管理部门登记初审后,经核准核发《企业名称预先核准通知书》。

2. 申请设立登记

(1)受理。工商管理部门对申请设立登记的单位提交的《公司设立登记申请书》等相关文件、证书核实是否齐备,齐备后方可受理,否则不予受理。申请设立的企业(公司)一般应提交的文件和证件如下:公司董事长签署公司设立登记申请书;全体股东指定代表或共同委托代理人的证明;全体投资人共同签署的公司章程;全体投资人的资格或身份证明;国务院授权部门或者省人民政府批准文件,募集设立的股份有限公司还应提交国务院证券管理部门批准的文件;出资人为国家授权投资机构或者国家授权投资的部门证明;全体发起人签署的创立大会的会议记录;载明公司董事、监事、经理的姓名、住所的文件以及有关委派、选举或者聘用的证明;法定验资机构出具的筹办公司的财务审计报告(审计师事务所);董事、监事和经理的任职文件;董事和执行董事的任职文件;公司住所使用证明(含租赁协议和房产证明);公司名称预先核准通知书;法律、行政法规规定设立公司必须报经审批的,提交有关部门的批准文件(如生产性企业需提供由环保部门核准的企业生产经营环境评估报告);经营范围中属于法律、行政法规、国务院规定必须报经审批的项目,需提交有关部门批准的文件;股东是外商投资企业的,还应提交其相关申请开办的资料。

(2)审查与核实。由工商管理部门对申请设立企业(公司)提交的文件、证件和填报的登记注册的真实性、合法性、有效性进行审查,并核实有关登记事项和开办条件。

(3)核准。由工商管理部门经过对申请设立企业(公司)审查和核实后,做出核准登记或者不予核准登记的决定,并及时通知申请登记的单位。

(4)发照。由工商管理部门对核准登记申请单位,应分别颁发有关证照,及时通知法定代表人(负责人)领取证照。

3. 办理其他相关证照

(1)领取组织机构代码证书及企业产品执行标准证书。由质量技术监督部门根据工商管理部门核准设立的企业,提供营业执照、生产许可证等文件资料,提交核准经营范围和生产、加工的产品清单,经核对产品执行标准的现行有效性,发放《组织机构代码证书》及《企业产品执行标准证书》。

(2)领取银行开户许可证、开立银行基本账户和银行一般账户。再凭营业执照等证件到中国人民银行领取银行开户许可证,到相关商业银行开立银行基本账户和银行一般账户。

(3)进行税务登记,确立地税、国税登记申请。

(4)税务申报。

(5)社会保险登记。需提供单位资格证书(经营执照、批准成立证件或其他核准执业的证件)原件及其复印件,组织机构代码证原件及复印件,法人代表人或单位负责人身份证及其复印件;税务局颁发的税务登记证及复印件,基本账户开户许可证原件及复印件。

(二)公司(企业)设立程序

新办公司(企业)设立程序如图 1-1 所示。

为了方便企业(公司)的设立、注册登记,各地一般均设立行政审批中心(经济服务大厅),对企业登记、注册提供一条龙服务。申办企业(公司)也可委托合法的财务代理机构或专业办证公司为其设立、注册登记提供全面服务。

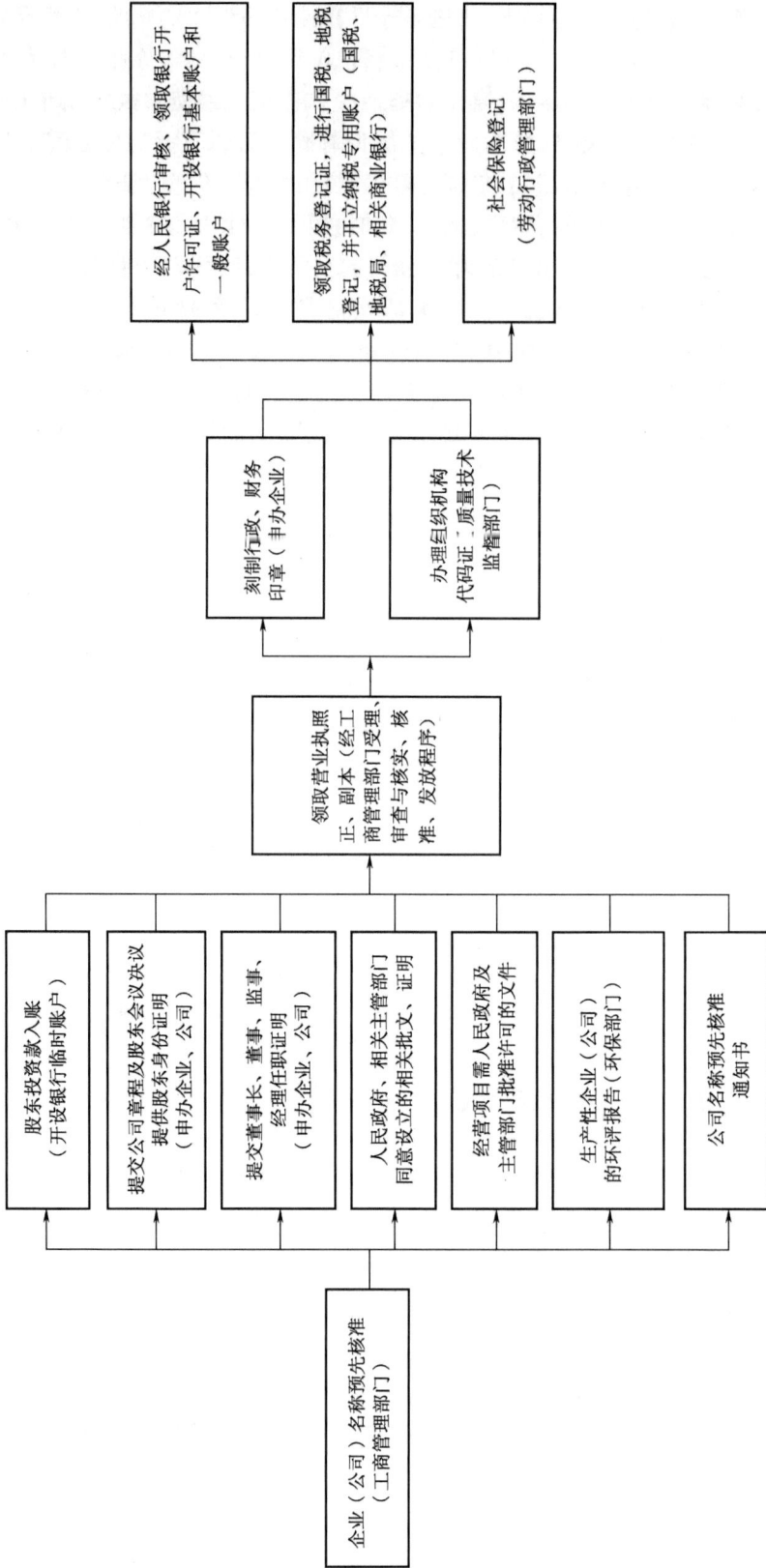

图1-1 新办公司(企业)设立程序框图

企业（公司）名称预先核准
（工商管理部门）

股东投资款入账
（开设银行临时账户）

提交公司章程及股东会会议决议
提供股东身份证明
（申办企业、公司）

提交董事长、董事、监事、
经理任职证明
（申办企业、公司）

人民政府、相关主管部门
同意设立的相关批文、证明

经营项目需人民政府及
主管部门批准许可的文件

生产性企业（公司）
的环评报告（环保部门）

公司名称预先核准
通知书

领取营业执照
正、副本（经工
商管理部门受理、
审查与核实、核
准、发放程序）

刻制行政、财务
印章（申办企业）

办理组织机构
代码证（质量技术
监督部门）

经人民银行审核、领取银行开
户许可证、开设银行基本账户和
一般账户

领取税务登记证、进行国税、地税
登记，并开立纳税专用账户（国税、
地税局、相关商业银行）

社会保险登记
（劳动行政管理部门）

三、企业系统与组织构架

(一)企业系统的运行

根据系统理论,企业可以看成是一个"输入—转换—输出"的过程。企业系统的输入就是从社会环境中取得企业生产经营活动的一切资源要素,然后按照人们预定的目标将要素有机结合起来,生产出新的产品或劳务,实现物质的转换,最后再向社会输出,以满足用户、市场或社会需求,同时取得经济效益。企业系统的基本构成要素可以概括为人力、财力、物力、信息和时间。然而,企业具备了人力、财力、物力、信息和时间,只是有了顺利进行生产经营的基本条件,而要达到生产经营的预期目标,提高生产经营的有效性,还必须依靠管理,把上述诸要素科学地、有机地组织起来,形成系统。系统运行主要包括以下几个流程。

1. 产品流程　根据市场预测和企业决策,进行产品的研究、设计和制造,生产出产品。经过销售,供用户使用和消费,在使用过程中为用户提供各种必要的服务,并了解和研究使用中的要求,进一步改进产品的设计和制造,又生产出更好的产品投入市场的过程。

2. 价值流程　伴随着产品流程,以货币形态来反映、监督、控制产品流程的资金运动过程。

3. 人事流程　反映产品流程的客观要求,以劳动者数量、质量、管理方式、劳动技能、劳动者的工作积极性和劳动效率,以及劳动者的更新等来主导产品流程正常、有效进行的过程。

4. 信息流程　在企业的经营管理活动中通过信息收集、信息处理、信息传输、信息控制为管理服务。它是反映产品流程、价值流程、人事流程的运动过程,并对上述过程进行调节、控制、保证企业生产经营活动正常进行的管理信息的运动过程。

现代企业的系统运作过程如图1-2所示。

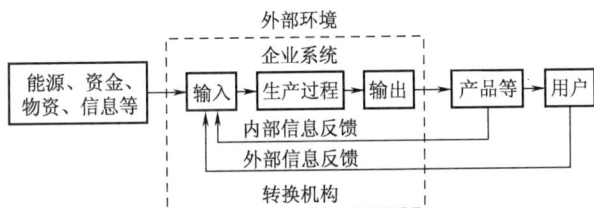

图1-2　现代企业的系统运作过程

(二)企业组织构架

1. 企业组织概念　企业组织,是指为了有效地向社会提供产品或劳务,将企业的各种资源按照一定形式结合起来的社会系统。在这里主要是指企业管理职能组织,即根据管理要求,将企业生产、经营、行政等系统按分工协作的原则划分,并且对多个管理层次或环节明确规定其职责、权限和信息沟通方式,向其相应配置一定数量和一定能力管理人员的系统。管理职能组织是由多种要素结合起来的整体。这些要素主要有组织的主体——管理人员,管理组织的媒介——企业信息,组织行为法则——管理规章制度等。

2. 企业组织设计内容和原则

(1)企业组织设计的内容。

①上层决策组织系统设计。主要是指企业领导制度和顾问或咨询组织设置。现代企业制

度要求企业实行公司治理结构,由股东大会、董事会、总经理和监事会负责企业各项事务。顾问或咨询组织在企业领导进行决策时充当顾问以及提供咨询。

②生产经营指挥系统的设计。以总经理为首的各级生产经营单位及其行政负责人和成员所组成的垂直形态组织系统。其基本任务是在总经理直接领导下,负责统一指挥企业生产经营活动,保证企业生产经营活动顺利而有效地进行。

③职能或参谋组织系统的设计。是由各级职能或参谋机构及其负责人和成员所组成的水平形态组织系统。各级职能或参谋机构是同级生产经营行政负责人的参谋和助手,分别负责某一方面的管理任务。

④组织实体的设计。组织系统都是由许多具体的组织实体(单位和部门)构成的,因此企业组织实体设计是企业管理组织系统设计的重要内容。组织实体设计的具体方法有以生产经营目标或服务目标为基础的实体设置,如按产品部门化,服务顾客部门化,服务地域部门化;有以生产经营活动为基础的实体设置,如管理职能部门化和生产过程部门化。还可采取以上的综合形式。组织实体设置的顺序为:设定实体目标;确定完成目标的活动项目;确定必须配备的人员;设置管理机构,确定该实体在组织系统中的地位、作用与其他实体关系。

(2)企业组织设计的原则。

①任务、目标原则。任务、目标原则是指企业组织的设计和组织形式的选择必须有利于组织目标的实现。

②精干高效原则。精干高效原则指无论设计何种组织结构形式,都必须将精干高效放在首要地位,这就要在服从生产经营需要的前提下,力求减少管理层次,精简管理机构和人员,充分发挥组织成员的积极性,提高管理效率,更好地实现组织的目标。

③统一指挥、分级管理、集权与分权相结合的原则。统一指挥原则也称统一与垂直性原则,它是最经典的也是最基本的原则,这条原则严格规定命令应逐级下达,组织的各级机构以及个人必须服从一个上级的命令和指挥,只向一个上级汇报并向他负责,上下级之间形成了一个指挥链。统一指挥原则规定不能越级指挥,意味着必须实行分级管理。分级之后,就要正确处理上下级之间的关系,即集权和分权的关系。为了保证统一领导,关系全局性的重要的管理权限必须由厂部(或公司)掌握。为了充分调动各级组织和员工的积极性,避免吃"大锅饭",又必须在统一指挥下实行分级管理,适当规定各级的权限和职责。

④管理幅度和管理层次原则。管理幅度是指一名主管人员有效地监督和管理其直接下属的人数是有限的。当超过这个限度时,管理的效率就会随之下降。管理层次是指组织中最高主管到具体工作人员之间所要经历的环节的多少。一般而言,在组织规模一定的前提下,管理层次和管理幅度成反比例关系。管理幅度确定后,再根据组织总体规模的大小及活动的特点,来确定组织层次。

⑤权责对等原则。权责对等原则也就是权责一致原则。指职权和职责必须相等,职权就是人们在一定职位上拥有的权力,主要是指决策或执行任务时的决定权。所谓职责就是在接受职位时所应尽的义务和责任。有多大权力必须承担多大责任。

⑥分工协调和相对平衡原则。分工协调原则是指要按照提高管理专业化程度和工作效率的要求,在组织结构设计中把组织的目标分解成各级、各部门以至个人的目标和任务,使组织的各个层次、各个部门、每个人都了解自己在实现组织目标中应承担的工作职责和职权。相对

8

平衡原则是指同一级机构、人员之间的工作量、职责、职权等方面应大致平衡,不宜偏多或偏少,避免苦乐不均、忙闲不均等不良现象。

3.企业组织结构的形式　组织结构设置可分两个层次:第一层次是由经营决策者、投资风险承担者和经营管理者、收益分享者等构成的经营主体及反映其相互关系的组织与制度体系,即财产组织形式。第二层次是由负责筹集资源(人力、物力、财力、信息等资源),进行研究与开发、生产、销售、服务及实施日常管理职能的机构与制度体系,即管理职能组织形式。现在主要从管理职能的执行上来说明组织结构的类型,它有两种主要的形式:单一层级制的结构(又称 U 型组织),多分支层级制结构(又称 M 型组织)。

(1)单一层级制的结构(又称 U 型组织)。它是企业在总部下,根据专业化分工,按职能(如制造、销售、研发、人事等)划分为若干部门,然后在各职能部门下,再按需要设置科室、车间、班组等层级,直至个人,从而形成纵向一体化的管理模式。U 型组织结构也称为传统的组织结构形式,其具体形式有直线制、职能制、直线职能制(生产区域制)等。U 型组织如图 1-3所示。

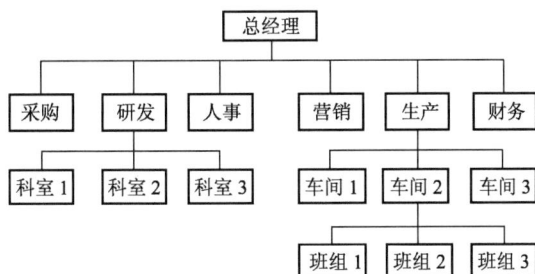

图 1-3　U 型组织结构示意图

U 型组织结构有如下主要特点。

①各个下属职能部门不独立进行经济核算,也不独立生产最终产品。

②各项指令上传下达,由总部统一部署。

③资源集中统一配置。优点:集权化程度高,实行规模生产;各项指令传递迅速,部门分工明确,一定程度步调一致,行动快捷;管理费用较低。缺点:总部领导会随着企业的发展,缠身日常事务,忙得无所适从,易顾此失彼,缺乏精力把握全局与发展;下属遇事容易推诿或邀功。如过于集权,下属易缺乏工作热情;组织规模扩大后,易出现信息传递受阻与失效。

U 型组织结构一般适用于规模较小的组织设置或现场管理的组织设置。

(2)多分支层级制的结构(又称 M 型组织)。它是在总部之下平行设置独立性很强的分支机构,即按产品或地区设立的作为利润中心的事业部,而每个事业部通常都是按 U 型结构来组织的。每个事业部根据需要都设有自己的研究开发、设计、采购、生产、销售、人事等部门,进行独立运营与核算,是相对独立的生产经营单位和利润中心。各个事业部除了在重大的经营方针上听取总公司意见,财务上受总公司监督以外,日常经营活动基本上是独立的。多分支层级制(M 型组织)又称现代组织结构模式,其具体形式有事业部制、矩阵制、多维立体组织结构,如图 1-4 所示。

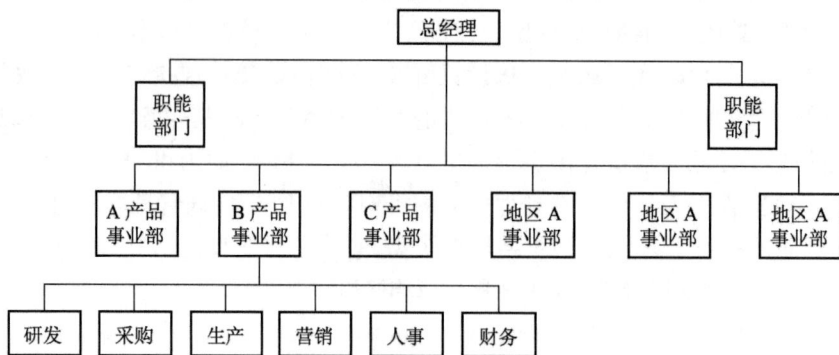

图 1-4　M 型组织结构示意图

M 型组织结构有如下特点。

①总部之下,设立若干独立性很强的分支机构,各个分支机构能独立进行经济核算,独立生产最终产品,自主经营、自负盈亏。

②每个分支就是一个 U 型组织,且更多对市场而不是上级承担责任。优点是:总经理可以摆脱具体的日常事务,集中精神致力于战略决策和长期规划;充分分权,调动了下属工作热情。缺点是:机构重叠,易造成条块分割,如协调不够,资源不能合理配置;各分支机构容易注重局部利益,忽视组织整体利益。

M 型组织结构一般适用于企业发展一定规模后的组织机构的设置,如大型或特大型企业的组织结构设置。

(三)现代企业的特征

现代企业是指所有者和经营者分离,并达到技术现代化和管理现代化的企业组织形式。现代企业是实行现代企业制度,采用现代化大生产方式,从事大规模产销活动的经济组织。

1. 所有者和经营者相分离　现代企业的一个重要特点,就是所有权与经营权相分离。"公司制"成为现代企业的重要组织形式。

2. 拥有现代技术　技术作为第四个生产要素,在企业中起着越来越重要的作用。古典企业中生产要素的集合方式和现代企业中生产要素的集合方式,可以用以下两个关系式来概括:

$$古典企业生产要素 = 土地 + 劳动力 + 资本 + 技术$$
$$现代企业生产要素 = (土地 + 劳动力 + 资本) \times 技术$$

现代企业广泛应用现代最新科学技术在生产全过程中,不仅把繁重的体力劳动交给机器去做,而且把重复的例行的脑力劳动也移交计算机,人们将着重于创造性劳动。

3. 拥有现代化的管理　现代企业内部生产自动化程度的提高,使劳动分工更加细致,劳动协作更加严密。现代企业生产自动化程度的提高,要求有更严格的计划性、比例性和节奏性。因而要求在精细分工的基础上实现更加科学的管理。现代企业的管理是现代化管理,是适应现代生产力发展的客观要求,运用科学的思想、组织、方法和手段,对企业的生产经营进行有效管理,是创造最佳经济效益的过程。

4.企业规模不断扩大　现代企业的成长过程,就是企业大规模的扩张过程,实现规模的扩张主要有以下三种形式:垂直型或纵向型扩张、水平型或横向型扩张、混合型扩张。

[案例]魏桥创业的纺织血脉(选编自《纺织服装周刊》)

2012 年《财富》世界 500 强企业榜单公布,与纺织行业有关的企业仅有两家入围,其中山东魏桥创业集团有限公司排名第 440 位。中国纺织工业联合会副会长徐文英在接受《纺织服装周刊》采访时说:"主营纺织业务的中国企业首次进入世界 500 强,这是我们纺织工业的骄傲,它对提振整个中国纺织行业的信心具有重要作用"。徐文英认为,魏桥集团的发展依赖纺织,它是靠纺织起家,如今它主营的纺织、服装、印染、棉纺等业务几乎涉足纺织行业的全部领域。在纺织领域,魏桥集团的转型升级经验和成本管理水平值得同行们学习。

转型升级:用先进设备武装企业。魏桥创业一直把有效益的速度、有质量的规模、有后劲的发展作为企业的追求,董事长张士平说:"现在已经进入信息化、智能化时代,满足于'小米加步枪'无法'领跑'同行业。纺织不是高端产业,但要追求产业高端。"他提出:既要量力而行,又要尽力而为;既要在发展中提高,又要在提高中发展。必须把技术改造、技术引进、技术创新相结合,推动企业转型升级。近 5 年,该集团积极有序引进先进设备。在纺织工序,拥有了环锭纺、气流纺、紧密纺、赛络纺等先进设备;在织布工序上,拥有了小剑杆、苏州大剑杆、比利时必佳乐喷气织机等设备,能够生产 3 000 余种面料,棉纱线密度最细达 1.9tex(300 英支),坯布最高密度达到 1 800 根/10cm;在印染工序,引进了 5 条最先进的印染、印花生产线,成为全国最大的高档特宽幅印染生产基地,产品涵盖 12 大列 1 万个品种。如今,魏桥创业集团的装备都达到 21 世纪以来国际先进水平,无卷化率达到 70%,自络比重达 100%,无结纱比重达 100%,精梳纱比重达 85%,无梭布比重达 80% 以上。最近,魏桥创业集团还建立了棉纺织样板车间,专门试验引进先进技术装备,同时自主开发工艺装备。现在,魏桥创业集团形成了从纺纱、织布到染整,再到服装、家纺的完整的纺织产业链,技术含量与生产能力连续多年居全国首位。

成本管理:靠细节取胜。一克棉、一度电、一滴水,看起来微不足道。然而,魏桥创业集团每年用棉 100 多万吨,用煤 400 多万吨,用水 1000 多万方,节约每一度电、每一克棉、每一斤煤可不是不起眼的小事情。魏桥创业集团子公司魏桥纺织股份有限公司董事长张红霞在接受采访时表示:"同样的产品,成本低才有竞争力。魏桥要'领跑',必须在成本核算等基础管理中领先,必须控制消耗。"为此,魏桥建立了成本"倒逼"机制,从管理流程的源头做起,从管理最基本的环节入手,优化人、机、料、工艺等因素,明确每道工序、每个环节的节支措施,让流程更优化、管理更精细、人员更精干。

公开数据表明,2012 年上半年,吨纱耗棉控制在 1 035kg,全集团万元总产值能耗为 0.2 172t 标准煤,同比下降 5.07%,万元产值取水量为 1.48m³,同比下降了 21.8%,单位产品能耗同比也明显下降,制造成本在同行业保持最低水平。目前,该企业非生产人员占 2.5%,管理人员仅占 0.6%;纺部万锭用工和织部百台用工均不超过 70 人,年均劳效 20 万元以上,处于全国同行业较先进水平。

第二节　企业管理概述

一、管理的含义与职能

(一)管理的含义

管理就是管人、管事,就是通过一批人去完成工作,就是处理好人和人的多种关系,就是通过整顿、理顺,从而促进事物的发展、提高。管理的目的是实现预期的目标。管理是一个动态的活动过程,是为了实现预定目标,组织和使用多种资源的过程;是根据系统固有的管理规律,对其施加影响,使系统呈现出新状态的过程;是实施计划、组织、领导、控制、创新手段的过程。管理的本质是协调。

(二)管理的职能

管理的职能一般包括计划、组织、领导、控制和创新等。

1. 计划职能　它是管理的首要职能,组织中的所有层次的管理者,都必须从事计划活动。计划职能是管理者为实现管理组织目标对工作进行的筹划活动。计划职能一般包括确定目标、调查与预测、选择实现预期目标的活动方案等一系列工作。

2. 组织职能　它是把组织的各种资源、各个要素、各个环节,从劳动分工和协作上,从时间和空间的相互关系上,科学合理地组织起来形成一个有机整体,从而有效地完成组织计划,实现组织目标。组织职能一般包括设计与建立组织机构、合理分配职权与职责、选拔与配备人员、推进组织的协调与变革等。合理、高效的组织结构是实现管理和目标的组织保证。

3. 领导职能　它是管理者指挥、激励下级,以有效实现组织目标的行为。领导职能一般包括选择正确的领导方式、实现有效沟通、激励下级并调动其积极性、加强领导者修养与领导艺术等。

4. 控制职能　它是管理者为保证实际工作与目标一致而进行的活动。职能一般包括制订控制标准、衡量工作成效、采取有效的纠正偏差的措施等一系列工作过程。

5. 创新职能　作为管理的一项重要职能,它与其他各种管理职能不同,它本身并没有一种特有的表现形式,总是在与其他管理职能的结合中表现自身的存在与价值。创新职能一般包括目标创新、技术创新、制度创新、组织机构与结构创新、环境创新等内容。

二、企业管理的内容、方法与手段

(一)企业管理的含义、内容及现代企业管理的特征

1. 企业管理的含义　就是由企业的经营管理者和企业的员工按照企业的特征及生产经营规律,按照市场的需求,对企业生产经营活动进行计划、组织、领导、控制和创新,充分合理地利用各种资源,实现企业的预期目标,满足社会需要,不断谋求企业发展的一系列活动。

2. 企业管理的内容　企业管理者通过对内外环境条件的分析制订企业的发展战略,为有效地实现企业预期目标,重点制订企业的人才发展战略、品牌战略、资本运营战略;以市场需求为导向,有效地组织市场营销活动,有效地运用产品、价格、渠道、促销策略建立企业的市场地位与竞争优势;积极采用先进的生产与运作管理方法,加强生产过程的管理,重点加强生产工艺、设备、质量与供应链管理,努力生产出更多物美价廉、适销的产品;同时加强生产经营活动

的成本控制,加强财务运行分析,拓宽融资渠道,在保证存量发展的基础上努力促进企业的增量发展。因此,现代企业管理的任务就包括合理组织生产经营活动,合理配置和有效运用各种资源,正确处理各种经济关系,贯彻执行国家的方针、政策、法律与法规等。

3.现代企业管理的特征　现代企业管理是指对实行现代企业制度、采用现代化生产方式和从事大规模产销活动的企业进行的管理。

(1)现代企业管理的主要特征表现在以下几个方面。

①适应法人治理结构的组织管理。以公司制企业为主要形式的现代企业,有两项最基本的特征:一是公司在法律上具有独立的法人地位,这种法人地位的产权基础是拥有法人资产;二是公司不是由出资人的个人形式来管理的,而是由一个法人治理机构来经营和管理,公司的法人治理结构的设立,其目的是既保证作为经营专家的高层管理人员放手经营,又不至于失去出资者对管理人员的最终控制。为了适应法人治理结构的需要,公司制企业需要设立与其目标相一致的组织体系和管理方法,法人治理结构是由股东大会(股东会)、董事会和高层管理人员、监事会等几个机构组成,相互之间实行两权分离(所有权与经营权分离)和三权分立(决策权、执行权、监督权分立)的原则,相互分工合作,共同管理公司事务。法人治理结构如图1-5所示。

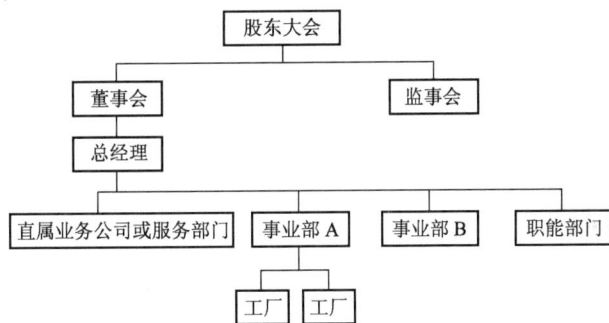

图1-5　法人治理结构示意图

由于股东大会、董事会和高层经理、监事会之间的职权范围、责任层次都有公司法和公司章程加以确立,从而保证公司的权力机构相互分离,责、权分明,相互制衡,各司其职,从而保证了法人治理结构的规范化和长久化。

②适应大规模产销活动展开的生产销售管理。现代企业具有实力以及大规模的产销活动,这种产销活动范围不局限于本国市场,而且扩展至多国市场。

③与大规模生产销售相适应的管理方法和手段。如运用线性规划、网络计划技术、ERP技术等现代企业管理的方法和手段,是现代企业管理不可缺少的一个组成部分。

④人、机器、环境的有机协调与配合。现代企业管理体现了人和机器相互协调、生产环节紧密衔接、人际关系整合顺畅、资金筹用合理有效和适应环境及时灵活的共性。

(2)我国现代企业管理还表现出如下新的特征。

①战略决策更加强调科学性、灵活性与迅速性。

②计划职能将大大加强。在运用计算机完成日常常规性工作的同时,高层管理者将主要

精力集中在战略规划的制订,而基层管理者则侧重于近期计划的安排。

③国际化和生产经营单位的细分化及组织机构的精简。

④企业家型的领导成为企业的主宰。同时企业文化、企业家精神、科学技术和情报开发等资源得到空前重视。

⑤按国际惯例管理企业成为主导趋势。知识经济型、风险型企业管理迅速发展。

(二)企业管理的方法与手段

1.企业管理的方法 企业管理的方法主要有行政方法、经济方法、法律方法、数学方法、思想教育等方法。

2.企业管理的手段 企业的运行和发展取向的实现,在很大程度上取决于管理现代化、科学化的程度,进而又取决于计算机及其管理信息系统的运作。

三、企业管理基本理论及其发展

(一)早期的管理活动与传统管理理论

1.传统管理的特点 传统管理是18世纪工业革命开始到20世纪初,经历了100多年,传统管理也称经验管理,其主要特点有以下几点。

(1)管理的指导思想是惰性的。

(2)管理的方式是家长式的、独断专行的、专制式的。

(3)管理的依据是自己的经验和感觉,依靠自己的经验操作,没有统一的管理方法和操作制度。

(4)管理人员和工人的培训也都是主要靠师傅带徒弟的方法,没有统一的标准和要求。

2.传统管理时期的管理理论 在18世纪后期到19世纪末,形成了企业管理的传统思想。代表性人物有:英国古典经济学家亚当·斯密,他提出了劳动分工理论;英国人查尔斯·巴贝奇进一步发展了劳动分工的管理思想;英国企业革命家罗伯特·欧文,他最早注意到了企业内部人力资源的重要性。此外,英国的安特鲁·尤尔最早提出要在工厂内部建立必要的规章制度的见解;法国的德拉维勒耶强调职工培训的重要性;美国的汤恩认为,管理应成为专门的职业,应当让有管理才能的人担任经理、厂长、监工和领班。尽管如此,传统管理仍没摆脱小生产方式的影响,主要依靠个人经验进行生产和管理,没有形成一套科学的管理理论和管理方法。

(二)科学管理时期及科学管理理论

1.科学管理的特点 科学管理是从20世纪初到20世纪40年代,经历了半个世纪。所谓科学管理,是指按照社会化大生产的特点和规律进行管理。其主要特点有以下几点。

(1)强调工作效率,保持生产过程的连续性和比例性。

(2)在生产活动中不断采用新的科学技术,依靠科学技术发展生产。

(3)实行统一领导和指挥,按计划进行生产经营管理。

(4)在生产活动中要求职工必须具有高度的组织性与纪律性。

(5)为满足生产需要而生产优质产品。

2.科学管理时期的管理理论 科学管理时期的管理理论又称古典管理理论,由科学管理理论、管理过程理论和行政组织理论三部分构成。科学管理理论研究的核心是工作效率,管理过程理论研究的核心是管理原则和职能,行政管理理论研究的核心是组织管理体系。

(1)泰罗的科学管理理论。泰罗(1856~1915)是"科学管理"理论的创始人,被后人称为"科学管理之父"。泰罗经过长期实验,从实践中摸索和总结出一套管理技巧与方法,并加以系统化,逐步形成了他的"科学管理"理论。1911年泰罗将他的观点写进了《科学管理理论》一书,这本书的出版标志着管理理论的正式诞生。泰罗"科学管理"的基本内容大体可以分为作业管理和组织管理两方面。

①作业管理。泰罗以生产操作过程为研究对象,确定最合理有效的方式、方法、工具和作业环境,以及最符合人的生理规律而又最节省时间的劳动间歇。具体有:工作定额原理、标准化原理、第一流工人原理、差别计件工资原理等几项内容。

②组织管理。泰罗对组织管理的研究设想主要有:把计划职能与执行职能分开,实行"职能工长制",实行"例外原则"。

(2)法约尔管理过程理论。亨利·法约尔(1841~1925)被后人称为"管理过程之父",法约尔对管理理论的贡献可以从以下两个方面来表述。

①管理的职能和过程。法约尔在《工业管理与一般管理》一书中,提出了企业的六种基本活动,包括技术活动(即生产、制造、加工活动)、商业活动(即购买、销售、交换活动)、财务活动(即资金的筹备和使用活动)、安全活动(即设备维护和职工安全方面的活动)、会计活动(即货物盘存、成本统计、核算等活动)和管理活动(计划、组织、指挥、协调和控制)。

②管理的一般原则有劳动分工、职权与职责、纪律、统一指挥、统一管理、个人利益服从整体利益、个人报酬、集中化、等级链、秩序、公正、人员的稳定、进取心或首创精神、团队精神等14条。

(3)韦伯的组织管理理论。马克斯·韦伯(1864~1920年)被后人称为"组织理论之父",他提出了理想的行政组织体系理论,其基本内容有两方面。

①三种权威与相应的组织形态。第一种是"个人崇拜权威"相对应的"神秘化组织";第二种是"传统惯例权威"相对应的"传统化组织";第三种是"理性—合法权威"相对应的"理性化组织"。

②理想的行政组织的管理制度。韦伯认为管理就意味着以知识为依据来进行控制,领导者应在能力上胜任,要依据事实而不应主观随意性来领导。

(三)现代管理时期及其管理理论

1. 现代管理时期的特点　现代管理是从20世纪40年代开始直到现在。现代管理与"科学管理"相比,主要具有以下几个显著的特点。

(1)实行以人为中心的管理。

(2)突出了经营决策。

(3)广泛运用现代管理工具和现代科学技术。

(4)实行系统管理。

2. 现代管理时期的管理理论　在现代管理时期有许多管理学家和实业家从事现代管理的研究,呈现出各种学派纷呈的局面。他们研究的对象虽然相同,但研究的侧重点各不相同,各个学派相互补充,促使管理科学的内容更加丰富。现代管理理论的主要学派及观点见表1-2。

表1-2 现代管理理论的主要学派及观点

学派名称	代表人物及代表作或理论	主 要 理 论 观 点
人群关系学派	梅奥：《工业文明与人类问题》	认为工人是"社会人"；企业中还存在着"非正式组织"，新型的领导能力在于正确地处理人际关系，激励职工的士气，从而达到提高生产率的目的。如何引起员工对工作的重视度，引起和保持霍桑效应，也是管理者应重视和研究的问题
社会系统学派	巴纳德：《经理的职能》	把社会的各种组织看成是由物质、个人和社会要素组成的协作系统。一个协作系统包含三大要素，即协作意愿、共同目标和信息联系。管理者的作用就是在协作系统中作为相互联系的中心，对各要素的协作进行协调，以保证系统的顺利运转
行为科学学派	马斯洛：需要层次理论；赫兹伯格：双因素理论；麦克雷戈：人性假设；布莱克：领导方格理论	管理之本在于人，要探索人类的行为规律，善于用人、激励人；强调个人目标与组织目标的一致性，调动积极性要考虑人的需要；企业要恢复人的尊严，实现民主参与管理，启发员工的创业与自丰精神；改进工作设计
决策理论学派	西蒙：《管理决策新学科》	决策是管理的中心，决策贯穿于管理的全过程，管理就是决策，管理的任务就是追求管理决策的合理性。同时，该理论对管理决策的过程、准则、程序化决策和非程序化决策等问题也做了深入的分析，从而使决策从经验上升为科学
经验主义理论学派	德鲁克：《管理的实践》、《管理：任务、责任、实践》	企业管理的科学应该从企业的实际出发，以大企业的管理经验为研究对象，把经验加以概括、总结和理论化，向企业管理人员提供实际建议和实用管理方法
系统管理学派	卡斯特：《系统理论与管理》	系统是由若干相互作用、相互依存的子系统构成的。应该按系统观念来进行企业管理，把企业看成是一个与周围环境相互影响的、开放的动态系统。系统管理学派强调系统的综合性、整体性，强调构成系统各部分之间的联系，认为只有把各个部门、各种资源按系统的要求进行组织和利用，才能提高企业的整体效益
权变理论学派	伍德沃特：《工业组织：理论与实践》	在管理领域，没有一种适合于任何时代、任何组织和任何个人的普遍行之有效的管理方法。以前各种管理理论都有一定的适用范围，也没有所谓"最佳"的管理方法。对组织的管理应依据其所处的内外环境条件和形势的变化，因地制宜、因时制宜地采取灵活的管理方法
管理科学学派又称数理学派	伯法：《现代生产管理》；布莱克特：《运筹学方法论上的某些方面》	强调数学分析和计算机等在管理中的应用，认为管理就是制订和运用数学模型与程序的系统，就是用公式和数学符号来表示计划、组织、控制、决策等合乎逻辑的程序。通过对各种模式的分析比较，求出最优解。企业的经营管理活动都可以应用线性规划、数理统计、网络分析、对策论、排队论、决策树、模拟和盈亏分析等方法进行预测、分配和安排，以降低这些活动的不确定性，从而使投入的资源发挥最大效用

3. 企业管理理论的最新发展　由于人类已进入信息时代,以信息技术为特征的新一轮技术革命,正在改革人类的生产和生活方式,改革国际经济格局,企业环境呈现了新的变化:经济全球化的步伐加快,社会经济可持续发展摆在人类面前,社会文化发生新的变革。由此带来了企业管理理论变革和创新。

（1）管理思想的不断创新。

①人本思想将真正成为企业管理的指导思想。

②更加崇尚客户价值。具体表现在:市场营销从 4P(Product、Price、Place、Promotion,即产品、价格、渠道和促销)转向 4C(Consumer、Cost、Convenient、Communication,即顾客、成本、便利和沟通)。

（2）经营目标的创新。

①重视社会责任和商业道德,以可持续发展代替利润最大化。

②以公司市场价值代替市场份额。

（3）经营战略的创新。许多企业根据经济环境的迅速变化,广泛采用适应性战略。具体表现在以下几点。

①经营视野全球化。

②经营事业归核化。

③全力打造核心竞争力。

④实行竞争性合作,建立战略联盟。

⑤战略计划柔性化。

⑥管理本土化。

（4）生产技术创新。从 20 世纪 90 年代开始,随着技术进步,尤其是信息技术的突飞猛进,企业的生产与运作管理进入了一个新的创新时期,其具体表现在以下几点。

①现代生产与运作管理涵盖范围越来越大,它首先突破了传统制造业的生产过程与系统控制,扩大到了非制造业的生产运作过程和生产运作系统的设计上;其次,在内容上扩大到生产运作战略的制订、新产品开发、产品设计、采购供应、生产制造、产品配送直至售后服务多个层次。

②多品种、小批量混合生产方式成为主流。

③信息技术已成为生产运作系统控制和生产运作管理的重要手段,如计算机集成制造系统 CIMS 出现,大大提高了工作效率。从根本上改变了管理工作的面貌。

④跨企业集成管理以及全球生产运作成为现代企业的一个重要课题。

⑤"绿色生产"已被现代企业越来越重视。

［案例］纺织企业的自主创新之路(选编自《纺织服装周刊》)

工信部发布的《纺织工业"十二五"发展规划》,明确了纺织工业的发展方向,即以加快转变经济发展方式为主线,以结构调整和产业升级为主攻方向,以自主创新、品牌建设及两化融合为重要支撑,以扩大内需和改善民生为根本出发点,以完善价值链和实现可持续发展为重要着力点,以发展结构优化、技术先进、绿色环保、附加值高、吸纳能力强的现代纺织工业体系为目标。为此,纺织服装周刊组织了对全国部分纺织骨干企业的管理技术人员进行调研访谈,以下是他们的发言摘要。从企业管理的角度,你对他们的发言有何感慨?

山东如意科技集团有限公司董事长邱亚夫:如意集团通过不断推进转方式,调结构,实现战略转型和产业升级。一方面加大科技研发投入,提高现有产业竞争力和产品附加值。以如意纺为主导,建立如意纺产业化示范基地,实现从传统制造向高端制造转移,提高产品附加值。另一方面,将先进技术及产业向中西部转移。如意集团在重庆和新疆投资的项目都是具有国际先进水平的技术创新项目。如意集团还通过打造高端产业链,营造整体竞争优势,如完善了羊毛生产—羊毛染色—纺纱—织造—后整理—高档西服的毛纺服装产业链;打造了棉花—棉纱—色纱—高档面料—高档棉制服装的棉纺产业链。有了产业链的优势,进一步降低了综合生产成本,提高了整体竞争实力。

浙江富润进出口有限公司董事长何海清:今天不调整产业结构,明天就会被产业结构调整所淘汰。富润集团不等不靠,主动实施转型升级。一是优势产业的巩固提升。富润印染公司每年把3 000多万元的固定资产折旧用于技术改造,淘汰落后的设备和产能,引进国内外先进技术和装备,极大地提高了生产能力和产品开发能力。二是传统产业的转型升级。富润纺织公司与解放军总后勤部合作,开发废旧军服利用项目,利国、利军、利民。三是向其他产业领域的扩展。富润集团积极响应国家大力推动文化大发展大繁荣的号召,涉及文化产业。富润还涉及金融服务业,投资参股了商业银行、农村合作银行、小额贷款公司、担保公司等。

江苏悦达纺织集团有限公司总经理陈榕:悦达在2009年就导入了卓越绩效质量管理,这使企业走上了新的台阶。通过卓越绩效的模式的导入,提出了人才基金,对人力资源进行了整合。在科技方面,通过卓越绩效质量管理,搭建了纺织发展创新平台。先后开发了天丝/棉混纺紧密纺纱、典雅小方格面料、细旦纽代尔/棉涡流纺混纺纱、低含量不锈钢纤维防辐射面料、汉麻/棉涡流纺纱、紧密纺珍珠纤维绢丝、棉高档衬衫面料等十几种系列高档产品。目前,企业的产业链建设目标更加明确、更加完善。

山东鲁泰纺织股份有限公司总经理、科技助理兼技术研发中心主任张建祥:近几年来,鲁泰通过有效地整合产业链优势,在技术改造和产品升级、企业文化等多领域进行创新,坚持走高端路线,以此提高了竞争力。首先,整合产业链的优势,推动技术创新,开拓国际市场,致力于先进的装备。其次,面料的开发从原料和物料做起,整合资源从后往前推进,做实产学研合作,搭建创新平台,并对社会进行开放。第三,建立创新机制,构建创新团队,积淀创新文化。第四,加深市场调研,引领客户需求。第五,从创造到创意,未来要实现纺织强国,品牌要首先实现创意强国。

(5)企业文化建设与组织创新。企业内部组织结构正趋向扁平化、柔性化方向发展,自我超越、改变心智模式、建立共同愿景、建立学习型组织,加强团队沟通、协作,进行系统思考,一种新的组织文化氛围正在形成。

四、现代企业制度

(一)现代企业制度的基本含义及特征

1. 什么是企业制度 企业制度是关于企业组织、运营、管理等一系列的行为规范。它包括三个方面的内容:一是企业的资产生成制度,它规定了企业生产要素的资金性质和形成方式,这是建立其他制度的前提;二是企业权益组织制度,它明确了企业的权益构成、企业的权益所有者以及权益分配的原则和方法;三是企业的经营管理制度,它规定了企业管理机制和组织构成,谁来负责企业的经营管理,如何开展企业的经营管理活动等内容。因此,企业制度是保证企业生产经营活动正常进行的企业组织、秩序、相互关系、分配关系的综合体现。

2. 现代企业制度的含义　现代企业制度是指符合社会化大生产特点,适应市场经济体制需要,体现企业成为独立法人实体和市场竞争主体的要求,在国家各种特定法规的规范约束下,企业具有独立的财产权利和责任的一种制度。现代企业制度是以完善的法人财产权利为基础,以有限责任为核心,以公司制为基本形式,以法人治理结构为保证的企业制度。它是现代市场经济企业的组建、管理、运营的规范制度形式,是市场经济发展最佳选择,是适应现代化大生产要求的企业制度,是我国企业能够成为市场经济主体、走向现代化、国际化的企业制度。

3. 现代企业制度的基本特征

(1)产权清晰。产权清晰,就是要明确企业的出资人与企业组织的基本财产关系。现代企业制度下,所有者与企业的关系是出资人与企业法人的关系,也即股东与公司的关系。其产权清晰主要表现在,有效地实现了出资者所有权与企业法人财产权的分离。

(2)权责明确。是指企业股东所有者权益与企业法人财产之间,其职责权限的边界非常清楚。在现代企业中,出资者与企业承担的责任是一种有限责任,即在企业破产清算时,出资者对其投入企业的出资额及其企业的收益承担经济责任,不涉及出资者的其他资产。企业以其全部法人财产为限,对其债务承担有限的责任,对日常主要经营活动中的亏损进行补偿,实现企业自负盈亏,同时又对国家照章纳税,对出资者的资产承担保值增值的责任。就权利而言,股东对企业投资后,不能任意直接干预企业的正常生产经营活动,更不能直接支配投入企业中的那部分属于股东的权益。股东可依法对企业的重大经营目标和方向进行决策,要依法对企业的经营者做出选择等。企业权利是有权运用企业全部法人财产自己经营,有权对企业生产经营活动进行统一指挥,进行考核、奖励等,任何人不得对企业的日常生产经营活动进行干预。

(3)政企分开。是指政府作为企业的出资人的职能与政府社会经济活动者的行政职能必须分开。政府与企业的职能应当非常明确。政府对企业进行管理,主要体现出政府的社会经济管理职能,应该主要运用经济、法律手段,辅之必要的行政手段,对企业进行间接管理,如运用利率、汇率、税率等宏观调控手段,通过市场发出信号去影响企业;企业通过这些信号去安排自己的产、供、销活动,市场成为政府与企业之间的中介层,政府不能越过中介层直接去干预企业,企业也不能越过市场直接去找政府。只有这样,才能做到真正意义上的政企分开。

(4)管理科学。现代企业制度所要求的管理科学,就是要求企业能够按照市场经济中的价值规律、供求规律、竞争规律和适用于社会化大生产的各种科学规律去组织、领导和管理企业。同时企业还必须建立一套科学规范的组织管理体制,这套体制也被称为法人治理结构。共分三个层次:一是股东会,二是董事会和监督会,三是经理层。股东会是企业的权力机构,董事会是企业的决策机构,监督会是企业的监督机构,经理层是企业执行机构。在同一个公司内部,这三个层次的职责边界十分清楚。他们各司其职,各负其责,互相平衡,使企业产生一个非常合理的运作机构。

（二）现代企业制度的基本内容

1. 现代企业的法人制度 现代企业的法人制度是指出资人构造出企业法人后，企业就依法获得了包括出资人投资形成的全部法人财产权，成为以其全部法人财产进行自主经营，自负盈亏的经济实体。包括国家在内的出资人将资产注入企业后，就丧失了对资产的直接支配权利，不能直接干预企业日常的生产经营活动。企业的生产经营交由具备要求的管理人员代为管理。

2. 现代企业产权制度 现代企业产权制度是把民法上所称的经济学意义上的所有权分解为出资者的最终所有权（或称终极所有权）和企业法人财产权（或称财产所有权）两部分，企业的出资者或投资者对其所投入的资产享有最终的所有权，而企业对所有出资者投入到企业中的资产整体享有法人财产权。在此制度下出资者的最终所有权就退化为股权，投资者只能以股东身份依法享有相应的权利，而不能对资产中最终属于自己的那一部分资产进行自由支配，只能运用股东的权利影响企业的行为，不能直接干预企业的经营活动。而企业的法人享有对法人财产的占有权、支配权、使用权和处置权。

3. 现代企业的组织制度 现代企业组织制度的典型形式是公司制企业，它有两个基本原则，即企业法人财产与经营权分离的原则以及企业的决策权、执行权和监督权分立的原则，形成了股东会，由此形成了股东会、董事会、监事会并存的现代企业法人治理结构。在这种结构中，股东会对董事会是一种委托代理关系，董事会对总经理是一种授权经营关系，而监事会则代表股东和职工对法人财产的被委托人（即董事会和总经理）实行监督，同时，他们也有各自不同的职权。由此，就形成了一个既相互制约又相互协调的现代企业治理结构。

4. 现代企业的人事管理制度 现代企业的人事管理制度主要体现在用工和分配制度上，即打破企业内部管理人员和工人的界限，实行全员劳动合同制，进行双向选择，企业可以聘用员工（包括经理人员），也可以辞退员工，即企业内部的任何员工都没有"铁饭碗"。按照效率优先、兼顾公平的原则，制订不同的分配方法，企业自己决定工资资金分配，对于重要人员，如总经理和科技人员等，可以运用股票期权等奖励他们，使企业能够留住关键人才。

5. 现代企业的会计制度 现代企业的会计制度具有国际通用规范，主要包括通用的会计假设、通用的会计要素、通用的会计恒等式、通用的会计原则、通用的会计符号、通用的会计报表、通用会计核算与分析方法，它不仅用于企业盈亏的核算，同时又是企业财务管理的重要工具。

6. 现代企业信息管理制度 现代企业信息管理制度要求运用计算机并构成网络，使企业内部信息和外部信息能够通畅地流通，从而使企业的管理效率得到极大提高，企业的生产经营活动得以协调进行。

7. 现代企业战略管理制度 现代企业从事的工作非常复杂，只有从战略高度对企业进行管理，才能使企业得以长期的发展。我国加入 WTO 后，企业直接面对国际竞争，企业不仅要在国内站稳脚跟，还要走出去，实行跨国经营。如缺乏有效的战略管理制度，企业必将步履维艰，甚至难以生存下去。

（三）建立现代企业制度需解决的问题

现代企业制度是符合社会大生产要求、适应市场经济的"产权清晰、权责明确、政企分开、管理科学"且依法规范的企业制度。可以认为,以公司制为主要形式的现代企业制度的建立是实现政企分开的组织手段,是理顺产权关系的主要形式,是使企业成为独立法人的组织保障,是转变企业领导体制、组织制度,实现科学管理的组织措施。

(1)以公司制为主要形式的现代企业制度的建立,从根本上保证了企业自主经营、自负盈亏、自我约束、自我发展的法人实体和市场竞争的主体地位。这是由公司制企业的突出特征决定的。

(2)现代企业制度中建立的有限责任制度,改变了出资者与企业的债务责任关系,从而使得优胜劣汰的市场机制对企业发挥有效的作用。企业以全部法人财产自主经营,并以企业全部法人财产对债务承担责任;当企业破产清盘时企业要以全部法人财产清偿债务,而出资者则只以投入企业资本额为限对企业的债务承担有限责任。有限责任制度与破产清盘,都是分散市场风险的制度。有限责任制度主要是保护投资者,它从根本上减少了出资人资本经营运作的风险。而破产制度主要是保护债权人,破产机制来自市场的刚性约束,使企业的"有生有死"成为现实。

(3)现代企业制度的建立,所有者职能的到位,有效地形成了企业的动力机制和风险约束机制。出资者通过选举董事或选派股东代表进入企业,行使所有者的三大权利,董事或股东代表对股东承担信托责任。围绕一个企业的多个利益相关者,政府期望的是就业和税收,经理人员和职工得到的是报酬,而最终承受企业亏盈的是所有者。因此,推动企业持续发展的原动力来自所有者,避免市场风险的约束力也来自所有者。来自所有者追求最高经济效益的动机形成了对企业的激励,避免经营风险的谨慎会形成对企业的约束。

(4)通过建立现代企业制度,解决了企业资产流动机制,拓宽了融资渠道,放大了资本的功能。通过建立现代企业制度,企业建立了资本金制度,实行股份制,同股同权、同股同酬,能够使出资者所有权与经营权分离。包括国家在内的所有者以股权形式可以进入或退出某一企业,企业也可根据需要引入新的投资者募集资本金,可以吸收和组织更多的社会资本、放大资本功能。这种资本流动机制可以使企业的资本以追求效益最高为目标,随市场变化及时、灵活、迅速地调整投向,从而使产业结构、企业结构不断趋于合理。这是企业资产保值增值、经济保持活力的重要途径。

(5)企业建立了法人治理结构,形成了科学合理的企业领导体制和组织制度,从而使所有者、经营者和劳动者的权利得到保障,行为受到约束。现代企业治理结构可以形成这样的机制:所有者通过法定的形式进入企业行使职能,通过企业内在的权力机构、决策机构、监督机构和执行机构,保障所有者对企业的最终控制权,形成所有者、经营者和劳动者之间的激励与制衡机制,建立科学的领导体制、决策程序和责任制度,使三者的权利得到保障,行为受到约束。

第三节　纺织企业管理

一、我国纺织工业概况

(一)我国纺织工业各行业的组成

新中国成立前,我国的纺织工业实力十分薄弱,人民穿衣问题始终没有解决。在新中国成立前,仅有棉纺纱锭 500 万枚,织布机 6 万多台;棉布产量最高年份只有 27.9 亿米,最低年份的产量只有 19 亿米;人均棉布年耗量仅 3 m 左右,农村仅 2 m 左右;品种、花色十分单调,没有出口。

新中国成立后,纺织工业经过了六十多年的奋斗,取得了辉煌的成就,先后在沿海及内地数十个省市建立了行业门类其全的新老纺织工业基地,把我国的纺织工业推进到一个前所未有的水平,不仅解决了 13 亿人民的穿衣和其他方面的需要,而且成为世界上第一纺织品服装出口创汇大国,建成了多行业、多类别的纺织工业体系,如图 1-6 所示。根据国家统计局数据,截至 2012 年年底,我国规模以上纺织企业单位数达到 3.7 万户,2012 年实现工业总产值 5.78 万亿元,纺织品服装出口总额达 2 625.63 亿美元。

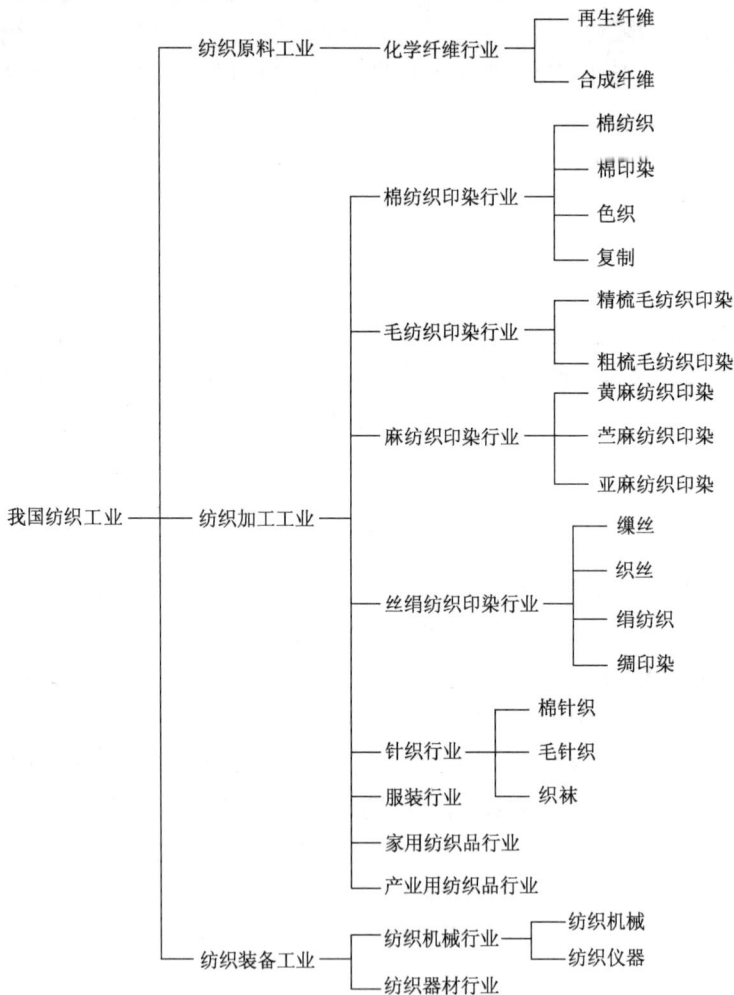

图 1-6　我国纺织工业体系

(二)纺织企业的发展历程

1. 扩张期　从新中国成立到 1978 年是我国纺织产业的扩张期。这一时期,我国的纺织工业获得了新的生命,在一穷二白的基础上迅速实现了产业扩张,走上了正常化发展道路,基本建成了我国纺织产业的总体框架,解决了当时人民的穿衣问题,成为当时国民经济的重要组成部分。但是由于当时我国纺织企业的经济管理体制实行的是高度集中的中央集权型计划经济体制,其"统得过多、管得过死"的产业政策不利于发挥企业职工的积极性和主动性,供需结构主要通过国家指令性计划配置,纺织企业基本属于无风险经营,由此暴露出一系列问题,如产品质量差,花色品种少,更新换代慢,物质消耗高,经济效益低,企业竞争力弱,产业结构性矛盾突出。

2. 调整期 从 1978 年至 20 世纪 90 年代是我国纺织产业的调整期。这一时期,我国的纺织工业进入了新的调整与提高阶段,纺织产业从原来计划经济体制逐步转向市场经济体制,打破了以前统分统配、统购统销、产销脱节的产业政策。企业通过政企分开扩大了经营自主权、增强了企业活力。同时通过宏观调控和产业导向政策以及借助财政、税收、价格等经济杠杆的调节,理顺了产业、地区、企业之间的关系,推行了多种形式的经济责任制,通过兼并、租赁、参股等多种形式调整了企业内部的经营机制,通过价格手段调整了供需关系。纺织产业的市场化、社会化程度日趋提高、经济效益明显改善,国际竞争力得到加强。但与此同时,纺织产业内部重复建设现象严重,形成了企业之间的恶性竞争,全行业连续几年出现整体亏损,成为当时国民经济发展最困难的产业之一。

3. 快速增长和产业升级期 从 20 世纪 90 年代末以来,我国纺织产业进入了快速增长和产业升级期。从 1998 年开始,纺织产业经过连续 3 年的努力,完成了"压锭、减员和扭亏"三大目标,纺织产业结构的调整和技术改造效果明显,产业整体素质不断得到提高,产业的国际竞争力获得较大提升。在"十五"规划期间,行业规模稳步提升,纺织工业纤维加工总量增长 98%,规模以上企业总资产增长 63.6%,销售产值增长 134%,人均劳动生产率按现价增长 48.5%,纺织服装产业集群已经形成,并涌现出一批具有较强竞争力的知名企业。"十一五"期间,纺织工业进一步加大科技研发力度,科技贡献率明显提高,自主品牌成为提高市场竞争力的重要选择。自 2008 年国际金融危机爆发以来,纺织行业从持续高速增长逐步转向了在平稳增长的同时更加注重结构优化的发展阶段,严峻的外部形势所形成的倒逼机制与市场竞争机制,促使纺织行业调结构、促升级,提高创新、质量、效益对行业经济发展的贡献程度。"十二五"期间,纺织行业将坚持以加快转变经济发展方式为主线,以结构调整和产业升级为主攻方向,以自主创新、品牌建设和两化融合为重要支撑,努力建设结构优化、技术先进、绿色环保、附加值高、吸纳就业能力强的现代纺织工业体系。

二、纺织企业管理的基础工作

纺织企业管理的基础性工作,是纺织企业在生产经营活动中的基本手段和前提条件。它具有"科学性、群众性、先行性"等特点,它为有效地发挥企业管理的职能,实现企业生产经营目标提供信息资料、共同的管理准则和基本手段。纺织企业管理的基础工作是一个大的系统,可分为硬系统和软系统两大类。硬系统主要指工艺、设备、操作管理等内容,通常称为"小三基"(这方面的内容将在第四单元各章讲述)。软系统主要指基础管理、基本功训练和班组管理等内容。

(一)基础管理的主要内容

1. 标准化工作 标准化工作包括技术标准、管理标准的制订、执行和管理等工作。标准是对经济、技术和管理活动中,具有多样性、相关性特征的重复性事物,以特定程序和特定形式颁发的统一规定。技术标准是生产对象、生产条件、生产方法以及产品包装、储运等方面所规定的统一标准。它包括产品设计标准、材料配件标准、产品质量标准、工艺及加工程序标准、检验技术标准、操作标准及设备维护保养标准和安全环保标准等。中国纺织工业协会在"十五"期间就组织制订、修订、清理了纺织国家标准710多项,纺织行业标准890多项。为了保证技术标准的先进性,企业要积极采用国内标准和国外先进标准,企业制订的标准一般可略高于国家和行业标准。管理标准是关于企业各项管理工作的职责、内容、程序、方法和要求等方面所作的统一规定。它包括企业的技术管理标准、生产组织标准、经济管理标准、管理业务标准、工作标准等。

2. 定额工作　定额工作包括制订、贯彻和修订各类定额在内的一系列管理工作的总称。定额是指在一定的生产技术组织条件下,为完成一定的生产任务,对人力、物力、财力的消耗、占用以及利用程度所规定的数量标准。在纺织企业中,定额种类主要有劳动定额、物资定额、资金定额、设备定额、费用定额等。定额是企业计划工作的基础,是企业组织生产经营活动的依据,是企业开展经济核算,不断提高经济效益的手段,也是正确报酬工作的一个尺度。因此,企业要加强定额管理,建立、健全完整的定额管理体系,始终保持定额水平的先进合理。

3. 计量工作　计量工作是指测试、检查、化验分析等方面的计量技术和计量管理工作。计量就是标准化的测量,是通过技术和法制手段,对量值统一的测量,以保证量值的准确一致。计量技术是指计量基准的建立到量值的传递,以及生产中的实地测量,它包括测量方法和测试手段两个方面。计量管理是指对量值的传递系统以及技术手段和法制手段进行协调。在纺织企业中,计量范围正在不断扩大,测试手段复杂,原来的机械式衡器、仪器,正逐步向光、电、磁等方向发展。在这种情况下,企业要不断加强计量管理工作,提高计量管理的水平,建立、健全机构,配备专业人员,建立、健全计量管理的规章制度。

4. 信息工作　信息工作是指企业生产经营活动中所需资料的收集、处理、传递、储存等管理工作。信息是经过人们加工处理的各种情报、资料、指令和消息的统称。企业的信息工作可以划分为内部信息工作和外部信息工作两大类。内部信息工作主要是指企业生产经营过程的信息产生和处理,包括各项专业管理的原始记录、台账、统计报表和统计分析等。外部信息工作主要是指各种经济、科学技术情报的收集与应用。在现代企业管理中,信息已被认为是一种重要资源。准确而及时的信息,是企业进行科学决策的依据,是对企业生产经营活动进行有效控制的工具,是沟通组织活动的重要手段。

5. 规章制度　企业规章制度是为了保证企业生产经营活动的正常进行,用文字的形式,对各项管理工作和生产操作要求所作的规定,是全体职工的行动规范和准则。企业的规章制度主要有基本制度、专业管理制度和岗位责任制度三类。作为企业管理的基础工作,企业规章制度主要指专业管理制度和岗位责任制度。专业管理制度是为了保证生产、技术、经济活动正常进行,对企业各项管理的内容、程序、方法和要求所作的规定。岗位责任制是对企业内部各级组织、各类人员承担的工作任务、应负的责任和工作中拥有的权力所作的规定。其中,岗位责任制处于核心地位,因此企业必须建立健全以岗位责任制为核心的规章制度。

(二)职工的培训与基本功训练

职工的培训和基本功训练主要是对企业员工进行思想政治教育、科学文化知识及基本技能的培训、业务知识与技能培训、经济管理知识培训,其具体内容见表1－3。

表1－3　职工的培训与基本功训练

培训与训练项目	主　要　内　容　或　要　求
思想政治教育	思想政治工作的内容主要包括理想教育、道德教育、纪律教育与法制教育和安全教育等。现代企业职工的思想政治教育常常同企业的组织文化建设相结合,通过引导职工对企业精神、经营理念、经营宗旨的认同,以及引导和帮助员工进行职业生涯规划等,从而形成较强的向心力和凝聚力
科学文化知识及基本技能的培训	主要是对职工进行基础知识和基本技能的培训教育。根据工作要求,对员工进行听、说、读、写、计算等知识与技能的培训,以及计算机基本应用能力和外语应用能力的培训等。随着科学技术的飞速进步,企业要求员工掌握的基本知识与技能愈来愈多元化、全面化,技能水平要求愈来愈高,也更加规范。因此,基本科学文化知识及基本技能的培训越来越受到企业的重视
业务知识与技能的培训	主要是对职工进行相应工作(岗位)的应知、应会的培训,通过对相应工作(岗位)进行认识、实践、再认识、再实践的培训过程。使员工掌握从事相关工作必备的专业知识和操作技能,从而不断提高劳动的熟练程度,不断提高工作效率和劳动生产率水平
经济管理知识的培训	主要是对职工进行经济核算等方法的培训,促进员工在生产经营活动中努力降低各种资源的消耗水平,增强员工的社会责任意识

(三)班组管理

　　纺织企业班组管理是根据纺织企业的生产工艺流程及不同产品和工作岗位的要求,由相同或不同工种的员工组成,是企业生产管理的基本单位。一般按所承担的工作可分为生产型班组和非生产型班组两类。生产型班组是一个有机结合的按同类型生产设备或同类型生产工艺而设立的承担繁重生产任务的工作小组,如前纺甲班、后纺乙班等。非生产性班组是指为生产服务的辅助班组,它不直接承担生产任务,如电工班、机修班、后勤班等。

1.班组管理的重要性

　　(1)班组是企业各项生产活动的落脚点。在纺织企业中,班组起着承上启下枢纽作用和组织落实作用,公司的战略方针、目标和各项任务分解落实到班组,再由班组落实到每个工作岗位上,每个班组活动都是企业活动的一部分。各项工作完成的好坏决定了整个指标完成的好坏。

　　(2)班组管理是企业管理的基础。企业的各项管理制度、操作和工艺标准最终需要通过班组来落实,企业生产、技术、经济活动中的原始记录、台账、报表等第一手资料都在班组完成。班组是企业内部经济责任制的落脚点,是企业最基层一级的经济核算单位。因此,班组最清楚生产中的关键及潜力所在,企业管理制度的完善程度需要到班组中实践、发展和完善,班组各项工作的水平反映了整个企业管理的水平。

　　(3)班组是建设高素质员工的阵地。班组在通过开展6S管理(现场管理)、QC管理(质量管理)、TPM管理(全员维修管理)、MIS(管理信息系统)等现代管理方法和手段科学、合理地组织生产活动,使员工的文化素质和工作技能不断提高;在班组管理中通过"传、帮、带","比、学、赶、帮、超"等方式和方法组织各项劳动竞赛活动,并通过奖勤罚懒等制度的实施,调动员工学习知识和提高操作技能的积极性。通过班组制度化建设,促进员工不断规范个人行为,成为有高度责任心、协作精神、综合素质较高的新时代员工。

2. 班组管理的内容 班组管理的主要内容见表1-4。

表1-4 班组管理的主要内容

主要项目	主 要 内 容
运转管理	a. 编制生产作业计划日历进度,按机台、人员分解落实车间下达的任务,确保生产任务的准时完成 b. 落实交接班制度 c. 生产现场的 6S 管理 d. 固定供应的管理
操作管理	a. 员工上岗前的培训 b. 操作培训及测定 c. 操作练兵 d. 技术操作运动会 e. 工序操作法及标准测定 f. 班组操作安全管理 g. 清洁工作
质量管理	a. 工序质量管理 b. 工艺质量管理 c. 操作质量管理 d. 开展 QC 小组活动
优秀班组建设	a. 提高班组长的基本素质与综合素质 b. 团队建设 c. 民主管理 d. 思想工作

如某棉纺企业交接班过程中的检查项目见表1-5。

表1-5 棉纺企业交接班过程中的检查项目表

工 序	检 查 项 目
清花工序	检查工艺牌与品种是否相符合,摊棉与配棉表是否相符,是否按配棉表排包,各品种回花、回卷、回条堆放与工艺牌是否相符合
梳棉工序	检查容器(生条筒、棉卷扦)跟工艺牌是否相符,有无错特筒号,针布(锡林、道夫)损伤情况,车间温湿度
并条工序	机前:皮辊、罗拉、加压、集合器、上绒布、喇叭口是否正常,有无缺损,查责任号
	机后:条子排列、换筒、分段是否正确。查交班清洁项目,查容器用具是否清洁齐全,工艺是否上车,分品种送清交班

工　序	检　查　项　目
精梳工序	条卷机:检查小卷质量、责任标记、条筒号是否用错,棉条分段是否均匀,棉条条干是否正常,条筒排列是否整齐;核对机械状况,查皮辊、罗拉、加压是否良好,机械运转、自停装置、安全装置是否正常
	精梳机:关车查锡林、顶梳、加压、皮辊;开车查棉网、棉条、成形、棉卷分段、粘卷、自停装置是否灵敏。核对机器情况,查有无缺损,有无异响。还须查交班清洁项目,查容器用具、回花等是否清洁整齐
粗纱工序	机前:皮辊、罗拉、加压、集合器、双皮圈、条干,责任标记
	车底:掉纱、掉管、掉棉条、错管等
	检查交班清洁是否做好,回花下脚是否分清。检查公用工具是否齐全,机件有无缺损,机器有无异响。检查定长记录和机台上粗纱大小是否相等。清洁区域是否按规定做好清洁
细纱工序	交清本班温湿度变化、工艺改动、翻改品种、平揩车、钢丝圈使用及粗纱供应情况。接齐车上所有断头,不留空锭,特殊情况应向接班者说明原因。检查零件有无缺损,粗纱宝塔分段情况,有无错特、错管,检查上一班清洁工作
成品工序	检查机械零件有无缺损,张力装置、清纱装置是否正常,检查筒子责任印、筒子成形,机台品种使用容器与工艺牌是否相符,有无错特,机器运转是否正常,坏筒、坏纱是否收清

三、纺织企业管理者的角色与应具备的素质

(一)纺织企业管理者的层次分类与管理职能

1.纺织企业管理者的分类　根据人们在企业中的地位和作用的不同,可分为管理者和操作者。管理者是指那些在组织指挥他人完成具体任务的人。如纺织企业的总经理、分厂或分公司的经理、部门经理、工段长、班组长等。操作者是指要直接从事具体的业务,一般不承担对他人工作监督责任的组织成员,如细纱挡车工、织布挡车工、印花雕刻工、服装制版工、缝纫工等。管理者虽然有时也承担一定的具体事务性工作,但他们的主要职责是指挥下属工作,下属向其汇报工作,是管理者区别操作者的显著特点。

根据前述,管理者一般分属决策层、管理层、执行层三个层次,依次形成最高管理者、中层管理者、基层管理者。高层管理者是指那些对企业的管理负有全面责任、侧重负责制订企业大政方针、沟通企业与外界交往的人,如公司的总经理等。中层管理者是那些主要以贯彻高层管理者所制订的大政方针、指挥基层管理者活动为职责的人,如工厂的车间主任、公司的事业部经理等。基层管理者是指那些直接指挥和监督现场作业人员去完成上级下达的各项计划和指令的人,如一线生产技术员、班组长等。

除了纺织企业管理者按层次分类外,还可以按管理者所在的领域把管理者分为综合管理人员和专业管理人员。

2.纺织企业管理者的管理职能　作为管理者,不论他在组织中的哪一层次承担管理职责,其工作内容都涉及计划、组织、领导、控制和创新几个方面。当然,创新职能总是在与其他

管理职能的结合中表现自身的存在与价值。不同层次的管理者履行各项管理的职能的程度和重点有所不同。高层管理者用在计划、组织、控制职能上的时间要比基层管理多,而基层管理者用在领导职能上的时间比高层管理者多;就计划而言,高层管理者关心组织整体的长期战略规划,中层管理者重于中期、内部管理性计划,基层管理者则侧重于短期业务和作业计划。不同层次的管理者履行各项管理的职能如图1-7所示,他们的活动时间分布见表1-6。

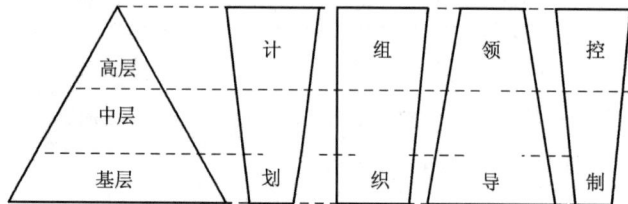

图1-7 管理者的层次分类与管理职能

表1-6 不同层次管理者职能活动时间分布

管 理 者	管理职能活动时间分布(%)			
	计划	组织	领导	控制
高层管理者	28	36	22	14
中层管理者	18	33	36	13
基层管理者	15	24	51	10

(二)纺织企业管理者的角色与素质要求

1. 纺织企业管理者的角色 纺织企业管理的主体是管理者,管理者角色实际上是指作为一般管理者在企业组织内从事各种活动时的立场、行为表现等的一种特性综合。管理者一般从人际关系、信息传递和决策制定三个方面扮演着相应角色。

(1)人际关系角色。管理者扮演的第一种人际关系角色是组织代表(即挂名首脑),即所有管理者都要有在组织中履行礼仪性和象征性的义务。如企业的总经理在接待上级领导和贵宾以及在带领其他组织来宾参观本企业生产线时,他扮演着企业代表的角色,而这种角色有时十分重要,它足以影响企业的形象。管理者扮演的第二种人际关系角色是领导者,因为他们是管理活动的出发者,他们必须按企业的目标和环境的变化激励、培训、惩戒下属员工,否则目标实现就可能会有问题。管理者扮演的第三种角色是他们要在人群中充当联络员,一方面可以获得各方面对企业有用的信息,另一方面可以发展企业的关系资源。

(2)信息传递角色。管理者扮演信息传递的角色主要有三种。一为监听者的角色,即从不同的渠道用各种办法接受信息、了解信息、掌握信息。二为传播者的角色,即把企业的信息、自己所收集加工的信息等向企业成员加以宣布、传递。如,最近中国纺织工业协会及相关行业协会发布了2012~2013年度竞争力排名前十名的全国纺织各行业知名企业,如本企业列于其中,让员工获知这一信息,将能激励员工更好地工作。三为发言人的角色,即管理者有时必须代表组织向外界公布态度、决定、报告、进行演讲,这可能是组织动作的需要,有时是外界压力的结果。

（3）决策角色。决策角色表现在:第一是企业家的角色,他必须是捕捉发展机会、进行战略决策,并承担责任的管理者。第二是事件处理驾驭者的角色,在处理企业内部棘手事件、突发事件通常是能获得成功的管理者。第三是资源的分配者角色,对组织有限资源能根据组织目标内容进行分解,即对组织资源进行合理、有效地配置。第四是谈判者的角色,即为了企业的利益与其他企业商定合作和成交的条件时,扮演谈判者的角色。

2. 纺织企业管理者的素质　纺织企业管理者的素质是指同企业管理者的职业特点相应的修养、水平和能力的总和。它不仅包括文化素质、技术业务素质和身体素质,还包括思想观念和心理素质。由于管理者在企业生产经营活动中扮演着多重角色,因此必须有较强的综合素质和能力。

（1）职业道德素质。管理者必须要有较强的政治素质、高尚的道德品质,奉公守法、严于律己,具有较强的使命感、责任感,对企业必须有较高的忠诚度。

（2）知识素质。管理者必须具备创造性和复合型的知识结构。复合型知识结构的特点是既有扎实的基础知识和宽广的知识面,又有精深的专业知识。

（3）能力素质。管理者的能力素质应当是综合的,主要包括决策能力、战略规划设计与组织实施能力、人际交往沟通的能力、理性处理复杂、突发事件和总揽全局的能力,以及自我超越、科学思维、开拓创新、驾驭市场、勇于竞争的能力。

（4）经验素质。管理者的经验是指其在生产经营管理活动方面的实践锻炼与经验积累。经验对管理者非常重要。因为经验是形成管理能力的中介,是知识升华为能力的催化剂。一个受过良好教育的人,只有与实践相结合,才能形成管理能力,成为优秀的管理者。

（5）身体与心理素质。管理工作的特点决定了对管理者的身体及心理素质需有较高的要求。管理者不仅要有健康的身体,还应具备良好的心理素质,能经得起成功与失败,处变不惊,具有大将风度,具备顽强的忍耐力和高度的承受力,善于自我控制,始终处于拼搏进取的精神状态。

➤ 技能实训

1. 联系一家纺织企业,通过调研写出登记、注册一家同类型新企业的程序,标明需要涉及的主要部门和需要办理的手续。

2. 选择一个具体的组织单位,运用管理原理以及组织设计的方法分析其在管理活动中存在的不足。

3. 查阅企业管理有关知名网站,写出 3~4 个相应的网址,并对某一感兴趣的网页栏目中的话题写一篇 500 字左右的分析评论。

➤ 案例综合分析

华荣纺织厂企业组织设置研究

孙军用了 15 年的时间,成功地建立了一家包括两家分工厂的纺织企业。A 分厂从事纺织生产,B 分厂从事染整后处理,最近又建立了一家服装分厂,生产衬衫。该企业目前的组织结构如图 1－8 所示。

孙军打算在 5 年内退休,并把生意转交给他的儿子孙明。孙明刚学完一门会计课程,目前

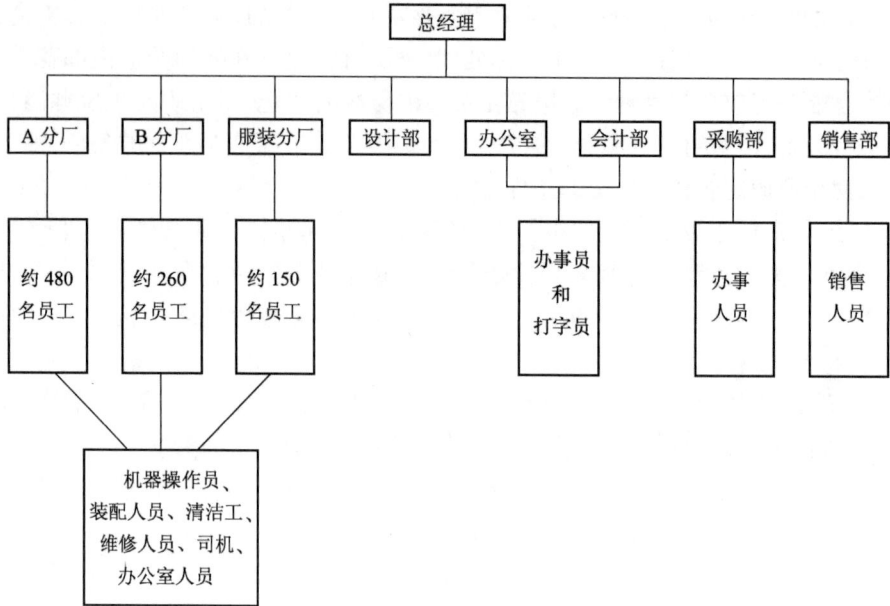

图1-8　华荣纺织厂目前的组织结构简图

在B分厂工作,以便获得一些实际知识和经验。

孙军对厂中每一个人都十分熟悉,并且企业中大多数的决定由他做出。李浩是A分厂的经理,有很高资历,当孙军不在的时候,由他主管一切。厂内任何一个领域都没有正式的工作程序和方式,孙军喜欢这样做,他认为企业是"一个快乐的大家庭"。他经常说,如果任何人有问题可以直接去找他。

在过去的一年内,关于原材料供应不稳、交货不准时、工作中的推诿等方面的牢骚比往常要多。如,近期孙军不得不做出一项专门安排,使一位在A分厂工作的员工得到他的奖励性工资。因为A分厂认为这是总部的责任,而总部认为这是A分厂的责任。

过去,孙军经常越过分厂经理直接发出指令。最近,他发现这似乎造成了严重的困惑和误解。孙军感到生意上的事太多了。因为他把所有的时间都化在解决问题和处理危机之上,他正在失去对企业目标上的控制。某些事必须要决定了。

● 讨论题:

1. 假设你是一名咨询顾问,现被要求为华荣纺织厂画一张新的组织结构图,并解释你做出这种设计的原因。要求如下:

a. 不解雇任何人。

b. 新的组织结构必须可行,并能够得到较多的高级经理的赞同。

c. 新的组织结构设计是从长远角度来考察的,因而可设置一些新的职位和头衔。

2. 基于以下三方面的考虑:

a. 使华荣纺织厂运转更有效。

b. 把孙军从日常事务堆中解脱出来,从而让他能做一些向前的计划。

c. 在今后的5年中,用平稳过渡的方式,把生意转交给他的儿子孙明。你对孙军有哪些建议?

第二单元 纺织企业决策理念与方法

第二章 纺织企业决策战略理念

本章学习目标

1. 了解纺织企业战略管理的主要内容。
2. 了解环境分析主要考虑的因素,学会发现企业优势和劣势,并扬长避短。
3. 了解企业文化与核心竞争力间的关系。
4. 掌握纺织企业总体战略基本类型。
5. 掌握纺织企业品牌战略、人才战略、资本运营战略的运作技术。

👉 **[导入案例]罗莱家纺业的发展历程**(选编自罗莱企业网站)

1. 罗莱介绍

罗莱是一家专业经营家用纺织品的企业,集研发、设计、生产、销售于一体,是国内最早涉足家用纺织品行业,并形成自己独特风格的家纺企业。公司前身为 1992 年创办的"南通华源绣品有限公司",1994 年成立"南通罗莱卧室用品有限公司",1995 年成立江苏罗莱集团有限公司。1999 年成立上海罗莱家用纺织品有限公司,并将总部迁往上海。

"罗莱"品牌先后荣获"中国著名畅销品牌""中国家纺协会床上用品知名品牌""中国 500最具价值品牌";罗莱产品先后荣获"中国公认名牌产品""中国纺织针织产品博览会金奖""上海名牌产品 100 强"、国家免检产品等称号。

1998 年,罗莱在家纺行业率先导入特许连锁加盟经营模式,已建成遍布全国 29 个省、市、自治区各大中城市近千家专卖店的销售网络。同时,成立了售后服务组,开设免费服务热线,接受消费者咨询投诉。

2. 罗莱家纺的发展历程

1992 年,罗莱一无厂房,二无品牌,三无稳定市场。凭着薛伟成、薛伟斌兄弟俩过人的胆识和对中国经济走势的正确判断,投资 100 多万元,成立南通华源绣品有限公司。从此,开始了从经商向实业的跨越。当时,公司租赁了一家国有企业闲置的五六百平方米的厂房,招聘了20 来个员工。当时的产品非常单一,主要生产缎子绣花床罩。

1994 年,成立南通罗莱卧室用品有限公司,一期工程投资 200 多万元,公司搬至南通钟秀路,占地面积8亩,从此,公司有了自己的生产基地。注册"罗莱"商标,斥资38万元请当时全国著名广告公司进行策划,全面导入CI形象识别系统。这一时期的渠道策略主要是采取店中店、店中柜和商场代销制。

1998年前,罗莱的营销体制是办事处制,营销渠道主要是在传统百货商店中开店中店、店中柜和商场代销。1998年,以郑州亚细亚为代表的一批传统百货商店纷纷破产倒闭,或经营陷入困境。罗莱生产流动资金受到极大影响,公司陷入危机。

经过痛苦反思,公司领导果断决定实行渠道变革,从过去的办事处制向连锁加盟体制转轨,率先将各办事处负责人改为代理商。

1999年元旦,罗莱第一家专卖店在南通正式开张营业。

经过两年多时间的痛苦变革,罗莱实现了凤凰涅槃。2000年,新的营销体制开始显示出强大生机,罗莱当年发展速度达到60%。

从2000年开始,罗莱"发动机"开始发力,2000年至2004年,罗莱平均每年以60%的速度增长。如今,已建立起遍布全国各地的营销网络,在全国发展了300多家连锁加盟商,共有600余家连锁店。2004年,罗莱销售额已居同行业首位。

从2004年开始,罗莱进入了二次创业阶段。这一阶段,罗莱从以外部市场的快速扩张为主向强化企业内部管理转变,夯实基础,苦练内功,打造百年罗莱;实施多品牌运作,代理澳大利亚喜来登品牌、法国尚玛可品牌、意大利意欧恋娜品牌;实施国际化战略,使罗莱走出国门,走向世界。2009年,罗莱家纺成功登陆A股市场,这标志着罗莱的发展翻开了新的一页。

3. 罗莱使命

让人们享受健康、舒适、美的家居生活。

4. 罗莱愿景

保持中国家纺行业领导地位,成为受人尊敬的百年企业。

5. 罗莱价值观

核心价值观:卓越,专注,伙伴。

卓越,是比优秀还要突出,不断进取,不断超越。

专注,罗莱将专心专注于家纺行业,心无旁骛,在这一领域精耕细作,做深、做透、做专、做强。

伙伴,伙伴是一种平等、紧密、合作、双赢或多赢的战略关系。

● 启示

罗莱是一个什么企业? 它在什么时间做了什么事情? 它的发展目标和愿景是什么? 企业决策者的理念是如何影响企业发展的?

第一节 纺织企业发展战略与核心竞争力分析

一、纺织企业决策者的战略分析

一个企业不论大小都有其决策者,他可能有各种头衔,如厂长、董事长、总经理、总裁等。企业的决策者对企业的兴衰成败负主要责任。

战略一词源于军事,指为了获得有利的军事地位而进行的总体计划和部署。现在,战略一词被广泛地应用于社会经济生活的各个领域。企业的战略就是根据企业外部环境的变化和内部的资源条件,为求得企业生存和长期发展而进行的总体性谋划。孔子说过:人无远虑,必有近忧。因此,企业决策者只有具备了战略理念,才能避免企业出现重大方向性错误,整合各项经营管理活动,保障企业目标的实现,对环境变化做出有效的反应,才能保证企业健康稳定地发展。

企业决策者的任务是根据企业的使命,分析企业生产经营活动的外部环境,确定存在的经营机会和威胁,评估自身的内部条件,认清企业经营的优势和劣势,在此基础上为企业选择一个适宜发展的战略。

(一)企业的使命

对于一个企业来说,首先应明确企业做什么?为什么做?为谁提供服务?在哪里做?怎么做?做的原则是什么?企业的使命就是要阐述企业的根本性质和存在的理由。企业使命的表述在企业战略管理中又称之为目标任务陈述,一个全面的陈述可以考虑以下几方面的内容。

(1)用户。企业的用户是谁?

(2)产品或服务。企业的主要产品或服务是什么?

(3)市场。企业主要在哪个地区或行业开展竞争?

(4)技术。企业的技术是否是最新的?

(5)对企业生存、发展和赢利的关注。企业是否努力实现业务的增长和良好的财务状况?

(6)观念。企业的基本信念、价值观和愿望是什么?

(7)自我意识。企业的长处和竞争优势是什么?

(8)对社会形象的期望。企业期望在社会上树立一个什么样的形象?

(9)对企业员工的关心。员工与企业的关系及激励措施是什么?

纺织企业千差万别,环境、基础条件、人才各不相同,因此企业的使命不尽相同。世界上没有尽善尽美的人,自然就不存在十全十美的企业目标任务陈述。同时快速发展的世界的特征是:唯一不变的就是变化,所以陈述也不是一成不变的。

在编写目标任务陈述时,要做到语言精练、明确,易于被企业员工接受和记忆。

著名的服装企业——宁波杉杉服装集团的陈述为:

杉杉服装的最高追求:创造中国的一流企业。

杉杉服装最高价值原则:企业共同利益高于一切。

杉杉服装的行动口号:让我们改变自己。

这样的企业使命既具有号召力、感染力,又具有激发向上的意义。有人会提出质疑,激励企业经营的是利润,而不是企业的使命。然而仅仅先靠利润是不能完全激励员工的,员工们认为利润是为老板、股东创造的。而企业的使命反映了利益的共同性,这可使员工们的精神境界从日常工作中得到升华,员工和企业融为一体。

用文字的形式制订企业的使命有以下好处:保证整个企业目标的一致性;为配置企业资源提供基础或环境;建立统一的企业风气或环境;使员工认识企业的目的和发展方向;有助于将目标转变为工作组织结构;使企业的经营目的具体化,并将其转化为目标,便于评估和控制。

现在的世界不断地在发生着变化,没有任何一家纺织企业可以高枕无忧,它必须时刻关注着周围环境的变化。从已经发生的故事来看,企业的发展时时刻刻充满着危机,一个辉煌的企业转眼就可能消亡。要使企业保持竞争的优势和发展的动力,企业决策者必须充分了解企业所处的环境,这种环境显然包括企业的内部和外部环境两个方面。企业决策者对环境的分析是他对企业进行战略管理的前提。

(二)企业的外部环境分析

任何企业的发展,都要受到其外部环境的联系与制约。对企业所处的外部环境进行分析,可以使企业决策者帮助企业确定外部环境会给企业创造哪些机遇以及会给企业带来哪些威胁,从而使企业决策者针对企业的环境制订合适的经营战略。

企业的外部环境可以分为宏观和微观的环境。

1. 宏观环境 宏观环境是指对企业及微观环境各因素具有较大影响力的客观因素的总体,主要有政治法律、经济、社会文化和科学技术等,称 PEST(Political,Economic,Social,Technological)分析。这四种因素分析的具体内容见表 2 - 1。

表 2 - 1 宏观环境因素分析表

政治法律因素	经济因素	社会文化因素	科学技术因素
基本路线	经济发展水平	社会心理	网络
方针政策	经济增长速度	宗教信仰	信息技术
法律制度	经济运行状况	教育状况	国家创新体系
法规条例	财政政策	人口出生率和增长率	企业开发研究
政府的稳定性	货币供给量	人口结构	知识产权
政策的连续性	信贷规模	人口质量	专利
国家关系	利率和汇率	消费倾向	引进国外技术
规划计划	物价水平	风俗习惯	生物工程
政府运用的经济杠杆	人均收入水平		CAD/CAM
	失业率		超导技术
	通货膨胀率		光导技术

企业面临的环境是复杂变化的,各种影响因素相互联系、相互影响,在不同时期、不同地点、不同产业有着不同的影响作用。宏观环境分析给决策者的行为导向见表 2 - 2。

表 2 - 2 宏观环境分析给决策者的行为导向

行为	内容
搜索	找出环境变化和趋势的早期信号
监测	持续观察环境变化和趋势,研究其中的含义
预测	根据掌握的信息,努力预测可能的趋势和结果
评估	依据所掌握的环境变化的趋势信息,判断其对企业战略决策的影响程度,为整体的战略管理提供依据

[案例]经济因素对纺织业的影响

自2005年7月21日起,我国开始实行以市场供应为基础、参考一揽子货币进行调节、有管理的浮动汇率制度。这是我国改革开放的大势所趋,也是使中国国民经济进一步融入经济全球化大趋势中的必然选择。但随着人民币逐步升值和纺织品出口退税下调,中国纺织品的低成本优势正逐渐削弱。中国纺织行业的出口环境将日趋严峻。据预测,如果人民币升值超过百分之十,则整个行业的议价能力会明显下降,对纺织品出口的影响逐步显现。而随着全球纺织品贸易一体化和纺织品"后配额时代"的到来,国际上针对中国纺织品的反倾销还将增多。发达国家不仅采取贸易摩擦等非正常手段限制中国纺织品的出口增长,同时还不断用反倾销等手段削弱中国纺织品的国际市场竞争力,使得欧美大量订单向东南亚一些国家转移,直接影响了中国对这些地区出口的稳定增长。中国纺织业的利润率一直在3.5%左右的低位徘徊,随着出口环境的严峻,内需将成为中国纺织品的主要市场。

2. 微观环境　企业的微观环境包括那些直接影响企业的生产经营的客观因素,其内容包括产业性质、产业结构、产业沿边、竞争者状况、消费者、供应商、中间商及其他社会利益集团等。企业的微观环境分析见表2-3。

表2-3　企业的微观环境分析表

分析的因素		分　析　的　内　容
产业分析	产业性质	第一、第二、第三产业,劳动密集型、资本密集型、技术密集型、知识密集型
	产业发展阶段	导入期、成长期、成熟期、衰退期
	产业重要性	国民经济中的地位和作用、国家支持、鼓励、改造还是限制
	产业结构	新加入竞争者的威胁、替代品的威胁、买方的议价能力、供方的议价能力、现有竞争对手的竞争
市场状况分析	顾客需求	现有的和潜在的顾客、现实的需求和潜在的需求
	市场容量及发展趋势	一定时期、一定市场上该种商品的销售总量,市场容量的发展趋势是增长还是维持现状或下降
	生产要素供应情况	能源、原材料、人力资源、房地产、资金等,是否充足、有无替代品、要不要进口等
	竞争对手	主要竞争对手的市场份额、价格、公司的财务状况、产品质量、市场信誉度

(三)企业的内部环境分析

企业的生产经营在受到外部环境的影响和制约的同时,还受到其内部条件和自身能力的限制。因此,企业的决策者还要了解企业自身所处的相对地位,具有哪些资源以及战略能力。企业了解自己的内部环境,是为了了解自己的优势与劣势,从而扬长避短,趋利避害,做出适合自己的战略决策。

企业的内部环境分析主要是企业的资源条件分析和企业的能力分析。企业的经营和发展离不开各种资源,如资金、原材料、生产设备、人员等。资源的丰厚与否将影响企业的发展方向、速度,甚至企业的生存。企业能力的强弱是指企业利用资源好坏的程度。

企业内部资源条件分析见表2-4。

表2-4 企业内部资源条件分析表

技术资源	信息资源	人力资源	物力资源	财力资源	组织资源	自然条件
技术的先进程度	计算机	人员数量	机器设备	各种资产及其结构	组织结构	地理位置
拥有的专利	信息系统	人员素质	房地产	各种负债	班子结构	气候条件
和专有技术	数据库	人员结构	工具	所有者权益	管理层次	环境条件
新产品储备	电子邮件	人员使用	能源设施	销售收入	管理效率	运输条件
研究与开发	网络	人员培训	原材料	销售成本	劳动纪律	生活条件
技术改造	计算机软件	人事制度	存货	盈利状况	集权与分权	
技术引进	CAD/CAM	人员流动	运输设备	现金流量	分工与协作	
设备更新	战略决策	用人机制	仪器仪表	融资渠道	信息沟通	
环保措施	支持系统	劳动保护		投资风险	机构设置	
	信息成本					

企业能力分析见表2-5。

表2-5 企业能力分析表

竞争能力	适应能力	营销能力	生产能力	财务管理能力	资本运营能力
产品品种	发展速度变化	目标市场	机器设备的数量	销售利润率	资本结构
产品数量	投资规模变化	市场定位	生产线的类型	总资产收益率	资产重组
产品质量	政府政策变化	价格	柔性程度	投资利润率	联合
交货期	消费倾向变化	分销渠道	工作制度	资产负债率	兼并
成本	生活水平变化	促销手段	能源保证程度	销售额增长率	收购
价格	竞争对手变化	把握市场机遇	原材料保证程度	资产周转率	参股控股
营销系统	出口形势变化	销售总额	劳动力保证程度	流动比率	股票上市
服务	科技进步	货款回收率	协作配套	速动比率	发行债券
效率	通膨或通缩	产销率	生产能力利用率	资金成本	转让股权
技术水平	抗风险能力	与客户联系	合格率	出口创汇率	合资经营

二、企业文化与核心竞争力

当今的世界是一个竞争的世界。在激烈竞争的市场环境中,只有那些经营灵活,不断创新,富有竞争力的企业才能够长期地生存。而那些缺乏活力,反应迟缓,不善于创新,没有竞争力的企业只能被市场淘汰。

竞争力是企业在市场中表现出来的一种外在力量或能力,它是多种资源、能力综合作用的结果。核心竞争力是企业在企业竞争中最关键、最核心的部分,它是处于主导地位的竞争力,是别人所不具备的或一时具备不了的独特的优势和能力,是战胜其竞争对手的"杀手锏",它来源于企业的核心能力和战略资源。核心竞争力包括硬件和软件两个部分。硬件包括产品、技术、知识、外部资源获取等能力,软件包括核心价值观、使命等文化核心。硬件往往可以被学习和复制,而软件更能够长期地推动企业的发展。因此,企业文化是企业核心竞争力的最基础,也是最具魅力的部分。

企业决策者对企业文化的影响是巨大的。企业决策者往往是企业文化、企业风气的创立者,他们的价值观直接影响着企业的发展方向。许多企业决策者倡导的价值观,制订的行为标准,常常激励着全体员工,使企业具有鲜明的文化特色,且成为对外界的一种精神象征。

(一)企业文化

1. 企业文化的含义　企业文化有广义和狭义之分。广义的企业文化是指企业在经营过程中所创造和具有自身特色的物质财富和精神财富的总和,即企业精神文化、制度文化、行为文化、物质文化的总和。狭义的企业文化是指以企业价值观为核心的企业意识形态。

企业精神文化在整个企业文化体系中处于核心地位,是制度文化、行为文化、物质文化之源。它包括企业价值观以及与之相关的企业使命、企业精神、企业宗旨、企业作风、企业经营哲学等。

企业制度文化是企业精神文化的具体化,企业精神文化必须转化为具有操作性的正式制度与规范,才能被广大员工接受。

企业行为文化是以人的行为为形态的企业文化形式,它包括企业家的行为、企业模范人物的行为、企业普通员工的行为等。其中企业普通员工的行为往往反映了企业整体的精神风貌和企业文化的现实状况。

企业物质文化是由企业人创造的产品和各种物质设施构成的实物文化,主要包括企业生产的产品和所提供的服务,以及企业的生产环境、企业建筑、企业广告、产品的包装与设计等。

由上可见,企业制度文化是企业精神文化的具体化。企业制度文化影响着企业行为文化。企业行为文化也反映了企业的精神风貌。企业的物质文化是企业精神文化、企业制度文化、企业行为文化的具体表现。企业精神文化在整个企业文化体系中处于核心地位。从逻辑上看,它们之间的关系是:企业精神文化→企业制度文化→企业行为文化→企业物质文化。

2. 企业文化的作用

(1)教育的作用。不同的文化塑造不一样的员工。企业文化的作用也在于其培养企业所需要的员工。具体地说,企业文化可以使员工学到进行生产经营及管理的知识、经验,使员工树立崇高的理想,培养员工的高尚道德,锻炼员工的意志,净化员工的心灵,使员工学到为人处世的艺术,提高员工企业使命的认同度。

(2)导向的作用。企业文化的导向作用是指对企业的发展方向、价值观念和行为等的导向作用。由于企业文化集中反映了员工的共同的价值观、目标,因此,它对任何一个员工都有一种无形的、强大的感召力,把员工吸引到既定的目标方向上来,始终不渝地为实现企业目标而努力奋斗。

(3)约束的作用。受企业文化熏陶的员工,如果对自己应该承担的社会责任和目标深刻的理解和领悟,就会自觉地约束自己的行为,就会自觉不自觉地按规章制度、道德规范行事。

(4)辐射的作用。企业文化不仅对内产生强烈的感染作用,而且对社会也会产生辐射的作用。企业通过其产品、员工、宣传等渠道向社会传播或扩散。

3. 企业文化的形成机制　企业文化通常是在一定的生产经营环境中,为适应企业生存发展的需要,首先由少数人倡导和示范,经过较长时间的传播,不断实践和规范管理而逐步形成的。

(1)企业文化是在一定环境中,为适应企业生存发展的需要形成的。企业文化的核心价值观就是在企业图生存、求发展的环境中形成的。如用户第一、顾客至上的经营观念,是在商品经济出现买方市场,企业间激烈竞争的条件下形成的。企业作为社会有机体,要生存、要发展,但是客观条件又存在某些制约和困难,为了适应和改变客观环境,就必然产生相应的价值观和行为模式。同时,也只有反映企业生存发展需要的文化,才能被多数员工所接受,才有强大的生命力。

(2)企业文化发端于少数人的倡导与示范。企业文化的形成在一开始总是只有少数人首先觉悟,他们提出反映客观需要的文化主张,倡导改变旧的观念及行为方式,成为企业文化的先驱者。正是由于少数领袖人物和先进分子的示范,启发和带动了企业的其他员工,形成了企业新的文化模式。

(3)企业文化是坚持宣传、不断实践和规范管理的结果。企业文化实质上是一个以新的思想观念及行为方式战胜旧的思想观念及行为方式的过程,因此,新的思想观念必须经过广泛宣传,反复灌输才能逐步被员工所接受。如日本经过几十年的宣传灌输,终于形成了企业员工乃至全民族的危机意识和拼命竞争的精神。

企业文化一般都要经历一个逐步完善、定型和深化的过程。一种新的思想观念需要不断实践,在长期实践中,通过吸收集体的智慧,不断补充、修正,逐步趋向明确和完善。企业领导者一旦确认新文化的合理性和必要性,在宣传教育的同时,便应制订相应的行为规范和管理制度,在实践中不断强化,努力转变员工的思想观念及行为模式,建立起新的企业文化。

4. 企业文化的建设　根据企业文化的形成机制及国内外的成功经验,在企业文化建设中应抓好以下主要环节。

(1)科学地确定企业文化的内容。在确定企业文化内容的过程中,应考虑以下几点。

①根据社会发展的趋势和文化的渐进性,结合国家、企业的未来目标和任务考虑文化模式。

②根据企业的外部客观环境和内部现实条件,形成企业的共性文化和个性文化。

③对源远流长的民族文化和现有的企业文化采取批判与继承的态度,取其精华,去其糟粕,采取辩证分析的方法,不能简单地肯定或否定。特别要善于发扬本企业的优良传统。

④博采众长,借鉴吸收其他民族和企业的优秀文化。

⑤重视个性发展。一个企业的文化个性,是这个企业在文化上与其他企业不同的特性。如惠普公司文化则体现在倡导团体主义,主张建立轻松、信赖、和谐的人际关系。公司宗旨明确写着:"组织成就乃系每位同仁共同努力之结果。"

⑥着眼企业发展战略,注重培育企业精神。企业文化要配合企业发展战略的需要,为促进企业发展服务。企业精神是企业文化的核心,是企业的精神支柱。企业精神的内容要与企业发展战略相适应。

（2）宣传倡导，贯彻落实。

①广泛宣传，达成共识。

②领导带头，身体力行。企业领导者是企业文化的龙头，企业领导者的模范行为是一种无声的号召，对员工起着重要的示范作用。

③完善制度、体制保证。企业文化是软硬结合的管理技巧。在建设企业文化时应"软硬"兼施，相辅相成。在培育企业职工整体价值观的同时，必须建立、健全、完善必要的规章制度，使员工既有价值观的导向，又有制度化的规范。同时，在建设企业文化时，要调整好企业内部的组织机构，建立和形成文化建设所要求的组织体系。

④树立榜样，典型引导。发挥榜样的作用是建设企业文化的一种重要而有效的方法。

⑤加强培训，提高素质。一个企业若员工的基本素质不高或缺乏良好的职业道德，生产力的健康持续发展是不可能的，企业文化建设也只能是纸上谈兵。要对员工进行待人接物的礼节教育，考试合格后才被录用。

（3）积极强化，持之以恒。企业员工的价值观、信条、口号、作风、习俗、礼仪等文化要素，是不断进行积极强化的产物。趋乐避苦，趋利避害，是人类行为的基本法则，在建设企业文化时也应遵循这些法则，对员工行为给以积极强化。

企业文化建设应是企业的长期行为，靠短期突击不能奏效，而且是有害的。由组织的少数人创造、倡导的某种文化质，传播到组织的每个团体，再由一个个团体传播给每一个人，使之在企业的每个角落里生根、开花、结果，这是一个长期的过程。改变企业文化的模式，不仅要长期积累新文化质，而且要同旧文化质的"惰性"作反复较量、长期斗争。学习、采借别的文化质，不仅要经过鉴别，以决定取舍，而且要经过长时间的加工制作、消化领会，才能把它吸收进自己的文化里。因此，进行企业文化建设必须长期努力，持之以恒。

[案例] 名牌的一半是文化（摘编自《中华纺织网》2013 年 3 月 5 日）

"红豆生南国，春来发几枝。愿君多采撷，此物最相思。"这是唐代大诗人王维的名作。如今这首千古绝唱已成了红豆集团企业文化的最好注解。而把王维的绝妙佳篇和红豆的企业文化巧妙地联系起来的人就是红豆集团总裁周海江。

周海江告诉记者："企业名牌有两大含量——文化含量和技术含量。技术含量，我们是通过引进装备，慢慢和国际品牌同质化来实现，同样重要的还有文化含量的打造。名牌的一半是文化，消费品牌就是在消费文化，我相信将来外国人必将以消费中国的品牌为荣，以消费中国的文化为荣。"在这样的品牌理念下，红豆集团在企业文化建设方面一直走在同类企业前面。红豆集团通过倡导"七夕红豆·相思节"，把企业文化建设上升到弘扬民族传统文化的高度。谈到这点，周海江兴奋地说，北京奥运会是在 2008 年 8 月 8 日开幕，正巧 8 月 7 日就是"中国的情人节"——七夕节，他当时策划要让中国的牛郎与织女走进奥运会，让中华民族的传统文化登上国际舞台，而这也是中国民族品牌走向国际的关键一步。

说起品牌的形成，周海江说："一个品牌的形成主要依赖于三个要素：产品知名度、企业的社会形象、经营者的能力和个人魅力。我们中国企业、企业家对这三个要素都比较重视，但是第二个要素在行动上要相对滞后。企业的社会形象也是企业文化的一种体现，一个有责任的企业不仅要营造和谐的企业内部环境，还要对社会负责，营造和谐的企业外部环境，提升企业在社会的诚信度和美誉度。"多年来,红豆集团非常注重社会形象,对所有售出产品负责到底,多为地方交纳税收、安置劳力、提供资助,仅为扶危助困累计捐款捐物就达五千多万元,成为国内首家通过企业社会责任认证的企业。

(二)核心竞争力

1. 什么是核心竞争力　企业的核心竞争力通常是以一个组织的核心技术能力为基础,通过企业的战略决策、生产制造、市场营销、内部组织的协调管理的交互作用而获得的,使企业保持持续竞争优势的能力,是企业在其发展过程中建立并发展起来的一种资产与知识的互补体系。

核心竞争力是一个企业在关键领域建立独特竞争优势的能力,它使竞争对手在一个较长时间内难以超越,具有较长的周期和较高的稳定性,能够使企业保持较长时间的竞争优势,获得稳定的超额利润的能力。麦肯锡公司在总结了大量实践经验后认为:核心竞争力可以看作是一系列互补的技能和知识的结合,它具有使一项或多项业务达到竞争领域一流水平,具有明显优势的能力。由此可见,核心竞争力是以知识和技能为基础的。它是一个企业多种技术、技能的综合集成,而不是某种分散的技术和技能。体现了企业为实现特定目标而对各种资源进行整合的能力。它是一个企业长期积累的历史成果,它根植于企业的成长历程并经过市场的检验,而不是从企业外部引入的。企业的核心竞争力的存在形式一般为隐性的而不是显性的,它更多的体现在技术、信誉、相互关系、组织文化、体制等无形的资源上,是那种独具特点的、不易被外界获得与模仿的知识和技能。

2. 核心竞争力的主要形式

(1)企业的战略管理能力。这是企业的核心资源的定位与配置能力,表现为企业的战略管理知识,其作用是在产业发展相对稳定期保证企业核心竞争力的水平和发展的均衡性,而在产业发展的变动期则能提前预见变动的方向并适时进行核心竞争力的转移和跃迁。

(2)企业的核心技术能力。主要指环境的开发能力,这是企业将技术资源向技术优势转换的能力,体现了科技进步和知识创新的能力,决定着企业开发新技术的水平。

(3)企业的核心制造能力。这是企业运用核心技术在生产方面加以表现的能力。这决定了其产品的质量、规模、价格、成本等情况。

(4)企业的核心营销能力。这是企业运用营销知识把技术、制造优势转化为市场优势的能力,它在相当的程度还影响着盈利和效益。

(5)企业的管理能力。这是企业管理促进组织效率提高的能力,它的重要作用是把技术、制造、营销等能力整合成为企业的整体核心能力。

企业核心竞争力的高低一方面表现在以上各个能力的质和量上,也表现为以上几个能力的转化效率上。当然核心竞争力是企业发展到一定规模、一定时期的战略要求。在企业处于较低层次的经营阶段时,重要的是基本能力的积累而非盲目的设定核心竞争力。核心竞争力还需要适应企业外部环境的变化,在相关的核心竞争力的基础上,抓住外部机会,同时还需企业对其核心竞争力加以认识和把握,并在实践的基础上不断检验和修正。

[案例]集聚优势向世界纺织强企迈进的华芳集团（选编自《纺织服装周刊》）

华芳集团是一家以纺织为主业,以棉纺为核心,集棉纺织染、针纺织染、毛纺织染于一体,兼有酒店、房地产业,股票(G华芳)已发行上市的大型股份制企业。下辖棉纺纱线、色织布、染织布、针织布、精纺呢绒、服装等6大产业公司和纺织品销售公司、进出口公司、热电公司以及五星级华芳金陵国际酒店等经营贸易、三产服务分支机构,主体产业分布张家港及山东夏津、新疆石河子等地,现有员工近4万人。在最近国家统计局公布的中国最大的1 000家企业中排序中位居第124名,中国企业集团竞争力500强排序中位居第19名,集团综合实力已在全国同行业中处于领先地位,并且更好地建立起了强大的国际竞争优势,其优势具体表现在:

(1)华芳管理。理念新、文化浓。华芳集团在行业中较早地导入CIS(企业形象识别系统),对集团进行整体包装。整合推出了"我们总在超越"的华芳理念,"时刻超越自我,智强开创辉煌"的华芳精神等MI、BI识别系统,为华芳树立崭新的市场形象打下了坚实的基础。华芳集团在管理上实行"统分结合、双层经营、工效挂钩、责利捆绑"的独特模式,在企业信息化建设上,投资建立了ERP系统,在财务、销售、仓储、物流等方面均实施了网络信息化管理。

(2)华芳品牌。质量优、声誉高。华芳集团近年来加大了自主品牌的建设力度,大力实施精品生产工程,各产业较早地通过了ISO 9001国际质量体系认证,ISO 14001环保体系认证,产品质量稳步提高,得到中外客户的一致好评。目前,华芳牌系列纺织产品被评为"国家免检产品",华芳牌色织布、华芳牌精纺呢绒被评为"中国名牌产品",华芳商标被认定为"中国驰名商标"等,2006年华芳集团又被中国纺织工业协会授予"2006年中国纺织品牌文化创新奖"。

(3)华芳产品。品种全、配套好。华芳集团通过延伸产业链,扩大深加工,先后形成了前后配套、横向联动的"3大系列6大产品"的大纺织产业布局,同时加大新产品的开发投入和新材料、新工艺、新技术的应用,开发生产的"金华芳"精品棉纱、经纬双弹、纳米抗皱、抗紫外线高档色织面料、弹力棉/锦棉、涤低特高密织染布、大豆纤维汗布、竹纤维珠地布针织面料、毛与绢丝、竹纤维混纺混织等高档呢绒面料等一批新产业,得到国内外知名大客户的一致好评和市场的广泛赞誉。

(4)华芳设备。起点高、规模大。华芳集团立足于做强做大,大力实施延伸配套、优化组合的发展战略,先后投资40多亿,高起点加快技术改造与项目建设,大规模建造了一流的现代化厂房,装备了清梳联、村田托盘式全自动络筒机、德国、日本、意大利产喷气织机、剑杆织机和染色机、定型机等国内外一流的纺织染整理生产、检测设备。装备档次、规模实力、产出能力均在全国同行业中领先。

(5)华芳战略。跻身世界纺织强企。在今后几年时间内,华芳将持续进行新产品开发力度,不断提高品质档次,使"华芳"牌系列纺织产品都能成为行业市场响当当的中国名牌,并争创国际品牌,把华芳系列产品全面推向国际市场;同时加大科技创新,提高装备档次,加快跻身世界纺织强企行列。

3. 企业核心竞争力的构建

(1)把资源集中于关键领域,建立核心竞争力。企业的各项价值活动,并不是每个环节都创造价值。实际上只有某些特定的价值活动才真正创造价值。这些真正创造价值的经营活动就是价值链上的"战略环节"。企业的竞争优势,在很大程度上就是企业价值链某些特定战略环节上的竞争优势。

运用价值链理论确定企业的核心竞争力,就是要求企业特别关注和培养在价值链的战略环节上获得重要的核心能力,以此与企业的其他要素进行有机整合,形成和巩固企业在行业内的竞争优势。随着市场供求关系的转变,辅助活动的重要性越来越显得突出,越来越多的企业注重在自己的辅助活动上对2~3个职能领域建立核心竞争优势,如有的企业的核心竞争能力建立在研究开发和销售网络上。

(2)通过资源的整合和创新,形成核心竞争力。企业的资源分为有形资源和无形资源。有形资源即物理性资源,如生产设施、设备、原材料、能源、动力和金融性资源、人力资源、组织资源;无形资源主要包括技术、知识、组织和品牌形象及组织文化等。工业经济时代企业管理理论着重解决有形资源的整合(有效配置),以获得最大的经济效益。随着知识经济的发展,技术、知识等无形资源愈来愈显得重要,将成为企业的主要资源。构建组织的核心竞争力,特别注重在无形资源的整合上。即使一个组织(企业)拥有了几十亿元或更多的资产,也不能说就有了核心竞争力。企业核心竞争力本质上是企业特定的知识和能力。这种特定的知识和能力是企业通过长期的对有形资产,特别是对无形资产的整合而形成的,而且通过企业的资产运作表现出来。创新是企业构建核心竞争力、保持和发挥核心竞争力的关键。创新不仅是技术和产品的创新,而且也表现在管理、经营方式的创新、体制创新、营销创新等多个方面。只有企业在某些方面进行创新,才能形成自己的独特竞争优势,只有不断地创新才能保持和发挥这种竞争优势。

(3)发展核心主业,培养核心竞争力。总结世界上著名企业的经营谋略,可以发现他们一方面从外部走向多元化道路;另一方面从内部变革,实施"归核战略"。所谓"归核战略"就是要求企业集中资源,培养其核心能力,大力发展核心主业,把主业做大、做强、做精,走集约化道路。

三、纺织企业的战略定位

一个企业确定了企业的使命和发展目标,并且也分析了企业的外部环境和内部条件,了解了企业目前的状况,还要选择企业发展的总体战略,企业的总体战略是指导企业在今后若干年总体发展、统帅全局的综合性战略。总体战略涉及企业的经营范围、发展方向和道路问题。如,是集中从事现有产业的经营业务,还是进入其他产业的经营领域;是维持现状还是扩张或收缩;谋求发展主要是靠内部开发,还是靠外部的兼并、收购。总体战略主要有如下类型。

(一)发展型战略

发展型战略是使企业在现有基础上向新的目标发展的战略。该战略以发展为导向,引导企业不断地开发新的产品,开拓新的市场,采用新的生产方式和管理方式,以便扩大企业的产销规模,提高竞争地位,增强企业的竞争实力。正确地运用发展型战略,能够使一个企业由小到大、由弱到强,获得不断的增长和发展。

一般来说,发展型战略分为以下几种类型。

1. 集中型发展战略 集中型发展战略指集中企业资源,集中企业的产品和经营市场,绝大部分销售收入来自一种同类产品或同一组生产技术密切相关的产品或服务。企业的发展主要靠内部开发,利用其技术专长,在生产技术领域保持领先地位,以较高的产品质量、优质的服务、较低的成本,扩展市场,提高市场的占有率。这种战略的优点是经营目标集中,管理方便,有利于集中使用企业的资源,实现生产的专业化,达到规模经济的效益。该战略的缺点是对环境的适应能力弱,产品单一,经营风险大。

2. 一体化发展战略 一体化发展战略又分纵向一体化战略和横向一体化战略两种。

纵向一体化战略是指在向前和向后两个方向上,扩大企业现有经营业务的一种发展战略。一是向产品销售方向发展,加强对销售渠道的控制;发展现有产品的深加工,增加附加值,提高盈利水平,称作向前一体化。如纺织厂与服装厂联合,或者纺织厂增加服装生产。二是向原材料供应方向发展,控制制造成本,提高供应的可靠性,称作向后一体化。如织布厂向纺纱业务上发展,服装厂向织布业务上发展。

当企业准备采取纵向一体化战略时应综合考虑,因为纵向一体化容易产生大而全、小而全的情况。同时,纵向一体化的投资相对比较大,由于进入的是新的发展领域,一旦不能发挥综合效率,反过来也会影响企业的发展。

横向一体化战略是指企业通过收购、兼并、控股等方式,获得同行业竞争企业的所有权,获得更大利润的发展战略。横向一体化可以迅速扩大企业规模,增加产品品种和产销量,避免设施重置,减少竞争对手。

横向一体化的风险是企业要承担在更大规模上从事经营业务的风险,以及由于企业过于庞大而出现的机构臃肿、效率低下的情况。

3. 多样化发展战略 多样化发展战略又称作多元经营战略,指企业通过资产重组、参股控股、兼并联营或开发新产品、新技术等方式,扩大生产经营领域,从事多种产品、多种市场的经营业务。新扩展的生产经营业务,如与原有的产品、技术和市场相关联的,称作同心多样化;如与原有的产品、技术、市场不相关的,称作集成多样化。

(1)同心多样化发展战略的优点是利用了生产技术、原材料、生产设备的类似性,能获得生产技术上的协同效果,风险比较小,容易获得成功。这种战略的缺点是生产出来的新产品,如果在销售渠道、促销手段等方面沿用原产品的模式,那么在市场营销中将不利于竞争。

(2)集成多样化发展战略的优点是可以通过向不同的产业渗透和向不同的市场提供服务来分散企业经营的风险,增加利润。其不足是导致组织结构的膨胀,加大管理上的难度,一味地追求多样化使企业有可能在各类市场中都不占优势,导致局部出现问题而波及全局的危险。

(二)稳定型战略

采用稳定型战略的企业不需要改变自己的宗旨、目标,只需要按一定比例提高其销售、利润等目标就可以了。在这样的战略下,企业只需要集中资源于原有的经营范围和产品,并通过改进其各部门和员工的表现来保持和增加其竞争优势。企业遇到以下情况时有必要采用稳定型战略。

(1)外部环境发生重大变化,一时难以判断是机会大于威胁,还是威胁大于机会,或不清楚对企业是如何影响或影响的程度多大。

(2)企业内部领导班子更换,人员结构有重大调整,需要统一认识,稳定队伍。

(3)企业经过了一段时间的快速发展,出现了一些新的矛盾,需要暂时稳定,以便进行调整。

(4)企业将面临重大变化,在正式变化前,企业需要在稳定的状态中等待。

企业采用稳定型战略的优点是风险比较小,企业维持原有的产品、市场领域,从而可以利用原有的生产经营领域、产品销售渠道,减少开发新产品和新市场的压力。但稳定型战略易使企业减弱风险意识,缺少竞争精神,应根据企业面临经营环境、内部条件等及时调整使用。

(三)收缩型战略

当外部环境对企业不利,如宏观政策出现重大调整、需求市场出现较大萎缩、出现了强大的同行对手等,企业面临销售不旺盛、奖金调度困难、企业员工思想浮动等情况,企业决策者可能选择主动收缩企业规模,以减少损失、保存实力、寻找机遇、东山再起,这时采取的战略就是收缩型战略。收缩型战略主要有以下类型。

1. 收缩战略　企业虽然处于逆境,但仍有一定的市场,企业需要收缩规模,进一步保持精干力量,进一步提高生产效率,这时企业可以压缩生产规模、裁减部分人员、拍卖闲置资产、暂停投资或扩建的项目等战略。

2. 放弃战略　企业为了克服眼前的困难,放弃一部分经营项目,停掉某一条生产线,卖掉部分分支企业等。

3. 依附战略　企业为了求得生存,依附于某一大的集团或企业,变卖部分股份,或者被其兼并,企业得以延续存在。

4. 破产战略　企业依据《破产法》的规定,申请破产,通过清算、拍卖、终止营业,结束生命。

收缩型战略的选用一定要慎重,因为选择这种战略容易使企业陷入消极的经营状态,影响企业的长远发展,影响企业员工的士气和企业的形象。

[案例]江苏阳光集团的发展战略(选编自阳光企业集团资料)

江苏阳光集团创建于1986年,是中国毛纺行业内生产规模最大、花色品种最多、产品品质最优、科技含量最高、技术装备最好的企业之一,拥有员工16 000人,毛纺、服装、生物医药、生态农林、热能电力、房地产、太阳能光伏等产业构成了集团的多元化格局。集团主导产业毛纺服装年产高档服装250万套、衬衫200万件、牛仔服装500万件(条)、高档精纺呢绒2 800万米、毛条2万吨。"阳光"商标是我国精毛纺行业第一个中国驰名商标,"阳光"呢绒荣获"中国名牌"称号,"阳光"呢绒、"阳光"西服被评为国家免检产品,"阳光"品牌被评为2005~2006年度商务部重点培育和发展的出口名牌,阳光呢绒被评为"中国世界名牌"。

阳光集团坚持以产品创新、技术创新为主导,建立了组合科学、分工明确的"一站三中心",即博士后科研工作站、国家级技术中心、国家级毛纺新材料工程技术研究中心、江苏省毛纺技术开发中心,形成了集团有层次、有重点的技术创新体系,配置了从德国、英国、瑞士等国家引进的全套电脑设计系统、电子测色及配色系统、毛纺织物特殊性试验仪器等先进设备,从法国、意大利、比利时、德国等国家引进了目前最先进的纺、织、染设备及配套的测试仪器,从德国、日本、美国、法国等国家引进了男女装生产流水线。集团以强大的新品开发能力,始终在国内保持领先水平,步入了国际先进行列。阳光精纺面料形成了细特哗叽、花呢系列以及羊绒、牛仔、休闲、功能性等20多个系列8 000多个品种。集团共承担了4个国家863项目、5个国家技术创新项目、25个国家重点新产品、15个国家高新火炬计划项目的科研攻关,获得国家专利45个。

阳光集团积极主动融入国际经济大循环,致力于打造国际化品牌,在世界经济一体化中形成自己的国际化布局。目前,已分别在澳大利亚、美国、日本、意大利、俄罗斯以及香港等国家和地区设立了销售、设计公司,与数十个国际著名品牌建立了良好的、稳定的供应链关系。

近30年来,阳光集团大力实施科技创新和可持续发展战略,坚持以品牌建设为依托,以提升主业、完善多元化产业链为发展方向,运用品牌积累的无形资产,走多元化发展道路,在做大做强毛纺服装主业的同时,涉足生物医药、热能电力、生态农林、房地产、太阳能光伏等产业,为"阳光"品牌注入了更多的科技含量和发展潜力。

江苏阳光集团自2002年5月开始涉足农林产业,利用工商资本反哺农业,成立了江苏阳光生态农林开发股份有限公司,建起了组培中心、扦插苗及园艺中心、播种苗中心等种苗基地,年生产能力1 700万株小苗。公司在新桥拥有近万亩基地,拥有各类绿化苗木150多种、500多万株,是"江苏省林业产业十强企业""江苏省农业产业化重点龙头企业""江苏省生态农业科技示范园区"。

江苏阳光集团的建设目标是成为主业突出、品牌卓越、研发力强,具有跨行业经营能力的、多产业的国际品牌集团。

第二节　纺织企业的基本战略

在激烈的市场竞争中,有的企业能在市场上百战百胜,而有的企业却是屡战屡败;有的企业长盛不衰,有的企业却是昙花一现。所有的现象,可以用一个词来回答:竞争力。企业竞争的形式很多,竞争的手段也多样,但是最终决定胜负的根本是企业的竞争力。企业竞争说到底就是企业资源、能力的较量。谁拥有强大的资源,并具有较强配置资源和不断学习、创新的能力,谁就能在市场上战胜对手。为了能在竞争中求得生存和发展,企业决策者必须学会一些基本战略。

一、纺织企业品牌战略

"品牌"就是具有一定品位的牌子,体现在商品上,应该是广大消费者认可的商品的牌子。按照《国家中长期科学和技术发展规划纲要(2006～2020年)》,国家把增强自主创新能力作为科学技术发展的战略基点和调整产业结构、转变增长方式的中心环节,大力提高纺织服装行业原始创新能力、集成创新能力和引进消化吸收再创新能力。品牌成为重点领域及优先主题之一。品牌是一种无形资产,是产品附加值的总称,是一个企业及其产品的综合体,它涵盖了企业的创新能力、企业管理、市场定位、营销服务等多方面的综合特征。创建自主品牌是纺织服装业走向全球增值链高端和企业长久不衰的必由之路。

(一)品牌的市场定位

市场包含着无数的消费者,消费者在消费习惯、需求偏好、价值观念和生活方式等方面也都千差万别。无论企业拥有怎样强大的生产实力和适应能力,都不能满足所有消费者的全部需求。企业必须将总体市场划分为若干个具有特定需求的细分市场,从中选择自己能提供有效服务的、最具吸引力的消费者群作为自己的目标市场,将自己的产品依据目标市场的特征进行科学而准确的定位,从而在满足该市场上努力做得比竞争对手更好。这一从市场细分到市场选择再到目标市场的过程被称之为品牌市场定位。

需要说明的是,市场细分是根据用户对商品的不同需求来进行的,而不是通过产品分类来划分市场的。市场细分的对象是市场用户,即先发现不同用户之间需求上的差别,然后把那些需求相同的用户归为一类,形成一个细分市场,即消费者群,若干个细分市场构成了总体市场。

通过市场细分,能使企业发现市场机会,从而使企业设计塑造自己独特的产品或品牌个性有了客观依据,因此,市场细分成为品牌市场定位的基本前提。品牌市场定位以目标市场为着眼点和归宿。在品牌市场定位中对品牌整体形象设计必须最终能使该形象获得目标市场的理解和认同,必须与目标市场的特征及需求相一致。品牌市场定位是在充分考虑竞争对手的产品特色、品牌个性与形象等因素而确定本企业品牌独特的个性与形象的过程。

[案例]九牧王西裤的市场定位

下面我们从市场定位和细分的角度来看九牧王西裤品牌,国内的西裤品牌,虽然还没有西服、休闲装等品牌繁多,但必然会出现几个成功的西裤品牌。塑造一个成功的西裤品牌需要解决好以下几个问题。

(1)谁是消费者?这个族群的特征是什么?西裤应该主要面对的是职业人士,其中又以30岁以上的职业男士为主,还要从收入等方面进行市场区隔,这就需要做细致的市场调研和分析。接下来就要确定你的产品是什么档次的产品,这个必须在前期定位清楚。如果是中高档西裤,那么从某种意义上来说,只要是参加工作的职业男士,都会对职业装有自己的需求。对于职业男士而言,他们需要的西裤关键是要"有型",这是个综合的概念,既包含有品质,也包含有感觉的成分。从这个角度来说,消费者对西裤最关注的还是品质,品质是品牌的基础,然后突出品牌给消费者带来的一种成功、稳重、大气的感觉,这需要再深刻去提炼品牌的内涵。

(2)谁是购买者?他们有什么特性?首先需要明确的是,消费者与购买者并不一定是一致的。对于职业装来说,尤其是30岁以上的购买决定者,应该主要是女性,包括男性的女朋友、妻子,这部分人又可分为两类,年轻者与年龄大者。年轻者更注重品牌的感觉,年长者更关注品质与性价比。所以对于西裤的品牌诉求,尤其是男士西裤,不应该忽视这些女士,她们的心思细腻,同时又情感丰富。她们受广告的影响,但决定购买时又会反复对比。企业的品牌广告和主张就必须要考虑到他们的心理特点。

(3)西裤与休闲装、西服品牌的区别。西裤从某种意义上来说,跟休闲装和西服有明显区别,西服可以反映出一个人的成功、风度,如庄吉、新郎等;但西裤很难,因为他的特性是西服的一部分;休闲装要体现个性,如七匹狼、真维斯等,但西裤不行,西裤主要还是反映出穿着的人的一种稳重的感觉。所以从这个角度来说,西裤品牌应该侧重"支持成功、稳重有型"的概念。

(4)为什么一定要买这个牌子的裤子?从前面可以看出,使用者不一定是购买者;作为西裤品牌,品质绝对是第一位的,尤其作为职业装;那么从这个角度来说,更应该从品质和成功的感觉(职业装)这个角度出发进行品牌塑造。

九牧王(中国)有限公司是一家有自主品牌"joe one 九牧王",专业生产、销售商务休闲男装的民营企业。公司位于福建省泉州市经济技术开发区。九牧王公司成立于1989年10月,现有员工8 000人,固定资产8.8亿元,占地面积12万平方米,年销售额上十亿元,产品除在中国的大陆、台湾和香港销售外,还远销至东南亚、美国、欧洲和日本等国家和地区。

九牧王致力于产品的质量管理和品牌经营。根据中华全国商业信息中心的调查数据显示,2000~2004年,九牧王西裤连续五年的全国市场综合占有率、市场覆盖率和年销售份额均蝉联全国同行业第一;2004年2月,荣获国家工商总局颁发的"中国驰名商标"称号,2004年9月九牧王西裤又荣获国家质量监督检验检疫总局颁发的"中国名牌"称号,2004年9月再获"国家免检产品"荣誉称号。

九牧王的决策者依据自己多年做零售的经验,认为服装业是一个旭日东升的行业。在他们看来,服装是生活必需品,人人都要消费,有钱可以买贵一点,钱少可以买便宜一点,市场根本不是问题。

九牧王的品牌主张是:心所至,天地从容。平和淡泊里透出对世事的洞明,明白简约中显现出包容和大气。九牧王品牌奉献给你的不止是一条工艺精良,完美合体的西裤,还有积极、自主、潇洒、从容的人生哲理。可以看出,九牧王是突出其品质的,在品牌个性这个层面,它突出的是从容。天道酬勤,谁能想到,一个在漫天烟尘中诞生的小小服装厂,15年后竟成为年产近400万条西裤,在全国拥有1 000家专卖店,年销售额超过十亿元的西裤龙头企业。

(二)品牌的市场扩张

品牌的市场扩张是指企业将某一品牌扩用到与成名产品或原产品完全不同的产品上,以凭借现有成功品牌推出新产品的过程。按扩张的产品不同,品牌的市场扩张有"不同产品品牌扩张"和"同种产品品牌扩张"之分。"不同产品品牌扩张"是企业利用其成功的品牌的市场声誉推出与原产品完全不同的产品的过程,而将成功品牌扩用到同种产品上以实现市场规模扩大则属于"同种产品品牌扩张"。

成功的品牌扩张能使品牌放大、增势,但品牌扩张的过程也存在很多潜在的风险,企业必须考虑扩张的可行性,理智地权衡利弊得失,确保扩张的成功。

1.分析品牌扩张的可行性 实施品牌扩张战略,必有一个成功的品牌是其前提和基础,为此,要考察品牌产品与拟扩张产品之间的关联程度。一般认为,原产品与拟扩张产品之间在加工、制造工艺、所用原材料、功能、用途、使用场合、分销渠道、售前与售后服务体系等方面存在一致或相近之处,其扩张易成功。

2.注重品牌形象的统一 一些品牌形象很有特点,个性特征很强,此时选择拟扩张的产品就要慎重,胡乱地将一成功的品牌扩用到不合适的产品上,那么,品牌扩张将成为一种最快捷地自我销毁品牌的做法。可口可乐这个饮料品牌扩张为汽车的品牌就不合适,新扩张的品牌与原品牌间不具一致性。

3.注意产品的市场生命周期 一个产品是有市场生命周期的,随着科技水平的不断提高,产品的市场生命周期有缩短的趋势。如果新扩张产品已进入产品市场生命周期的成熟期后期甚至是衰退期,就会加大品牌扩张的风险。

本章第一节里案例提到的江苏阳光集团的发展就是一个很好的品牌扩张的例子。20年来,阳光集团坚持以毛纺服装的"阳光"品牌建设为依托,以提升主业、运用品牌积累的无形资产,走多元化发展道路,在做大做强毛纺服装主业的同时,涉足生物医药、热能电力、生态农林、房地产、太阳能光伏等产业,为"阳光"品牌注入了更多的科技含量和发展潜力。

(三)品牌的形象塑造

品牌形象是企业形象的集中表现,为社会大众认同的品牌形象能给企业带来经济效益和社会效益。由于品牌形象是社会大众对企业综合认识后所形成的总体印象和总的评价,因此它有以下几个特征。

1. 品牌形象的综合性 品牌形象是社会公众对企业综合认识的结果,绝非人们对某个企业的个别因素的认识结果。因此,它涉及企业硬件方面的状况,如企业的经济实力、技术力量、产品质量以及软件方面的状况,如销售方式、服务质量、社会公益等。一个品牌形象的优良与否,不仅要看其产品的销量或服务质量如何,还得看它的人力、财力、技术能力、创新能力等诸方面的因素。

2. 品牌形象具有相对稳定的特点 一个品牌的形象一旦在公众的心目中形成,一般情况下,这一形象就不会轻易地或很快地改变。企业行为可能会发生这样或那样的变化,但一般不会改变原品牌在人们心中的形象,这是人们思维定势和惯性的结果。这一特点有利于企业开展经营活动。

3. 品牌形象塑造的传播性 企业要在公众心目中树立良好的形象,必须借助各种传播手段。媒介传播是联结企业与大众的桥梁。企业的信息如果不通过大众的或非大众的媒介传播是不能到达社会大众的。

成功的品牌塑造应当包括广告和宣传两个方面。一切广告手段的终极目标是让公众知道这个品牌,而所有宣传的作用则是让公众知道品牌的内涵价值。在品牌导入的初期,可以通过电视、报纸等大众传媒扬其名。当品牌在一定范围初具知名度时,则需要通过新闻报道、公益活动、评比鉴定等宣传手段。只有这样,才能在有名声的基础上建立起好名声,从好名声中获得大名声,最终形成品牌认知的长久效果。

二、纺织企业人才战略

一个成功的企业必然有一个优秀人才的集合体。所谓人才是指具有良好的品德,必备的专业知识和操作技能,敢于求新,能出色完成工作任务和对企业发展做出较大贡献的人。有管理人才、技术人才、高技能人才等不同类型,同一类型又有高级人才、中级人才、初级人才之分,可见人才是一个广泛的概念。一个企业要兴旺发达,必须有一支优秀人才队伍的支撑。

(一)识人的具体方法

1. 从实践中去识别 俗话说:"是金子总要发光的"。一个人要是具有很优秀的才能,他自然要在工作过程中反映出来,在实践中脱颖而出。一个人在工作中敢于创新,敢于承担责任,具有一丝不苟的工作态度,同时又有工作实绩,我们自然就容易从人群中发现他。

2. 从群众公认中去识别 俗话说:"群众的眼睛是雪亮的"。一个人要是人才,群众自然会团结在他周围,在工作上更多地依赖于他。

3. 从竞争中去识别 引入竞争机制,从市场竞争的大环境中去识别人才。上岗靠竞争,晋升靠竞争,评职称、得奖励靠竞争,在企业中形成公开、公正、民主的竞争环境,让人才能脱颖而出。

4. 从关键时刻去识别 在企业发展的关键时刻,也是人才充分展示自己才华的时刻。他的思维、技术、胆识等往往在这个时候更容易反映出来。

5. 从历史中去识别 可以把历史与现实的表现结合起来看,不仅要看一个人的一时一事,还要看他的全部工作和历史。

(二)如何合理地用人

企业决策者的一项重要工作就是如何打造一支优秀的团队。企业决策者要善于把各方面的人团结起来,组织起来,共同为企业的使命服务。合理地用人,人尽其才,才尽其用,则企业才能兴旺。

1. 量才录用 企业决策者用人应一切从能力出发,从能力的合理组合与搭配出发,而不以资历、学历、亲疏、派别等为依据。大材小用,小材大用,都会对企业不利,前者造成浪费,后者造成损失。

2. 多劳多得,优质优价 企业决策者应根据岗位的重要性,根据其为企业所作出的贡献,合理地支付报酬。吃"大锅饭"会影响人才的工作积极性,导致劳动生产率的低下。

3. 用长容短 人无完人,人总有长处和短处,企业决策者要量才适用,尽可能用人之长,不要苛求责备,给企业营造一个和谐的发展环境。

(三)加强对职工的培训

企业对员工进行教育与培训,是为了在知识、技能、工作态度等方面改进员工的行为方式,以达到企业所期望的标准。企业开展教育与培训的直接目的是为了提高组织的应变能力和员工的适应能力,增强员工对企业的认同感和归属感,统一员工的思想认识,提升员工的工作绩效水平。因为科技在进步,社会在发展,企业在变化,人员在流动,所以对员工的教育与培训将是经常的和周期性的。

1. 入企教育 对于新近吸收进企业的员工,在正式上岗前,应集中一段时间进行入企教育。目的就是帮助新员工尽快了解新的工作环境、工作条件、人员关系、岗位职责、工作要求、规章制度等,使新员工尽快进入角色,融入集体。

入企教育的主要内容一般有:介绍企业发展情况和工作要求;部门负责人介绍岗位职责、人员组成与关系、发展前途与成就机会;介绍企业文化和先进人物,组织学习企业精神;了解企业的主要产品和品牌;请科技人员讲解生产中的基本的理论和工艺流程;根据不同的岗位学习劳动技能和安全生产知识等。

2. 在职培训 在职培训又分为在岗培训和离岗培训两种。随着科技的日新月异,新知识、新技术层出不穷,企业应该在职工的培训与教育上花费一定的时间和金钱。俗话说:"磨刀不误砍柴工"。只要员工掌握了先进的设备和工艺,学到了新的理论与知识,员工素质得到了较大的提高,工作效率就必然会提高,创新能力必然会有所增强,企业的效益也必然会更好。当然,针对不同的对象,培训的侧重点也应不同。

三、纺织企业资本运营战略

资本这个概念有点抽象,它是指能够带来剩余价值的价值。资本的涵义包括:资本可用价值形式来表示,资本能产生未来收益。在社会主义市场经济条件下,一切社会资源、生产要素,包括有形的、无形的都可以用资本形式加入社会经济活动中,通过各种方式实现其增值。所谓资本运营就是指企业遵循资本的运动规律,把可支配的各种资源和生产要素进行运筹、谋划和优化配置,以实现最大限度增值目标的一种经营管理方式。

资本运营的内容十分丰富,包括了资本的组织、投入、营运、产出和分配的各个环节和方面。

(一)纺织企业的融资

对于一般的纺织企业来说,融资是它们资本运营的第一步也是最为重要与艰难的一步。一个企业在投资经营中,最让决策者感到头疼的莫过于资金短缺。企业只有具备了足够的生产经营资金,才能开始真正意义上的经营管理活动。

1. 融资的形式 企业融资一般有内部融资和外部融资两种形式。内部融资是企业将自有资金转为再次投资的过程,它具有自主性、风险低、成本小等特点。外部融资是企业吸收其他经济主体的闲置奖金,使其转化为自己投资的过程,它具有灵活性、大量性、有风险等特点。外部融资又可分为直接融资和间接融资,而直接融资又可分为股票融资和债券融资等。企业的融资方式见图2-1。

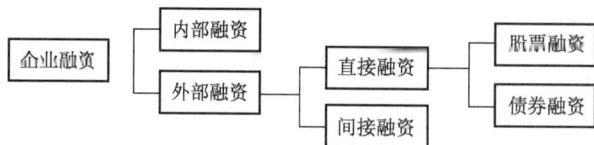

图 2-1 企业的融资方式

(1)直接融资是企业在资本市场上出售自身的有价证券,以获得所需资金的行为,它不必通过银行等中介机构,资金直接从资金供给者流向资金需求者,并在两者之间建立起债权与债务关系或公司与股东的关系。直接融资有如下特点。

①长期性。直接融资所取得的资金其使用期限要长于间接融资,有的(发股票)甚至是无限期的使用。

②不可逆性。若以发行股票的形式来融资,则企业获得的资金是不要还本的,投资人若想取得资金则必须借助于流通市场。

③流通性。由于直接融资的工具主要是股票与债券,而股票与债券是可以在证券二级市场上流通的。

(2)间接融资是通过金融机构而实现资金从资金供应者向资金需求者的流动。由于有中介的存在,间接流动具有直接流动截然不同的特点,即短期性、可逆性及非流动性。一般情况下间接融资风险要小一些,融资成本也要低一些。

2. 融资的策略 企业的发展离不开资金,有效的融资是企业的一项基本活动。作为企业的决策者懂得一点融资基本知识非常必要,避免盲目融资而加重企业的财务负担。

(1)要能精准地预测企业的资金需求。一份良好的资金需求预测计划,既保证企业生产经营活动有足够的资金,又不至于让过多的资金闲置。要合理准确地预测资金的需求一方面需要经验的积累,审时度势地分析判断;同时应具备一定的财务知识,要根据预计销售额,运用一定的财务知识,确定资金的需求,这方面的知识将在第五单元里介绍。

(2)要分析企业的偿还能力。企业的偿还能力,是指企业偿还到期债务的能力。企业对自身偿还能力的分析同样要依靠一定的财务知识。

（二）资本运营的具体战略

企业在实施资本运营的过程中,往往会根据自身的不同情况选择不同的资本运营战略,主要有以下几种情况。

1. 发展型资本运营战略　发展型企业有较大的市场份额,经济效益好,竞争优势明显。为了保持竞争优势,企业一般选用发展型资本运营战略,其有两种基本类型。

（1）并购资本战略。市场竞争是残酷的,有的企业经营管理有方,经济效益好,处于优势地位;也有的企业管理不力,决策失误,效益低下,处于劣势地位。处于优势地位的企业要扩大规模,发展生产,如重新购买土地、购买机器设备等,还不如利用劣势企业的原有基础,于是并购劣势企业成为解决问题的方法之一。

（2）资本联盟战略。作为发展型企业,通过联盟战略,可以使企业的资源等形成相互依赖和补充、降低交易成本、增加双方的利润,实现在合作中竞争,在竞争中合作。联盟可以是长期的,也可以是短期的;可选择一家联盟,也可以选择多家联盟。

2. 稳定型资本运营战略　稳定型的企业为了避免开发新产品和新市场所需的巨大的资金投入、激烈竞争和开发失败的风险,往往会选择如下稳定型的资本运营战略。

（1）参股联合。稳定型企业可通过参股与具有竞争优势的企业结成合作经营伙伴,取长补短,在稳定中求得发展。

（2）用外资改善资产。采取有效措施吸引外资,通过利用外资引进先进的管理和技术,使企业成长为具有较强竞争优势的企业。

（3）产权置换。企业可采用管理者收购、企业改制等产权改革方式,多方拓宽资本筹集渠道,在内部实行劳动与资本相结合的资本运作模式,建立管理层与员工的持股制度,充分调动员工的积极性,明确企业产权;在外部实行参股、合作等形式促进企业的发展。

3. 紧缩型资本运营战略　当企业的经营状况不能适应市场的变化,企业生存发展遇到困境时,企业可以选用紧缩型资本运营战略。它有如下一些类型。

（1）重组资产。将资本从劣质的资源配置中抽出,重新配置,提高资本的动作效益;对无发展潜力且债务较重的企业实施资产剥离,剔除不良资产。

（2）资产转向。将资产投向新的发展方向,以期取得更好的效益。

（3）放弃战略。卖掉企业的一个组成部分,其可以是一个经营单位、一条生产线等。

（4）清算战略。通过拍卖或停止全部营业来结束企业的生命。

当然一个企业在实际运作过程中也有可能会综合运用以上战略。

［案例］海欣股份的资本运营（选编自海欣企业资料）

2002 年,中国最大的长毛绒面料生产企业海欣股份（600851,SH）出资 1 637.2 万美元,收购美国 GLENOIT 公司纺织分部的两家工厂和 46 个商标品牌的永久使用权。具有 70 年历史的 GLENOIT 公司是全球最大的长毛绒服装面料生产商,技术成果丰富、技术力量雄厚、销售网络完善。海欣成功收购其纺织分部后,在行业内一跃从中国龙头老大级规模升级到世界巨头的规模,成为中国纺织服装企业跨国并购的范例。

➤ 技能实训

1. 试从中国纺织工业联合会及各专业协会发布的 2012～2013 年度中国纺织服装各行业竞争力前十名的企业中选择 1～2 个知名品牌分析说明值得推介的品牌文化？

2. 通过对一家纺织服装企业的实地调查分析，为该企业制订一份提升核心竞争力的方案？

➤ 案例综合分析

雅戈尔始终做足主营业务
（选编自《中国纺织报》）

雅戈尔有著名的"两不做"：不做力不能及的事情，不做鞭长莫及的事情。在雅戈尔的发展过程中有过产业非理性扩张的浮躁，但更多的是冷思考。

在一波又一波的"虚拟经济""高科技""洋品牌"热中，雅戈尔提出了"创国际品牌，铸百年企业"的发展目标。"创国际品牌，建跨国集团"曾经是雅戈尔的发展目标，但是总结了诸多企业没有跨上去而是垮下来的"周期律"后，他们认为铸造一个健康、长寿的企业，对社会、对员工更具有终极使命。

2000 年，一座占地 300 亩、年产 2 000 余万套的雅戈尔服装城落成，雅戈尔在服装生产规模及硬件上达到高峰，2001 年又投资 1 亿美元兴建占地 500 亩的纺织工业城，进入上游产业。雅戈尔不仅仅是在生产能力急剧扩张，在行业总体利润下降之时，还连续投巨资在全国大中城市的中心地段或购置或租赁大批商业地产做专场卖店，从工业企业进入商业零售终端。

2003 年，雅戈尔新推出的高端产品——金色雅戈尔仍沿用"雅戈尔"这一品牌，此后开发的夹克、T 恤、休闲裤、毛衣、运动装、风衣、棉袄、皮衣等服饰，都自始至终沿用"雅戈尔"这一名称。

雅戈尔在其战略实施的过程中，始终延续着"主干粗、根深，才能枝叶繁茂"的经营哲学，在辅助性产品不断丰满的情况下，对雅戈尔品牌的核心产品衬衫和西服不断进行创新与提升。以衬衫为例，2004 年雅戈尔在独家引进消化美国专利技术—VP 免熨衬衫工艺技术的基础上，采用前沿的纳米技术，成功开发出纳米 VP 免熨衬衫，被国家五部委评定为国家级新产品，成为衬衫市场上的一枝独秀。与此同时，又把目标锁定在 VP 技术不能很好地解决全棉细特精纺面料的免熨处理，借助上下游企业的资源优势，成功地研制出 DP 纯棉免熨衬衫，该产品不仅具有全棉细特衬衫的所有的优点，而且优异的免熨效果、布面光泽度，使功能型衬衫又一次更新换代，成为国内独一无二的首创。

● 讨论题：

1. 结合雅戈尔企业发展目标调整，谈谈你对雅戈尔著名的"两不做"是怎样认识的？

2. 试分析雅戈尔选择的是一条什么总体战略和基本战略发展之路？对此你有什么建议？

3. 根据中国纺织工业联合会及各行业协会发布的 2012～2013 年度中国纺织服装各行业竞争力前十名的企业资料，雅戈尔已连续 9 次列入全国服装行业竞争力 10 名之列，试选择这 10 家企业中的 1～2 家企业与雅戈尔进行比较分析，说明雅戈尔在今后的发展上还应加强哪些方面的工作？

第三章　纺织企业决策方法

● 本章学习目标 ●

1.了解纺织企业的基本决策过程以及详细的决策步骤。

2.掌握头脑风暴法的决策方式和应用原则。

3.了解德尔菲法、哥顿法等定性决策方法。

4.掌握确定型决策、风险型决策和不确定性决策方法。

☞[导入案例]山东如意科技集团的决策(选编自中国纺织网)

　　山东如意科技集团(以下简称"如意")是国家级高新技术企业,国家520家重点企业,其前身为始建于1972年的山东济宁毛纺织厂,后经改制成为多元持股的大型中外合资企业,拥有20个全资和控股子公司。"如意"每年将35%~44%的销售收入用于研发,在新的市场环境下,高端客户受冲击相对较小,仍能维持相当的消费水平,这也坚定了企业走品牌高端路线的信心。有了领先技术的支持,"如意"的面料产品能最大程度地满足消费者的个性化需求,"如意纺"给企业带来了历史性的发展机遇。

　　在做决策之前,"如意"认为本公司的设想可能有局限性,为了保证产品方案的正确,决定广泛征求公司外部各类专家的意见。"如意"根据征询内容提出了一些具体问题:"您认为在所限定的产品中,为了满足国内市场需求,应开发哪些新产品?""哪些新技术可能有发展前途?""为了适应国际市场的需要,应开发何种新产品?""您是否能列出一具体的理由?"等。公司面向全国多个省市的国家机关、科研部门、高校和企业的近200名专家发了意见征询表格。3周后,收到120封反馈的信件。于是,他们将这120名专家列为征询对象。第一轮反馈已经完成,即向120位专家寄送意见征询表格,回收率为50%。公司从中归纳出意见比较集中的适合外销的新、老产品共17种,适于内销的新、老产品共16种。第二轮反馈:召集在鲁的专家举办座谈,与会专家60位(包括第一轮中的专家30位)。专家们充分地各抒己见,提出的产品品种竟达800多种,并且都出示了足够的论据。最后,进行了无记名投票表决。超过50%获票率的产品,外销的有11种,内销的有12种。第三轮反馈:公司将以上信息汇总后,以第一轮反馈中的120名专家和公司内部18名专家为第三轮咨询对象,向专家们同时发出问卷:一是对外销的11种产品和内销的12种产品进行论证;二是对第二轮中所提出的800多种产品进行表决。三周后,公司陆续收到回信。评价结果是:论证意见一致的,外销产品有9种,内销产品有10种,其中外销和内销的有8种产品相同。这表明,公司原先设想的20种产品,只有10种与专家的意见一致。表决意见较集中的,外销产品有108种,内销产品有94种,这为公司今后发展产品品种开阔了视野,提供了信息。

　　公司在获得上述资料后,组织了专门的调研团队,在进行了更深层次的调查后,2013年,在领先世界的纺纱技术"如意纺"技术支持下,"如意"改变了以往围绕面料花型、款式做文章的方式,而是选择将技术创新展示作为产品宣传的重点。

●思考

1. 山东如意科技集团所运用的是什么决策方法?

2. 这种方法的特点有哪些?

3. 山东如意科技集团对这种方法的应用有哪些成功和不足之处?

第一节　纺织企业决策过程

一、企业决策及特征

企业管理的中心工作是经营,而经营的关键在于决策。在企业的整个运作过程中,存在着大量需要决策的问题。经营决策的正确与否,将直接影响到企业的经营效率和经济效益。由于企业在生产经营活动中需要决策的各种问题往往具有复杂性和不确定性,所以,经营决策不是选择方案的瞬间活动,而是一个提出问题、分析问题、解决问题的系统过程。

现代管理学所认为的决策有如下定义:在企业外部环境及内部条件约束下,为了实现企业目标,从所拟定的若干个备选方案中选择最为满意的方案并付诸实施的管理活动。其具有以下几个突出特征。

1. 目标的明确性　决策是有目的的活动,任何一项决策都必须有确定的决策目标,从而体现决策行动的预期指向结果,同时作为选择行动方案的依据,又是企业目标的某种具体实现。

2. 环境条件约束性　企业作为一种经营性的社会组织,必然要受到各种内外部环境因素的影响。这些因素包括政策、法律、社会文化、科学技术、经济、市场等外部环境因素,以及人力、财力、物力资源、管理水平、科学技术等内部环境因素。这些内外部因素是企业决策的基础和不可逾越的现实条件,不切合企业实际的目标,或者一味追求方案最优,都会受到环境条件的限制而难以实现。

3. 方案可选择性　决策的核心在于选择,无选择也就无所谓决策。基于决策目标以及环境条件的可能变化,拟定多个可选择的方案是选择方案的基础工作。

4. 决策的风险性　决策的风险性体现在方案选择的不完全确定性,以及未来行动的不可完全预知性。一般而言,决策的各个备选方案是考虑到环境的某种可能变化,从而有针对性地提出相应方案,而企业的客观环境条件又是处于不断变化之中,所以决策的风险性成为一种客观存在。因此,决策者的知识、素质、胆略、远见卓识对正确决策及降低决策风险性十分重要。总之,决策在任何企业中都起着至关重要的作用,是任何经营管理者都不可忽视的管理活动。

纺织企业作为一种工业企业,从企业特征方面来说,它具有一般意义企业所共有的特点,即都是为了实现生产、经营的各项目标并力求在市场经济条件下生存发展的,都需要科学地组织和运用劳动力、原材料、设备、资金、技术、信息等各种资源,完成由采购、生产到销售、售后服务的全过程而进行计划、决策、组织、指挥、控制和协调等一系列管理活动。同时,由于纺织企业的加工对象(纤维、纱、布等)的特殊性,因此,在企业的运作管理上也具有自身的特点,突出体现在劳动密集、工序复杂、多机台作业连续化大批量生产,这也为纺织企业的管理提出了新的挑战。

当前,我国纺织工业正处在一个新的发展阶段,整个行业所面临的内外部环境正在经历剧烈的变化。国内纺织品消费已由"温饱型"转向"小康型"。纺织工业已从以国内市场为主转向国内、国际两个市场并重。从2005年1月1日起,全球纺织品贸易进入"后配额时代",我国纺织业存在着突出的问题,主要体现于:设计研发能力弱,缺乏自主知识产权的原创技术;中高档产品少,"大路货"多,鲜有国际知名品牌,国内高端市场大多被国外品牌占领;纺织企业众多,但管理水平和信息化水平落后,这对中国纺织品出口会有很大的制约。虽然我国已经拥有了世界上最先进的纺织设备,但如果还寄希望于廉价劳动力优势,以增量来获得利润,而不在技术创新、品牌铸造、产业升级上多下工夫,那么,即使甩掉了配额包袱,绕开了诸如特保条款、反倾销之类的"新约法"壁垒,也很难获得丰厚的利润。如何有效应对后配额时代的到来,切实走一条科技含量高、经济效益好、资源消耗低、环境污染少、人力资源得到充分利用的新型工业化道路,是摆在全行业企业面前的问题。这就客观上要求纺织企业必须比以往任何时期都更加重视企业管理。

二、纺织企业的决策过程

诺贝尔经济学奖获得者赫尔伯特·西蒙认为,管理就是决策。首先决策要有明确的目标,其次决策要具备多个可行方案,再次决策要进行科学分析与评价。合理的企业决策必须遵循科学的决策程序,才能使决策科学化、规范化,才能避免决策的盲目性和主观随意性,决策才能达到目的。企业决策是一个提出问题、分析问题和解决问题的逻辑分析和处理过程,要取得有效的结果,需要遵循一定的科学决策程序。

纺织企业经营决策的全过程(图3－1),大体上包括三个阶段:提出问题、确立目标,确定备选方案、评价与择优,组织实施与反馈调整。

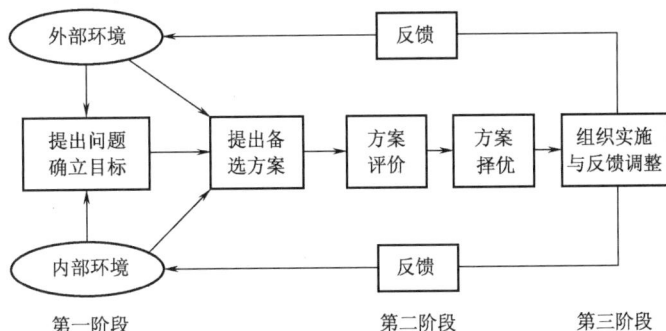

图3－1 纺织企业决策过程

(一)提出问题、确立目标

1. 提出问题 企业管理中问题的出现,才需要决策。提出的问题是必须加以解决的已经发生或将要发生的经营或管理问题。目标是决策的出发点和归宿,也是通过决策所要预期达到的经济效果。在确定决策目标时应当考虑以下因素:目标要有整体观点,着眼于总体效果;目标要具体明确,尽可能使其数量化;当有多个目标出现时,要分主次、轻重;要注意目标的可行性,特别要看清实现目标的约束条件即企业的内外部环境因素。问题是从企业运营的实际调查中发现的,有时企业管理中的问题比较明显,但有时问题又难以发现。如何及时有效地发现管理中存在的问题是管理者应具备的重要素质。

纺织企业作为加工工业企业,其生产原料在生产成本中的比重较大,产品品种随市场潮流的变化较快,使得整个企业的经营活动对企业决策的准确性要求较高,而这又有赖于及时发现和预防企业从整个采购、生产、销售等环节所可能出现的各类问题。在此过程中,有些问题比较容易发现,如生产原料的供应不畅,纱线断头多,车间飞花多,染色的配比失调,合理安排一线的轮班等。但有些问题的发现却需要从全局去把握,如在企业再投资新生产线还是改造旧有生产线的问题;如何设计和优化整个生产工艺流程使整个企业的生产即能达到成本效益最大化又能紧跟市场的步伐等,这些问题的解决就必须依靠科学细致的决策。

企业决策者怎样去寻找问题?当情况出现反常时,如出口服装的交货期出现延迟,进口原材料的迟迟不到位;当绩效偏离计划时,如同期西服销售明显低于往期;当向管理人员提出更高的要求时,如怎样利用现代化的信息手段降低服装原材料的采购成本;当竞争者的行为给管理者提出新课题时,如同档次的西服不断增开专卖店抢占市场。找到管理中存在的问题是一方面,但问题实质上不过是一种现象,是内在原因的外在表现。因此,当问题找出以后,剖析问题从而找到产生问题的原因更具有实际意义。只有这样,决策者才能对症下药,针对问题提出有效的决策建议和方案。

2. 确定决策目标 决策目标是指在一定的企业环境和内外部条件下,在预测的基础上所希望达到的经营结果。决策目标是指决策者期望达到的理想状态,它是进行决策的出发点。决策目标的确定应当做到先进性、合理性和可能性,即决策目标在技术上是先进的,在经济上是合理的,在客观条件上是允许的。决策目标应尽量做到定量化,避免由于模糊不清的目标所造成的混乱。

纺织企业作为一种现实经济中的企业形态,在市场环境日益竞争加剧的情况下,面临市场配额的取消以及产业政策等各方面的外部条件的变化,赢利生存并取得发展是其基本首要的和长期根本目标。要实现这一目标,就需要着眼企业全局在发展中正确处理企业的各种问题,将此大目标分解成为若干具体可操控的短期目标,将生存发展的长期目标化解为以节能降耗、提高技艺、增加利润、增强外部市场反应能力等短期目标。纺织企业以劳动密集、工序复杂著称,基层员工素质不高。随着时代和新技术的发展,信息技术在各类企业中的应用大大提升了企业的生产率,这也为纺织企业的发展提供了机遇并提出了挑战。在新形势条件下取得发展就需要企业决策者不断确定新的发展目标,如何建立一种切实有效的反倾销调查的机制;如何利用先进的信息技术改变旧有采购流程以最大化的节约原材料成本;如何在企业中引入 ERP、CRM 等信息化系统改造和优化纺织业务流程;如何加快员工的培训以适应信息化条件下的工序作业以不断提高效率等;只有科学合理地将企业的长远目标细致合理地分解为可操作的短期现实目标,纺织企业才能不断取得发展。

(二)确定备选方案、评价与择优

以上提出问题、分析问题、确定决策目标为纺织企业决策提供了基础性的工作,要解决纺织企业管理中的问题就必须给出解决方案,并从中择优选择最可行的一个,这是决策能否有效的关键一环。

1.提出备选方案　备选方案又称可行性方案,是指能够解决某一生产技术或经营管理问题、保证决策目标实现、具备实施条件的一套方法或策略。决策在于选择,没有选择便没有决策。因此,基于企业内外部环境条件,考虑全方位因素,提供各种可能的方案以提供评价和选择是决策的一个极其重要的基础工作。

(1)备选方案必须具备以下三个条件。

①方案的排他性,只有排他才能体现解决问题思路的不同。

②方案符合企业内外环境并且有可行性,不可行的方案是不具备现实意义的。

③方案必须完整,因为方案体现解决问题、实现决策目标的全套手段。

(2)制订备选方案通常是从提出设想开始的,它具有三个基本要素。

①方案的设想必须以实现决策目标为出发点。

②方案的设想必须充分利用外部环境提供的条件。

③方案的设想必须能最佳地利用企业的内部资源。

(3)拟定备选方案时要做到以下几点。

①尽可能多地提出各种不同的方案,以供分析、比较和选择。

②拟订方案既要讲究科学,又要敢于打破常规,善于创新。

③要精心设计,方案要做到条理化和直观化,要从正反两个方面进行详细论证。

在企业的实际管理过程中,备选方案通常是由具有建设性的意见和建议组成,而这些意见和建议有些是来自于企业内部成员点点滴滴的经验积累。我国的纺织企业过去多为国有企业,在企业的实际经营过程中,由于经营机制、管理体制的原因,使企业基层员工在生产经营过程中所积累的经验和智慧无法释放出来,难以形成合理化的建议以参与企业的实际管理当中。这些经验在对于改造生产工艺流程,加快技术改造起着重要的作用。

在新形势下,要加快纺织企业的发展,就要求纺织企业的经营者克服过去单纯的被动式管理模式,而在纺织企业内部倡导全体员工参与的新型管理模式,应该尽可能地多倾听基层员工的声音。可通过无领导座谈会、经验交流会等形式让基层员工能畅所欲言,就某个生产经营、工艺技术等问题,根据自己的经验和体会谈自己对企业生产和经营的看法。最后再经过民主集中形成解决问题的可行性方案,虽然这些方案有时更多是定性化的,但确实更切合企业自身实际。同时,要改变过去决策拍脑门的决策方式,要更多地从实际出发,集思广益,探索实现决策目标的各种可行途径。在实际工作中,就是根据决策目标的要求,尽量利用定量化决策工具,建立相关生产和投资决策模型,以提高决策的科学性。

2.方案评价　对方案进行评价的目的是为方案选择提供理论和现实依据,从而保证企业决策的科学性和合理性。因为方案选择绝不是简单地多选一问题,是需要科学严谨的思路的,这种思路是基于企业经营者所选择的科学的评价标准。方案评价标准来自于企业决策目标多样性,这也决定了决策方案的评价标准的不同,也要求企业经营者科学合理地制订备选方案的评价标准。一些基本的原则是:要从整体利益出发,既要考虑企业自身的利益,又要考虑社会效益和消费者的利益;既要考虑当前利益,又要考虑长远利益。

从纺织企业具体的运营层面,对于纺织企业自身的发展,也需要全面考虑各方面的利益关系,只有处理得当,企业的发展才能更持续、更长效。如为了提高利润而提高产品价格的决策,有以下几个方案:第一方案是单纯提高价格,这样会带来消费者支出的增加以及自身产品竞争力可能的下降;第二方案是不提价而降低人员工资支付以降低成本,这样又会危害职工的利益;第三方案可以通过节能降耗,节省以往生产环节没必要的支出和浪费从而变相的提高产品价格。很显然第三种方案是可取的,但实行起来却又是难度最大的一个,这就需要经营管理者的进一步选择了。又如为了进一步提高企业现有的产能,进行投资是必不可少的,这就可能面临着多种可行的方案:一是对旧有生产线进行改造;二是加大投资新的生产线;三是从资本动作层面兼并目前生产技术成熟的同类型纺织企业。而这三种方案的选择就需要企业经营者考虑各方面的利益关系,如现有企业所能付出的投资成本以及机会成本、自身员工素质所能承受的技术更新度以及所愿承受的企业环境变化等。只有从全方位考虑,设定一些指标对可供选择的各个方案进行基层员工评价、技术经济评价,才能为进一步的方案选优提供坚实的依据。

3. 方案选择 方案选择是按照决策方案的评价标准,从若干个可行方案中选出最优方案,一般以效果与费用的比值最大化为最优方案。这里的效果体现在效益极大化增加的条件下成本尽可能减小,并且方案也能从长远方面保证企业从技术工艺、产品竞争力等方面上处于领先地位,使企业进一步做大做强。如上述产品定价的实例,如果企业是为了抢占市场有利形势以获取短期内的超额利润,则提价是可取的;如果在企业经营举步维艰时,一时的降低人员工资以减小成本则是经营中的良策;而第三种方案节能降耗从长期来讲,是降低企业成本的有效手段。

(三)组织实施与反馈调整

方案的实施是解决问题的最关键一环,再完美的方案不进行实际的实施,企业管理中的问题就不能得到很好解决。但应该看到,任何选定的方案在实施的过程中会发现新的问题,都有必要进行一定的修改,因为方案实施的环境一定是处于不断变化之中的,所以方案也要随之变化调整。同时,一个好的方案如果执行不当,也会影响最终的执行效果。因此,在方案实施过程中要建立信息反馈系统,及时发现执行中的问题,同时能够采取措施,使方案不断完善,并争取取得最好的效果。

纺织企业的技改以及信息化建设是当前纺织企业经营过程中所面临的突出问题,囿于企业原有的员工素质以及工艺条件、新技术的应用以及新工艺的推广将面临诸多困难。企业的实际经营实践中,此类问题时有发生,如一些员工不熟悉计算机操作而故意破坏相关系统,一些员工不愿意改变旧有的操作习惯而抵制技术改造等。这就要求企业经营者在方案的推广过程中做出全面的部署和计划,针对方案实施过程中所可能遇到的问题建立响应机制。属于方案自身层面的,要及时对方案进行调整;属于方案外部环境的,要及时对环境进行疏通以保证方案的顺利实施。总之,这是一个不断反复互动调整的过程,只有顺利地保证方案的实施,才能切实提高企业的决策能力和解决企业运行中的问题。

第二节　纺织企业决策方法

决策在一个企业中的作用不言而喻,无论是一般企业还是纺织企业,决策要实现科学化、合理化,除了要掌握足够的、准确的、有效的信息外,科学合理的决策方法是达到这一目的的利器。错误的信息会导致企业决策的失误,同样决策方法选用的不恰当,也会导致决策失误,这就迫切要求企业经营决策者注意自己的决策方法。

随着管理实践和科学技术的不断发展,决策方法也发生了很大的变化。现代决策的发展有两个特点:一是决策的"硬"技术得到普遍发展和广泛应用;二是决策的"软"技术受到普遍重视。

所谓决策"硬"技术,是指数学模型和计算机辅助在决策中的应用,使决策实现数字化、模型化和计算机化。运筹学和系统分析中常用的一些方法,如线性规划、动态规划、模拟技术等,已经愈来愈广泛地应用到企业的经营决策中,使决策的定量分析方法从简单发展到复杂。目前,许多常用的数学模型已经实现了计算机程序化,可供决策者随时使用。硬技术的广泛运用大大提高了决策的准确性和实用性,特别是计算机在企业管理实践中的应用,把管理人员从大量的烦琐计算中解脱出来,使他们把注意力更多地集中于分析解决关键性的重大问题上。"硬"技术不是万能的,也存在一定的局限性。首先,对于许多复杂的决策问题,特别是涉及社会因素和心理因素较多的决策问题,特别是琐碎经济决策中经常遇到的大系统战略性问题。大多是非常复杂的非程序化决策问题,就是数学方法和计算机难以解决的。另外,数学手段的要求是比较明确规律化、苛刻的。其次,数学模型所反映的只是影响决策的主要因素而不是全部因素,并且实际情况也是不断变化的,所以,它只能是近似地、有条件地反映现实。

所谓决策"软"技术,是指应用心理学、社会学等知识,把有关人员组织起来,充分发挥各方面专家的聪明才智的一种决策方法。主要包含两个方面的内容:一方面是专家创造法;另一方面是硬技术的软化。在决策"硬"技术出现之前,决策完全是依靠决策者个人的思维分析和经验判断来完成的,可以说是专家创造法的一种体现。但是现代决策的软技术已经突破了这一范畴,现代决策中的专家已经不仅仅是指单一的某个管理者或专家,而是指具有能提取出集体智慧的相关群体。软技术得到发展,决策才具有实用性。但软技术同样具有局限性,由于决策方案通常是建立在专家个人或者某一专家群体的主观意见的基础上,所以缺乏严格的论证是其突出的缺点;专家或专家组的知识和类型对意见的倾向性影响较大;传统的观点往往容易占优势从而形成决策定势。常用的"软"技术方法有头脑风暴法、德尔菲法、哥顿法、方案前提分析法、淘汰法、环比法、归类法等。

由于软硬技术各有所长和所短,因而企业应针对决策问题的性质和决策过程中各个阶段的特点,灵活应用各种方法。同时,软硬技术应相辅相成,配合使用,取长补短,以便把决策做得更好。

当前,企业决策的具体方法,可以归纳为定性分析法、定量分析法、定性和定量分析相结合的方法。决策的方法各有其优缺点,企业经营决策应针对决策问题的性质和决策过程各阶段的特点,灵活地运用各种方法,扬长避短,配合应用,这样才能取得较好的结果,提高决策水平。

纺织企业作为一种特例的企业形态,上述决策方法也适用企业决策过程,如果运用得当,能起到事半功倍的效果。

一、定性分析法

定性分析法是指决策者运用过去管理过程中积累的经验,对决策方案进行主观的评价与选择的一种方法。由于环境的多变和决策本身的复杂性,人们对许多决策方案的评价和判断很难运用定量方法去分析,因而只能依据在日常工作中积累的经验去判断。定性分析法主要有以下几种。

1. 头脑风暴法　头脑风暴法是由美国创造学家 A. F. 奥斯本于 1939 年首次提出、1953 年正式发表的一种激发创造性思维的方法。它是一种通过小型会议的组织形式,让所有参加者在自由愉快、畅所欲言的气氛中,自由交换想法或点子,并以此激发与会者创意及灵感,使各种设想在相互碰撞中激起脑海的创造性"风暴"。也称为思维共振法、专家意见法,即通过有关专家之间的信息交流,引起思维共振,产生组合效应,从而导致创造性思维。

(1)运用此种方法必须遵循以下原则。

①严格限制预测对象范围,明确具体要求。

②合理选择参加者,如果参加者相互认识,要从同一职位(职称或级别)的人员中选取。领导人员不应参加,否则可能对参加者造成某种压力。如果参加者互不认识,可从不同职位(职称或级别)的人员中选取。这时不应宣布参加人员职称,不论成员的职称或级别的高低,都应同等对待。

③不能对别人意见提出怀疑和批评,要认真研究任何一种设想,而不管其表面看来多么不可行。

④鼓励专家对已提出的方案进行补充、修正或综合。

⑤解除与会者顾虑,创造发表自由意见而不受约束的气氛。

⑥提倡简短精练的发言,尽量减少详述。

⑦与会专家不能宣读事先准备好的发言稿。

⑧与会专家人数一般为 10 ~ 25 人,会议时间一般为 20 ~ 60 min。

(2)头脑风暴法一般分三个阶段进行(图 3 - 2)。

信息阶段 → 思考阶段 → 分析阶段

图 3 - 2　头脑风暴法的三个阶段

①第一阶段——信息阶段,主要是提出问题的概述。

②第二阶段——思考阶段,主要是记下与会者的所有设想。

③第三阶段——分析阶段,主要是对该问题的评论、比较、选择。

在纺织企业经营过程中,企业经营者可以利用该方法如开不同层次级别的意见会,如基层生产员工代表会、班组长会、销售人员会、生产主管会等。针对经营中的某些问题,如怎样有效解决纺纱过程中的断丝、飞花问题;如何解决设备的螺丝松动问题;有关如何更快高效的确定服装的配料比率以及节省采购时间;如何根据订单确定客户需要的面料的幅宽、手感、风格并验出有无残脏;如何进一步节约采购过程中的采购成本及时间等。只要能为与会者创造良好的氛围,与会者就能对某些问题进行充分的发言,彼此的发言还能引起共鸣,产生创造性的思维。

2. 德尔菲法　德尔菲法是在 20 世纪 40 年代由赫尔姆和达尔克首创,经过戈尔登和兰德公司进一步发展而成的。德尔菲这一名称起源于古希腊有关太阳神阿波罗的神话。

1946 年,兰德公司首次用这种方法用来进行预测,后来该方法被迅速广泛采用。这种方法以匿名的方式,通过几轮函询来征求专家的意见,组织预测小组对每一轮的意见进行汇总整理后作为参考再发给各位专家,供他们分析判断,以提出新的论证。几轮反复后,专家意见趋于一致,最后供决策者进行决策。

(1)德尔菲法有如下具体步骤。

①确定预测题目。

②选择专家。

③制订调查表。

④预测过程。

⑤做出预测结论。

(2)德尔菲法有如下特点。

①资源利用的充分性。由于吸收不同的专家参与,充分利用了专家的经验与学识。

②最终结论的可靠性。由于采用匿名或背靠背的方式,能使每一位专家独立自由地做出自己的判断,不会受其他繁杂因素的影响。

③最终结论的统一性。预测过程必须经过几轮的反馈,使专家的意见逐渐趋同。

德尔菲法在实际纺织企业中可用来对某种方案进行评价和调查,如对某项新工艺的实施在不同层次的员工中进行调查以克服在公开场合有些员工不能表达或是不能真实表达的情况和意见,可以展开对新的操作流程满意度调查;是否愿意参加技改等,通过无记名或是网上问卷的形式,可以获取较为真实有效的信息,并能对相关数据进行汇总分析,形成定量化的报告,为进一步决策提供切实的依据。

3. 哥顿法　哥顿法是美国人哥顿在 1964 年提出的方法。该方法与头脑风暴法原理相似,这种方法的指导思想是,把要研究的问题适当抽象,以利于开阔思路。会议主持者并不把要解决的问题全部摊开,只把问题抽象地介绍给大家,要求海阔天空地提出各种设想。当会议进行到适当时机时,决策者将决策的具体问题展示给小组成员,使小组成员的讨论进一步深化,最后由决策者吸收讨论结果,进行决策。

当纺织企业面临重大事务时可采取此类决策方法,如企业全局的投资决策,可向与会者提出若干方案,大致介绍现有拟订的方案,如一是原有改建投资,二是新建投资,三是兼并改造,让与会者就上述问题各抒己见。主持人在倾听的基础上可亮出问题的难点在于新建和兼并的选择上,再就此问题进行深入的讨论,最后形成决策意见。

[案例]不同决策决定企业的不同面貌(摘自《企业管理案例集》)

某纺织厂从建厂以来一直经营生产蚕丝被,虽然产品品种单一,但是市场销路一直很好。后来由于经济政策的暂时调整及客观条件的变化,蚕丝被完全滞销,企业职工连续半年只能拿50% 的工资,更谈不上奖金,企业职工怨声载道,积极性受到极大的影响。

新厂长上任后,决心一年改变工厂的面貌。他发现该厂与其他部门合作的环保产品——

天然纤维气孔被是成功的,于是决定下马蚕丝被,改产天然纤维气孔被。一年过去,企业总算没有亏损,但工厂日子仍然不太好过。

后来市场形势发生了巨大的变化。原来的蚕丝被市场脱销,用户纷纷来函来电希望该厂能尽快恢复蚕丝被的生产。与此同时,天然纤维气孔被销路不好。在这种情况下,厂长又回过头来抓蚕丝被,但一时又无法搞上去,无论数量和质量都不能恢复到原来的水平。为此,集团公司领导对该厂厂长很不满意,甚至认为改产品是错误的决策,厂长感到很委屈,总是想不通。

● 思考

该厂长的决策是否有失误?

二、定量分析法

定量分析法是指根据现有数据资料,建立在一定数学模型基础上的决策方法。可以使决策过程数学化、模型化,大大提高了科学决策的水平。定量分析难以对许多非程序化的决策课题如涉及政治、社会、心理的决策因素用数学语言加以表达和描述。根据数学模型涉及的决策问题的性质的不同,定量决策方法一般可以分为确定型决策、风险型决策和非确定型决策。

(一)确定型决策

确定型决策的基本特征是:假设事件的各种自然状态是完全肯定而明确的,经过分析计算可以得到各方案的明确结果。确定型决策问题应具备下列条件:具有决策者希望达到的目标;客观条件相对稳定;有两个以上可供选择的方案;各方案执行的结果是明确的。进行确定型决策常用的方法有差量分析法、量本利分析法等。

1. 差量分析法 所谓差量是指各个备选方案之间的差别。通过各个备选方案在预期收入、预期成本上的比较,从中选出最优方案的方法,称作差量分析法,也称差别分析法。差量分析主要是通过对比差量收入和差量成本来择优,差量收入是一个备选方案的预期收入与另一个备选方案的预期收入的差异数;差量成本是两个备选方案预期成本的差异数。只要差量收入大于差量成本,那么前一个方案就是较优的;相反,如差量收入小于差量成本,则后一个方案是较优的。

例 3-1 某纺织厂可生产两种类型的涤纶面料,生产黑色衬纬涤纶面料 1 200m,每米售价 1.45 元,每米单位变动成本 1.1 元;如果不生产黑色衬纬涤纶面料而生产涤纶蚊帐面料产品 800m,每米售价 1.95 元,每米单位变动成本 1.85 元,固定成本不变。试比较分析生产该两种面料哪种最有利?

解:分别计算两种产品生产的差量收入、差量成本与差量损益。

(1)两种产品的差量收入:

$$1\ 200 \times 1.45 - 800 \times 1.95 = 180(元)$$

(2)两种产品的差量成本:

$$1\ 200 \times 1.1 - 800 \times 1.85 = -160(元)$$

(3)两种产品的差量损益:

$$180 + 160 = 340(元)$$

计算分析结果表明,生产黑色衬纬涤纶面料比涤纶蚊帐面料效益要好,可多获利340元。

这种方法一般以企业有同样的生产能力为前提。如果可行方案有两个以上为一组进行比较,最后选择获利最高的方案。

2.量本利分析法　量本利分析法也称为保本分析或盈亏平衡分析。是通过分析企业生产成本、销售利润和产品数量三者之间的关系,掌握盈亏变化规律,指导企业选择获得最大利润的经营方案。量本利分析法常用来进行盈亏平衡分析和经营安全状况分析。

(1)成本与产量的关系。企业从事生产经营活动要消耗大量的人力、物力和财力,它们构成了企业的生产成本。生产成本可划分为固定成本和变动成本。固定成本是指在一定产量范围内,不随产量变动而变动的成本,即使产量为零也要照常支出的费用,如厂房和设备的租金、折旧费、水电费等。从每单位产品的分摊额来看,产量增加,则单位成本降低;产量减少,则单位成本增加。变动成本是指随产量变动而变动的成本,如原料、燃料、直接人工费用等。从单位产品来看,这类成本基本不变。固定成本与变动成本构成产品的总成本。纺织企业在生产经营过程中面临类似的情况,即在一定时期内生产一定数量的产品消耗的成本主要有两部分构成,即固定成本(FC)和变动成本(VC),则总成本(TC)为:

$$TC = FC + VC$$

如果产品的单位变动成本为C_v,Q表示产品产量(或销量),则$VC = C_vQ$;令P表示产品价格,则销售收入$TR = PQ$;以π表示利润,则在不考虑税金的情况下有量本利分析的基本等式:

$$\pi = TR - TC = PQ - C_vQ - FC$$

(2)盈亏平衡分析和盈亏平衡点的确定。盈亏平衡点又称保本点,是指企业盈亏平衡时的产量(或销量),也就是产品总成本和销售收入相对等时对应的点。即上式$\pi = 0$时企业的产量。如果以纵轴表示销售收入与总成本,以横轴表示销售量,并在坐标系中画出成本线和收入线,则可得到如图3-3所示的盈亏分析图。由图3-3所示,销售收入TR和总成本线TC的交点,即称之为盈亏平衡点或损益平衡点,此时产量为Q_1。在该点上,企业该产品收入与成本正好相等,即处于不亏不盈或损益平衡状态,也称为保本状态。当产量$Q > Q_1$时,可得到目标利润π,即当$\pi = 0$,可得到保本点销售量:

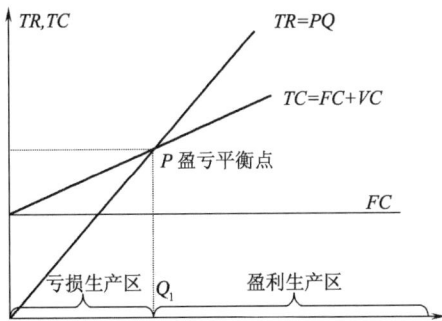

图3-3　盈亏平衡分析图

$$Q_0 = \frac{FC}{P - C_V}$$

当$\pi \neq 0$,可得到实现预期利润π的销售量:

$$Q_0 = \frac{\pi + FC}{P - C_V}$$

例 3 - 2 某服装厂生产西服,市场售价为 1 500 元/套,单位变动成本 1 100 元,固定成本总额为 5 000 000 元,目标利润为 10 000 000 元,试求保本点和实现目标利润的销售量各为多少?

解:将有关数据代入式(3 - 1)和式(3 - 2),可得到

盈亏平衡点销售量:

$$Q_0 = \frac{FC}{P - C_V} = \frac{5\ 000\ 000}{1\ 500 - 1\ 100} = 12\ 500(套)$$

实现目标利润的销售量:

$$Q_1 = \frac{\pi + FC}{P - C_V} = \frac{15\ 000\ 000}{1\ 500 - 1\ 100} = 37\ 500(套)$$

(3)量本利分析法的应用。量本利分析法在纺织企业决策中的应用范围非常广,主要体现在以下几个方面。

①作为判断生产方案的重要依据,通过对比企业当前产量与盈亏平衡点产量,可知生产的盈亏状况,如果现实产量低于盈亏平衡点的产量,则方案不可取;反之,方案可取。

②判断企业经营状况。经营状况的好坏主要通过经营安全率 L 来衡量

$$L = \frac{Q_1 - Q_0}{Q_1} \times 100\%$$

其中 $Q_1 - Q_0$ 为安全余额,即实际销售量与盈亏平衡点销量的差额,其经济意义为安全余额越大,说明企业的盈利水平越高;反之,越低,其具体的参考数值见表 3 - 1。

表 3 - 1 企业经营安全状态

经营安全率 L(%)	<10	10 ~ 15	15 ~ 25	25 ~ 30	>30
经营状况	危险	要警惕	不太好	较好	安全

(二)风险型决策

风险型决策又称随机决策,是指客观存在着不以人的意志为转移的两种以上的自然状态。虽然未来事件可能出现的自然状态是不确定的,但各种自然状态可能发生的概率却是可以预测的,在这种条件下所作的决策即为风险型决策。

风险型决策一般要具备以下几个条件。

①决策者有一个明确的目标。

②存在着两个以上的行动方案,和不以决策者的个人意志为转移的两种以上的客观自然状态。

③各种自然状态发生的概率是可以估计和预测的。

④不同方案在各种自然状态下的损益值可以计算。这里所说的自然状态的概率,一般是从调查研究和历史资料中进行统计分析求得,即客观概率;或者来自决策者主观经验的判断,即主观概率。

风险型决策所依据的标准主要是期望值标准。期望值就是在不同自然状态下决策者所期

望达到的数值。风险型决策方法主要有决策表法、决策树法等。

1. 决策表法 决策表法又称期望值法或决策矩阵法。这种方法,首先,利用有关资料确定事件发生的概率;其次,利用矩阵表计算并表现出各个行动方案与各种自然状态相结合下的条件收益或条件损失;再次,利用上述概率和条件损益算出期望值并进行比较;最后,选择可以获得最大收益或最小损失的方案为最优方案。

例 3-3 某服装厂拟确定西服的月产量决策。根据以往数据,过去每年同期月产量分别为 200 套、600 套、800 套、1 000 套:概率一次为 0.2,0.4,0.3,0.1。而每套西服的出厂成本为 300 元/套,市场售价 800 元/套,而当月产出西服如不能及时出厂要付出库存成本每套 50 元,试问该服装厂的月最佳产量为多少?

解:(1)根据以往同期西服销售资料的分析,可确定今年同期产品生产量的自然状态,并计算出各种状态下的概率,绘制决策收益表(表 3-2)。

表 3-2 新产品决策收益表

自然状态 月产量	200	600	800	1 000	期望利润(元)
	0.2	0.4	0.3	0.1	
200	100 000	100 000	100 000	100 000	100 000
600	−40 000	300 000	300 000	300 000	160 000
800	−110 000	230 000	400 000	400 000	230 000
1 000	−180 000	160 000	370 000	500 000	189 000

(2)根据以往的销售情况,经过分析,拟定出新产品销售的可行方案。

(3)计算各种行动方案的期望损益值 E_i。

$$EMV_i = \sum \pi_i P_i$$

式中:EMV_i——第 i 个方案的期望效益值;

π_i——不同概率下的收益值;

P_i——事件出现的概率。

则有:$EMV_1 = 100\ 000 \times (0.2 + 0.4 + 0.3 + 0.1) = 100\ 000(元)$

$EMV_2 = -40\ 000 \times 0.2 + 300\ 000 \times (0.4 + 0.3 + 0.1) = 160\ 000(元)$

$EMV_3 = -110\ 000 \times 0.2 + 230\ 000 \times 0.4 + 400\ 000 \times (0.3 + 0.1) = 230\ 000(元)$

$EMV_4 = -180\ 000 \times 0.2 + 160\ 000 \times 0.4 + 400\ 000 \times 0.3 + 500\ 000 \times 0.1 = 189\ 000(元)$

结果以第三种方案为最佳,即月产量为 800 套时企业受益最大。即根据收益矩阵决策者应该选择当月产量为 800 套。

2. 决策树法 在风险型决策中,除了可以用决策收益表法进行决策外,还可以用决策树进行决策。所不同的是决策树既可以解决单阶段的决策问题,还可以解决决策收益表无法表达的多阶段序列决策问题,具有思路清晰、阶段明确等优点。决策树法是利用树枝图形列出决策方法、自然状态、自然状态概率及其损益,然后计算各个方案的期望损益值,进行比较选择。决策树的基本原理也是以决策收益计算为依据,进行选优决策。所不同的是,决策树是一种图解方式,对分析复杂的问题较为实用。

(1)决策树的构成。决策树有决策点、方案枝、状态节点、概率枝和期望值五个要素构成。决策树的决策点为决策的出发点,由决策点引出若干决策枝,每一决策枝代表一个方案,方案枝的末端为状态节点,状态节点又引出概率枝,每一概率枝代表着一种自然状态,概率末端为期望值。整个形状像"树"型,因而称之为决策树。决策树的一般结构如图 3 - 4 所示。

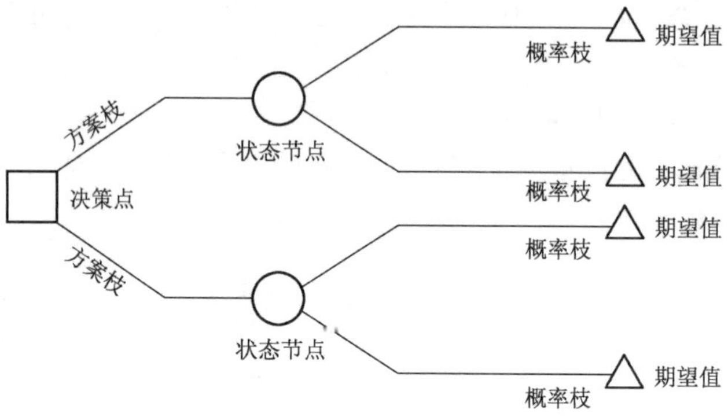

图 3 - 4   决策树一般结构示意图

(2)决策步骤。

①绘制决策树。决策树图是对某个决策问题未来可能发生的情况与方案的可能结果的表示。因此,画决策树图的过程就是拟订各种方案的过程,也是进行状态分析和估算方案可能结果的过程。所以,要对决策问题的发展动向步步深入地进行分析,并按决策树的结构规范由左向右来依次画出决策树图。

②计算期望值。将各自然状态的收益值或损失值分别乘以概率枝上的概率,并将这些值相加,求出状态节点和决策点的收益期望值或损失期望值。期望值的计算方法,从决策树的右边向左边逐步进行。一般把计算结果标示在图中。

③剪枝选定方案。根据不同方案期望值的大小,从右向左(逆推法)进行修枝优选。舍去期望收益值小的方案,留下期望收益值最大的方案。最后便可得出最优方案,并写出结论。

决策树法的主要特点是使用了决策树图,因而整个决策分析过程具有直观、简要、清晰等优点。决策树分析既可用于单阶段的决策,也可用于多阶段的复杂决策。

a. 单阶段决策。是指在整个决策中只决策一次,就能选择出决策的行动方案的过程。单阶段决策计算简单,方法简便易行。

以上题为例,运用决策树法,求解如下:

第一步,依据题意,画出决策树图(图 3 - 5)。

第二步,从右到左,计算各节点期望值。

节点①期望值:

$$100\,000 \times (0.2 + 0.4 + 0.3 + 0.1) = 10(万元)$$

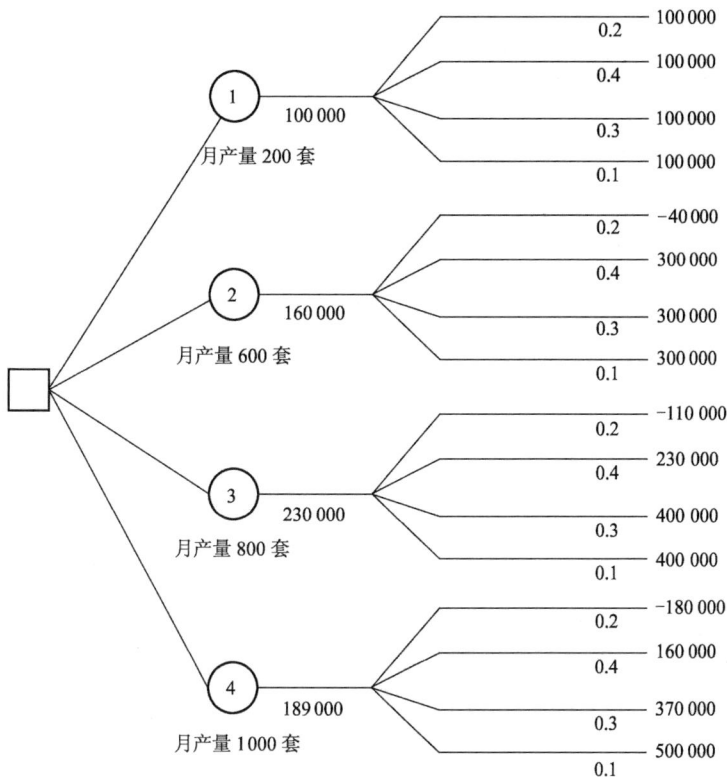

图 3 - 5 不同月产量时的决策树图

节点②期望值:

$$-40\ 000 \times 0.2 + 300\ 000(0.4 + 0.3 + 0.1) = 16(万元)$$

节点③期望值:

$$-110\ 000 \times 0.2 + 230\ 000 \times 0.4 + 400\ 000 \times (0.3 + 0.1) = 23(万元)$$

节点④期望值:

$$-180\ 000 \times 0.2 + 160\ 000 \times 0.4 + 400\ 000 \times 0.3 + 500\ 000 \times 0.1 = 18.9(万元)$$

第三步,比较节点①、②、③、④,剪去节点①、②、④,决策结果即为月产量应该定在 800 套。

b. 多阶段决策。如果决策问题较复杂,在决策中一次决策不能解决问题需要进行多次决策才能确定决策的行动方案,称为多阶段决策。

例 3 - 4 某涤纶面料厂拟投资扩大生产规模,根据市场预测分析,明年产品的销路有两种可能:销路好和销路一般,各种情况出现的概率为 0.7 和 0.3。涤纶面料厂有两种方案可以选择:新建生产线;改进生产线。若今年没上新生产线,到明年市场需求旺盛,企业还可以采取两种方案:紧急安装新生产线;外包。

各种方案的收益值在表3-3中给出。

表3-3　多阶段决策收益表

方　案 　　　　　　收益值	销路好0.7	销路一般0.3
新建生产线	9 000	-6 000
改进生产线		1 500
紧急安装新生产线	4 500	
外包	6 000	

解:

(1)依据题意,画出决策树图(图3-6)。

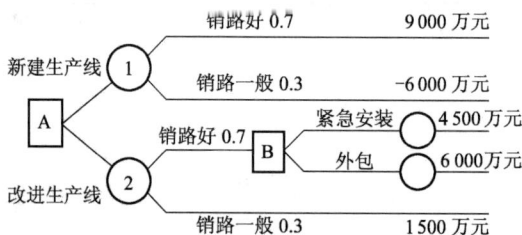

图3-6　不同投资模式下的决策树图

(2)从右到左,先找决策点B的方案值。

决策点B的值:

$$Max(4\ 500,6\ 000) = 6\ 000(万元)$$

状态节点①净收益值:

$$9\ 000 \times 0.7 + (-6\ 000) \times 0.3 = 4\ 500(万元)$$

状态节点②净收益值:

$$6\ 000 \times 0.7 + 1\ 500 \times 0.3 = 4\ 650(万元)$$

(3)比较决策点A,状态节点①的收益值为4 500万元,状态节点②的收益值为4 650万元,以最大净收益值作为评价标准,该涤纶面料厂应该选择改进生产线的方案。

最后得到的方案是,今年采用改进生产线的方式;如果明年销路好,则采用外包的方案,如果销路一般,则用原来的生产能力。

(三)非确定型决策

非确定型决策是指在决策所面临的自然状态难以确定而且各种自然状态发生的概率也无法预测的条件下所做出的决策。由于自然状态下决策结果的不可预知,因此具有较大的风险性和主观随意性。在非确定型决策中,由于方案实施后的结果无法做出估计。因此,决策在很大程度上取决于决策者的主观判断,不同的决策者对同一问题的决策结果也可能是完全不一样。非确定型决策常遵循以下几种思考原则。

1. 悲观原则　持这种决策原则的决策者,都是对未来事件的结果估计比较保守的。他们力求从不利的情况下寻求较好的方案,即从坏处着眼向好处努力。先分别找出每个方案在各种自然状态下的最小收益值,再将各方案的最小收益值相比较,选出最大数值的方案作为决策方案。即从最坏的情况出发,选择最有利的方案,又称保守型决策。

例 3 - 5　某纺织企业拟生产一种新产品,由于缺乏资料,企业对这种产品的市场需求量只能大致估计为四种情况:较高,一般,较低,很低。对这四种自然状态发生的概率无法预测。生产这种新产品企业考虑有四个可行方案,各方案的损益情况见表3-4。

表 3 - 4　各方案最小收益情况

方　案	各种自然状态下的企业年收益值(万元)				最小收益值(万元)
	较高	一般	较低	很低	
A	500	300	−150	−350	−350
B	650	410	−130	−430	−430
C	300	150	140	40	40
D	500	230	80	−200	−200

解:

(1)从每个方案中选出最小值{−350,−430,40,−200}。

(2)从各方案的最小值中选择最大值所对应的方案 Max{−350,−430,40,−200}＝40(万元)。

(3)最优方案应选择 C 方案。

2. 乐观原则　持这种决策原则的决策者,都是对未来前景比较乐观,并有较大成功把握的,愿意承担一定风险去争取最大的收益。

这种方法与悲观原则正好相反,也称为最大值收益法。仍以上例为例(表3-5),选择过程是:首先从每个方案中选择一个最大收益值;然后从这些最大收益值中选择一个最大值,这个最大值所对应的方案就为最优方案。即表中所示的 B 方案。

表 3 - 5　各方案最大收益情况

方　案	各种自然状态下的企业年收益值(万元)				最大收益值(万元)
	较高	一般	较低	很低	
A	500	300	−150	−350	500
B	650	410	−130	−430	650
C	300	150	140	40	300
D	500	230	80	−200	500

这种方法期待今后出现的情况是最有利的,往往过分乐观,容易引起冒进或出现极不合理的现象。

3. 折中原则 这种决策原则的指导思想是,稳中求发展,既不过于乐观也不过于悲观,寻求一个较稳定的方案。

这种方法是,首先考虑每一个方案的最大收益值和最小收益值,然后应用一个系数对最大收益值和最小收益值进行折中调整,计算出它们的调整收益值,最后以最大的调整收益值EMV 所对应的方案作为最优方案。

$$EMV = \alpha \times 最大收益值 + (1 - \alpha) \times 最小收益值$$

式中:α——乐观系数,$\alpha = 0 \sim 1$。

α 通常由决策者根据对获得最大收益值的可能性的估计,自主选定。不难看出,当 $\alpha = 1$ 时,这种方法就变成乐观原则决策方法;当 $\alpha = 0$ 时,这种方法就变成悲观原则决策方法。

若 $\alpha = 0.6$,则 $(1 - \alpha) = 0.4$,其各种方案相应收益为:

$$EMV(A) = 0.6 \times 500 + 0.4 \times (-350) = 160(万元)$$
$$EMV(B) = 0.6 \times 650 + 0.4 \times (-430) = 218(万元)$$
$$EMV(C) = 0.6 \times 300 + 0.4 \times 40 = 196(万元)$$
$$EMV(D) = 0.6 \times 500 + 0.4 \times (-200) = 160(万元)$$

比较计算结果,B 方案的收益值最大,为最佳方案。

4. 最小后悔值法 这种决策方法也叫最小机会损失法。所谓机会损失就是在各种自然状态下决策者选定方案的收益与最大收益之间的差额。机会损失也称为后悔值,每个方案在各种自然状态中都有一个最大的机会损失。利用这种决策方法是把各方案的最大机会损失选出来进行比较,哪个方案的最大机会损失最小,哪个方案就是最优的方案。机会损失的计算和分析有如下步骤。

(1)找出每种自然状态下的最大收益值。

(2)分别求出每种自然状态下各个方案的机会损失(机会损失值 = 最大收益值 - 方案收益值)

(3)找出对应于各种自然状态的最大收益值,在表3 - 6 中用 * 标出。

(4)将对应于每种自然状态的各项收益值从相应的最大值中减去,求出后悔值(表3 - 7)。

表3 - 6　各方案收益情况

方案	各种自然状态下的企业年收益值(万元)			
	较高	一般	较低	很低
A	500	300	-150	-350
B	650 *	410 *	-130	-430
C	300	150	140 *	40 *
D	500	230	80	-200

表3-7　各方案后悔值求法

方 案	各种自然状态下的后悔值(万元)				最大后悔值
	较高	一般	较低	很低	(万元)
A	150	110	290	390	390
B	0	0	270	470	470
C	350	260	0	0	350
D	100	180	60	240	240

再次,找出各个方案的最大后悔值{390,470,350,240}。

(5)从各个方案的最大后悔值中再选择最小后悔值,其所对应的方案 Min{390,470,350,240}=240(万元)为最优方案。D 方案是最优的决策方案。

对于上述四种决策方法,在理论上还不能证明哪一种是最合理的。因此,在实际经营决策中,要因事、因人而异。

➤ 技能实训

以小组为单位,选定纺织企业,在对企业进行调查的基础上,了解定性和定量决策方法在企业中的运用。

➤ 案例综合分析

某纺织厂是一个生产涤纶面料的老厂,过去该厂曾有骄人的业绩。但随着人员老化、长久的粗放式管理,企业中的问题也随处可见,从日常的点滴到生产现场、人员素质等方面都存在着或多或少的问题。

有一位厂长经常发现车间饮水处的水龙头没有关紧,滴滴答答地漏水,为此组织员工开会,要求禁止这一行为,并制定了管理制度。但事过一段时间仍有此现象发生,气得厂长直埋怨员工素质差。

该厂生产车间的设备较多,并且有些较为老化,螺丝的松动是设备维修人员有时最感头痛的事。因为,如果设备在运转中主要的螺丝产生松动,小则造成设备带病运行,大则产生质量和设备事故。但是,又不能每天用手或工具去检查每一个螺丝,这给管理带来了很大的不便。

车间的机器由于长久不清洗,油渍、缠飞花现象比较严重,抓棉机的打手处经常存在挂花和卫生死角,此类现象也同样出现在梳棉、并条、粗纱、细纱等设备上。另外,员工在搬运原料纱和棉卷的过程中,由于检查工作不细致,经常导致原料和回花混入异性纤维,配棉和混棉场所也存在类似问题。棉卷搬运路线的不确定经常使工作现场混乱。

在成品车间同样存在着成品不分的现象,生产现场成品、半成品的合格品区域、不合格品区域划分不清,使现场人员不得不多花大量的时间再去分拣,从而大大降低了工作效率。

车间安全事故时有发生,由于工作的疏忽,使员工在平时的工作中,对有些机器设备如清花、梳棉等的危险部位视而不见。另外,车间消防设备不健全,在车间外地上也存在着烟灰现象。

● 讨论题:

如何用定性的决策方法解决上述企业存在的诸多问题?

第三单元　纺织企业营销理念与方法

第四章　纺织企业营销理念

● 本章学习目标 ●

1.了解纺织企业营销观念发展的历程。

2.认识当前纺织企业营销管理者应树立的营销理念。

3.掌握纺织企业不同行业市场细分和目标市场选择方法。

4.掌握目标市场的开拓与进入战略。

5.通过案例分析,能明确作为一个营销人员应具备的品质和技能,为将来从事相关工作尽早积累知识。

[导入案例]三个营销员的不同收获

（资料来源:杨明刚,市场营销100——个案与点析.上海:华东理工大学出版社）

美国一家制鞋公司要寻找国外市场,公司派出了一名业务员去非洲一个岛国,让他了解一下能否将本公司的鞋销售给他们。这个业务员到岛国待了一天发回一封电报:"这里的人不穿鞋,没有市场。我即刻返回"。公司又派出了一名业务员,第二个人在岛上待了一个星期,发回一封电报:"这里的人不穿鞋,鞋的市场很大,我准备把本公司生产的鞋卖给他们"。公司总裁得到两种截然不同的结果后,为了了解更真实的情况,于是派去了第三个人,此人到岛上待了三个星期,发回一封电报:"这里的人不穿鞋,原因是他们的脚上有脚疾,他们也想穿鞋,过去不需要我们公司的鞋,因为我们的鞋太窄。我们必须生产宽鞋,才能适合他们对鞋的需求。这里的部落首领不让我们做买卖,除非我们借助于政府的力量和公关活动进行大市场营销。我们打开这个市场需要投入大概1.5万美元。这样我们每年能卖大约2万双鞋,在这里卖鞋可以赚钱,投资收益率约为15%。"

本例的三位营销员对同一个市场作出了三种不同的判断,你会属于哪一位呢?

第一节 纺织企业市场营销观念

一、从纺织企业营销者的角度分析自己

(一)你是否已做好了做一个营销者的心理准备

市场营销者是指那些希望从别人那里取得资源并愿意以某种有价之物作为交换的人。市场营销者可以是卖者,也可以是买者。成功的营销者不是天生的,而是他们的努力工作才具有营销的素质和能力。怎么知道自己是否适合从事营销工作? 可思考以下问题,并做出明确的答复。

1. 承诺 努力勤奋,这是你对工作的承诺,这是你事业心的体现。你愿意加班加点工作吗?

2. 动机 人们出于多种动机而从事营销工作。有些人是为了体现自身价值,通过取得工作业绩向社会、亲友证明自己的能力与价值;有些人是因为喜欢这一具有挑战性的工作,增强自己的心理承受力;还有些人可能是因为就业等原因。如果你只是为了有事可做,则你的动机不够强烈,遇到困难就会打退堂鼓,所以成功的可能性就不大。你为什么从事营销工作?

3. 诚信 营销工作直面消费者,你的诚实与信誉直接关系到你工作的成功与否。你诚实守信吗?

4. 健康 营销工作很辛苦,它要承受体力和心理双重压力,没有一个健康的体魄是难以胜任的。你身体健康吗?

5. 专业技能 西方的营销学认为,营销是一门80%的科学加20%的艺术的学科,掌握营销的基本理论和技能也是事业成功的基础。你是否准备了必备的专业技能?

6. 相关行业知识 营销工作是一个涉及面很广的工作,你必须掌握与你所营销的产品相关的行业知识,懂行更容易成功。如果你缺少相关行业知识,你准备去弥补吗?

一个市场营销者的成功,很大程度上取决于个人性格、技能水平和对挫折的承受力。所以在决定从事这个职业之前,非常有必要认真地审视和评价一下自己,以判断自己是否适合从事营销工作,是否已具备作为一个营销人员应具备的基本素质和能力,如有欠缺则要通过自学和培训加以弥补。

(二)营销者必须具备的基本素质

营销过程是一个综合的、复杂的过程,它既是信息沟通过程,也是商品交换过程,又是技术服务过程。营销人员的素质,决定了营销质量的好坏乃至营销活动的成败。营销人员应具备以下三个基本素质。

(1)态度热忱,努力勤奋,积极进取。营销人员是企业的代表,有为企业销售产品的职责,同时也是顾客的顾问,有为顾客的购买活动当好参谋的义务。因此,营销人员要具有高度的责任心和使命感,热爱本职工作,不辞辛苦,任劳任怨,敢于探索,积极进取,态度热忱地为顾客提供服务,同顾客建立友谊,这样才能使营销工作获得成功。成功的营销者往往有这样的感慨:"别人说我们的成功是运气,其实绝不然。当别人工作8小时后下班看电影、看电视、打麻将的时候,我们还得再继续工作几小时"。态度热忱、勤奋做事、积极进取,对一个营销人员来说是十分重要的。

（2）坚强毅力和对挫折的较强承受力。强烈的事业动机会使你具有坚强的毅力,毅力与勤奋不一样,勤奋倾向于肢体活动,泛指肯做肯跑;而毅力则是心智活动,是指敢于面对困难,敢于接受挑战。对挫折有较强承受力的人,一定是有毅力、有目标的人,一旦确定目标,便会不畏艰辛,全力以赴。

（3）善于观察和善于思考。刚开始从事营销工作时,往往不得要领。面对茫茫商海,不知该怎么办才好。其实营销的要诀、经验多如牛毛,你不可能都记在心中。你只要记住"领先"这个要诀,善于观察和思考就行了。

若一个人具备了热忱勤奋、有毅力、善于观察和思考三个优点,这个人事业成功的机会就较多,无论遇到什么困难,也能勇敢面对并加以克服。

（三）营销者必须具备的技能和知识

1. 技能　要成为一个营销者,应提前学习,使自己具备以下三方面的技能。

（1）具有文明礼貌、交流广泛的技能。营销人员在销售产品时要不断地进行宣传,同时也是在推销自己。这就要求营销人员要注意营销的礼仪,讲究文明礼貌,仪表端庄,热情待人,举止适度,谦恭有礼,谈吐文雅,口齿伶俐。在说明主题的前提下,语言要诙谐、幽默,给顾客留下良好的印象,为营销成功创造条件。在工作紧张的同时,你仍应挤出时间与一些对你事业有帮助的人保持联系,必须让可能成为你的客户的人、你的供应商相信:若不和你打交道将是一种损失。

（2）具有富于应变、技巧娴熟的技能。市场环境因素多样且复杂,为实现销售目标,营销人员必须对各种变化反应灵敏,并有娴熟的营销技巧,能对变化万千的市场环境采用恰当的营销技巧。营销人员要能准确地了解顾客的有关情况,能为顾客着想,尽可能地解答顾客的疑难问题,并能恰当地选定营销对象;要善于说服顾客;要善于选择适当的洽谈时机,把握良好的成交机会,并善于把握易被他人忽视或不易发现的营销机会。

（3）细致入微的工作作风。要有掌握全局的远见,同时要具有了解细节的能力。如有位营销策划人员,为了争取当地一家公司的生意,花了两个月的时间准备企划书,另外花了一周时间物色接受建议的最佳人选。一切似乎都在掌握之中,但一不小心写错了这个人的名字,结果这个人看也不看企划书,因此痛失机会。

2. 知识　求知欲强,知识广博是营销人员做好营销工作的前提条件。较高素质的营销员必须有较强的上进心和求知欲,乐于学习各种必备的知识。一般说来,营销员应该具备的知识有以下几个方面。

（1）企业知识。营销人员要熟悉纺织企业的历史及现状,包括本企业的规模、在同行中的地位、经营特点、经营方针、服务项目、定价方法、交货方式、付款条件和保管方法等;还要了解企业的发展方向。

（2）产品知识。营销人员要熟悉相关纺织产品的性能、用途、价格、使用知识、保养方法以及竞争者的产品情况等。

（3）市场知识。营销人员要了解目标市场的供求状况及竞争者的有关情况,熟悉目标市场的环境,包括国家的有关政策、条例等。

（4）心理学知识。营销人员要了解并适时地运用心理学知识研究顾客心理变化和要求,以便采取相应的方法和技巧。

（5）财务知识。营销人员了解财务知识是保证销售收入顺利回收的重要前提。此外,营销人员还应了解政策法规的最新变化及影响。

以上作为一个营销员的素质、技能和知识,联系到本章开头的案例导入,就可以评价其中三个营销员的职业素质。

二、纺织企业市场营销观念的发展历程

市场营销观念的形成不是人们的主观想象,而是随着社会生产的发展和市场供求关系的变化逐步形成并发展变化的,是社会经济发展的产物,它来源于经营实践,在实践中产生和发展。纵观世界商品经济发展的历史,市场营销观念的演变大致经历了生产观念、产品观念、推销观念、营销观念、社会营销观念和大市场营销观念六个阶段。

（一）生产观念（Production Concept）

"我生产什么就卖什么"这是典型的以生产为中心的生产观念。在生产观念阶段的市场,其商品供应一定是供不应求的状况,形成"卖方市场"。这个时期企业经营者是以产定销,其管理的主要任务是如何增加产品产量和降低成本,而基本上不需关心销售。如美国福特汽车公司当时就宣称:"不管顾客需要什么,我的汽车就是黑的"。这种观念是最早的营销思想,企业管理的中心问题只是如何提高生产效率和降低成本,重心在于生产管理,销售工作不受重视,也不考虑顾客的需求(图4-1)。

（二）产品观念（Product Concept）

产品观念是另一种营销观念,其基本假设是:"顾客喜欢质量最好、功能最强的产品"。因此,企业的主要精力是放在改进产品,认为只要能够生产出质量足够好的产品,自然就会顾客盈门(图4-2)。但是市场反应有时却会令企业大失所望,因为顾客可能会寻找另一种产品作为替代品,或寻求其他更有效的服务。即使是一种高质量的产品,如果它在设计、包装和价格上缺乏吸引力,分销渠道不够畅通,也不能引起顾客的注意。与生产观念一样,产品观念也忽视了市场和消费者的需求主导愿望。因此,这种营销理念必然会被新的观念所替代。

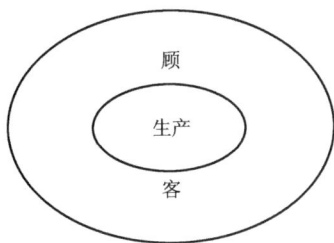

图4-1　生产观念

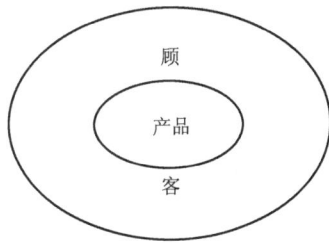

图4-2　产品观念

（三）推销观念（Selling Concept）

"我推销什么,顾客就买什么"这是典型的以推销为中心的推销观念。随着社会生产力的大幅度提高,社会产品数量和花色品种日益丰富,而消费水平却没有相应提高,导致市场上许多商品滞销,开始出现供过于求的状况。企业间的竞争加剧,市场从"卖方市场"逐步转变为"买方市场"。于是,企业面临的头等大事是如何推销他们的产品,强调为产品寻找市场。不

少企业发现,人们的需求需要引导、培养才能形成,于是推销观念和与之相适应的各种推销方法和广告技巧便应运而生。与生产观念相比,推销观念是企业营销工作的一大进步,它加强了企业的销售力量,促进了产品价值的实现,也促进了社会经济的发展,但实质上仍是建立在"我生产什么,就卖什么"。这一时期仍以生产为中心。

(四)营销观念(Marketing Concept)

"生产顾客需要的,又是我擅长的产品"是营销观念的经营思想。营销观念完成了由以生产为中心向以顾客为中心的观念转变,由传统的"以产定销"观念向"以销定产"的市场营销观念转变,由此进入了市场营销新阶段(图4-3)。这时的市场是一个商品供过于求的市场,是买方市场;这一阶段强调顾客的需求,将顾客的需求放在首位;按照顾客的价值和满意状况建立企业与顾客长期的互惠关系,并由此获利。

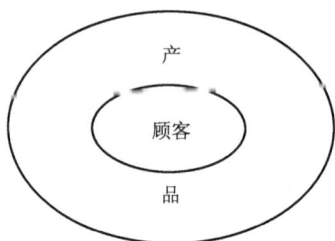

图4-3 营销观念

(五)社会营销观念(Social Marketing Concept)

社会营销观念即在以消费者为中心的基础上,企业又进一步考虑到消费者的长远利益和社会利益,提出了诸如"无污染食品""绿色食品""承诺制""回报社会"等口号,从而形成了把消费者利益和社会利益相结合的营销观念。

(六)大市场营销观念(Big Marketing Concept)

这是建立在现代大市场的基础上,对社会营销观念的进一步发展。它除了具有以消费者为中心并顾及社会利益的基本内容外,还具有以下几点特征。

(1)经营思维要适应现代大市场、大流通的要求,如要研究和预测社会发展与消费的前瞻。

(2)营销手段要更加先进、更具特色,如企业更加重视营销"软件"(顾客心理、优质服务、公共关系、企业形象等)的运用。

(3)对营销观念的认识更加广泛和深入,如把市场营销看作是一个营销系统即系统营销观念。

现代大市场营销观念的内涵将随着现代大市场营销的实践而不断发展丰富。

第二节 纺织企业市场细分与目标市场选择

衣、食、住、行、用是人们日常生活的五大内容,相应的也就产生了五大行业。五业之中,纺织行业的地位尤为重要。同时,纺织品市场又最是变幻无常。纺织品市场从面料种类看,由过去单一的服用纺织品发展为服用纺织品、家用纺织品、产业用纺织品市场。消费者需要呈现出个性化、多样化、展现自我的特点,使得需求的差异性越来越大。任何企业,即使是资源再雄厚的大型纺织企业要想满足所有人的需求也是不可能的;再加上现在是买方市场已全面形成,一个纺织企业无法用有限的资源来生产纷繁复杂的纺织品以满足每一个顾客的需求。纺织企业要想获得有利的营销机会,必须注意研究细分市场,找出或创造未满足的需求。在此基础上,制订正确的进入目标市场的策略,这就是所谓的 STP 营销,即市场细分(Segmenting)、目标市场(Targeting)和市场定位(Positioning),这是营销战略的核心。

一般来说,进入市场有三个步骤:第一步,按一定的标准,将市场细分成若干个有相同需求特点的顾客群,即细分市场,并剖析细分的市场;第二步,衡量、评估各细分市场,选定适合本企业的目标市场;第三步,确定产品在目标市场上的定位。

一、纺织企业市场细分

纺织企业要取得竞争优势,就要识别自己能够有效服务的、最具吸引力的细分市场,而不是到处参与竞争。由于纺织品的购买者分布广,且购买者的需要和购买行为又有很大的差异,因此,纺织品营销成功的关键在于发现和评价市场机会,进行正确的市场定位。

(一)市场细分及其作用

市场细分是指企业在调查研究的基础上,依据消费者的需求、购买动机与爱好习惯等差异性,把市场划分为不同类型的消费群的过程。通过把整个市场分成若干个细分市场,使每个细分市场内都包括需求特点大致相同的顾客;不同的细分市场之间,消费者的需求则存在着明显的不同。市场细分不仅可以反映出不同消费者的不同需求,还可以使纺织企业发现消费者尚未被满足的需求,寻找到极好的营销目标。市场细分是纺织企业确定目标市场和制订营销策略的前提和基础,这种理论对纺织企业有重要的作用,概括地讲有以下三个方面。

(1)有利于纺织企业发现新的市场机会,实现市场的开拓创新。通过市场细分过程,企业可以深入了解不同子市场中的消费者的不同需求。因此,更容易发现新的营销机会,形成新的目标市场。如日本吉田工业公司通过市场细分发现了拉链的新应用市场,把拉链推进了人类生活的每一个角落:帐篷、渔网、围网、化妆盒、皮包、服装、工具箱……成了闻名遐迩的"世界拉链大王"。另外,还可使企业比较不同细分市场(或子市场)中的需求情况和企业的竞争者在各个细分市场中的地位,在充分了解竞争态势的前提下,确定企业自身适当的位置。

(2)有利于纺织企业有效地分配人力、财力、物力。通过市场细分,使企业营销人员更清楚地知道各细分市场的消费者对不同营销措施和策略的反应及差异。据此对企业的人力、财力、物力有效地配置、使用,不仅可以避免企业资源的浪费,而且可以使有限的资源使用在最适当的地方,发挥最大的功效。

(3)有利于纺织企业自身的应变和调整。通过市场细分过程企业比较容易发现购买群体的反应,信息反馈快。因此,根据市场的变化调整产品结构、营销目标,提高企业的应变能力。如李宁公司根据消费者需求的变化,把产品一次又一次地重新定位,表现在广告上是:从最早的"中国新一代的希望""把精彩留给自己""我运动,我存在""运动之美,世界共享""出色,源自本色",到目前的"一切皆有可能"。又如在国际市场上,特别是发达国家,对某些织物如老人服装、儿童服装以及家用纺织品,都要有一定阻燃要求。因此,我国纺织企业可以根据市场的变化,不断调整产品。

(二)市场细分的标准

由于市场细分是建立在市场需求差异的基础上的,因此形成需求差异的各种因素均可作为市场细分的标准。消费者市场与生产者市场的细分标准是有所区别的,需分别进行分析,这里着重分析消费者市场细分标准。市场细分的标准见表4-1。

表4-1 市场细分标准

细分标准	具体变量
地理环境	国别、气候、人口密度、城乡、地理位置、交通环境、城市规模等
人口因素	社会阶层、年龄、性别、职业、收入、教育程度、家庭结构、种族、国籍、家庭生命周期等
心理因素	生活方式、性格、兴趣、偏好、对各种营销要素的敏感程度等
购买行为	购买动机、追求的利益、使用频率、品牌与商标的信赖程度、使用者情况

1.地理环境 纺织企业按照消费者所在的地理位置以及其他地理变量(包括城市农村、地形气候、交通运输等)来细分消费者市场。

(1)地区。我国地域辽阔,不同地区的市场特征明显不同,市场是不同质的。经济特区和沿海地区的经济发展速度与市场发育程度要高于中部地区、西北地区和东北地区,在市场密度、购买力等方面存在着很大的差异。如北方人选择棉衣注重的是保暖性能,南方人选择棉衣注重的是款式。

(2)气候。气候也是一个重要的细分变量。如我国气候分热带、亚热带、中温带、暖温带、寒带等。不同的气候有着不同的消费需求,需要不同的产品。如生活在东北高寒地区的人们对羽绒服需求大,而且更注重其保暖、耐寒性能。

(3)地域文化。不同地区有着不同的消费方式与习俗,不同的传统与风情,不同的市场交换观念,这也将会对营销活动产生影响。所以,地域文化也常被营销者用来作为消费品市场细分的一个重要依据。如中国传统名锦有蜀锦、宋锦、云锦等,特别是云锦主要用于蒙古族、藏族、满族等少数民族的服装和装饰材料,也远销世界各国作为高级服装和装饰用品。

2.人口因素 纺织企业按人口变量(包括年龄、性别、收入、职业、教育水平、家庭规模、家庭生命周期阶段、宗教、种族、国籍等)来细分消费者市场。

(1)年龄。年龄是一个重要的变量,不同的年龄在体型上有大差别,消费者的欲望与需要常随着年龄的变化而变化。以年龄区段划分市场必须注意人口分布在各个年龄区段上是不均匀的,应根据人口普查的数据做纺织品市场的推算。如不同年龄层次妇女的个性和对时装的要求都是不同的(表4-2)。

表4-2 不同年龄层次妇女个性及对服饰的偏好

类型	个性特点	对服饰要求	营销特征
少女(花季期)15~17岁	生理、心理不稳定、好动、爱新奇、爱引人注目	款式活泼新奇、鲜艳夺目、见异思迁	注重款式、颜色的跳跃、注意节奏、名牌效应、装饰配件价格较低、对做工面料不讲究、运动装需求大

类 型	个性特点	对服饰要求	营销特征
姑娘(婚恋期) 18~24岁	生理、心理趋成熟、刻意装饰、执着爱美、对他人的评价和穿着反应敏感、表现欲强烈、有收入、负担轻	追求时髦、对服饰欣赏品位高、对服饰美有强烈要求且目的明确	款式颜色应符合潮流,面料考究;注意名店、名牌、名师效应;易受广告诱惑;价格高;售货员应懂行;高级套装、礼服、休闲装看好
少妇(成熟期) 25~34岁	有生活、社会经验和较高的文化素养、稳重、收入稳定;打扮成为生活的一部分	欣赏水平高,对衣着有独特的见解	款式颜色应符合流行趋势;面料考究、做工精细;注意名店、名师效应;对广告较为关注,价格较高;正规套装、休闲装
中年(不惑期) 35~50岁	生活经验丰富,其中一大部分为职业女性;有较高文化素养、稳重;对渐去的青春留恋与回忆	雅而别致,俏而不艳,对服饰的选择标准趋于稳定	颜色冷而凝重;款式设计线条简洁、庄重而不古板;对正装、休闲装需求量大;不受广告诱惑

(2)性别。性别是经常用来细分诸如服装、化妆品、滋补品、个人服务等产品市场。人口的性别结构是指男女在人口总数中所占比例。人们由于性别不同,其消费需求也有所差异。这种差异在纺织品的消费中表现得更为显著。如:"法国鳄鱼"得名于法国著名网球选手 LA-COSTE(发音:拉科斯特),因他的长鼻子和富有进攻性,人们给他以"鳄鱼"的绰号。LACOSTE 从网坛退役后,"鳄鱼"针织运动衫开始进入批量生产和销售。其以精致的面料选择,多变的色彩搭配,变化丰富的款式,展现了青春活力和时尚一族的魅力。"鳄鱼"服装款式实用而流行,尤其它巧妙地通过肩部、领部及袖口等细节,展示男士追求轻松舒适、年轻化的青春气息特征。

(3)收入。收入决定了支出,决定了购买力大小。我国随着低收入人群收入的提升,国内纺织品消费还会保持快速增长的势头,如家纺工业将成为中国纺织经济增长的主要拉动力,北京、上海及广州等沿海城市市场增长潜力最大。实际年收入10万元与实际年收入1万元的消费者在购买产品的档次和所能承受的价格方面有许多差别。

(4)家庭生命周期阶段。家庭生命周期表示了一个家庭生活的变化过程,在周期的不同阶段,家庭的支出模式会发生变化(表4-3)。

表4-3 家庭生命周期的不同阶段及其购买模式

家庭生命周期阶段	购买或行为模式
单身阶段(Bachelor Stage)	无财务负担,领导潮流,喜娱乐
新婚(Newly married couples)	财务状况较好,有最高的购买率和耐用品等购买量
满巢一期(Full nest I):最小的孩子小于六岁	购买家庭用品的巅峰时期,有很少的流动资产,对新产品有兴趣,喜欢广告的商品,对财务状况不满意
满巢二期(Full nest II):有六岁以上的孩子	财务状况较好,购大型包装产品,数量多的商品,上音乐课等
满巢三期(Full nest III):中年夫妇,孩子未独立	财务状况仍好,很难受广告影响,对耐用品平均购买力最高

家庭生命周期阶段	购买或行为模式
空巢一期(Empty nest I):孩子不同住,家长仍工作	自有房子,对财务状况满足,喜远游、娱乐、自我教育,对新产品兴趣不大
空巢二期(Empty nest II):孩子不同住,家长年老退休	所得减少,购医疗用品及保健用品
年老丧偶独居(Solitude)	所得锐减,特别注重情感、关注及安全保障

3. 心理因素 按照消费者的生活方式、个性、购买动机、购买态度等心理变量来细分消费者市场。

(1)生活方式。生活方式是指消费者对自己的工作、休闲和娱乐的态度。生活方式不同的消费者,他们的消费欲望和需求是不一样的。企业可根据生活方式将消费者分为紧跟潮流者、享乐主义者、主动进取者、因循保守者等,并由此划分为不同的细分市场。如服装市场可以划分为"传统型""新潮型""严肃型"和"活泼型"等几个细分市场。

(2)消费者个性。消费者的个性是千差万别,表现各异,消费个性会对消费者的需求和购买动机产生不同程度的影响。如目前市场上有不少床上用品厂家,针对不同的目标消费群,新婚族、新居族、单身贵族等标榜个性化和时尚品位的消费者,推出具有个性化色彩的床上用品系列。这种风格的产品特点是不拘泥于以往既定的模式,在色彩和搭配上不断推陈出新。如在色彩上,一款有着春天般绿意的床单,搭配上深蓝色的枕套及红色的被套,年轻人注重自我的个性就这样被张扬出来。在图案选择上,抽象、卡通图案成为最佳的选择,加菲猫、史努比和各种抽象的图案成为年轻人不愿长大的宣言和追求个性的旗帜。

(3)购买动机。购买动机是驱使消费者实现个人消费目标的一种内在力量,其可分为求实动机、求名动机、求廉动机、求新动机、求美动机等。企业可把这些不同的购买动机作为市场细分的依据,把整体市场划分为若干个细分市场,如廉价市场、便利市场、时尚市场、炫耀市场等。如在一些发达国家,亚麻产品属高档产品,是时尚与身份的象征,以其天然绿色环保的特性受到广大消费者的青睐。

(4)购买态度。购买态度通常指个人对所购产品特有的喜欢与否的评价、情感上的感受和行动倾向。企业可以按照消费者对产品的购买态度来细分消费者市场。消费者对企业产品的态度有五种:热爱、肯定、不感兴趣、否定和敌对。企业对持不同态度的消费者群,应当酌情分别采取不同的市场营销组合策略。对那些不感兴趣的消费者,企业要通过适当的广告媒体,大力宣传介绍企业的产品,使他们转变为兴趣的消费者。

4. 购买行为 企业按照消费者购买或使用某种产品的动机、消费者所追求的利益、使用者情况、消费者对某种产品的使用率、消费者对品牌的忠诚程度、消费者待购阶段和消费者对产品的态度等行为变量来细分消费者市场。如利用阻燃纺织品制作宾馆床上用品、出口欧美的儿童服装等,或用抗菌织物生产内衣裤、袜子等日用品在欧美消耗量很大,此类商品的包装一般以半打为宜,不仅便于购买与销售,也节约了包装成本。手绘真丝手帕只是在正式场合才使用,因此宜采用精致小包装,定价宜高,以显示其珍贵。这是以使用率或数量细分。

二、纺织企业目标市场的选择策略

纺织企业在进行了市场细分之后,便面临着选择目标市场的问题。这时,企业必须根据自己的资源条件选择一个或几个细分市场作为自己的服务目标,这样确定的市场即为企业的目标市场。目标市场与市场细分是两个既有区别又有联系的概念。市场细分是发现市场上未满足的需求与按不同的购买欲望和需求划分消费者群的过程,而确定目标市场则是企业根据自身条件和特点选择某一个或几个细分市场作为营销对象的过程。因此可以说,市场细分是选择目标市场的前提和条件,而目标市场的选择则是市场细分化的目的和归宿。纺织企业目标市场的选择策略主要有以下几种。

(一)无差异性市场策略

无差异性市场策略即用一种产品和一套营销方案吸引所有的消费者(图4-4)。采用此策略的纺织企业把整个市场看成一个整体,不进行细分,或是在纺织企业做了细分化的工作之后,决定把整个市场作为目标市场。这种无差异性的市场策略,可以解释为向全部市场提供单一产品。

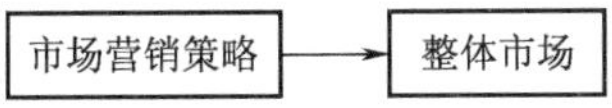

图4-4 无差异性市场策略

无差异性市场策略的优点十分明显。首先这种策略可以降低营销成本,大批量的生产,使单位产品的生产成本能够保持相对较低的水平;单一的营销组合,尤其是无差异的广告宣传,可以相对节省促销费用。其次,广告宣传等促销活动的投入,不是分散使用于几种产品,而是集中使用于一种产品,因此有可能强化品牌形象,甚至创造所谓超级品牌。

无差异性策略的缺点也同样明显。首先,它不可能使消费者多样的需求得到较好的满足。在很多情况下,并非需求没有差异,而是企业"忽略"了差异。可以说,在一定程度上,这种营销方式是靠强大的广告宣传"强迫"具有不同需求的顾客暂时接受同一种产品。这就潜藏着失去顾客的危险。其次,易于受到其他企业发动的各种竞争力的伤害。再次,如果在同一市场上众多企业都采用无差异性策略,就会使市场上的竞争异常激烈,最后形成几败俱伤的局面。

无差异性市场策略适用于两种情况:一是具有同质性市场的产品;二是具有广泛需求、可能大批量产销的产品。但对于大多数需求存在明显差异的产品而言,这种策略并不适用。特别要提醒企业注意的是,市场是不断变化的,那些具有同质需求的产品和需求差异性较小的产品,随着时间的推移,很可能在多种因素的作用下,由同质渐变为异质、由差异性较小渐变为差异性较大。如果企业不注意这些变化,及时改变策略,势必使企业陷入困境。

总之,采用无差异性策略,企业经营者都是千方百计地给大多数消费者造成一个产品优良的印象。显然,在多样化的纺织品市场领域中,这种策略应用有限。但也有不少纺织品服装企业在经营大众基本产品,如中低档的袜类、牛仔裤、内衣裤等或休闲品牌服装时,应用这种策略获得了成功。

(二)差异性市场策略

差异性市场策略即纺织企业针对每个细分市场的需求特点,分别为之设计不同的产品,采取不同的市场营销方案,满足各个细分市场上不同的需要(图4-5)。

运用这个策略比较成功的是罗莱公司。罗莱家纺

图4-5 差异性市场策略

曾在我国家用纺织品市场综合占有率排名第一,并于 2005 年度获"中国名牌产品"称号。2005 年 6 月,罗莱把享誉巴黎的时尚家居品牌 SaintMarc 纳入怀中,作为旗下张扬个性化和时尚化的品牌,并牵手世界著名家居品牌喜来登,结成战略联盟体,把这类品牌产品推向高档宾馆获得了成功。同时,它对原有旗下产品重新进行了分类,使之能进入寻常百姓家庭。这种差异性与个性化市场策略,已成为罗莱最成功的经营手段。

采取差异性策略的企业,一般拥有较宽、较深的产品组合和更多的产品线,实行小批量、多品种生产;不仅不同产品的价格不同,同一产品在不同地区市场价格也有差异;分销渠道可能各不相同,也可能几种产品使用同一渠道;促销活动也有分有合,具体产品的广告宣传是分开进行的,而厂牌的宣传则常常是统一的。

差异性策略的优点有:第一,这种营销方式大大降低了经营风险,由于企业同时在若干个既互相联系又互相区别的子市场上经营,某一市场的失败,不会威胁到整个企业。第二,这种营销方式能够使顾客的不同需求得到满足,也使每个子市场的销售潜力得到最大限度地挖掘,从而有利于扩大企业的市场占有率。第三,差异性营销大大提高了企业的竞争能力,特别有助于阻止其他竞争对手利用市场空档进入市场。第四,如果企业能够在几个子市场上取得良好经营效果、树立几个著名品牌,则可以大大提高消费者或用户对该企业产品的信赖程度和购买频率,尤其有利于新产品迅速打开市场。

差异性营销也有其局限性,最大问题是营销成本的提高。小批量、多品种的生产,使单位产品的生产成本相对上升;多样化的广告宣传必然使单位产品的广告费用增加;此外,还会增加市场调研和管理等方面的费用。所以,这一策略的运用,要有这样的前提,即销售扩大所带来的利益,必须超过营销总成本的增加。由于受有限资源的制约,许多中小型纺织企业无力采用此种策略。较为雄厚的财力、较强的技术力量和高水平的营销队伍,是实行差异性策略的必要条件。

(三)集中性市场策略

集中性市场策略即纺织企业选择一个或少数几个子市场作为目标市场,制订一套营销方案,集中力量为之服务,争取在这些目标市场上占有大量份额(图 4-6)。集中性市场策略又称密集性策略。

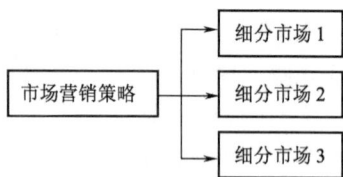

图 4-6 集中性市场策略

这是一个比较特殊的策略,前两种策略不论哪一种,它面对的都是整个市场。而采取集中性市场策略的企业,是集中针对一个或两个细分后的小市场作为它的目标市场。这样的决策主要是考虑要避免财力资源的过分分散,也就是说,把企业的实力集中用于一个市场细分的面上来求得成功。这个策略的出发点,不是在一个大的市场当中,寻求一个小的占有率,而是谋求在一个小的市场当中,获得比较大的占有率。这种策略的优点是可以节省费用,可以集中精力创名牌和保品牌。这是一种特别适用于小企业的策略。小企业的资源和营销能力,一般无法与大企业正面抗衡。但通常市场上总是存在着这样一些子市场:它们的规模与价值对大企业来说相对较小,因而大企业未予注意或不愿踏足,但却足以使一个小企业生存并发展。如果小企业能够为其子市场推出独到的产品,并全力以赴加以开拓,则往往能够达到目标。实行这种策略,可以使某些子市场的特定需求得到较好的满足,因此有助于提高企业与产品的知名度,今后一旦时机成熟,便可以迅速扩大市场。值得注意的是,这种策略强调的是一种"独辟蹊径、蓄势待发"的经营思想。对于我国企业在选择目标市场方面避免近年来屡屡发生的"追风赶潮"现象,即一旦某个企业成功开发了某一市场,便有许多企业争相跟进,应具有指导意义。这种策略的不足之处在于经营风险较大,因为选择的市场面比较窄,把全部精力都放在这儿,一旦市场消费者突然改变了需求偏好,或某一更强大的竞争对手闯入市场,或预测不准以及营销方案制订得不利,就会使企业因为没有回旋余地而陷入困境。因此,采用这一策略的小企业必须特别注意产品的独到性及竞争方面的自我保护,还要密切注意目标市场及竞争对手的动向。如一家纺织品连锁店为自己定位为:以其过人的创意为缝纫业者服务的零售店,即为喜爱缝纫的妇女提供"更多构想的商店",获得了成功。

[案例]UNIQLO:差异化战略(资料来源:《服装界》2012年第8期)

优衣库面对中国市场众多的国外时装零售品牌,实现品牌差异化。

近几年,ZARA、H&M、C&A等国际时装零售连锁品牌陆续进军中国。这些平价时装品牌,不仅在第一时间占领了上海、北京等一线城市市场,还纷纷宣布了其拓展中国市场的计划。最近,日本最大、世界第六大的休闲装品牌优衣库UNIQLO,在北京西单大悦城和王府井新东安市场开业。国际时装零售连锁品牌在中国的争夺大战,也愈演愈烈。不过,优衣库正试图以差异化的优势,更快地占领市场。

1. 实用而不落伍的时尚

最近,国际著名时尚偶像Chloe Sevigny成为了优衣库的最新代言人,并为该品牌夏季的印花T恤系列拍摄了新广告。广告中,Chloe穿上了一件印有变异阿童木头像的T恤,显得搞怪有趣。另外,她还与日本影星浅野忠信搭档,拍摄了一组有趣的照片。其中的T恤图案,采用了已故波普艺术家Keith Haring、抽象大师Jean – Michel Basquiat等人的作品。

在优衣库北京专卖店内,记者看到,很多标价不到100元的T恤,其图案设计的背后都有其独特的文化背景。这里不仅有与现代艺术大师Keith Haring合作的系列,也有与20世纪80年代美国流行艺术界的代表之一Jean – Michel Basquiat合作的系列,还有结合万代BANDAI名作的GUNDAM高达系列、结合日本著名漫画柯南系列等。

虽然产品结构相对比较简单,大多是日常服装的基本款,但定位大众、价格便宜、质量优等,同时又讲究潮流感和时代感,是优衣库面对中国市场众多的国外时装零售品牌实现品牌差异化的重点。

对此,优衣库中国区总裁潘宁说:"我们主要的设计师都在美国纽约、法国巴黎、意大利米兰等城市,他们对服装的潮流非常敏感,有的甚至是世界级的服装设计大师。所以,优衣库虽然是休闲服品牌,但同时也很讲究潮流感和时代感,不但让人穿着舒服,也让人能感受服装潮流的气息。"

事实上,优衣库曾经在首尔、香港开店之初,出现了消费者排队购买的疯狂局面。它曾经在香港创下的销售神话,也被业内称为香港零售史上的奇迹。

2. 差异化的市场定位

那优衣库的市场占有率和消费者对其的品牌忠诚度如何呢?

据记者了解,在日本,优衣库有着几近饱和的市场占有率。早在 2001 年,该公司销售的双面绒服装已达到 3650 万件,平均每 3 个日本人拥有 1 件。不过,这也造成了该公司的销售收入增长速度放缓,迫使他们不得不寻求另外的市场空间。

于是,2001 年,优衣库开始进入中国市场。当时中国对服装零售业还没有完全开放,优衣库公司采取中日合作的方式进入中国,他们找了一个贸易合作伙伴——中国晨风集团,成立了迅销(江苏)服饰有限公司。在日本,优衣库就是日本迅销集团下面的一个休闲服品牌。2004 年 12 月,中国对零售业全面开放,外资可以完全进入中国市场。经过了一段时间的摸索,迅销(中国)商贸有限公司正式成立。到 2012 年,优衣库已经在中国内地拥有 13 家店铺。

不过,在刚刚进入中国市场时,一切并不是很顺利。据潘宁介绍,在刚开始的时候,优衣库确实因为消费者定位的问题走了一些弯路。当时,他们希望将日本的理念带到中国,也希望在中国达到非常高的普及率,成为整个中产阶级都认同的休闲服品牌。但是,他们却忽略了这两个国家的中产阶级的观念是有区别的。

90% 的日本人都有"中流意识",而且他们都拥有一定的购买力。因此,优衣库的产品可以普及到整个国家的中产阶级。但是在中国,如果要达到这么高的普及率,势必要大幅度下调产品价格,面对一般的大众消费者。这对刚进入中国市场的优衣库来说非常困难。所以,现实情况是,优衣库在中国只能暂时面对中产阶级人群。

这里的中产阶级人群,被优衣库公司定义为月薪 5 000 元人民币以上的消费者。随着经营理念的及时调整,目前,优衣库在上海和北京的销售都十分理想。这一案例表明:在激烈的市场竞争中,服装企业以自己的专长和特色,推行差异化的市场战略,不失为一种明智的选择。

三、纺织企业目标市场的定位策略

纺织企业选择了自己的目标市场后,企业的服务对象和经营范围就可确定,但还需要对目标市场进行定位。市场定位就是纺织企业为某一种产品在市场上树立一个明确的、区别于竞争者产品的、符合消费者需要的地位。也就是纺织企业为某一种产品创造一定的特色,树立良好的市场形象,以满足消费者的特殊需要和偏爱。

在现代社会中,消费者对纺织品的各种各样的偏好和追求都与他们的价值取向和认同的标准有关。纺织企业要想在目标市场上取得竞争优势和更大的效益,就必须在了解购买者和竞争者两方面情况的基础上,确定本企业的市场位置,进一步明确企业的服务对象。企业在市场定位的基础上,才能为企业确定形象,为产品赋予特色,以特色吸引目标消费者,这是现代纺织企业的经营之道。

各个纺织企业经营的产品不同,面对的顾客不同,所处的竞争环境也不同,因而市场定位的方法和策略也不同。

(一)目标市场定位方法

1. 根据具体的产品特色定位 产品特色定位是根据其本身特征,确定它在市场上的位置。构成产品内在特色的许多因素都可以作为市场定位所依据的原则。如产品构成成分、材料、质量、档次、价格等。如"紫罗兰"在产品特色上,以清新淡雅的特色绣花、提花、印花床品为主,每年推出的几百种花型系列床品,在国内、国际市场都取得了很高的美誉度,产品涵盖套件、四件套、被子、枕芯等十大系列二百多款。用料讲究,款式新颖,做工精良,价格适中。产品设计将中国文化与近代法国文化相结合,其时尚的生活理念深得顾客青睐,并为同行所难效仿。"紫罗兰"用优秀的品牌文化和高品质的产品倡导全新的生活理念;以生活温情、亲民高尚、健康身心为品牌传播核心定位理念,以期在消费者心目中形成亲切、温暖、健康的品牌形象。

2. 根据所提供的利益和解决问题的方法定位　产品本身的属性及由此衍生的利益,以及企业解决问题的方法也能使顾客感受到它的定位。如环保棉纺织品的开发对棉花的科研育种工作提出了较高的要求,而彩色棉花的种植、收购、生产加工等环节都必须实行高度的专业化。因此,企业在各个环节上的投入较多,加之环保棉花本身的单产量就较普通白色棉花低,其最终产品的成本也就远高于普通棉制品,一般来说要高出30% ~150% 。同时,由于其绿色环保的特点,受到消费者喜爱,国际市场上需求旺盛、供不应求,其产品价格往往高出普通棉制品1~3倍。相应地,其产品销售策略应该适应这一特点。具体到销售中,所采用的品牌策略也应与此产品特性相一致。

3. 根据使用者的类型定位　根据使用者的心理与行为特征及特定消费模式塑造出恰当的形象来展示其产品的定位。如对开发和经营环保棉纺织品的企业,由于其最终产品价格往往高出普通棉制品1~3倍,因此,目前该类企业一般使用单一品牌,面向中高档服装服饰市场,针对受过较好教育、具有较强消费能力的中产阶层。可以说,这一市场定位及品牌策略基本上是正确的,因为其所面对的目标市场中的消费者既有消费环保棉纺织品的能力又有消费的愿望,同时其品牌内涵也符合这一人群的爱好。

4. 根据竞争的需要定位　根据竞争者的特色与市场位置,结合企业自身发展需要,将本企业产品或定位于与其相似的另一类竞争者产品的档次,或定位于与竞争直接有关的不同属性或利益。

事实上,许多企业进行市场定位的方法往往不止一种,而是多种方法同时使用,因为要体现企业及其产品的形象和特色,市场定位必须是多维度、多侧面的。

(二)目标市场定位策略

1. 填补定位策略　填补定位策略是指纺织企业为避开强有力的竞争对手,将产品定位在目标市场的空白部分或是"空隙"部分。

其优点是可以避开竞争,迅速在市场上站稳脚跟,并能在消费者或用户心目中迅速树立一种形象。这种定位方式风险较小,成功率较高,常常为多数企业所采用。

需注意的是,要清楚所研究市场的空白,是因为没有潜在的需求,还是竞争对手无暇顾及?如果确定存在潜在需求,就要考虑这一市场部分是否有足够的需求规模,是否足以使企业有利可图?要客观地考虑企业的营销管理能力是否能胜任市场部分的开发,自身是否有足够的技术开发能力去提供足够的产品?

2. 并列定位策略　并列定位策略是指纺织企业将产品定位在现有竞争者的产品附近,服务于相近的顾客群,与同类同质产品满足同一个目标市场部分。

采用这种定位方式有一定的风险,但不少企业认为这是一种更能激励自己奋发向上的可行的定位尝试,一旦成功就会取得巨大的市场优势,因为这个市场部分肯定是最有利可图的部分。

实行并列定位,必须知己知彼,尤其应清醒估价自己的实力,不一定试图压垮对方,只要能够平分秋色就已是巨大的成功。

3. 对抗定位策略 对抗定位策略是指纺织企业要从市场强大的竞争对手手中抢夺市场份额,改变消费者原有的认识,挤占对手原有的位置,自己取而代之。

采用此策略的目的在于企业准备扩大自己的市场份额,决心并且有能力击败竞争者。

企业在以下情况下可以采用对抗定位。

(1)实力比竞争者雄厚。所谓实力是指企业的产品开发、科研、销售、筹资、广告、形象、战略诸方面的综合体现。

(2)企业所选择的目标市场区域已经被竞争者占领,而且不存在与之并存的可能,企业有把握赢得市场。

4. 重新定位策略 重新定位策略是指随着纺织企业的发展、技术的进步、社会消费环境的变化,企业对过去的定位作出修正,以使企业拥有比过去更多的适应性和竞争力。

一般来说有以下三种情况需要重新定位。

(1)企业的经营战略和营销目标发生了变化。

(2)企业面临激烈的市场竞争。

(3)目标顾客的消费需求发生变化。

➤技能实训

以小组为单位,运用以上知识,选定某一服装大类产品,要求学生通过对周边市场进行调查的基础上,对服装产品进行市场细分,选定你的目标市场,然后对目标市场进行准确的定位,为该产品进入或开拓市场做好准备。

➤案例综合分析

童装行业找准市场定位很关键

(摘自:泉州晚报 2012/6/12,文/刘文艳)

近期,不少成人体育用品企业高调挺进童装行业。据了解,目前361°童装在中国的销售门店为1 400家,这个数字计划在明年变为2 000家,在2015年达到3 000家,并逐渐向三四线城市扩展市场。在成人鞋服增速放缓的同时,童装却表现出较好增长态势,巴拉巴拉在2011年的营收增长速度甚至超过其母品牌"森马"休闲服饰。

2012年随着国内成人体育用品行业逐渐进入调整期,正处于高速发展期的儿童服装市场则成为行业内各大企业关注的焦点。5月初,李宁集团宣布,将以全新的管理团队、全新的品牌标志,进入童装领域,并发布了李宁童装未来5~10年的发展规划。

高调挺进童装领域,引起了业内人士的普遍猜测:正处于业绩下滑期的李宁,是否欲借助童装事业摆脱困境,寻找新的利润增长点?

1. 童装成为扩张新领域

实际上,在今年加大童装业务拓展力度的不仅仅是李宁。4月27日,361°童装与央视少儿频道签订了战略合作协议,传递出了进一步扩大儿童市场的信号。

361°并不是童装领域的新面孔,早在2009年上市后,361°就表示计划用20亿港币融资额的9%用于童装的研发及拓展。2010年2月,正式进入童装领域后,361°童装事业部的目标是

5年内达到年销售收入2亿元。但后来的市场发展超出预期,2011年,童装的销售收入就已达到4亿元。

2008年,作为国内第一家进军儿童市场的运动品牌,安踏也悄然加快了童装的开店速度。公开数据显示,2009年和2010年安踏童装门店数量分别为228家和383家,但2011年安踏童装门店增长249家达到632家,远超过年初计划的500家儿童门店数目。与此同时,有消息称安踏童装店的加盟门槛也有所降低。

经历了对童装市场的观望期后,特步也在4月发布消息,称今年将进一步扩大产品范围,推出以X-TOP品牌为代表的休闲系列和特步1+1儿童系列服饰,并于年内开100家童装店。

2.寻找新的利润增长点

业内观察人士认为,可观的毛利水平和这个细分市场未来巨大的增长空间,成为吸引成人体育品牌的重要原因。再加上国内体育品牌的传统业务在近两年开始进入调整期,企业也开始将越来越多的注意力集中到了童装业务方面。

年报显示,国内体育品牌在2011年都不同程度遭遇了库存积压、业绩增速放缓的困境。李宁去年的商品存货高达11.33亿元,安踏2011年的存货金额为6.18亿元,361°存货金额为4.51亿元。相关分析认为,国内体育用品市场已经从年增长20%下降到2011年的13%左右,2012年增长速度进一步放缓到5%~8%。

361°资本运营副总裁陈永灵坦言:“对童装领域拓展速度的加快,一方面在于看好这个领域未来的发展潜力,加上目前国内童装行业还没有强势品牌的诞生,对于新品牌的成长也是一个机会;另一方面,361°也希望通过多品牌战略,来拉动集团业绩,形成新的利润增长点。”

李宁公司相关负责人则表示,成人品牌进入童装有自己的优势:一是多年在成人运动装领域的打拼积累的品牌知名度和影响力;二是原有的业务体系也将全面支撑、带动童装的发展。

中投顾问的报告显示,中国童装市场的复合年增长率为22%,2013年有望增长至3 061亿元。然而,童装市场的竞争对手也越来越密集,除了国内运动品牌外,耐克、阿迪达斯、森马、美特斯邦威、报喜鸟以及奢侈品牌范思哲、Gucci、Armani等也纷纷进入,再加上国内外原有的纯童装品牌,整个童装市场实际上已成为没有硝烟的战场。

有业内人士担忧,相比专注童装业务的企业而言,成人服装企业在生产、技术、运营、管理和品牌影响力方面虽有优势,但由于成人装和童装从面料、设计到运作模式、品牌推广方面始终存在差异,成人鞋服能否在童装领域延续优势仍是未知数。据了解,波司登就在宣布进入童装领域一年后又选择了退出。

“新品牌能否成功,产品的定位很重要,能否依托核心竞争力,有效整合可用资源,并给予童装业务足够的重视也很重要。”陈永灵称,“而这两点正是公司在做的事情。”

据了解,国内的童装行业市场大致分为两个梯队,一级是在商场,衣服的价格在180~350元之间;另一个在比较低端的市场(档口),价格在25~30元之间。其中存在80~150元的市场空当,这就为国内童装品牌留出了很大的发展空间。

请结合案例发生的时代背景进行讨论分析:纺织服装企业如何进行市场细分、目标市场定位?

第五章　纺织企业营销策略

━━━━━●　本章学习目标　●━━━━━

1. 了解现代纺织企业的基本业务流程及其管理方式。

2. 掌握纺织企业的产品策略、价格策略、分销渠道策略和促销策略。

3. 全面掌握现代纺织企业从事市场营销策略的理论和技巧,并能结合纺织企业实际正确地选择各种营销策略,实现市场营销策略的最佳结合。

[导入案例] 家纺企业,如何赢得市场?（资料来源:中国家纺网 2014.01）

家纺企业,如何赢得市场?随着消费者的消费观念越来越成熟和理性,个性消费日益明显,消费的主动性、选择性日渐增强,消费者会最终成为家纺市场的"主人",个性时尚、风格鲜明的家纺企业在市场拔得头筹,同时,谁的产品能够满足消费者多元化、多层次的现实需求和潜在需求,谁就能获得消费者的青睐。

随着家纺行业高速发展,一线品牌精耕市场的同时扩展了品牌影响力,二三线品牌纷纷出招,加快扩张布局。当然,随着家纺品牌竞争慢慢陷入激烈价格战,中小型家纺企业的生存日益艰难,会逐渐在市场淘汰赛中出局。

在这样的市场情况下,借助互联网及手机应用终端等方式的营销创新也将成为部分家纺企业市场逆转的重要突破口。营销创新就成为家纺行业发展的重大转机。随着互联网的快速发展以及家纺市场竞争格局的变化,消费者的选购方式迎来了新一轮的变革,如何迎合市场、贴合市场需求,寻求营销创新,这是家纺企业品牌发展战略的必须重点关注的课题。2013 年,家纺企业中的"多喜爱"借助微信营销实现了促销模式的变革创新,是品牌创新营销的重大蜕变。作为企业,应该从产品创新、营销创新、渠道创新等多方面打造强势品牌,这样才能在激烈的市场竞争中抢占一席之地。

●思考

纺织企业在新的市场环境下怎样进行营销创新?

第一节　纺织企业经营业务的基本流程及其管理

一、纺织企业的基本业务流程图

纺织企业作为一种生产经营性企业,其业务流程按业务开展的逻辑顺次可大概分为四个阶段,即询价洽谈与市场调查、原料采购、产品生产和产品销售,如图 5 - 1 所示。这是所有的纺织类生产企业都可能经过的流程,也是高度精简、抽象化的过程。

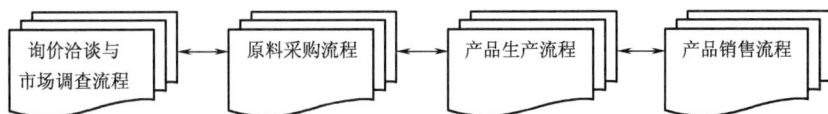

图 5-1　纺织企业总业务流程图

二、具体业务流程及其管理

(一)询价洽谈与市场调查流程

1. 询价洽谈与市场调查流程描述　询价洽谈与市场调查流程是所有纺织企业生产的起始阶段,以订单加工为主的纺织企业在这一阶段主要通过业务洽谈确定生产合同以及订单,以备下一阶段生产的开始;以自主开发生产为主的加工企业在此阶段则主要通过市场调查反馈、以往销售数据、当今市场潮流等多方面因素确定和设计新的产品,以备下阶段的实际生产。其综合的流程如图 5-2 所示。

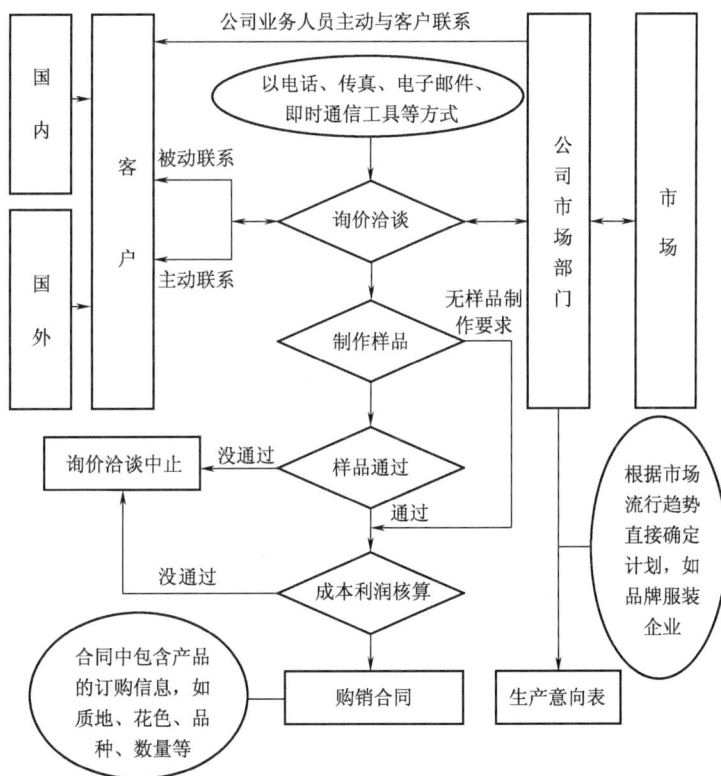

图 5-2　询价洽谈与市场调查流程

(1)业务部门主动派出业务人员同客户接洽或客户主动通过电子邮件、传真、电话以及即时通信工具等方式同公司联系,通过相互传递供求信息进行洽谈,客户可能来自于国内或是国外;而自主开发的生产企业在此阶段主要进入市场调查、具体的产品设计等工作。

（2）进入实质洽谈之后，若客户有制作样品要求，则按照客户要求制作买方样品或直接发送卖方样品。经过多轮样品交换，如果样品通过，则根据最后的样品以及客户的报价信息进行成本利润核算。如果无样品要求则直接根据客户的报价进行成本利润核算。

（3）成本利润核算是一个同客户不断商谈的过程，业务部门经过核算形成报价，如报价客户接收，或客户的报价经业务部门核算后企业能接受，则双方达成合同意向，签订正式购销合同。

2. 询价洽谈与市场调查流程管理　在该阶段的流程管理中，纺织企业应注意以下几点。

（1）要建立一支具有开拓能力的业务团队以更好地开发市场。

（2）要注意运用多种沟通渠道尤其是先进的互联网来开拓国内外市场。

（3）要及时准确地汇总并建立通过各种渠道传递到企业的客户的信息档案；对于国外的客户要考虑相关的进出口事宜。

（4）要快速准确地进行成本核算以促进与客户的及时沟通并达成合同。

（5）自主开发生产为主的纺织企业要注意及时关注市场动态以及同批发、零售商的沟通反馈，以便及时调整产品设计以适应市场的需要。

（二）原料采购流程

1. 原料采购流程描述　原料采购流程进入实质生产前的准备阶段，在此阶段纺织企业要根据客户订单或是市场调查形成的产品设计方案确定生产所需要的各种原料，并保质保量尽量低成本地完成采购或是接纳客户的来料，从而进行下一步的实质生产，该阶段的业务流程图如图5-3所示。

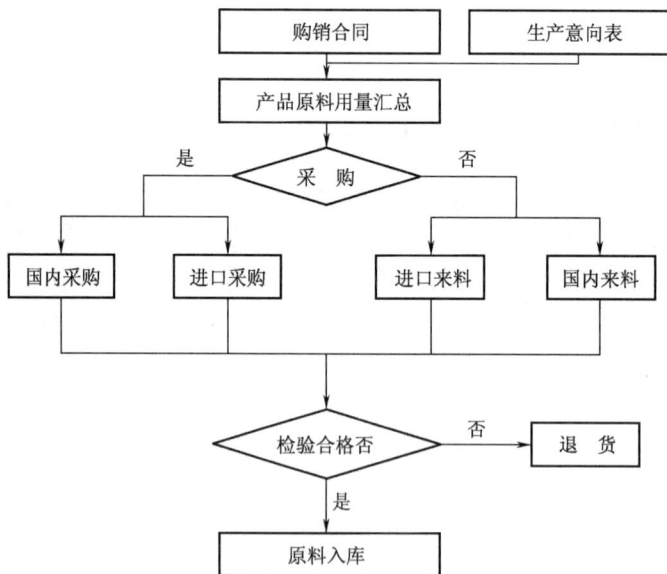

图5-3　原料采购流程

（1）业务部门或技术部门根据购销合同或是生产意向表确定产品生产所需要的具体原料配表，并根据现有公司的库存情况、供应商情况和合同要求确定是否进入采购。

（2）如果生产所需原料是客户的来料，则根据国内外的不同而进入进口来料和国内来料阶段；如果需要采购，应根据原料的市场供求情况确定进口采购还是国内采购；对于自主开发的生产企业，则直接进入采购阶段。

（3）无论是客户来料或是采购的原料，原料到货后，要及时准确地比照合同要求对原料进行检验确认，如果检验合格则原料入库，以备生产；否则进行相关退货事宜。

2. 原料采购流程管理　原料采购是进行生产非常重要的准备阶段，该阶段的管理要注意以下几点。

（1）针对来料的原料供应，要注意是否涉及进口事宜，应尽可能地催促原料到货以备生产。

（2）要尽可能范围广、多渠道地掌握市场中原料的供求信息，以便最大限度地降低采购成本。

（3）要把好原料入库前的品质关，因为直接关系到后续生产的产品质量。

（4）要做好原料的入库分类保管工作，按客户或是按品种进行管理以提高生产效率。

（三）产品生产流程

1. 产品生产流程描述　产品生产阶段是整个纺织企业业务流程的中心环节，能不能按计划生产直接关系到将来能否按合同交货以及产品及时上市销售，其具体流程如图5-4所示。

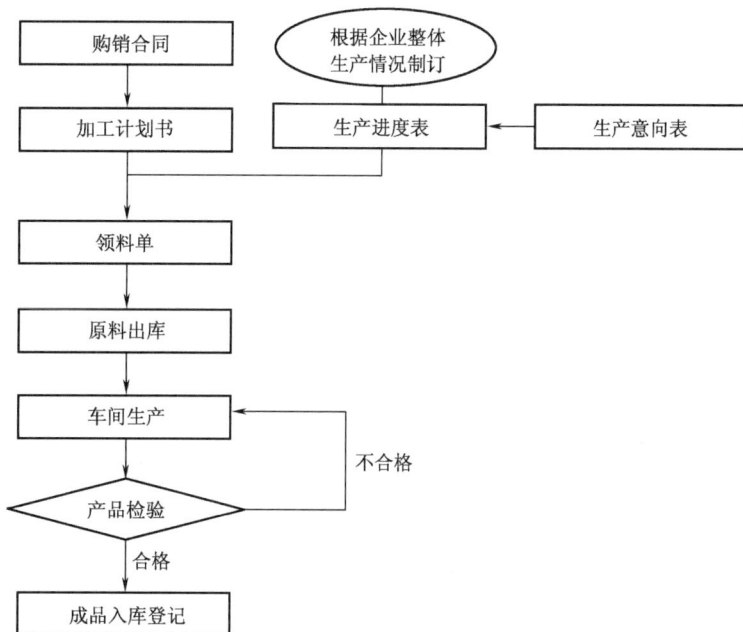

图5-4　产品生产流程

（1）生产部门根据业务或技术部门确定的原料配比表以及生产计划书领料。

（2）原料进入车间并按要求进行生产。

（3）产品出车间后进行检验，并将合格品入库，进行成品登记。

2. 产品生产流程管理

（1）要特别注意生产部门和其他部门的衔接，因为生产进程直接影响到整个企业外部业务的开展。

（2）在生产过程中，要注意原料领取的管理，做到精细准确，以最大限度降低生产中可能带来的成本损耗。

（3）要做好产成品的品质检验管理，次品或不合格品的出厂会导致企业信誉的严重损害，对于次品以及不合格品要查明原因并及时退回生产车间。

（四）产品销售流程

产品销售流程如图 5-5 所示。

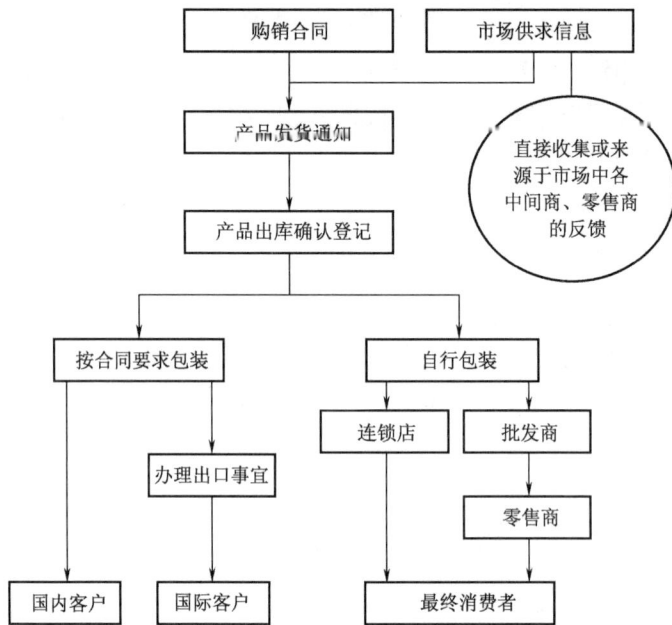

图 5-5　产品销售流程

①对于按订单生产企业来说，按客户要求及时交货非常重要，业务部门要特别注意与生产部门协调以保证交货期。

②产品的包装要严格按照合同要求进行，以免造成不必要的退货。

③对于国外客户的运输要注意办理相关的出口事宜。

④仓库要做好相关的产品出厂登记并进一步检验产品的品质。

⑤自主开发的生产企业要注意及时与各连锁店、专卖店、批发商等沟通，了解销售信息以便及时配货。

第二节　纺织企业产品策略

一、产品及其功能

产品是市场营销的核心构成要素，它是实现消费者需求和欲望的重要载体。能否为消费者提供其需要的产品和服务并使消费者满意,是企业的重要经营目标。从一定意义上讲,企业成功与发展的关键在于产品策略的正确与否以及产品能在多大程度上满足消费者的需要。

(一)产品的整体概念

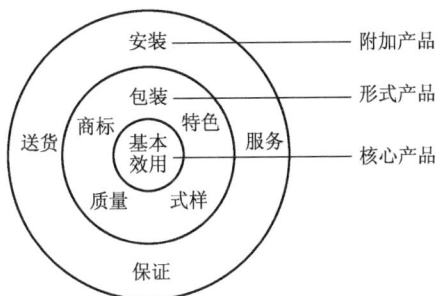

图5-6 产品整体观念

产品整体概念是指企业向市场提供的,能满足消费者某种需求或欲望的任何有形物品和无形服务,其类别相当广泛,包括实物、服务、观念和策划等。

从现代市场营销角度来理解产品,产品应包括三个层次的内容:核心产品、形式产品和附加产品,如图5-6所示。

1. 核心产品 核心产品又称实质产品,是产品最基本的层次。它指企业提供给购买者的基本效用或利益,是顾客需求的中心内容,包括产品的品质、功能、效用等。如人们购买羽绒服是为了保暖,而不是为了买一堆布料。

2. 形式产品 形式产品指产品的实体或服务的外观。包括产品的质量、式样、特色、商标、包装等。产品的基本效用必须通过某些具体的形式才得以实现。

3. 附加产品 指顾客由于购买产品而得到的附加服务或利益,包括送货、安装、调试、售后服务等。附加产品的要领来源于对市场需要的深入认识。因为购买者的目的是为了满足某种需要,因而他们希望得到与满足该项需要有关的一切。

以上三个层次结合起来就是产品的整体概念。在市场竞争越来越激烈的条件下,企业只有站在消费者的角度,用产品的整体概念理解产品,才能在市场中取得生存和发展。纺织企业在进行企业生产时,所关注的不仅仅是产品的基本用途,如衣服用来穿着、窗帘用来避光,更要关注产品的外在美观、花色品种、样式等形式产品因素,并在此基础上尽量给消费者带来更高层次的品牌价值,只有这样才能更好地满足市场需要。

[案例]金利来——男人的世界(摘编自金利来公司资料)

金利来,男人时尚革命的先行者,为消费者塑造的是一个令人钦羡的、优秀卓越的男人形象。难怪香港明星汪明荃会同曾宪梓先生开出这样的玩笑:我真想寻找你们金利来广告词中那样的男人,可就是没找到……

金利来的成功彰显了曾宪梓先生品牌经营中的独具匠心,其品牌的成长路径呈现的是创立名牌,生产出优良产品,广泛的社会认知和品牌维护的经营智慧。首先,曾宪梓先生认为,优良的产品品质、稳定的质量是创立名牌的基本条件。因此,他在领带制作全过程中,十分讲究质量。他特别注重科学管理、专业人才的培训、设备的不断更新。其次,广泛的社会认知和品牌的不断推广是金利来成功的必经之路。在创业之初,曾宪梓先生就自己动手设计了沿用至今的金利来标志,并在整个经营过程中体现出了强烈的视觉识别(VI)意识和广告意识,使得金利来迅速成为国际名牌。"金利来——男人的世界",这句由曾宪梓先生亲自敲定的广告词,伴随着一系列的形象广告,呈现的是一个仪表出众的男人,一个处事决断的男人,一个富于冒险精神的男人,一个以事业为第一生命的男人,一个有艺术气质的男人,一个知情知趣的男人形象。金利来,男人的世界。伴随金利来走过整个世界,从手工作坊的夫妻店创业开始,到事业的成功、国际的认同,并在几十年后的今天,帮助金利来真正拥有了男人的世界。

(二)产品的分类

产品的不同类型以及其自身属性、特征的差异是企业制订营销策略的重要依据。对产品进行合理的分类是市场营销活动中重要的一环,产品的分类见表5-1。

表5-1 产品的分类

大 类	具体类别	定 义	企业经营提示
最终用途	消费品	直接用于满足最终消费者生活需要的产品	购买目的、购买方式及购买数量等方面均有较大的差异,要求企业采取不同的营销策略
	工业品	企业或组织购买后用于生产其他产品的产品耐用性和有形性	
耐用性和有形性	耐用品	使用时间比较长,价格比较贵	大部分纺织品、服装等属于半耐用品。消费者购买产品时,会对产品的适用性、样式、色彩、质量、价格等方面进行有针对性的比较、挑选。纺织企业在生产和销售过程中,一方面要特别关注产品质量;另一方面要注意销售渠道以及销售地段的选择
	半耐用品	能使用一段时间,消费者不需经常购买	
	非耐用品	特点是一次性消耗或使用时间很短	
	服 务	通过提供的无形的满足消费者某种需要的活动	

对于一般企业的经营,无论是纺织企业还是其他类型的企业,都要对自身企业生产产品的分类做到心中有数,从而进行有目的的市场定位和产品策略、营销策略以促进自身企业的产品更好地走向市场。

二、产品生命周期

(一)产品生命周期概念

所谓产品市场生命周期是指产品从进入市场开始,直到最终被淘汰退出市场为止所经历的市场时间过程。

产品生命周期理论的引入为企业明确了四个问题:产品的寿命是有限的;产品销售要经过不同的阶段,每一阶段对销售的要求是不同的;在产品生命周期的不同阶段,利润有升有降;在产品生命周期的不同阶段,产品需要不同的营销、财务、制造等方面的策略。该理论适用于包括纺织企业在内的任何企业的经营。

1. 一般的产品生命周期 一般所讲的产品生命周期是指一个行业中同一种产品从投入市场到被市场淘汰所经历的全部时间,即行业产品生命周期。根据销售额和利润额变化规律,可以把产品的生命周期分为四个阶段:投入期、成长期、成熟期和衰退期,如图5-7所示。

(1)投入期是指产品从上市到有了利润为止的一段时间。

(2)成长期是指产品从投入期到销售额迅速上升,利润接近最大值为止的一段时间。

（3）成熟期是指产品从成长期到销售额和利润达到最大值,并开始下降所经历的时间。

（4）衰退期是指从商品销售额迅速下降,代替品大量出现到整个行业亏损,被市场淘汰所经历的时间。

2. 纺织产品生命周期　上述的产品生命周期现象及四个阶段的划分,只是一种理想化或典型化的描述。事实上并非所有的产品生命周期都完全如此,有很多产品如服装产品在市场上并不具备上述典型的生命周期,而是有其独特的变化规律。

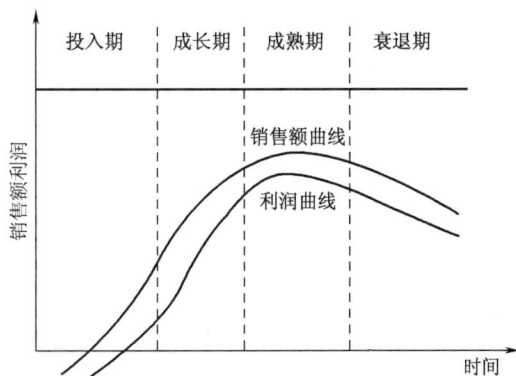

图 5 - 7　产品生命周期图

（1）时潮生命周期。时潮生命周期是指纺织产品快速进入市场,被一些追求新潮、领导时尚的消费者领先消费,并在较短时间内达到消费高峰,然后又迅速衰退的一种特殊的产品生命周期现象,如图 5 - 8（a）所示。其突出特点是接受周期短,且追随者仅限于有限的追随者,时装就是典型的时潮产品。由于时潮产品的特点是新奇独特、别出心裁,能吸引一些寻求刺激者或标新立异者以及好表现自己者。但时潮产品一般不能充分满足或者未能较好地满足广大消费者的需求,因而销量有限。在市场中的持续时间也难以预料,可能如昙花一现,也可能持续较长时间,甚至于会转化为流行趋势。这主要取决于消费者对这些新奇独特的时潮产品的接受程度、新闻媒介的关注度等市场多方面因素综合作用的结果。

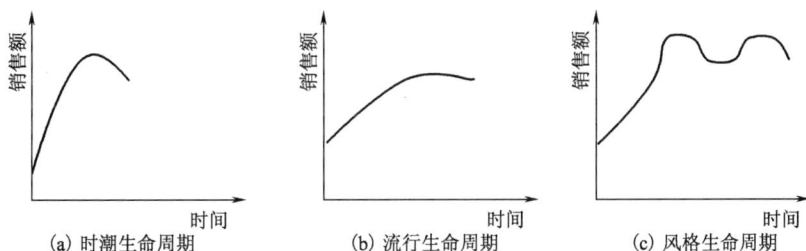

图 5 - 8　纺织产品的生命周期

（2）流行生命周期。流行生命周期是指当纺织产品在其既定的领域里被人们所接受或流行时,所体现出来的与一般的生命周期类似但又与流行关联度较大的特有生命周期。流行期一般经历四个阶段,如图 5 - 8（b）所示。

①区分阶段。相当于产品生命周期的投入期,少数消费者为了同其他消费者相区分,自成体系,而对某些服装新产品感兴趣,这些服装新产品可能是定制的或者由某服装厂少量生产的。

②模仿阶段。当这些服装为其他消费者感兴趣并逐渐被接受时,仿造者不断加入,该流行服装被大批量生产出来,市场竞争加剧,此阶段相当于产品生命周期的成长期。

③大量流行阶段。相当于产品生命周期成熟期,在此阶段,该流行服装在市场中受到普遍欢迎,为众多消费者所接受,诱使服装厂加快步伐大量生产,使竞争达到白热化的程度。

④衰退阶段。在此阶段,市场中新出现的流行服装开始吸引消费者的目光,竞争的加剧使得服装厂也纷纷转移生产方向。

服装流行的周期有长有短,主要取决于满足消费者需要的程度以及服装个性的体现,总的趋势是流行周期时间会缩短,但当流行服装能真正满足广大消费者的需要,被消费者所接受和肯定时,流行服装也会转化为传统风格的服装。

(3)风格生命周期。风格生命周期是指纺织产品在某一需求领域里呈现风格化后所形成的不断反复的生命周期。如正式场合穿着服装(职业服、礼服等)、一般场合穿着的服装(便服、休闲服等)以及奇装异服。当一种风格形成后,会维持相当长的时间,在此期间时而风行,时而衰落。如图5-8(c)所示的周而复始的周期。

(二)产品生命周期各阶段特点及营销策略

1.投入期 产品在投入期具有以下特点:设计上还没有完全定型,生产批量较小,竞争对手较少;试制费用高,促销费用较多,成本较高;销售量少,基本不能获利,甚至发生亏损。

在这一阶段中,企业最重要的营销策略,就是要千方百计地缩短周期,尽快进入成长期。对于纺织企业来说,在营销策略方面的要求就更高了,因为纺织产品所面临的投入期会更短,通常今年与往年的流行风格就有较大差异,整个产品的生产周期通常不到一年,因此更加要求纺织企业在市场中抓住有利市场形式根据具体情况采取相应的营销策略(表5-2)。

表5-2 投入期的营销策略

策略名称	策略作用	适用范围
高价快速推销策略	采用高价格,花费大量促销费用,迅速扩大销售量	①大部分消费者不了解这种产品 ②已经知道该产品的消费者求购心切,愿出高价 ③企业面对潜在竞争者,急需开拓市场,赢得更多的消费者
高价低费用策略	采用高价格,花费少量促销费用	①市场容量有限 ②大部分消费者已经知道这种新产品 ③需要购买者愿意出高价 ④潜在竞争的威胁不大
低价快速推销策略	采用低价格,花费大量促销费用,目的在于抢先进入市场,取得高市场占有率	①市场容量相当大 ②消费者不了解该产品,但对价格十分敏感 ③潜在竞争比较激烈 ④新产品单位成本可因大批量生产而降低
低价低费用策略	采用低价格,花费少量促销费用的策略	①市场容量大 ②消费者比较了解这种产品,因为它通常是原有产品略加改进的新产品 ③消费者对价格十分敏感 ④潜在竞争者较多

2. 成长期 产品进入成长期的特点:消费者已经比较了解该产品,试销取得成功,销售量迅速增加,利润迅速上升;同时市场开始出现仿制产品,大量竞争者进入市场;产品成本大幅度下降,广告等促销费用相对减少。这一阶段是产品的黄金时期,企业最重要的营销策略,就是要全力以赴地发展生产,迅速成为企业的"拳头"产品,以保证取得最大的经济效益。

根据上述特点,企业可以采取以下几种营销策略。

(1)努力提高产品质量,改进或增加产品性能,改变产品的型号、包装、款式等。

(2)改变促销宣传重点,从宣传介绍产品转向树立产品形象和企业形象,争创名牌。

(3)积极寻求新的细分市场,并进入有利的新市场。

(4)在大量生产的基础上,选择适当时机降低售价,以吸引对价格敏感的潜在消费者。

纺织企业在成长期更应该注意策略的选择,由于纺织产品的生产期一般较短,一种新产品甚至一个品牌的出现都司空见惯,款式、型号、面料等的变化随着时代的发展也变得越来越快,如果跟不上这种形势,落后是必然的。除了注意内在品质的追求外,在品牌的树立上也要找准定位并努力塑造,如金利来呈现给人们的形象就是"男人的世界",美特斯邦威给人的感觉就是年轻人般的"不走寻常路",人们看到利郎就想到商务男装,罗莱是满足人们床上用品需求的家纺世界……只有努力塑造品牌,才能找准并锁定目标客户群,不断增强在市场中的影响力。

3. 成熟期

(1)产品的成熟期是一种产品在市场中的黄金时期,有以下特点。

①市场需求量已趋于饱和,销售量达到最高点,并有逐步下降的趋势。

②产品的价格随着竞争的加剧开始有所下降,同时利润达到市场最高点并开始下滑。

③大量的同类仿制品进入市场,竞争十分激烈。

④产品品质、性能及价格差异较小。

(2)产品进入成熟期以后,企业营销工作的重点应放在保持已经取得的市场占有率及以尽量扩大市场份额。根据成熟期的特点,企业可以采取以下几种策略。

①改变市场策略。改变市场策略并不需要改变产品本身,只是增加产品的用途,开拓新的市场。如美国杜邦公司生产的锦纶,最初用于军队,如锦纶降落伞,而第二次世界大战后进入消费品市场和工业品市场,如锦纶服装、轮胎、包装材料等。每次进入不同的市场,都使锦纶从成熟期重新进入增长期。

②改变产品策略。即提高产品质量,增加产品性能,改变产品的特色和款式等,提供新的服务,如增强产品的安全性能、降低产品的成本等。

③扩大销售渠道,增加销售网点。如服装企业增加新的专卖点,或走出国门开拓海外市场等。

4. 衰退期

(1)衰退期一般是产品将要退出市场的阶段,具有以下特点。

①产品生产技术和性能已陈旧老化,需求量和销售量急剧下降。

②性能更好的新产品已在市场上出现,生产量大幅度下降,生产成本开始上升,经营的利润在减少。

③较多的竞争者退出市场。

④市场竞争主要是价格竞争,利润日益下降。

(2)产品进入衰退期后,企业必须对老化的产品做出及时的决策,是应该放弃还是坚守需视企业的经营实力和产品所具有的市场潜力而决定。具体企业可以采取以下几种策略。

①连续策略。即继续沿用过去的策略不变,仍然保持原来的细分市场。使用相同的销售渠道、价格及促销方法,使产品在市场上自然淘汰。

②集中策略。企业把人力、物力集中到最有利的细分市场和销售渠道上来,缩短经营路线,从中获得利润。

③缩减策略。精简营销人员,降低促销费用,尽可能地取得眼前利益。

对于纺织企业来说,正如一种品牌的出现可能是一夜之间,一种品牌的消亡也可能是很短的时间。因为其与人们的生活关联度太高,人们的需求也随现实变化太快。只有不断推出的新品才能吸引住顾客的眼光,才能维持整个品牌的形象,维持整个企业的发展,从而不会随着产品进入衰退期而整个企业退出市场。

(三)延长产品寿命周期的方法

产品生命周期是一种产品在市场中经济规律的体现,在现实条件下,产品生命周期整体上呈现不断缩短的趋势。这一趋势是由社会经济发展进程、科学技术的革新和消费者购买选择性增强等多方面因素所决定的,企业是无法改变的。但企业可以采取一定的措施来延长产品的生命周期,延长产品生命周期是一个相对概念,产品生命周期的延长并不意味着延长它的每一个阶段,而应该着眼于延长其中能给企业带来较大销售量和利润的两个阶段:成长期和成熟期。延长产品生命周期的方法主要有以下几种。

1. 促使消费者增加使用频率,扩大购买 企业可以通过产品质量的保证与不断改进、强有力的广告宣传等措施树立产品信誉,建立消费者品牌偏好,养成习惯购买,从而能在一定程度上延长产品的生命周期。如休闲装品牌佐丹奴在品牌树立方面比较讲究,形象代言人一直是比较新潮流行的港台歌星,从阿杜到周杰伦,树立了一种年轻潮流的品牌形象,从而吸引了大多数的年轻消费者。

2. 对产品进行改进 对处于成熟期的产品,可以通过改进产品突出某种特性而吸引新的使用者,也可以对产品进行多功能开发,使呆滞的销售量回升。产品改进主要有三种形式(表5-3)。

表5-3 产品改进的形式

形　式	内　　容
质量改良	提高产品质量,增加使用性能。如加强产品的耐久性、可靠性、便利性,对材料、原料进行新的组合及配方
特性改良	提高产品的适用性、安全性和可操作性,增加或变化功能
形态改良	对产品外形、花色、款式、包装等进行变换和改进

对于纺织服装企业来说,产品的改进主要体现在材料、工艺、样式方面,如服装新材料的应用能给客户带来新的体验,更多的样式也能给客户带来美的享受,而这一切又都能在一定程度

上延长产品的生命周期。

3. 开拓新市场, 争取新顾客　当产品出现衰退时, 可寻求本地转向外地市场, 城市转向农村市场, 国内转向国外市场, 客户群由青年转向老年, 只有不断增加新客户, 才能维持品牌的需求度, 延长企业产品的生命周期。

4. 拓展产品新的使用领域　有些产品的用途可以随着科学技术的发展和消费水平的提高而不断拓展, 产品市场生命周期也就能够得到不断延长。如纸, 过去主要用于书写和印刷, 后扩展到餐巾纸、装饰纸, 再进一步发展到用纸制作桌布、鞋垫、服装等。对于纺织布料来说, 目前的纳米技术正处于日臻成熟的阶段, 这项技术也在一定程度上赋予了布料的新功能, 使其有了新的用途, 从而找到了新的市场, 就在一定程度上延长了产品的生命周期。

三、产品组合策略

(一)产品组合概念

产品组合是指一个企业提供给市场的所有产品线和产品项目的组合或搭配。产品线又称产品大类, 是指具有相同功能, 而型号规格不同的一组相类似的产品。每条生产线内又包含若干产品项目。产品项目就是产品线中各种不同规格、品种、档次的特定产品。

一个企业的产品组合具有一定的广度、长度、深度和关联性, 如图 5-9 所示。

1. 产品组合的广度　产品组合的广度是指一个企业生产经营的产品系列的数目, 产品系列也叫产品线, 是具有相同的使用功能, 而规格型号不同的一组类似的产品项目, 在图 5-9 中是 4 条。

2. 产品组合的长度　产品组合的长度是指企业产品组合中全部产品项目的数目。在图 5-9 中有 12 个。把全部产品项目数除以产品线数就可得出产品线的平均长度。

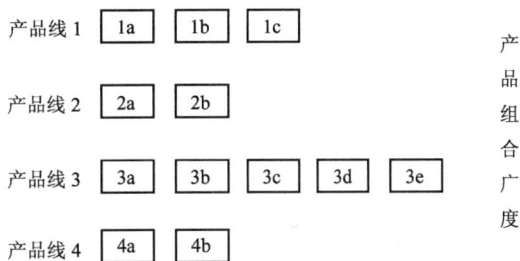

图 5-9　产品组合

3. 产品组合的深度　产品组合的深度是指产品线中每个产品所具有的产品规格或型号; 是指在各个产品系列中, 不同规格的产品项目数。产品项目是同一产品系列中的价格、型号等属性有别的不同产品。如品牌服装雅戈尔, 有西服、休闲装、皮带、领带等多种产品系列, 具体到每个产品项目又有不同的型号。将每一产品项目的型号数总加起来再除以产品项目数, 就可算出产品组合的平均深度。

4. 产品组合的关联性　产品组合的关联性是指各种不同产品线在最终用途、销售渠道或其他方面中相关联程度。如西服、领带和皮带的消费方面就关联性非常大, 走的销售渠道也基本一样。

产品组合的广度、长度、深度及关联性等特性对于企业在进行决策时具有重要的参考意义。

(二)产品组合策略

产品组合策略就是根据企业的经营目标, 对产品组合的广度、长度、深度和关联性做出决策。根据各种产品在企业生产经营中的不同地位,在市场中产品面临的竞争对手的情况,恰当处理它们之间的相互关系,做出合理的总体决策。产品组合策略有以下几种类型。

1. 多系列全面型 多系列全面型是指企业尽可能多地增加产品组合的广度、长度和深度,并且不受产品线之间关联性的约束。一般说来,增加产品组合的广度,可以充分发挥企业的特长、资源优势,并分散企业的投资风险;增加产品组合的长度和深度,可迎合不同购买者的需要,占领同类产品的更多细分市场。采用这一策略的条件是企业有足够的能力满足整个市场的需要。

多系列全面型可以使企业充分利用人、财、物等资源,利用剩余生产能力,降低成本,增加企业竞争力,同时还可以减少季节性和市场需求的波动,分散企业经营的风险,增强经营的稳定性。

知名的国际名牌如迪奥、皮尔·卡丹、伊夫·圣·洛朗等几乎都经历了从女装到男装再到领带、皮鞋、皮具、化妆品的不断扩展,覆盖到了精品世界的方方面面,各系列产品风格、品位相互陪衬,搭配出整体的和谐。随着企业规模的扩大,实力的增强,又对消费者的需求进一步细分,在同一产品线中增加新的产品项目,或增加新的产品线。

2. 市场专业型 市场专业型是指企业向某特定市场提供所需要的各种产品,亦即企业尽可能地增加产品组合的广度、长度和深度,但各条产品线之间的关联性较大。如某纺织企业的产品组合包括被套、被单、蚊帐、被褥、席子等,但各种产品或服务都是针对同类顾客而提供的。

3. 产品线专业型 产品线专业型是指企业专门生产或经营某一大类产品,以满足各类顾客对这一类产品的需要。因此,企业的产品线比较单一,在单一的产品线中可以扩大产品组合的长度和深度。如"班尼路",以男、女、中性的休闲服为主导,产品强项是基础休闲服及针织类衣料(如 T 恤等)。

4. 有限产品专业型 有限产品专业型是指企业根据自己的专长,集中生产或经营有限的,甚至是单一的产品,以满足有限的或单一的市场需要。这种产品组合类型也叫产品项目专业型,在专一的产品项目下扩大产品组合的长度。如某些小型纺织厂仅生产某几种型号纺织产品。

四、品牌策略

(一)品牌的概念与作用

美国市场营销协会对品牌的定义如下:品牌是一种名称、术语、标记、符号或设计,或是它们的组合运用,其目的是借以辨认某个销售者或某群销售者的产品或服务,并使之同竞争对手的产品和服务区别开来。

品牌是一个集合概念,包括品牌名称、品牌标志和商标三个部分:从本质上说,品牌是销售者向购买者长期提供的一组特定的特点、利益和服务,它强调企业(经营者)与顾客之间关系的建立、维系与发展。正如美国著名调研专家伊丽莎白·尼尔逊所说的那样:"品牌像一扇玻璃门。通过这扇门消费者可以感觉到公司的真正价值。"

品牌对于营销者和消费者都有重要的作用,具体有如下几种。

1. 品牌对营销者的作用

(1)控制市场的作用。取得有效的市场占有率是市场竞争的手段之一。制造商如果有了自己的品牌,就可以绕过中间商,直接与市场沟通,形成自己的市场形象,就可以加强对市场的控制力。

(2)促销作用。品牌的促销功能主要表现在两方面:一方面品牌作为产品品质的标志,能引起习惯于按照品牌选择产品的消费者的注意,从而达到实现扩大产品销售的目的;另一方面由于受消费者按品牌选产品的影响,生产经营者就更加关心品牌的声誉,促使其不断开发新产品,加强质量管理,使品牌经营走上良性循环的轨道。

(3)增值作用。品牌是一个无形资产,它可以作为商品被买卖。谁拥有了著名品牌,谁就等于掌握了潜力巨大的"金矿"。

2. 品牌对消费者的作用 品牌对于消费者来说也有巨大的作用,它给消费者带来的最大功效就是品牌的识别功能,即减少消费者在选购商品时所花费的时间和精力,提高了消费者的购买效率。

品牌可以说是消费者对于产品的整体感知,作为一种无形的识别器,它的识别功能主要体现在以下两个方面。

(1)品牌是产品的标志,代表着产品的品质和特色。面对琳琅满目的商品,消费者会根据品牌在自己心目中的定位进行有目的的选择和比较,缩短其购买过程。如消费者在选购运动服时,对于同等价位,会更倾向于选择 Adidas、Nike 等知名品牌。

(2)品牌是企业的代号。品牌作为产品的标识,现在已经越来越成为企业形象的"代言人",良好的品牌就代表着良好质量保证和企业经营水平,也代表着企业的特色。因此,品牌在消费者的心目中代表着企业的经营特色、质量管理要求等,从而在一定程度上迎合了消费者的兴趣偏好,节省了消费者购买商品时所花费的精力。

(二)品牌与商标

品牌与商标是一对极易混淆的概念,品牌并不完全等同于商标,两者既有联系,又有区别。品牌和商标的区别与联系主要体现在以下两个方面。

1. 商标是品牌的一部分 现在一个基本的共识是商标是品牌的一部分。但商标是品牌的哪一部分却有不同的看法。在此,本书倾向于认为,商标是在政府部门注册的受法律保障其专用权的品牌。品牌(Brand)与商标(Trade mark)都是用以识别不同生产经营者的不同种类、不同品质产品的商业名称及其标志。在企业的营销实践中,品牌与商标的基本目的也都是为了区别商品来源,便于消费者识别商品,以利于竞争。品牌与商标的不同之处在于,商标能够得到法律保护,而未经过注册获得商标权的品牌不受法律保护。所以说,商标是经过注册获得商标专用权从而受到法律保护的品牌。

2. 商标属于法律范畴,品牌是一个市场概念 商标是法律概念,它强调对生产经营者合法权益的保护;品牌是市场概念,它强调企业(生产经营者)与顾客之间关系的建立、维系与发展。

商标的法律概念特性主要表现在通过商标专用权的确立、续展、转让、争议仲裁等法律程序,保护商标权所有者的合法权益;同时促使生产经营者保证商品质量,维护商标信誉。

品牌的市场作用表现在:品牌有益于促进销售,增加品牌效益;有利于强化顾客品牌认知,引导顾客选购商品,并建立顾客品牌忠诚。

(三)品牌策略

品牌策略是产品策略的重要组成部分,主要体现在生产经营者在品牌使用上的有机组合安排,以期最大限度的实现与消费者的沟通,扩大销售及市场占有率,最终促进企业销售目标的实现。品牌策略主要有以下几种。

1. 生产商品牌　它指的是某一制造商或其他生产者拥有的品牌名称。在国内的纺织服装行业,为人熟知的生产商品牌有雅戈尔、罗蒙等。

生产商品牌具体又包括统一品牌和单个品牌两种品牌策略:统一品牌是指某一生产者所有的产品使用同一个品牌名称,也称综合品牌,如国内的雅戈尔、金利来在所有的产品系列如西服,皮带,衬衣等全部使用同一名称;与统一品牌相反,生产商可以选择单个品牌的策略,即一个品牌名称用于特定系列的产品,如国际知名品牌服装乔治·阿玛尼(Giorgio Armani),除了旗舰品牌 Giorgio Armani 外,还有大众青睐的 Emporio Armani 男女成衣,Armani Jeans 男女牛仔系列,Giorgio Armani Junior 男女童装系列,以及雪衣、高尔夫球装系列等。

这两种品牌策略各有利弊。统一品牌在宣传上的支出能使其所有产品受益,并能在市场上形成联动效应,能使同品牌产品很快得到市场的认可。采用统一品牌的条件是该品牌在市场上已获得相当的声誉。统一品牌的弊端在于,当一个产品出现问题时,统一品牌下的其他产品必然会受到影响。因此,统一品牌必须用于质量类似的产品;单个品牌的最大优点是品牌之间有定位差别,互不干扰。其不足之处在于:首先是广告成本太高;其次是单个品牌之间有互相蚕食市场的可能;再次是消费者难以辨认一个公司的多种产品。

2. 中间商品牌　许多大型批发商和零售商将销售的产品标上自己的品牌。这种由批发商或零售商提供的品牌通常称作中间商品牌或私人品牌。虽然一些制造商不愿意生产私人品牌的产品,但大多数生产者将其看成是获得部分额外市场的一种途径。

3. 混合品牌　混合品牌是指生产商在自己的品牌名称和再售商品牌名称结合使用营销产品。因为在某些市场内,销售商的吸引力与生产商自己市场的吸引力不同。如某些服装厂除了生产自有品牌的服装,还为其他厂家代加工服装。

[案例]中国服装品牌发展启示

经过近二十年的发展,中国的服装产业的制造能力已居世界第一,但在整个世界经济格局中的低端困境却无法改变。有关数据显示,我国出口一亿件衬衫,才相当于人家卖一架飞机的价值,同时却还要不时地遭受反倾销的诉讼。

中国的服装企业在市场运作和品牌经营上与国外企业相比还处在一个较低的水平。与国外产品的差距不单单是市场观念、品牌规划以及企业管理方面的差距,更是一种文化内涵的距离。我们身边的服装企业对品牌的认识与理解还仅仅停留在感知阶段,单单把'能赚钱'看作优势品牌的全部特征,忽略了文化投资。经营实践中,往往最赚钱的却是那些依靠建立品牌形象而产生高额附加值的服装企业。从表5-4中也可以看出,没有在市场叫得响的品牌是中国服装大而弱的关键所在,也是中国服装做大做强的桎梏,是广大服装企业应该深思的问题。

表 5 - 4　中国服装企业品牌运作的四种形式

运作形式	企业比例	代表品牌	优　　势	劣　　势
贴牌生产（OEM）	80%	无	可以迅速进入国际市场,发挥企业的规模经济,赚取稳定的利润,适合进入国际市场的捷径	OEM 不能使企业真正成为国际化的品牌,不能赚取品牌的附加价值
代理外国品牌	8%	法国胜龙、依文	前期进入容易,可以迅速占领当地一定的市场份额。对市场的反应速度快	产品覆盖面较小,不适合在中小城市运作
自有品牌战略	10%	杉杉、雅戈尔	在发达市场培育综合品牌形象,符合发展的趋势,品牌影响力大	市场和品牌建设的市场投入高,品牌的建设周期长,困难和阻力大
国外进口	2%	路易威登	利润率高,品质好,品牌附加值大,影响力强	市场和品牌建设的市场投入高,品牌的建设周期长

第三节　纺织企业价格策略

价格策略在市场营销组合中处于重要的地位,它直接影响和决定着企业的销售数量、销售收入、市场份额和利润的大小,关系到企业营销目标的实现。同时,价格策略也是市场营销组合中较难控制的一环,企业的定价行为是既要考虑营销活动的目的和结果,又要考虑到各方利益的双向博弈过程。因此,无论一般企业还是纺织企业,都需要特别注意价格策略。

一、产品价格构成及其影响因素

(一)产品价格构成

企业产品的价格是产品价值的外在货币表现。通常市场中产品的价格由生产成本、流通成本、税金和利润四方面构成。

1. 生产成本　这是影响价格的最主要因素,是价格构成的主体,在整个产品的价格中占有较大比重。同时它是衡量企业经营管理水平的最重要的经济指标,也是商品价格的最低经济界限。

2. 流通成本　流通成本是指产品从生产领域到消费领域转移过程中所耗费的各种成本的货币表现,主要是指物化劳动和人力活劳动,包括包装成本、运输成本费、保管成本三部分。

3. 税金和利润　税金和利润是指商品价格超过生产成本与流通成本的差额,表现为企业在商品的生产和销售过程所交纳的各种税费以及根据企业经营目标所确定的合理纯收入。在我国现行税收体制中,价格构成独立要素的税种主要有增值税、消费税、营业税、关税和资源税等。

(二)影响产品定价的主要因素

商品价格的变化是市场经济中最复杂的现象之一,受来自于市场内外各方面因素的影响和制约,因此企业在制订价格时要给予充分重视和全面的考虑。

1. 供需关系 供需关系是市场经济条件下制订商品价格的重要理论依据。市场经济条件下,市场供需关系决定着市场价格,市场价格又决定着市场供需关系,两者互相制约,互相依存。价格与供需关系的模型如图 5 - 10 所示。

从图中可以看出,价格会在供给和需求两种不同力量的作用下上下波动。同时,对于不同弹性的商品,供需关系对价格作用的范围和强度也不一样。

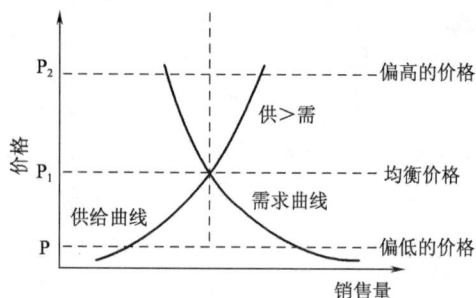

图 5 - 10 价格与供需关系模型

2. 企业自身的状况 即指企业的生产经营能力和经营管理水平对制定价格的影响。企业如果对销售渠道掌控有力,则在制订价格方面就有更大的灵活性;企业营销人员业务素质高和对市场的反应能力强,则企业在制订价格以及调整价格时机的把握上就更准一些。

3. 产品特点 产品自身属性、特征等因素也是企业制订价格时必须考虑的。主要集中在产品是必需品还是一般品、产品的标准化程度以及产品的时尚流行性等;同时,产品本身的需求弹性也是调整价格时应考虑的重要因素。

4. 产品的生命周期阶段 产品的生命周期以及处于不同生命周期阶段是企业定价需要考虑的。对于生命周期短的产品,如时装等时尚产品,由于市场变化快,需求增长和消退都比较快,就要求生产企业要抓住有利时机,尽快收回成本和利润;处于不同生命周期阶段的产品价格的变化有一定规律,这些都是企业选择价格策略和定价的重要依据。

除此之外,国家的价格政策、消费者的心理和消费习惯、企业自身的产品形象定位等也是企业定价时应该考虑的因素。

以上这些因素对于一般企业定价具有重要的参考意义,对于纺织企业来说,也是重要的定价依据。因为纺织产品关系到人们"衣食住行"的衣,所以就要求企业定价要特别考虑市场的情况。另外,考虑到有些纺织产品如服装属于潮流性商品,又要求企业为了经营目标的实现,抓住有利市场时机,制订合理的价格和定价策略。相对于其他耐用品来说,纺织产品一般来说整个生命周期较短,市场变化较快,适合于市场的价格策略尤其重要。另外,有些非价格因素也是相当重要的,如有些纺织品牌为了维持一个高端品牌的形象,就会制订较高的价格定位;有些品牌倾向于走大众路线,就是维持一个中等的价位。

(三)企业的定价目标

企业的定价目标就是企业通过制订、调整价格的策略以及实施这些策略所期望达到的目的。这是一个企业综合自身的经营总目标、市场营销目标而确定的定价目的。不同的企业有不同的定价目标,同一个企业在不同的时期,不同的市场条件下也可能有不同的定价目标。通常企业的定价目标,可以概括为以下四种。

1. 以利润为导向的定价目标 利润的实现是企业开展经营活动的主要目标,是企业生存和发展的源泉力量。因此,在市场中许多企业选择直接以获取利润作为制订价格的导向目标。

（1）以预期收益为定价目标。对于投资类的企业,在确定的投资回收期内,以获取投资收益为定价基点,在此基础上加上总成本和合理的利润作为商品销售价格。

（2）以最大利润为定价目标。最大利润是所有市场中开展经营活动企业的最大期望,以获取最大利润为定价目标,企业必须综合分析自身状况、市场竞争、全局成本费用开支等因素,以企业总收入和总成本的差额最大化为定价基点,在此基础上确定单位商品价格。

（3）以合理利润为定价目标。合理利润是指在正常情况下能弥补企业生产的社会平均成本并能得到市场中的平均收益的利润,这是大多数企业所采取的定价基础,是一种兼顾企业和市场等多方面因素的合理定价目标。

2. 以市场占有率为导向的定价目标 市场占有率是企业经营状态和产品竞争力的综合反映,它与利润的关联度非常高,高的市场占有率必然带来高的利润。维持和提高企业产品的市场占有率是结合考虑企业的现实利益和长远利益的一种定价目标。

3. 以应付竞争和维持现状为导向的定价目标 价格是市场竞争中用来对付竞争者的重要手段,企业在制订自身的价格时必须要同时考虑竞争对手的价格策略以及对企业所制订价格的反应,分析对比本企业与竞争对手之间产品的质量、规格、价格等,从而制订出有利于应付市场竞争的价格。

上述定价目标也是纺织企业的经营中时常采用的,企业要根据自身产品的特点找准市场定位,合理选择定价目标。对于一般品牌的服饰或床上用品类纺织品,如果为了尽可能地扩大市场占有率,就要在价格上走大众化路线;而如果要维持比较高端的品牌形象,价格方面的偏高又会损失一定的市场份额从而给竞争对手留下机会。总之,定价目标是根据企业自身情况、市场竞争、产品特性的综合考量结果。

二、企业定价过程

合理的价格策略是企业经营目标实现的重要保障,企业的定价又是一个既重要又困难的过程,了解和掌握企业定价的一般程序,对于制订合理的价格是十分必要的。企业定价的过程通常包含以下几个步骤,如图 5 - 11 所示。

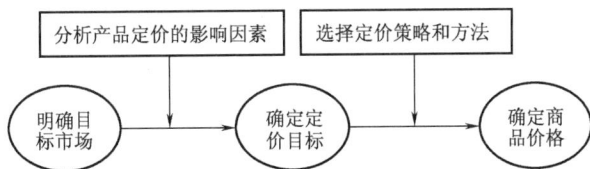

图 5 - 11 企业定价过程

1. 明确目标市场 明确目标市场就是要通过分析产品将要投放的市场的各项特征,如目标消费群体的基本特征、需求强度、潜在需求量、购买水平及消费习惯等,来为企业定价提供最基础的决策依据。

2. 分析产品定价的影响因素 影响产品定价的因素来自方方面面,首先是产品自身的特性,如产品的所属类别、产品功能、产品所处的生命周期阶段等;其次要考虑当前的市场竞争状况,因为任何调价行为都会引起同种替代产品竞争者的注意和一定的反应,同类替代产品的竞争者实力状况、产品功能和价格水平都是定价所必须考虑的;再次还要考虑市场的通货膨胀因素以及政府在价格方面的相关政策和法规。

3. 确定定价目标 通过目标市场和价格影响因素分析,再结合企业经营目标和自身状况,合理确定定价目标。

4. 选择定价策略和具体定价方法 定价是企业根据现实状况综合全方位情况,兼顾到企业营销组合中的其他因素的艺术化选择。除了根据定价目标有目的地选择定价方法外,还要考虑定价策略上的选择,从而达到定价的最佳效果。

5. 确定商品价格 确定商品价格是在分析目标市场,考虑企业的定价目标,辅以科学的方法计算,综合各方面因素分析、判断以及计划的结果。

三、产品定价方法

产品定价方法是在企业的定价过程中,用以计算和确定产品价格的具体方法,是将企业的定价策略与具体的价格联系起来的重要环节,企业常用的定价方法主要有三大类,即成本导向定价法、需求导向定价法、竞争导向定价法。

1. 成本导向定价法 成本导向定价法以产品成本为定价基本依据,在此基础上加一定利润和税金制订价格的方法。它是一种最基本、最普遍的定价方法,也是一种较为简单的定价方法,成本导向定价法可以分为以下两种形式。

(1)成本加成定价法。指以商品的单位成本为基础,加上一定比例的利润和税金来构成产品的销售价格。以此种方法来定价,首先要计算单位产品的变动成本,并对所有为生产该种产品发生的耗费计入分摊范围,形成产品的单位总成本,再按一定的加成率决定价格。

例 5 - 1 某服装厂月生产 3 000 套西服,总固定成本为 60 万元,每套西服的变动成本为 300 元,加成率为 10%,则每套西服的单价应为多少?

解:

$$每套西服的平均固定成本 = \frac{600\ 000}{3\ 000} = 200(元)$$

$$每套西服的总成本 = 200 + 300 = 500(元)$$

$$每套西服的产品价格 = 500 \times (1 + 10\%) = 550(元)$$

此种方法所得价格简便易行,便于企业自身的成本核算。但价格不是社会成本,所制订的价格能否为市场所接受要看具体的市场情况。

(2)盈亏平衡点定价法。又称收支平衡定价法,是以通过对比企业的总成本和总收入是否达到平衡为依据来确定价格的一种方法。在企业产销量既定的情况下,企业产品的价格必须达到一定水平才能做到盈亏平衡;而只有价格再高时,才能实现企业利润。

$$产品价格 = 单位产品变动成本 + \frac{固定成本}{预计销量}$$

例 5 - 2 某纺织厂生产一种服装用条绒面料,企业固定成本为 50 000 元,单位产品变动成本为 10 元/m,若盈亏平衡点的产量为 2 000 m,则该厂应如何定价,企业才不会亏本?

解：

$$产品价格 = 单位产品变动成本 + \frac{固定成本}{预计销量} = 10 + \frac{50\,000}{2\,000} = 35(元)$$

即当企业的产量为 2 000 m 时,产品价格应至少在 35 元以上才能保证企业不至于亏本生产,只有在高于 35 元时,才有可能实现赢利。

2. 需求导向定价法 需求导向定价法以消费需求的变化及消费者基于对产品的了解产生价格心理作为定价基本依据。此方法的定价是否合理,最终并不取决于生产者或经销商,而是取决最终消费者或用户。找准消费者的消费心理和潜在需求,进行合理的定价,是企业艺术化定价的集中体现。

(1)理解值定价法。理解值定价法是指企业以消费者对商品价值的感受和理解程度为定价依据,运用各种营销策略和手段,加深消费者对商品价值的认识,再根据商品在消费者心目中的价值来制订价格。如高档品牌服装,其本身是一种身份和尊贵的象征,消费者知道这种服装能提高自己在社会中的身价,便愿意出高价钱来购买。

(2)需求差异定价法。需求差异定价法是指企业根据市场需求的时间差、数量差、地区差、消费水平及心理差异等来制订商品价格。如在市场需求大的时期实施高价位,反之则实施低价位;在消费水平高的地区实施高价位,反之则实施低价位;对购买数量大的消费者高定价,反之则低定价。如在服装批发市场上时,对于大批量的采购价格就比较低,而对于单件的零售则实施统一的市场价;在消费水平高的大城市,服装的价格一般要高于消费水平低的小城市。

(3)逆向定价法。它是一种价格的倒推算法,运用这种方法,企业定价的依据不再是企业从事生产经营的成本和利润,而是消费者能够接受的最终销售价格,然后逆向推算出商品的批发价和出厂价。这种定价方法不以实际成本为主要依据,而以市场需求为定价出发点,由此真实地反映市场需求情况,从而使产品能够迅速渗透市场。

3. 竞争导向定价法 竞争导向定价法是一种随机应变的定价方法,是以市场中同类产品价格为基本定价依据,并随市场竞争者的变化确定和调整自身价格的定价方法。

竞争导向定价法有随行就市定价法、投标定价法和拍卖定价法。如某服装品牌在进入市场前会对同等级别的品牌服饰价格进行大概的调查,并在调查的基础上相应的成本核算以确定最后自己产品的定价。这种方法的定价,消费者接受度会好得多,并且也能获利合理、适度的赢利。这就是典型的随行就市定价方法。

总之定价是一个企业的重要经营活动,同时也逐渐成为了一种具有艺术化的市场营销策略。纺织企业在从事产品定价时也应考虑多方面的因素,结合企业自身的实践和产品特性,合理选择定价方法,使产品能更好地适应市场,实现企业的经营目标。

四、定价策略

企业的产品定价过程是一个不断反复的复杂过程。除了依据定价目标和选择一定的定价方法外,还要求企业结合市场和产品的具体情况,通盘全局对价格做出策略上的安排,针对不同的消费心理、条件及销售方式采取灵活的价格,从而保证企业营销目标的实现。

1. 新产品定价策略 新产品定价是市场营销中十分重要的问题。新产品上市之初,由于消费者不了解,并且市场上无同类产品价格可参考,就给定价带来了一定的难度。定价过高则消费者难以接受,定价过低则将影响企业的经济效益,因此必须研究新产品的定价策略。常见的新产品定价策略有三种。

(1)高价策略。它又称撇脂定价,是指将新产品的价格定得较高,在短期内获取高额利润,尽快收回投资。生产周期短、需求弹性小的高档或奢侈性商品,短期内在一定范围内的紧缺商品以及独家生产的专利产品,可以考虑采用高价策略。如顶级品牌服饰,主要针对少数高收入群体或商界精英人士,可采取此种定价策略在短期内获得高额利润。

(2)低价策略。它又称渗透定价,利用这种策略,主要是将新产品的价格定在较低价位,以利于迅速渗透占领市场,取得较高的市场占有率。同时,低价薄利能有效地排斥竞争者加入,因而能较长期地占领市场。该定价策略适用于需求性大,用户不甚了解的产品。如常用家居纺织用品,一般品牌服装可采取低价大量铺货的方式迅速占领市场,以获得有利的市场优势。

(3)中价策略。又称满意定价。它是一种介于高价策略和低价策略之间的一种定价方法,通常是兼顾考虑生产商、中间商及消费者利益做出的权衡选择,这种价格在市场上能得以普遍的接受。

2. 折扣与让价策略 折扣和让价就是通过给予消费者以适当的价格优惠从而吸引消费者购买的一种策略,这是在市场营销实践中广为应用的一种价格策略。常用的折扣定价策略有以下几种。

(1)现金折扣。通常是当消费者在当日或一段时期消费达到一定数额,或生产厂家在当日或按约定日期以现金付款会给予一定比例的折扣。在纺织类产品的销售和原料采购中,这种方法的使用可以经常见到。一般品牌的服饰在销售中会推出满200减50或满300减100之类的优惠政策来吸引顾客。

(2)数量折扣。按购买数量的多少,分别给予大小不同的折扣,购买数量越多,折扣越大,鼓励大量购买或集中向某一商家购买。在常见的服装销售中,当购买量达到一定的数额,商家就会按照批发价或是团购价给予;在一定时期消费达到一定数额,会给予会员资格,从而在以后的消费中享受一定的折扣。

(3)季节折扣。对于季节性的产品,经常会出现季节折扣,当产品处于销售淡季来购买的顾客给予一定比例的折扣。其目的是鼓励中间商和用户在淡季继续消费购买,从而达到淡季不淡的效果,调节淡旺季之间的销售不平衡状况。在市场中,当季节变换时,经常会出现服装的换季折扣销售,有些会推出反季节销售折扣来吸引消费者购买。

3. 心理定价策略 心理定价策略是针对消费者的不同心理,制订相应的产品价格,以促使消费者增加消费的一种定价策略。心理定价策略主要有以下几种。

(1)尾数定价。它又称奇数定价。利用消费者对数字产生的心理错觉,有意将产品价格定在与整数有一定差额的数字上,使消费者产生价格便宜的感觉,从而促进购买的一种定价策略。如把80元一件的衬衣定价为79.9元,比定价80元销路好。

(2)整数定价。企业在制订产品价格时取整数,不要零头。整数价格会提高产品的"身价",使消费者产生"一分价钱一分货"的感觉。

(3)招徕定价。零售商利用部分顾客追求低价的心理,特意将某几种商品的价格定得较低以吸引顾客。如服装专卖店经营会推出断码销售,价格较低但无法满足所有顾客的需求,却可以吸引顾客的注意,有助于促进正常品的销售。

(4)声望定价。指为迎合顾客的追求身份和地位的心理,对市场中有很好信誉和品牌形象的产品制订较高价格的一种方法。如顶级品牌服饰产品定价总是比较高,是一般消费者无法承受的,但却是少数精英消费者追逐的对象。

总之,定价是一门科学,也是一门艺术,是企业经营活动的重要组成部分。不同类型的企业包括纺织企业在内,要在充分了解和掌握影响企业定价因素的基础上,科学选择定价方法,并适时根据市场现状合理、艺术化地组合应用定价策略,最终目的是保证企业经营目标的实现。

第四节　纺织企业分销渠道策略

分销渠道是市场营销组合中的重要因素之一,是连接生产者和消费者,实现产品的价值和使用价值的重要通道。一个高效畅通的分销渠道网络是企业的生存之本。走何种分销渠道、实施何种渠道策略,从而将企业的产品和服务方便、适时、适地、经济地提供给消费者,是包括纺织企业在内的所有企业的经营管理者应该思考的问题。

一、分销渠道概述

(一)分销渠道的概念

分销渠道,又称销售渠道,是指某种产品或服务从生产者(企业)向消费者(用户)转移时所经历的基本路线。这一路线的起点是作为产品和服务提供者的企业,消费者作为产品和服务的接收者位于销售渠道的终点,中间或多或少地要经过各类代理商、批发商、零售商等。

分销渠道的基本功能是连接生产者和消费者。除此之外,分销渠道还能起到研究和收集制订营销计划的相关信息,发现与接洽潜在的客户群,对商品进行实体运输和储存等功能。

(二)分销渠道的类别

基于产品自身特性的不同,分销渠道也有所不同,按产品的用途可分为两大基本模式,即生产消费产品分销渠道和生活消费产品分销渠道。

1. 生产消费产品分销渠道　生产消费产品的分销渠道一般有四种情况(图5-12),即生产者→用户、生产者→经销商→用户、生产者→代理商→用户、生产者→代理商→经销商→用户。这四种模式根据产品的不同特点适于不同的企业。

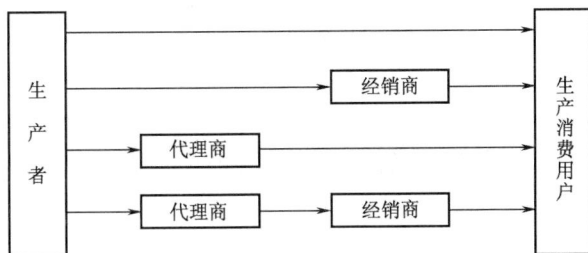

图5-12　生产消费产品分销渠道

109

对于纺织企业来说,半成品企业(如纺纱企业和织布企业)更多的是走第一种面向用户的直接模式。因为此时流通环节最少、流通费用也最低,能为企业最大限度的节省流通成本。

2. 生活消费产品分销渠道　因为生活消费产品一般设有零售机构,所以生活消费的分销渠道与生产消费的分销有所不同,具体有五种形式(图5-13):生产者→消费者、生产者→零售商→消费者、生产者→批发商→零售商→消费者、生产者→代理商→零售商→消费者、生产者→代理商→批发商→零售商→消费者。

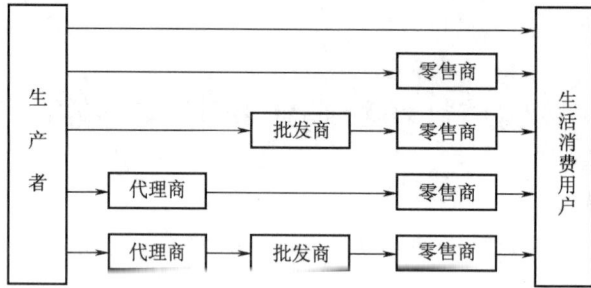

图5-13　生活消费产品分销渠道

在实际市场中,消费类纺织产品由于其产品的标准化比较低,消费者一般都要经过仔细的挑选,所以面对消费者的直销比较少,而其他渠道则较多。如品牌服装、高档床上用品在渠道选择上较多是通过专卖店、自营店形式的直接零售;也有通过一级,甚至二级批发商,然后再通过零售商渠道到达消费者手中的。总之,渠道选择是根据自身产品定位、企业自身情况而做出的策略安排。

同时,上述两种渠道模式中,如果按渠道中是否存在中间环节,又可以分为直接渠道和间接渠道两种模式;如果按通过流通环节的多少,又可以分为长渠道和短渠道,短渠道一般指企业采用一个中间环节或直接销售产品;如果按渠道中每个层次同类型中间商数目的多少又要以分为宽渠道和窄渠道。

(三)中间商

1. 中间商的概念及类型　所谓中间商,是指在有中间环节的间接分销渠道中,介于生产者和消费者之间,专门从事商品流通、促进产品交易行为实现的经济组织或个人。中间商是生产者和消费者之间的重要中介,中间商的选择以及生产商、中间商、最终消费者或用户之间的协调问题是企业分销渠道策略的中心问题。

中间商主要有以下几种类型:按中间商是否拥有商品的所有权可分为有商品所有权的经销商和无商品所有权的代理商;按中间商在流通过程中交易特征的不同可分为批发商和零售商。

2. 中间商的功能　中间商是生产者和消费者之间的桥梁,在整个商品流通过程中起着重要作用,其功能主要有以下几点。

(1)集中产品的功能。中间商可通过对多家生产企业的商品进行有计划的集中订购或采购,将多种商品汇集成较大的批量、较多的品种,一方面更好地满足了市场中不同消费者不同层次的需求,另一方面也能在一定程度上减轻企业库存的压力。

（2）平衡供需的功能。相对于生产企业来讲,中间商有更广泛的市场接触面,对市场的了解更充分,中间商就可以根据市场实际需要及时采购市场所需商品,然后适时、适地、适量地向市场供应,从而起到了平衡供给和需求的作用。

（3）沟通和反馈信息的功能。中间商联系面较广,承担着产品购、销、调、存的具体业务,良好的中间商关系能及时收集并向生产企业传递消费者的需求信息,同时也能将生产企业的信息回传给终端消费者。

二、产品分销渠道的影响因素分析

明确影响产品分销渠道选择的各种因素,是企业进行分销渠道决策的重要依据。影响分销渠道选择的因素有以下几点。

1. 市场目标　市场目标是一个企业制订分销渠道策略的重要导向,不同的市场目标取向决定不同的分销渠道策略安排。立足纺织企业实际的操作层面,服装或是家居用品,如果为了迅速扩大市场占有率或提高铺货率,一般应选择多级间接渠道,更多的走批发市场;而如果强调对渠道的控制力,一般应设计较少层级的营销渠道。

2. 产品自身的特性　分销渠道选择,很大一方面是基于产品自身特性的考虑,这些特性主要包括:

①产品价格,一般来说产品价格与分销渠道的长度成反比关系,价格越高,销售渠道越短,反之,销售渠道越长。纺织类产品中的高档服装应尽量选择一级渠道,而一般品牌的服装或家居用品选择多层次的长渠道好一些。

②产品的时尚性,对于时尚性,款式、花色变化较快的产品,如时装、家庭布艺用品,分销渠道越短,产品能越快进入市场,所达到的市场效果也越好。

③产品生命周期,产品所处的生命周期的不同也决定着分销渠道的选择,如某服装品牌、床上用品刚处于市场投入期,则应尽量采用短渠道销售来加快进入市场的速度,如果是已经进入成熟期,则可以采取长渠道销售来扩大市场接触面进而扩大销量;另外,产品的其他特点如体积、重量、标准化程度也是渠道选择时应考虑的因素。

3. 市场因素　市场因素主要包括目标市场的大小、顾客的集中程度、消费者的购买习惯等,这些因素是分销渠道选择的现实依据。如果目标市场比较大,则应该借助中间商的力量,分销渠道就会长一些。如毛巾的目标市场就非常大,所以毛巾的分销渠道就会比较长;而高档服装,目标市场较窄,其分销渠道就相对短得多。同样,消费者的购买习惯也决定分销渠道的选择。如毛巾属于生活中的便利品,这就要求生产商选择众多中间商以方便消费者购买;而精品服装、高档床上用品属于特殊品,生产商只需精心选择若干中间商即可,因为其渠道窄而短。

三、分销渠道策略

分销渠道的选择是企业参与市场竞争取胜的关键,尤其是对于多数走间接渠道的纺织类产品来说,对渠道的宽窄以及长短层级做出正确的选择至关重要。主要的分销渠道策略有如下几种。

1. 广泛分销渠道策略　运用这一策略,生产企业尽可能地多选择中间商,包括批发商、零售商和代理商,通过他们使产品最大程度地与消费者接触,方便消费者购买。在这一策略下,能使生产商的其他策略配合效果更好,并能进一步对中间商进行选择、评价、淘汰。但由于经销商过多,与经销商的关系与协作互动就比较松散和艰难。对于属于生活便利品的纺织产品比较适合于采取这一渠道策略。

2. 有选择性的分销渠道策略 即生产企业在特定的市场范围内,有目的的选择若干中间商销售本企业产品,从而保持较稳固的合作关系并能达到扩大市场的目的。在这种情况下,经销商数目的减少可以使生产企业有时间和精力加强双方的合作,减少不必要的盲目竞争,有利于提高产品的销量,同时企业对分销渠道的控制能力也有所加强。普通品牌的服装生产企业,可以有目的地在不同区划内选择若干有实力的中间商代理或经销自己的产品,达到一定辐射作用的同时还能避免代理或经销过多带来的恶性竞争。

3. 独家销售渠道策略 即生产企业在特定的市场区域内仅选择一家中间商销售其某种产品。这种策略一般适用于新产品、品牌商品以及有某种特殊性能和用途的商品。在这种策略下,生产企业能够得到经销商的最有效的协作和支持,生产企业对分销渠道的控制也达到了极大化,增加了生产企业和经销商之间的相互依赖,使双方都努力合作走向共赢。对于高档纺织类产品可以采取此种策略,通过在一大区、一省或一市只设一家总经销,可以有效控制市场并能维持品牌的辐射效应,达到销售的最佳效果。

[案例]佐丹奴的独特销售网络

佐丹奴经过近二十年的发展已经成为国内知名的服装品牌,其发展的成功很大程度归因于其覆盖全国的渠道网络,而这一销售渠道是由分布于全国各大中城市的统一管理专卖店、加盟工厂和加盟店组成。

佐丹奴在进行了充分细致的市场调研后,确立了以中国大中城市为目标市场的策略。佐丹奴将专卖店设在人流量大、客流量多、影响广的商业旺市,这样可以通过商品流通速度的加快和资金周转的加速,来提高资金的利用率,从而赢得较高的利润率。

为维持品牌统一的对外形象,佐丹奴在全国各地的专卖店品牌风格完全保持一致。所有该品牌的专卖店都以浅蓝底色、配以横写的白色粗体的中英文"佐丹奴"字样的注册商标直接作为商店名称,既简洁醒目、印象突出,又像幅广告牌,令人赏心悦目。各地专卖店,从建筑物外观到装修,包括色彩、造型、用料和货架以及服装摆设都秉承统一的风格。除了统一商号外,佐丹奴还实行统一供货、统一定价、统一管理的渠道经营方式,从而在最大程度上实现了品牌规模经营,形成了一个覆盖全国的营销网络。

第五节　纺织企业促销策略

促销策略是企业营销决策的重要内容,其主要任务是将企业和产品的相关信息传递给目标市场中的消费者,以达到扩大市场渗透度,提高产品销量的目的。

一、促销概述

(一)促销的概念

促销,顾名思义,促进销售。促销的本质是生产企业同目标市场之间的信息沟通,这种沟通体现为企业和消费者之间的双向互动式沟通。图 5 - 14 反映出了这种双向互动过程。

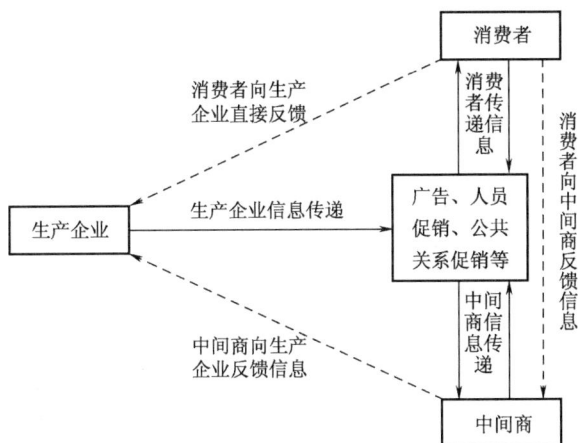

图 5 - 14　促销的双向信息传递过程

(二)促销的作用

在现代市场营销活动中,促销能说服潜在顾客购买,刺激消费需求的产生。促销的作用体现在以下几方面。

1. 传递信息　企业通过促销手段及时向中间商和消费者提供信息,引起目标市场的广泛注意,吸引潜在客户的注意力,诱发消费者的实际购买行为。

2. 诱导需求　通过介绍新产品,展示合乎潮流的消费模式,可以唤起消费者的购买欲望,创造出新的消费需求。

3. 促进本企业产品销售　在商品市场大量存在着同类替代品,企业或中间商通过促销活动,可以充分显示自身产品的突出性能和特点,促进本企业产品的销售。

(三)促销组合

促销组合是指企业为实现其营销目标,对广告、人员推销、营业推广和公共关系等促销手段进行综合调配运用,形成一种若干种手段的策略组合,从而达到最佳的促销效果。

常见的促销方式一般包括两大类:人员推销和非人员推销,非人员推销又包括公共关系、营业推广和广告三个方面。生产企业应该根据实际情况、自身产品的特性和市场状况选择合理的促销组合。

(四)促销组合的影响因素

明确影响促销组合的因素是制订合理有效促销组合的关键所在,这些因素主要包括以下几个方面。

1. 产品种类　不同类别的产品其促销手段是不同的,具体到纺织企业经营实践中,如果是生产服装面料的厂家或是较多按订单生产的纺织企业,首先应该是人员推销,其次是营业组合,然后再是公共关系。可能在这些企业中,大规模的广告是不必要的。而如果是面向消费者的服装或家用纺织品,广告应该是首选,其次是商场或是营业场所的人员现场推销,在必要的市场时机,营业推广也是很好的促销手段。

2. 产品生命周期　产品处于不同的生命周期,所面临的市场情况和促销重点必然是不同的,采取的促销方式也是不同的。

（1）如对于处于投入期的某陌生品牌服装,生产企业可能需要更多地通过明星代言、电视广告等方式进行宣传,从而达到快速提高知名度。同时,采用营业推广的方式开展一定的促销活动,能进一步诱发消费者的购买行为。

（2）当服装品牌进入成长期,渐渐被消费者所接受,则此时广告的重点应该转向品牌的进一步塑造和定位,使消费者形成一定的偏好。同时,还要辅以人员推销,进一步的拓宽营销渠道。

（3）当产品进入成熟期之后,这时品牌广告应该突出自己与其他服装品牌的差异所在,并增加营业推广费用以进一步增强与其他品牌的竞争力。

（4）当服装进入衰退期,则应主要以营业推广为主,辅以少量提醒式广告。

3. 促销预算　促销预算直接影响到实际促销费用的大小,是影响促销方式、促销组合选择的主要因素之一,与企业的实力密切相关。知名品牌雅戈尔长期在央视黄金时段进行广告宣传,其"君临天下,衣锦中华"的广告语颇具霸气和影响力,但这种宣传方式是需要相当大的预算投入才能实现的,对于促销费用较小的企业是不可想象的。因此,生产企业在进行广告宣传时,应量体裁衣,在有限的预算内,选择适宜的促销手段。

二、促销策略

（一）人员推销策略

人员推销就是由专职推销人员直接向顾客介绍商品,以促成购买行为的活动。人员推销是一种行之有效的直接推销方法,它不仅是最古老的促销方式,也是现代商品销售的一种重要方式。

同其他促销方式相比,人员推销有自己的特点,主要有以下几点。

（1）灵活机动。推销员可根据不同顾客的动机和特点,随机应变灵活采用通报方式和解说,及时解答顾客提出的问题,以提高对企业和产品的了解。

（2）针对性强。人员推销的目标顾客是明确的,并采用面对面的接触方式,推销效率较高。

（3）促使顾客立即采取购买行为。在推销员的帮助和劝导下,顾客容易做出购买决定。

（4）密切买卖双方关系。推销员可以帮助顾客解决问题,充当顾客购买的顾问,有利于沟通企业与顾客的关系,消除误解。

（5）具有信息反馈功能。推销员经常接触顾客,能将顾客的态度、意见和要求及时反馈给企业。

但是,人员推销也有不足之处,主要是费用开支较大,接触顾客的数量和范围有限,制约了这种方法的应用范围和应用程度。

一般来说,在纺织企业的实践中,人员推销应用较多的是面向生产类企业,提供各种制衣面料或提供染整服务的纺织企业当中。

（二）广告策略

在市场营销活动中,广告是指由特定的使用者,有偿使用一定的媒体、传播产品和劳务信息给目标顾客的促销行为。

1. 广告的作用

（1）传递信息。这是广告最基本的作用。

（2）刺激需求，促进销售。广告能够诱导顾客的需求，影响他们的心理，使潜在需求变成现实的购买行为，促进企业的销售，如尿不湿的大量宣传，使得人们渐渐改变了过去养护婴儿习惯，形成了新的产品市场。

（3）介绍知识，指导消费。企业可以通过广告介绍有关产品的知识，指导消费者如何使用和保养产品，为消费者带来方便和利益，如有些广告附有保养皮衣的方法。

（4）改善服务，加强竞争。企业要扩大市场，战胜对手，赢得顾客，必须运用各种广告进行宣传。

（5）树立企业信誉和产品形象。广告能够树立企业和产品形象，加强顾客的记忆和好感，提高在市场上的声誉，如金利来努力塑造了"男人的世界"的形象。

2. 广告媒体 广告媒体是广告使用者借以进行广告活动的物质技术手段。被公认的大众化媒体有四种：报纸、杂志、广播、电视，其各自具有不同的特点和适用性（表5-5）。

表5-5 不同广告媒体的对比

类别		优缺点对比	纺织企业选择提示
报纸	优点	传播速度快，传播面积广，便于查阅，制作灵活和收费较低	图片外加详细的文字说明有时会起到比较好的效果
	缺点	生命力短暂，形象表达的手段欠佳，色彩有时不够丰富，内容繁杂，容易分散注意力	
杂志	优点	读者集中，宣传效率较高；保存时间较长，信息利用充分；印刷精良，配有彩页，能较好地表现产品的外观形态	可以有目的、有针对性地选择与自身产品目标客户有一定重合的杂志刊登广告
	缺点	传播速度慢；发行范围较小，广告覆盖面较低	
广播	优点	传播信息迅速，不受交通条件和距离远近的限制，传播空间广泛；安排灵活；制作简单，费用低廉	广播适用于提醒式的宣传，配以相应的其他媒体广告更佳
	缺点	有声无形，声音稍纵即逝，听众的选择性差，无法存查	
电视	优点	表现力丰富，形象生动，感染力强；传递迅速；收看面广，覆盖面宽；有利于重复宣传，加深印象	包括纺织产品的大多数产品的广告首选模式
	缺点	费用昂贵，信息消逝较快，观众选择性较低	

3. 广告媒体的选择 广告媒体种类较多，且各有优缺点。正确选择广告媒体是做好广告的关键。选择时要考虑这样一些因素。

（1）产品特性。不同产品适用于不同的媒体。服装类纺织品适宜在电视上、杂志的彩色插页上做广告，以增强美感和吸引力。

（2）目标市场范围。目标市场分布范围广，应选择全国性的报纸、电视台、电台等。如大多数的知名品牌服装都在中央电视台发布广告。

（3）消费者的媒体习惯。即指目标市场的消费者经常接触的媒体。如儿童用品多用电视广告。

（4）媒体费用。各种广告媒体的费用相差很大,一般来说,电视收费最贵,黄金时间的广告费比其他时间高许多。全国性媒体的广告费大大高于地方性的媒体。

[案例]纺织品牌加快对接百货业

2014年初,中国百货商业协会、中国纺织工业联合会品牌工作办公室成立品牌发展工商联盟,联系全国零售企业、品牌生产企业,通过合作联盟推动工商对接,为纺织服装品牌企业与百货业企业建立合作关系,疏通渠道,创造机会,通过主流零售终端,扩大纺织服装中国品牌的国内市场占有率和影响力。

该联盟将针对国际高端百货业和纺织服装品牌企业抢滩中国市场的趋势,以及消费者的个性化需求和电子商务对传统商业模式的冲击等挑战,帮助企业选择目标合作伙伴,促成工商联手合作。促进零供沟通交流,引导企业优化供应链管理,逐步转变现有经营方式,打造工商联手营销体系,形成通畅高效的零供合作机制。共同研究利用互联网技术,加强行业间的数据分享。开展品牌宣传推广活动,培养中国品牌的消费文化和消费氛围,努力营造有利于中国自主品牌成长的生态环境。

(三)营业推广策略

营业推广是指生产企业在特定的目标市场中,为迅速激发需求,鼓励消费,促进购买的一种促销措施。营业推广的方式主要有以下两种。

1. 鼓励消费者的推广方式

（1）赠送样本、样品,让消费者试用。企业有目的地选择一些用户,通过他们的使用和宣传,打开产品的销路。

（2）代价券。如在购买服装过程中,消费达到某一数额可以返还一定的代价券,并约定使用时间可供消费者再次来购买同种商品。代价券可附在产品中,并在包装上明确标明。另外,也可邮寄,或印在报纸上。

（3）附带廉价品。在购买某些产品时,赠送一些廉价小商品,以刺激顾客的购买欲望。如买一件一定价格的衬衣赠送一件较便宜的T恤是很多服装推广销售惯用的手法。

（4）廉价包装。商品不变,包装便宜,商品价格也低。如衬衣的包装由过去较为华丽的硬盒包装改为软袋包装,则可在一定程度上降低价格。

（5）商品示范。现场操作商品,展示其性能和使用方法,从而吸引消费者购买。如现场加工床垫和床上用品,给消费者以美的感受,从而诱导消费者购买。

2. 鼓励批发商、零售商的推广方式

（1）购买折扣。购买数量越多,折扣越多。如服装销售超过多少套会有一定的折扣返还,从而能在一定程度上带动中间商的积极性。

（2）退货自由。特别是残次品的退换。

（3）推广津贴。给批发商、零售商做广告的广告津贴,给零售商陈列商品的陈列津贴。

（4）合作广告。费用分摊。

（四）公共关系

在现代市场营销中,公共关系是指企业与相关公众为实现双向沟通、谅解、信任、合作而进行的有目标、有计划的公共活动。

1. 企业公共关系的内容 作为一种特殊的促销形式,企业公共关系主要包括以下内容。

(1)所谓企业公关,就是指要同社会公众建立良好的关系。这些社会公众主要包括供应商、消费者、竞争者、信贷机构、政府主管部门、新闻传媒等。

(2)企业形象是企业公共关系的核心。企业公共关系的一切活动都是围绕建立良好的企业形象来进行的。良好的企业形象是企业的无形资产,对促进企业产品的销售,提高企业竞争力具有非常重要的作用。

(3)企业公共关系的最终目的是促进商品销售。公共关系是一种隐性的促销方式,建立了良好的企业形象,企业首先推销了自身,从而最终也带动了自身产品的销售。

2. 企业公共关系的方法 企业公共关系的核心是树立良好的社会形象。良好形象的树立,一方面企业要在生产中创名牌,以优质产品树立形象,在经营中重合同、守信用、诚实、热忱对待客户;另一方面要广泛开展公关活动,提高企业知名度和美誉度。

常用的公关方法有以下几种。

(1)建立和公众的固定联系制度。企业应经常主动地向有关公众宣传、介绍企业的经营状况,听取他们对企业经营方针、产品、服务等各方面的意见,接受他们的正确批评,求得社会公众的理解和支持。

(2)利用新闻媒介。企业应积极和新闻界建立联系,及时将具有新闻价值的企业信息(如企业介绍、产品介绍、人物专访等)提供给报社、电台、电视台等。

(3)赞助和支持各项公益活动。这是一种很好的宣传企业的机会。这些活动万众瞩目,新闻界会争相报道,企业可从中得到用其他方式得不到的特殊效果。

(4)举办专题活动。通过举办知识竞赛、体育比赛、演讲会、展览会、订货会、庆典活动等,扩大企业影响,提高企业知名度。

(5)建设企业文化。企业形象的传播,一个重要的方面是通过全体职工的言谈举止来进行的。因此,企业应重视企业文化的建设,提高企业职工素质,美化企业环境,活跃企业文化氛围。

[案例]雅戈尔服饰的周年庆宣传活动

雅戈尔服饰于 2004 年在重庆开展 25 周年庆典,在此次庆典中,雅戈尔通过 2004 秋冬流行主题展、民族主题音乐答谢会和创业图片展、茶园工业园区开放日、我与雅戈尔主题征文活动来吸引目标客户的参与,重新认识雅戈尔,塑造雅戈尔品牌的亲和力,领略雅戈尔的企业文化。在此次活动的先期宣传中,雅戈尔邀请了重庆本地新闻媒体和部分重要的社会名流参加,通过他们传达雅戈尔 25 周年庆的活动意义和形式,形成一种舆论导向,吸引目标公众的注意和参与,拉开本次活动的宣传序幕,另外通过大型户外广告、《重庆商报》《重庆晨报》《重庆时报》三大本地媒体的平面广告吸引当地的读者关注此次活动,并且通过电视广播媒体重庆电视台《天天630》栏目和交通广播电台等最强势的有声媒体进行品牌宣传,使得雅戈尔之声覆盖重庆主城以外的所有区域,影响区县市场,形成一股强劲的雅戈尔热潮。

➤ 技能实训

营销基本功训练——人员推销

目的:提高学生的推销能力。

要求学生事先准备好一件产品或一份产品资料(宣传页或产品说明);

要求学生事先准备好电话号码及电话对象,随机抽取。

(1)学生准备 20 min,根据附 1 提供的"产品 = 声明 + 特征 + 利益 + 敲定"模式,写出自己产品的相应内容,并指定 6~8 人大声读出其答案。

①确定一项产品或服务。

②确定一个可与此产品或服务相联系的声明。

③确定该产品的重要事实或特征。

④列举所有与事实或特征相关的利益。

⑤列举一系列有力的敲定陈述。

(2)每个学生准备 30 min,按照附 2 提供的 AIDA 模式,设计出自己产品销售的 5 个步骤。学生 2 人一组,分别为销售人员和顾客。销售人员要尽量运用自己的设计,对顾客进行推销表现,每组表现 10 min 左右(顾客要保证表现的正常进行)。

附 1:产品 = 声明 + 特征 + 利益 + 敲定

声明是一种断言;事实或特征是一种做什么或是什么的有形表达方式;利益是一种如何帮助某人的特征;而敲定则是追求另一方对"声明 + 特征 + 利益"重要性的肯定。

开场白:定位陈述。定位陈述必须自然、简单和有力。它除了要告诉别人你是谁以外,还应该能够激发对方询问更多的相关信息。通常,定位陈述应该总结自己对所提供产品或服务的基本认识(如产品特征、相关利益及该利益可以如何满足对方的需求)。

附 2:推销的模式——AIDA(注意—兴趣—欲望—行为)模式

对应于 AIDA 模式,专业的推销应该有 5 个步骤:注意—兴趣—介绍—欲望—结束。

注意:即引起购买者的注意。专业销售人员需要用礼貌、流畅的话语抓住顾客的注意力,并把交谈引向更为重要的第二步,即兴趣上去。

兴趣:确认顾客的需要,决定是否可以满足他们。这是最重要的环节,是一种谈话方式的需求分析阶段,宜尽量采用开放式谈话与顾客沟通。

介绍:按照产品 = 声明 + 特征 + 利益 + 敲定进行介绍。介绍完毕,举例说明顾客采用你的推荐后的种种好处,有助于调动顾客的购买欲。

欲望:调动顾客的购买欲望。

结束:确定如何请求定购,即达成销售。

➤ 案例综合分析

雅戈尔与杉杉同为服装类上市公司和驰名商标拥有者,但在品牌的经营上却分别走上了不同的个性化道路。

几年前,雅戈尔和杉杉曾经发生过非常激烈的竞争,当时这两家企业有着太多的共同之处:它们都在宁波,相隔只有五公里;都是服装业的龙头企业,同为上市公司和中国驰名商标拥有者。但是从 1999 年开始,形势发生了微妙的转变。

在品牌定位上,雅戈尔首先把自己的产品定位在中高档,强调"量",无意去做顶级品牌。为了控制营销渠道,雅戈尔在全国建立了1 000多家连锁店,一直发展到县一级市场。他们的广告基本上都投放在中央电视台,辅以大量的户外广告,其老总李如成说这是"空中威慑"和"地面部队"相结合,他要牢牢控制整个营销终端和生产源头。

而杉杉则不然。杉杉觉得雅戈尔这种做法比较老土,自己生产自己卖,那是农民的做法,所以杉杉要挖掘核心价值,做品牌、做投资。杉杉老总郑永刚认为,杉杉发展的方向应该是成为一个围绕服装的投资产业公司,生产环节可以全部外包,去OEM(贴牌生产),他们只做品牌管理。其间,杉杉炒作了两个顶级的设计师,给予他们很高的年薪,让他们搞设计,做概念。

但雅戈尔却有自己独特的理念,雅戈尔认为:对于中国品牌服装的生产来说,把生产环节外包、做贴牌生产的时机还没到、雅戈尔并非没有能力做OEM,也并非没有钱去请顶级的服装设计师,但中国服装业的水平显然没到"顶级"的地步,目前还只能达到"美观"这一层。而西方的时尚产业有数百年的历史,服装设计有深厚的历史渊源和浓郁的现代元素,所以他们做设计才能引导时尚。

● **讨论题:**

试分析两家企业在品牌经营上的策略差异。

第四单元　纺织企业生产管理运作方法

第六章　纺织企业生产组织管理

> **● 本章学习目标 ●**
>
> 1.了解生产管理者在企业生产运作管理中角色和应具备的素质、技能。
> 2.了解纺织企业生产管理工作的基本知识。
> 3.掌握生产过程构成及生产过程组织的基本内容。
> 4.掌握企业生产定额、生产能力核算。
> 5.熟悉生产计划的制订、生产作业计划控制过程。
> 6.熟悉纺织企业现场管理的基本内容。
> 7.了解纺织企业绩效管理的基本内容和方法。

[导入案例]韩国印染企业所见所闻(摘自《中华纺织网》)

　　本人因工作需要,于2006年12月份到韩国某印染会社参观学习。该会社是韩国较大的一家印染企业,主要产品包括针织面料、呢绒类产品及少量机织面料,企业总人数100人左右,其中生产人员60~70人,企业年产值3 600亿韩元。在参观学习过程中,对我触动最大的是该会社生产的高效率和加工品种的多样性,现将这些情况总结如下:

　　1.印染企业效率高,工人数量少　　一进入车间,只见偌大的生产车间寥寥几个工人在操作设备。通过多方了解得知,在韩国经济发展的过程中,工人的工资水平越来越高,加大了印染加工的成本。各企业不得不通过各种途径来提高企业的生产效率,减少工人人数。以该车间的主要加工设备为例:14台高温高压溢流机由5名工人操作,平均每人3台;常温常压染色机16台由3人操作,平均每人5台;定形机3台由3人操作,平均每人1台;罐蒸机和剪毛机由1人操作,其生产效率可以略见一斑。

　　该会社生产的高效率是建立在合理的生产组织管理基础之上。

　　①厂房设计极其合理,最大程度优化了生产流程:该会社由前处理到染色、后整理各车间呈扇形分布,坯布进入车间和成品运出车间的为同一大门,从整个生产流程看,正好呈圆形。坯布由入口处直接运到二楼准备室,经摊布缝头等准备工作后,由送布孔直接送到各机台上。因此,在整个加工过程中,只需在前处理、染色、后整理等工段之间搬运布匹,大大

减少了生产过程的辅助工作。这与国内一些企业厂房面积大,各工段分区作业的情况不同。

②管理协同性好,生产过程流畅:该会社采取纵向及横向混合管理方式,生产副总直接管理各车间主任,车间主任则除了负责技术管理和生产计划外,与普通工人一样有自己负责的机台,有自己的生产任务。另外,在生产过程中,各车间互相沟通,对出现的问题能够及时加以解决,使得整个生产过程极其顺畅。

③工人操作熟练,积极性高:在该会社的工人人数不多,但都有多年工作经验,操作熟练。因此,在生产过程中可以减少正常操作以外的时间。另外,该会社实行基本工资加奖金的考核模式,工人的收入随企业的效益而波动,工作热情高;其收入与个人产量脱钩,在生产时不会因赶任务而影响到产品质量。

2. 印染产品多样化,加工品种丰富　进入车间的另外一个感受是加工的品种非常丰富,可以说能够想到的适合于浸染的常规产品在这里都能看到。该会社加工的产品包括 POLY-ESTER、COTTON、RAYON、TENCEL、LEOCEL、MODAL、WOOL、NYLON、ACRYLIC、T/R、T/C、T/N、T/W、A/W、R/W、N/W、R/N、T/C、R/L、R/C、A/T 等,令人叹为观止。其加工的多为批量较小的订单,在该会社参观的整个期间,除 RAYON 的订单较大外,其他的全部是数百公斤甚至数十公斤的订单,可见其订单以小批量、多品种为主。

3. 生产操作标准、工艺细化程度高　这里所说的标准操作并不是通常意义上的机械化操作,主要是对生产过程中的关键点的操作进行标准化控制,有张有弛。在称染料时,有专人在精确天平上称好料后,根据不同的染料,用相应温度的水化好料,送至机台;染色过程结束后,剪下的色样先经过冲洗,然后放入专门的干样机,经过一定时间的烘燥后由专人对色。而对质量影响较小的环节,其操作则相对粗糙一些,如在称取元明粉、纯碱及其他助剂时,直接用勺舀取。另外,值得学习的是该会社的工艺细化程度很高,同一品种染色时,助剂的用量按照颜色深浅等因素划分出很多细档,如在活性染料染色时所用的元明粉和纯碱,根据产品不同分出 70/20、60/20、60/15、45/15、30/15、30/10、20/10、20/7 等多个档次,使染料达到最佳的发色效果。

本案例正是向我们展现了现代纺织企业生产管理中高效、精细、严密的一面。在市场经济条件下,经营管理无疑是十分重要,而生产活动则是企业一切活动的基础。企业的生产管理不正常,企业就很难按品种、质量、数量、期限向社会提供产品,就不可能满足市场需要,也就失去了企业存在的价值。所以,在市场经济条件下的企业,在重视经营管理的同时,决不能放松生产管理;相反,应更加注重它,以适应现代科学技术的发展和市场环境变化的要求。

第一节　纺织企业生产运作系统

一、纺织企业生产管理者的角色与必备的素质、技能

(一)生产管理者的角色

纺织企业生产管理者是指确定企业生产战略,对企业生产系统进行规划、控制、改进的生

产管理者,包括主管企业生产的副厂长、车间主任、工段长、运作计划员等。生产管理者在生产管理中的主要职责有以下几点。

(1)根据销售部门要货计划、企业生产能力及其他因素,负责组织安排编制企业年度、月度生产计划。

(2)负责组织制订生产率定额、物料消耗定额等各种生产技术经济指标。

(3)按照企业年度、月度生产计划的要求组织车间贯彻实施,及时掌握生产作业进度,严格按品种、数量、质量、交货期限、安全等要求完成生产任务。

(4)做好成品入库、成品出库和发运工作。

(5)组织好生产部门的业务考核、统计分析及各种报表的填报工作。

(二)纺织企业生产管理者素质

1.基本素质 生产管理者要有良好的职业道德和信誉等;有良好的心理素质,有宽广的胸怀、开放的心态、坚韧的毅力和意志力、个人的自我控制力。另外,作为管理者,要有扎实的基础知识、完善的知识结构。

2.专业技术素质 作为生产管理者,不能把自己的水平和能力仅仅定位在满足于一般的宏观性的企业经营管理上。应该了解和掌握本单位的技术情况,要知道本单位的技术水平、技术装备、技术力量,应该对生产工艺、工作流程、技术特点非常熟悉。

3.管理素质 作为生产管理者,必须熟悉生产管理的计划、组织、协调、控制等基础管理知识,必须了解市场营销、采购、研究开发、服务、生产、质量、财务、人力资源、信息化建设等业务管理知识,还要了解本产业、行业知识。能熟练运用企业管理的计划、组织、领导、激励、沟通、创新、危机管理、合作团队等技能。

(三)纺织企业生产管理者的技能

1.信息处理能力 能根据本部门的生产目标,收集有关数据,保证生产信息的完整、准确、及时,并提供相关管理层所需的各类生产计划、生产执行情况的数据;对部门的生产计划、生产执行、物流需求等生产相关数据保持强烈敏感度。

2.计划管理能力 能全面了解企业的业务流程,及时了解销售部门订单需求,准确掌握所需资源及关键控制环节,并对此做必要的准备,制订本部门年度、季度和月度生产计划。

3.实施、控制能力 根据计划目标,有计划地开展工作,按既定工作计划完成任务。准确估计计划工作中所需资源、主要风险及关键控制环节,合理组织和安排各部门的工作,并根据实际情况及时调整,保证按时交付工作成果。

4.沟通协调能力 沟通协调能力是指生产管理者在管理活动中,对本部门人员之间以及本部门与其他部门进行思路、信息传递以及对其产生的不和谐进行协调的能力。

5.创新能力 生产管理者必须拥有良好的创新意识和创新能力。在生产管理中,要不断总结工作经验和管理经验,不断进行管理意识、管理观念、管理方式、管理方法的创新,提升管理水平。

二、纺织企业生产运作系统的构成和特点

(一)纺织企业生产运作系统及其构成

生产运作系统是企业大系统中的一个子系统,是由输入、转化、输出和控制四个部分构成

（图 6-1）。生产运作系统的定义是：生产的输入，转换，输出实物产品、服务和知识的过程，其目的是实现价值增值，满足社会（用户）需要，增加企业利润和提高职工福利。

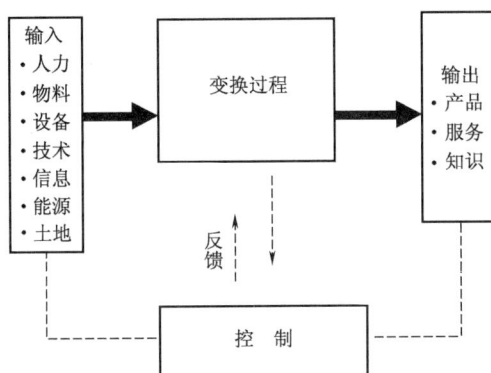

图 6-1　生产系统简图

1. 企业输入的生产要素　一般包括人、知（知识）、机（机器设备、工具）、料（原材料、外购件）、法（工艺方法）、资（资金）、能（能源）、信（生产信息，如生产计划、定额）等。

2. 生产系统的转换　指生产制造过程和质量、成本、设备、库存等管理过程。生产制造过程包括生产过程的空间组织、时间组织、劳动分工与协作，按预定的工艺流程生产出产品。

3. 控制　主要指生产过程中，控制产量、质量、成本、库存和维修设备等。

4. 生产系统的输出　指输出实物产品、服务和知识。

生产运作系统要有明确的目的性，这是系统设立的前提。在市场经济条件下，生产系统设立的目的就是为了实现价值增值，满足国家经济建设的需要和用户的需要，增加企业利润和提高职工福利。生产系统要强调效益性，争取输出大于输入，提供高效益。

（二）纺织企业生产运作系统的特点

1. 纺织企业的共同特点　纺织企业的生产属加工工业的生产，从整个行业来看，有以下一些共同特点。

（1）从生产过程来看，具有空间上的比例性和时间上的连续性。在空间上，前后工序密切衔接，具有一定的比例性，但由于工艺技术上的原因，须有必要的间断，工序间半制品的移动还没有完全的连续性，多数属于间歇式的。在时间上，上下班间紧密相连，但根据劳动制度上的有关规定，节假日和工人班中用餐时也须关车，还不是完全连续化。

（2）从设备来看，是多机台、多工序的生产，而且配置较固定的、大量的、同一种类型的设备，安装在同一个车间和工序内，生产同一种类的产品。

（3）从工艺技术上来看，纺、织、染生产过程的工序虽然较固定，但工艺参数的变化多且影响大。

（4）从加工对象来看，纺织生产是对纤维、纱线、织物进行纺织、印染和后处理。纺织原材料是纺织产品的实体，对产品质量及成本具有举足轻重的作用。

（5）从产品质量及品种来看，由于纺织产品多为人们作为衣被、装饰用品，所以对产品的内在及外观质量要求均较高，花色品种应丰富多彩。

2. 不同纺织企业的特点　不同的纺织企业,其生产特点也不同,一般可划分为以下三种类型。

(1)棉、毛、麻及绢纺织等短纤维的坯布加工企业,按现代大纺织产业链的划分,属面料的上游企业,生产批量大,品种翻改涉及因素多。

(2)棉、麻、毛、丝等织物染整加工企业,主要对上游企业提供的坯布、坯呢、坯绸进行着色或其他功能性后整理,工艺过程主要应用化学加工手段和其他特殊方法整理生坯织物,往往是小批量、多品种的生产。这类企业的产品是成品面料,故又称为中游企业,其产品使用对象是服装企业(下游企业)。

(3)针织企业,包括经编、纬编、织袜企业等单独设立的色织企业及巾被企业,采用购纱或自产纱,再进行针织面料和针织服装加工,产品品种多,批量小。当然,有少部分企业是全能型,纺纱、织布、染整和成衣加工俱全,因中间环节少,所以便于组织专业生产,其生产成本较非全能型企业低,获利也较高。但这类企业集团管理中的生产运作,其子系统关联性、全局的系统性亦难于产品单一的非全能企业。

三、纺织企业生产运作系统的管理要求

企业生产运作系统的管理也叫生产管理,生产管理是指对企业全部生产运作系统进行计划、组织、控制等,以保证生产出满足社会需要和用户满意的产品或提供服务,有效地利用生产资源,全面地提高经济效益。

(一)生产管理内容

从管理职能角度来分析,可以将生产管理内容概括为以下三大方面。

1. 确定合理的生产组织形式　主要内容有以下几方面。

(1)对企业生产过程,从空间、时间等角度进行分析。

(2)研究工厂布置问题,对生产线的设置进行分析和确定,以适应生产的客观要求,保证生产的正常进行。

(3)从时间、动作角度对工作进行研究,制订合理、科学的劳动定额,从而使生产过程中省力、高效。

(4)要适应市场经济的需要,要对市场需求有灵敏的嗅觉、快速的应变机制。

2. 制订科学的生产计划　主要内容有以下几方面。

(1)认真调查、分析市场需要、社会需求,进行生产预测。这和市场营销是重要接口,从而也体现出生产围绕市场及经营决策的意识和思想。

(2)根据市场预测结果,供货合同,结合企业实际情况,认真、严肃地编制生产计划,这是企业的生产纲领。

3. 计划的实施和控制　主要有以下几方面工作。

(1)编制和实施生产作业计划。生产计划的确定,只是规划了纲领性的东西,要组织日常生产活动还必须编制生产作业计划。

(2)生产控制。要进行严格的生产控制,包括进度控制、质量控制、成本控制、库存控制等。生产控制问题对过程的进行及效益影响很大。这个工作本身难度大、要求高、影响因素多,必须花大气力,做扎实、深入、细致的工作,效果才能逐步显现出来。

（3）生产现场管理。随着企业的发展,企业生产管理的逐步深入,现场管理的意义、作用显得格外重要。每一个管理者应当充分认识到现场对市场的保证作用。产品来自现场,忽视现场讲提高市场竞争能力就会是一句空话。

生产管理的内容对于每一种生产形式有所不同,同时它也在不断变化。科学技术的迅猛发展,会不断赋予其新的内容,进而会更加丰富。

（二）纺织企业生产运作系统的管理要求

1. 坚持以市场为导向 强调以市场为导向,就是纺织企业组织生产经营,必须按市场需要来进行。自始至终,它组织的活动要立足于市场、服务于市场。突出以市场为导向,就是要具有强烈的市场意识、竞争意识。这就要求企业利用各种渠道、通过各种形式,去认识市场、熟悉市场,及时掌握市场动态,要加强产品或服务开发,果断地进行产品结构调整,生产适销对路的产品,从而能动地去把握市场,扩大市场占有率。

2. 坚持讲究经济效益 纵观纺织企业生产经营中的经济增长方式,长期以来主要依靠生产要素数量的增加来实现经济增长,走的是一条粗放型的路子。效益问题始终是困扰纺织企业的大问题。为此,必须高度重视效益问题,要在符合市场需求的前提下,充分合理地调配和利用资源,以最低劳动消耗和资金占用,生产出尽可能多的适销对路、高附加值、高技术含量产品。

3. 坚持科学管理 科学管理就是指在生产过程中要运用符合现代工业生产要求的一套管理制度和方法。实行科学管理要做许多工作。

（1）必须建立统一的生产指挥系统,进行组织、计划、控制,保证生产过程正常进行。

（2）要做好基础工作,即建立和贯彻各项规章制度、建立和实行各种标准、加强信息管理等,这是搞好科学管理的前提条件。

（3）要加强职工培训,不断增加他们的科学技术知识和科学管理知识,同时要教育他们树立适应现代化生产和科学管理要求的工作作风。

4. 组织均衡生产 均衡生产是指生产产品或完成某些工作,在相等时间内,在数量上基本相等或稳定递增。均衡生产是有节奏、按比例的生产。组织均衡生产是科学管理的要求。因为均衡生产有利于保证设备和人力的均衡负荷,提高设备利用率和工时利用率;有利于建立正常的生产秩序和管理秩序,保证产品产量、质量和安全生产;有利于节约物资消耗,减少在制品占用,加速资金周转,降低产品成本。

5. 文明生产 文明生产是指按现代工业生产的客观要求,建立合理的生产管理制度和良好的生产环境及生产习惯,科学地从事生产活动。文明生产包括建立一套科学管理生产的各项规章制度,以及相应的其他各项基础工作;工厂、车间和设备布局合理,工作场地合理布置,工作环境清洁卫生,厂区整齐,环境美化。实行文明生产有利于保证职工健康,提高他们劳动情绪和效率,创造良好的气氛,保证产品质量。

6. 安全生产 安全生产是指预防在生产过程中发生人身、设备事故,形成良好的劳动环境和工作秩序而采取的一系列措施和活动。安全生产对于保障工人劳动的安全,防止人身和设备事故,延长设备的使用年限,提高工人劳动积极性,促进生产过程顺利进行,保护国家和企业财产免受破坏和损失等,都起着重要的作用。保证安全生产,要坚持安全第一,预防为主。安全生产管理活动计划化,保证安全生产条件和工人在最佳状态下从事生产劳动。

第二节 纺织企业生产过程组织

一、纺织企业生产过程

（一）生产过程的概念

生产过程是工业企业最基本的活动过程。任何产品的生产,都必须经过一定的生产过程。企业的生产过程包括劳动过程和自然过程。劳动过程是劳动者利用劳动手段(设备和工具),按照一定的方法、步骤,直接或间接地作用于劳动对象,使之成为产品的全部过程。自然过程是借助于自然力,改变加工对象的物理和化学性能的过程,如纺织生产中的棉包自然松解、纱线的自然定捻等。

企业的生产过程有广义和狭义之分。广义的生产过程是指从生产技术准备开始,直到把产品制造出来,检验合格入库为止的全部过程;狭义的生产过程是指从原材料投入生产开始,直到产品检验合格入库为止的全部过程。

纺织产品的生产过程具有多工序、连续性的特点,因而它的组织也与其他工业产品生产过程的组织有区别。此外,由于原料、产品、工艺、设备、企业规模等方面的因素,纺织工业各行业(棉、毛、麻、丝,印染、针织、服装等)生产过程的组织也不完全相同。这就要求我们必须按照工业生产的一般规律,结合纺织生产过程的特点与具体要求,合理地进行生产过程的组织。

（二）生产过程的构成

对于工业企业,根据承担的任务不同,企业的生产过程可划分为生产技术准备过程、基本生产过程、辅助生产过程、生产服务过程和附属生产过程。

1. 生产技术准备过程 生产技术准备过程是指投产前所做的各项生产技术准备工作过程,如产品设计、工艺设计、设备的调整、工艺准备、材料与生产定额的制订、新产品试制等过程。

2. 基本生产过程 基本生产过程是指直接为完成企业的基本产品所进行的生产活动,它代表企业的基本特征和专业方向,如纺织企业的纺纱、织布过程,印染企业的漂练、印染、整理过程。

3. 辅助生产过程 辅助生产过程是指为保证基本生产过程的实现,不直接构成基本产品实体的生产过程,如纺织企业中的设备维修、动力和蒸气供应、空气调节,皮辊制作,梭子整修,提花织物纹板制作,印染企业的印花滚筒雕刻等。

4. 生产服务过程 生产服务过程是指为基本生产和辅助生产的顺利进行而从事的服务性活动,如原材料、半成品、工具等的供应、运输、库存管理等。

5. 附属生产过程 附属生产过程是指利用企业生产主导产品的边角余料、其他资源生产市场需要的不属于企业专业方向的产品的生产过程。

生产过程的各组成部分既相互区别又密切联系。其中,基本生产过程是主要的组成部分,生产技术准备是必要前提,辅助生产过程和生产服务过程都是围绕基本生产过程进行并为基本生产过程服务的。附属生产过程与基本生产过程是相对的,根据市场需要,企业的附属生产产品也可能转化为企业的主导产品。

(三)合理组织生产过程的基本要求

合理组织生产过程的目的,可以使产品在生产过程中行程最短、时间最省、耗费最少、效益最好。为此,组织生产过程必须满足以下要求。

1.生产过程的连续性　生产过程的连续性是指物料处于不停的运动之中,且流程尽可能短,它包括时间上的连续性和空间上的连续性。时间上的连续性是指物料在生产过程的各个环节的运动,自始至终处于连续状态,没有或很少有不必要的停顿与等待现象。空间上的连续性是指生产过程各个环节在空间布置上合理紧凑,使物料的流程尽可能短,没有迂回往返现象。保持生产过程的连续性,可以缩短产品的生产周期,加速流动资金的周转,提高资金利用率。

2.生产过程的比例性　生产过程的比例性是指生产过程的各组成部分和各生产要素之间,根据产品的要求,在生产能力上保持一定的比例关系。它是生产顺利进行的重要条件。在纺织企业中,通常是以生产成品的主机的生产能力来决定和配置其他设备的生产能力。如棉纺厂以每万锭(细纱机)为单元,来决定清棉、梳棉、并条、粗纱、络筒、摇纱和成包等设备的配置;织造厂是以每百台织机为单元,来决定络筒、整经、浆纱、穿筘、验布、码布和打包等设备的配置;针织厂是以棉毛机、经编机、大圆机为主,决定络筒、染整、成衣等设备的配置。

3.生产过程的均衡性(节奏性)　生产过程的均衡性是指产品在加工过程中从投料到最后完工,在相等的时间间隔内,生产产品产量大致相等或递增。各工作地经常保持均匀的负荷,不发生时松时紧、前松后紧的现象,保证均衡地完成生产任务。

4.生产过程的适应性　生产过程的适应性是指企业能根据市场需求的变化,灵活进行多品种、小批量生产的适应能力。用户需要什么样的产品,企业就生产什么样的产品;需要多少就生产多少;何时需要,就何时提供。

以上四项要求是相互联系、相互制约的。生产过程的比例性是实现连续性的重要条件,是保证均衡性的前提;均衡性、连续性相互影响、相互作用;适应性是市场经济对生产过程提出的要求,不与市场需要挂钩,追求连续性、均衡性是毫无意义的。

企业生产过程的组织,必须根据企业自身的特点进行,才能具有合理性和有效性。工艺性质不同的企业,其生产过程组织的形式和方法是不同的;即使是工艺性质相同的企业,也存在生产技术上各自不同的特点。

二、纺织企业生产类型

在组织纺织企业的生产过程时,须注意不同特点,一个最重要的特点表现在生产类型。它是根据工作地的专业化程度而划分的。不同的生产类型,对于生产过程的组织会带来不同的影响与效果。生产类型一般可分为大量生产、成批生产及单件生产三类。

1.大量生产　其特点是品种少、产量大,工作地经常重复地进行固定的同一种工作,即一道或少数几道工序,专业化程度很高。某些棉纺织企业,虽然工序道数较多,但如果经常生产某一、两种或几个品种,也可被视为大量生产。

2.成批生产　其特点是品种从几种到若干种,成批地生产,工作地转换进行固定的若干种工作,其专业化程度随批量的大小而变化。多数纺织企业为成批生产。成批生产通常还可以再分为大批生产、中批生产及小批生产。多数棉纺织企业为大批生产,多数毛、麻、丝、印染企业为中批生产,而多数色织、针织、巾被、线带等企业为小批生产。

3. 单件生产 其特点是工作地没有固定的工作,产品品种不稳定,即每种产品的产量很少,工作地的专业化程度很低。机修车间多数为单件生产情况。

从上不难看出,决定生产类型的基本特征是工作地的专业化程度。不同的生产类型,对于提高劳动生产率和产品质量,降低原材料消耗和产品成本,都有着不同的影响。一般来说,大量生产可以采用高效率的设备和专用工具,经济效益最佳,成批生产次之,单件生产最差。但不同的生产类型,适应品种变化的能力也不同,单件生产品种多,通用设备多,适应能力强,成批生产次之,大量生产最差。

企业生产类型虽然在很大程度上受品种、产量的客观条件所限制,但是通过人们的主观努力,仍可采取适当措施来改变生产类型,提高经济效益。但须指出,改变生产类型,并不只是单纯地要求扩大批量。为了搞好企业经营必须从适应社会需要多变的要求出发安排产品的品种和批量。多品种、小批量已成为当今纺织企业生产发展的新趋势。

三、纺织企业运转管理

运转管理是纺织企业日常生产第一线的管理工作,直接影响到企业的产品产量、质量和经济效果,因此它是搞好生产的基础。加强运转管理是纺织企业管理中一项重要的日常生产管理工作,必须引起足够重视。

(一)运转管理的任务和内容

运转管理的主要任务有以下几个方面:合理地组织生产工人,正确使用和爱护机器设备,对纺织原料进行有效的加工;制订和执行运转管理制度,协调各项工作,建立正常的生产秩序,改善劳动环境,确保安全生产;总结交流经验,开展社会主义劳动竞赛等。

运转管理工作的主要内容有运转交接班、清整洁工作、固定供应、责任制和操作纪律等。做好运转管理必须充分发挥轮班长的作用,并做到人人有专责,事事有人管,办事有标准,工作有检查。

(二)运转管理的责任制

为了保证生产有条不紊地进行,企业必须根据运转管理的任务,明确厂部、车间、班组的职责。

1. 厂部责任制 在生产副厂长(总工程师)的领导下,由生产技术部负责运转工作,对车间进行业务指导。

(1)定期研究制订全厂运转管理工作计划,并贯彻实施,定期检查,进行总结。

(2)建立、健全有关运转管理的规章制度,总结交流运转管理工作的先进经验,不断提高企业运转管理的水平。

(3)审核生产车间运输工具、用具、容器的申请计划。

(4)建立以生产副厂长(总工程师)为首的各级生产巡视制度,经常深入车间了解生产和产品质量情况,对轮班进行全面性的生产检查,帮助和督促车间解决存在的生产问题。

2. 车间责任制 由车间主任或车间副主任分管运转工作。加强对轮班的领导,妥善安排各个轮班工作,使管理工作正常化、作业化。

(1)领导车间的质量管理、生产调度、交接班、清整洁工作、容器用具及运输等管理工作,加强检查,定期总结。

(2)按厂部运转管理工作计划,结合车间实际,制订车间计划并贯彻实施,发现问题及时解决。

(3)组织制定和贯彻车间岗位责任制及有关规章制度。

(4)搞好机器设备维修保养的检查和交接工作,教育群众正确使用和爱护设备。

(5)贯彻"质量第一"的方针,定期组织访问后工序。

(6)组织劳动竞赛,树立先进,调动运转工人的积极性。

(7)做好劳动调配,加强轮班建设,关心群众生活,注意安全生产。

3. 轮班责任制　轮班长在车间主任领导下,负责管理一轮班的管理工作,小组组长在轮班长的领导下,负责好小组的生产。

(1)认真贯彻各项运转管理制度,严格执行岗位责任制,经常检查执行情况,及时提出改进措施,总结交流运转工作管理的经验。

(2)管理调配劳动力,加强上下工序间的联系,掌握各工序生产和供应情况,保证生产正常进行。

(3)加强班组建设,充分发挥小组作用,不断提高小组战斗力。

(4)组织轮班积极投入劳动竞赛,表扬先进,帮助后进。

(5)认真做好各项原始记录,组织好在制品、半制品和容器等的盘点工作。

(6)使用、维护好机械设备和各种生产运输工具、用具和容器。

(三)运转交接班

在纺织工业企业中,生产车间是多班制生产(三班或四班三运转),交接班工作是保证生产连续进行的一个重要环节,既要发扬风格,加强团结,又要严肃认真,分清责任。交接班的基本要求是"人人对口,内容明确,交班主动,接班严格,交接满意"。轮班生产的车间和部门都要建立交接班制度,切实做好交接工作。车间或部门领导要经常参加和检查交接班工作。

1. 交接班工作的具体要求

(1)交班者应做好交班准备工作,接班者应提前到岗,认真做好接班工作。轮班长、生产组长、工人之间按照交接班内容进行对口交接。责任划分以企业制订的规定为准。

(2)交接时要逐台、逐锭、逐眼、逐项交接,公用生产工具要逐件交接。重要情况除口头交接外,要向轮班长汇报,并详细填写交班记录,以备考查。

(3)交班以交清为主,并做到主动(主动交清工艺、生产、机械状态)、彻底(包括清洁、辅件);接班以检查为主,并做到问(问生产、工艺、机械状态),查(查共享工具及规定交班的清洁工作),做好生产准备工作。

(4)接班未能按时接班,须待接班班(组)长派人接班后,交班者才能离开。未经交班,交班者不能擅自离开。

2. 交接班主要内容

(1)生产情况交清,如生产品种、规格、数量、生产进度、前后工序衔接等情况。

(2)工艺要求交清,如工艺处方,配制用液用浆操作要求,工艺控制,工艺变更,工艺试验等情况。

(3)用料使用情况交清,如领好、称好、配好的染化料用液、用浆和包装材料的数量、使用情况。

(4)设备运转情况交清,如运转中存在问题、检修变动、注意事项等情况。

(5)原始记录图表交清,如各种记录、图表等。

(6)周围环境和用具交清,如机台、地面、环境的清整洁情况等,用具如有损坏,应由当班负责调换。

(四)节日开关车

节日连续停车时间较长,要认真做好节日前后的停车和开车工作,使节后开车顺利。有关人员要认真做好各项工作。

1.节前停车 为保护企业财产的安全不受损失,使节后开车顺利,节前停车时必须做好以下各项工作。

(1)压缩半制品储备量,成品尽量打包入库。

(2)所有机台上的在制品应尽量卸下,根据操作技术要求停在规定位置,并释去加压,做好维护保养。

(3)检查各项安全设施(防火、防盗),关好汽、电、水总阀门。棉纺织车间还做好冬天保暖、夏天降温和保湿工作。

(4)厂部应组织人员对各项关车工作检查,发现问题,及时纠正。车间主任或轮班长应最后离开车间。

2.节后开车 为迅速恢复生产,节后开车时要做好以下各项工作。

(1)车间领导要亲自组织人员开好冷车。

(2)所有机台都要逐台检查是否符合工艺要求,合格后才能开车。

(3)调节好车间温湿度,先开 $1 \sim 2$ h 空车,待温湿度稳定,电、汽的负荷都运转正常后,方可正式生产。

(4)机台开车后,对加工出来的产品必须加强检查,发现质量问题,立即查明原因,采取措施。

(五)清整洁工作

清整洁工作是搞好文明生产,维护生产秩序,提高生产效率和产品质量,加强劳动保护的重要措施。对这一工作必须经常地、不断反复强调,要发动群众,合理分工,明确要求,确定内容和标准,并落实到人,经常进行逐一检查。

清整洁工作的范围主要是高空、地面、机台和环境。高空要求无挂花、尘垢,各项高空设施整齐、安全、无缺损;地面无回花、落棉、回丝、纱管、布头、杂物,半制品要堆放整齐,机台要求清洁,不放杂物四周无油污,无杂物,工作地严禁乱放东西,运输工具要放在固定地点,通道要保持畅通,消防器材要保持清洁,取用方便。

四、纺织企业现场管理

(一)现场与现场管理

生产现场是指从事产品制造或提供生产服务的作业场所。它是指企业围绕经营目标而行使管理职能,实现生产要素合理组合和生产过程有机转换的作业场所。生产现场包括加工、检查、储存、运输、供应、发送等一系列的作业现场和与生产密切相关的辅助场所等。

生产现场管理是为了有效地实现企业的经营目标,用科学管理制度、标准和方法,对生产现场的各个生产要素,包括人(操作者和管理人员)、机(设备、工具、工位器具)、料(原料、材料、辅料)、法(加工、检测方法)、环(环境)、能(能源)、信(信息)等,进行合理、有效地计划、组织、协调、控制和激励,使其处于良好状态,实施优化组合,保持正常运转,不断加以改进,以求达到优质、高效、低耗、均衡、安全地进行生产。

优化现场管理工作的方法很多,近年来,在各纺织企业中广泛应用的现场管理工作的方法有 6S 管理、目视管理等。

(二)6S 管理模式

1. 6S 管理模式的概念　提起 6S,首先从 5S 谈起,5S 是发源于 20 世纪末的日本企业并流行于世界的一种现场管理方法,其具体涵义是指在现场中对人员、机器、材料、方法等生产要素进行有效的管理,针对企业中每位员工的日常行为方面提出要求,倡导从小事做起,力求使每位员工都养成事事"讲究"的习惯,从而达到提高整体工作质量的目的,这是日本企业独特的管理方法,也是一切现场管理的基础。

5S 活动是指对生产现场各生产要素(主要是物的要素)所处状态,不断地进行整理、整顿、清扫、清洁,以达到提高素养的活动。由于整理、整顿、清扫、清洁、素养这五个词在日语中罗马拼音的第一个字母都是"S",所以把这一系列活动简称为"5S"活动。我国企业在 5S 现场管理的基础上,结合国家如火如荼的安全生产活动,在原来 5S 基础上增加了安全(safety)要素,形成了 6S。

2. 6S 活动管理的内容和要求

(1)SEIRI 整理。SEIRI 整理是指在规定的时间、地点把作业现场不需要的物品清除出去,并根据实际,对保留下来的有用物品按一定顺序摆放好。经过整理应达到以下要求:不用的东西不放在作业现场,坚决清除干净;不常用的东西放远处(厂的库房);偶尔使用的东西集中放在车间的指定地点;经常用的东西放在作业区。

(2)SEITON 整顿。SEITON 整顿是指对整理后需要的物品进行科学、合理的布置和安全、不损伤地摆放,做到随时可以取用。整顿要规范化、条理化,提高效率,使整顿后的现场整齐、紧凑、协调。整顿应达到的要求:物品要定位摆放,做到物各有位;物品要定量摆放,做到目视化,过目知数;物品要便于取存;工具归类,分规格摆放,一目了然。

(3)SEISO 清扫。SEISO 清扫是指把工作场所打扫干净,对作业现场要经常清除垃圾,做到没有杂物、污垢等。清扫应达到的要求:自己用的东西,自己清扫;清扫设备的同时,检查是否有异常,清扫也是点检;要进行润滑,清扫也是保养;在清扫中会发现一些问题,如跑、冒、滴、漏等,要透过现象查出原因,加以解决,清扫也是改善。

(4)SEIKETSU 清洁。SEIKETSU 清洁是指要保持没有垃圾和污垢的环境。清洁应达到的要求:车间环境整齐、干净、美观,保证职工健康,增进职工劳动热情;不仅设备、工具、物品要清洁,工作环境也要清洁,烟尘、粉尘、噪音、有害气体要清除;不仅环境美,工作人员着装、仪表也要清洁、整齐;工作人员不仅外表美,而且要精神上"清洁",团结向上,有朝气,相互尊重,有一种催人奋进的气氛。清洁贵在保持和坚持,将整理、整顿、清扫进行到底,并且制度化;管理公开化、透明化。

(5)SHITSUK 素养。SHITSUK 素养是指努力提高人员的素养,养成良好的风气和习惯,具有高尚的道德品质,自觉执行规章制度、标准。改善人际关系,加强集体意识是"6S"活动的核心。素养应达到的要求:不要别人督促,不要领导检查,不用专门去思考,形成条件反射,自觉地去做好各项工作。典型的例子就是要求严守标准,强调的是团队精神。

(6)SAFETY 安全。SAFETY 安全是指企业在产品的生产过程中,能够在工作状态、行为、设备及管理等一系列活动中给员工带来既安全又舒适的工作环境。要求采取系统的措施保证人员、场地、物品等安全。

开展"6S"活动的目的是做到人、物、环境的最佳组合,使全体人员养成坚决遵守规定事项的习惯。开展"6S"活动要坚持自我管理、勤俭办厂、持之以恒的原则。

6S 是现场管理活动有效展开的基础,6S 活动不仅能改善生活环境,还可以提高生产效率,减少浪费,提升产品的品质、服务水平。将整理、整顿、清扫进行到底,并进行标准化,以至形成企业文化的一部分,这些将为企业带来新的转变和提升。

某纺织企业织布车间 6S 考核内容见表 6-1。

表 6-1 6S 考核内容表

现场负责人:挡车工		
序号	项目	6S 要素
1	卷布辊、刺毛辊、储纬器、纱架清洁无飞花、回丝或缠纱;提示牌和标签统一整齐悬挂、张贴	清扫、清洁
2	地面整洁,无回丝、纱管、综丝、停经片等和瓜子、果壳或糖纸等垃圾清扫	清扫、清洁
3	废边纱不落地,箱子摆放正,以便盛装废边纱	整顿、清洁
4	停经片、综丝不落地,机台停经片、综丝不能有大的飞花团	清洁
5	纬纱架、纬纱箱、电箱、电柜放在黄线内	整顿
6	每个纬纱都要用胶袋包住,不落地,不沾油污、飞花、色纤	清扫、清洁
7	空胶袋统一装好,不乱丢、不落地,并确保胶袋不被吹走	整顿、清洁
8	纬纱空筒管叠齐放置,不乱放、不落地,胶纸管要求分开叠放	整顿
9	了机纬纱用胶袋包好放入纬纱箱,待送纬工回收拉走	整顿
10	接头纱统一放于纱架上,多余的用胶袋包好,挂于织机指定位置	整顿
11	上班做好一清五查工作	清扫、清洁
12	布不落地,以免沾上油污	清扫
13	佩戴劳保用品,上班期间不允许穿高跟鞋、拖鞋、吊带衫、裙子、超短裤或不雅服饰	素养、安全
14	保持更衣室的整洁,不准随意丢弃垃圾在地面或柜子顶端,雨伞放到规定位置	清洁、整顿

[案例]天津宏大提升 6S 现场管理水平(摘编自《中国纺织报》2013-4-23)

天津宏大纺织机械公司数控二车间是以加工纺织机械粗纱机龙筋、车面、车架、车头墙板等大件、主关件为主的车间,由于长年进行铸件产品的加工,车间噪声大、生产现场管理难度大。经过车间领导和职工多年不懈的努力,抓紧现场管理不放松,车间领导坚持深入生产第一线,现场解决车间生产加工、技术、质量、设备、安全等问题,形成了一整套以安全生产责任制为主要内容行之有效的现场管理方法。一方面对车间固定资产、工具、原材料、辅料等进行盘点,另一方面对新厂区环境进行调研,统一规划新厂房工具箱、更衣箱、坯料、半成品、成品的码放区域,重新划分6S现场管理区域和职责范围,严格按照公司6S现场管理要求,做好车间现场的一切管理工作,全方位提升了车间现场管理水平,使车间形成了"严谨思考、严密操作、严格检查、严肃验证"的四严传统,不断提升车间管理水平,促进企业持续发展。

(三)目视管理

1.含义　目视管理是利用形象直观、色彩适宜的各种视觉感知信息并组织现场生产活动,以提高劳动生产率为目的的一种管理方式。其特点有以下两点。

(1)以视觉信号显示为基本手段,使大家都能看得见。

(2)以公开化为基本原则,尽可能地将管理者的要求和意图让大家都看得见,借以推动自主管理,实现自我控制。

由目视管理的特点可以看出,目视管理是一种以公开化和视觉显示为特征的管理方式,亦可称之为"看得见的管理"。这种管理方式可以贯穿于现场管理的各个领域中。

2.目视管理的工作内容

(1)目视管理将生产现场的生产任务、生产计划、生产要求、生产进度、生产实际完成情况公开化、图表化,生产员工的目标和行为状况一目了然,起到了协调、督促、激励的作用。

(2)目视管理把与生产现场紧密相关的规章制度、工作标准、工作要求公开显示出来,让每个员工都能经常地、清楚地看到,便于掌握和执行,如现场的作业标准、工艺规程、岗位责任等,员工随时看到,怎么工作,如何能达到标准,一清二楚。

(3)为配合企业开展"6S"活动、定置管理等提供了有效的手段,如标志线、标志牌等,让人一目了然。

(4)使生产现场各种物品的摆放地点明确,摆放整齐。

(5)统一规定现场人员的着装,实行每人胸前挂牌,不仅明确了每个人工作、管理性质、责任岗位,也使得人员整齐、精神,无形中给人以压力,催人进取。

(6)现场中使用颜色要标准化,要有利于职工的身心健康。

色彩是一种重要的视觉信息,要科学地、巧妙地采用视觉信号。在进行色彩管理时,要充分考虑技术因素限制、心理生理因素限制及社会因素限制。如工人在强光照射的设备上工作,设备应涂成蓝灰色,使其反射系数适度,有利于工作;危险信号用红色,给人以醒目的提示,加强注意。高温车间墙壁等颜色浅一些、淡一些,让人清爽舒心,低温车间可涂深一些,增加温暖的气氛。有人统计色彩可以提高工效7%~10%,减少事故50%。

第三节　纺织企业生产计划

生产计划是企业在计划期内应完成的产品生产任务和进度的计划。它具体规定企业在计划期(年、月、日)内应完成的产品的品种、质量、产量、产值和进度等指标。生产计划是根据销售计划编制的,是企业生产管理的核心,它是企业生产经营计划的主体,同时又是编制其他各项计划的依据。

一、纺织企业生产计划的主要指标及定额

（一）生产计划指标

生产计划是企业生产计划的中心内容,编制生产计划主要就是确定生产指标,生产计划的主要指标有品种、产量、质量、产值和出产期。

1. 产品品种指标　产品品种指标是指企业在计划期内应当出产的产品品名和品种数,它涉及"生产什么"的决策。确定品种指标是编制生产计划的首要问题。纺织产品品种是按具体产品的用途、型号、规格、花色来划分。纺织企业生产的产品品种是根据市场需求的预测及同有关单位签订的合同决定的。纺织企业的这一指标,既反映企业在品种方面满足社会需要的情况,也反映企业生产技术水平和经营管理水平提高的情况。

2. 产品质量指标　产品质量指标是指企业在计划期内应当达到的质量标准。产品的质量标准有国际标准、国家标准、行业标准、企业标准和所订合同规定的技术标准等。

产品质量指标可以分为两类:一类是反映产品本身质量的指标,纺织企业常用的是产品等级指标,它是以企业在计划期内生产的某一质量等级的产品产量在全部同种产品的产量中所占的百分比来表示的,如棉(毛)纱一等一级品率、棉布入库一等品率等;另一类是反映生产过程工作质量的指标,如漏验率、补印率、废品率、返修率等。

产品质量指标应强调以用户需要和满意为最高标准,它反映了企业对用户的服务水平。因此,有的企业还以用户满意率指标来表示质量水平。

3. 产品产量指标　产品产量指标是指企业在计划期内应当出产的合格产品的数量。产量指标涉及"生产多少"的决策,关系到企业能获得多少利润。产品的产量指标以实物单位计量,如纱以吨(t)计量,布以米(m)计量,服装以万件计量等。产品产量包括成品和准备出售的半成品数量。成品是指生产完毕后在本企业内不再进行加工制造的产品,如纺织厂的坯布。半成品是指在本企业已经完成某一制造阶段,但尚未完成产品全部制造过程的制品,如纺织厂的棉条。

产量中,不包括不符合质量标准的产品、外售的废品、未经本厂加工而转售的产品等。但应包括计划期内生产的,供应本企业经营管理部门和非生产部门(如基建)使用的成品和半成品。

4. 产品产值指标　产品产值指标是指用货币表示的产量指标,能综合反映企业生产经营活动的成果,以便与不同行业比较。根据具体内容与作用不同,分为商品产值、总产值与工业增加值三种。

(1)商品产值是企业在计划期内生产的可供销售的产品的价值。它包括本企业自备原材料生产的成品价值、外销半成品价值、订货者来料加工的产品加工价值、对外承做的工业性作业的价值等。只有完成商品产值指标,才能保证流动资金的正常周转。

(2)总产值是以货币形式表示的企业在计划期内完成的工业生产活动总成果数量。总产值包括本企业计划期内的全部商品产值,期末、期初在制品结存量的差额价值,订货者来料加工的材料价值等。

(3)工业增加值是指工业企业在报告期内,工业生产经营活动中新增加的价值。工业增加值用现行价格计算。它的计算方法有生产法和收入法两种。

5. 产品出产期指标　产品出产期指标是指为了保证按期交货确定的产品出产期限。正

确地决定出产期很重要。若出产期太紧,保证不了按期交货,会给用户带来损失,也给企业的信誉带来损失;若出产期太松,不利于争取顾客,还会造成生产能力的浪费。

(二)纺织企业生产计划的主要定额

定额是企业在一定时期内,在一定的生产技术与组织条件下,对于人力、物力和财力的消耗及占用所规定的数量界限。

纺织企业的主要定额一般有设备生产率定额、原材料消耗定额、劳动定额、流动资金占用定额、管理费用定额等。定额是制订计划的重要依据,只有定额先进合理才能有效地进行生产经营运行。这里主要介绍设备、在制品等方面的定额。

1. 设备生产率定额　设备生产率定额是指单位设备在一定的工艺条件下,单位时间内应生产的产品数量或者生产单位产品所耗用的台时数,它的确定主要受设备理论产量和生产效率的影响。

$$设备生产率定额 = 设备理论单位产量 \times 生产效率$$

(1)设备理论单位产量。指单位机器设备在单位时间内不停运转、不间断生产产品的条件下所能生产的产品数量。

如:

$$细纱机理论单位产量[kg/(锭 \cdot h)] = \frac{前罗拉直径(mm) \times \pi \times 前罗拉转速(r/min) \times (1 - 捻缩率) \times 60 \times 细纱线密度(tex)}{1\,000 \times 1\,000 \times 1\,000}$$

$$布机理论单位产量[m/(台 \cdot h)] = \frac{每分钟打纬次数(根/min) \times 60}{纬密(根/10cm) \times 10}$$

(2)生产效率。通常又叫有效时间系数,严格说来,两者是有区别的。有效时间系数是指机器设备的有效生产时间和生产延续时间的比率,生产效率是在有效时间系数的基础上,考虑产品经输出机件后的各种损失(如回花、回丝、空锭等)后而得出。其计算公式如下:

$$有效时间系数 = 制造单位产品的有效时间系数 \times 一轮班有效时间系数$$

$$制造单位产品的有效时间系数 = \frac{制造单位产品的基本工艺时间}{制造单位产品的基本工艺时间 + 制造单位产品的辅助工艺停车时间}$$

单位产品如细纱指一落纱、布机指一米布;辅助工艺停车时间是指为保持工艺过程不间断进行所花费的时间,如细纱的落纱停车,布机的断头、处理停车,重叠停车的时间等。

$$一轮班有效时间系数 = \frac{一轮班时间 - 一轮班布置工作地停车时间}{一轮班时间}$$

布置工作地时间是指为保持工作地和机器良好状况所花费的时间,如修坏车、换牙齿、加油、自然需要等停车时间。

$$生产效率 = 有效时间系数 \times 满管系数$$
$$= 有效时间系数 \times (1 - 回花率 - 回丝率 - 空锭率)$$

例 6 - 1 企业生产 29 tex 细纱,前罗拉直径 25 mm,速度 270 r/min,细纱捻缩率 3%,生产效率 96%,则细纱机生产率定额为:

$$\frac{25 \times 3.14 \times 270 \times (1 - 3\%) \times 60 \times 29}{1\,000 \times 1\,000 \times 1\,000} \times 96\% = 0.03434[\text{kg/(锭·h)}]$$

若用千锭·时表示,则:

$$0.03434 \times 1\,000 = 34.34[\text{kg/(千锭·h)}]$$

例 6 - 2 企业生产 25/28 平布(公制支数),布机速度 200r/min,纬密 248 根/10 cm,生产效率 94%,则布机产量定额为:

$$\frac{200 \times 60}{248 \times 10} \times 94\% = 4.548[\text{m/(台·h)}]$$

2. 设备利用定额 设备利用定额是核定生产能力,编制生产计划的重要根据。纺织企业主要有设备利用率和设备运转率。

(1)设备利用率是反映企业已安装设备在数量上和时间上的利用程度的定额。

$$设备利用率 = \frac{利用设备锭(台)时数}{安装设备锭(台)时数} \times 100\%$$

$$安装设备锭(台)时数 = 已安装设备锭(台)数 \times 计划工作小时数$$

$$利用设备锭(台)时数 = 利用设备锭(台)数 \times 计划工作小时数$$

安装设备数是指已安装完毕,经验收合格,试车后可随时投入生产的设备。包括正常开动的设备、计划修理的设备、故障设备和备用设备等。

利用设备数是指计划期投产使用的设备数。包括正常运转设备、计划休止设备等。

$$计划工作小时数 = 计划工作班数 \times 每班工作小时数$$

(2)设备运转率是反映企业利用设备在数量上和时间上运转程度的定额。

$$设备运转率 = \frac{运转设备锭(台)时数}{利用设备锭(台)量数} \times 100\%$$

或 $$设备运转率 = 1 - 设备计划休止率$$

设备计划休止是指按规定周期和项目的保全、保养休止,如:细纱机的大平车、小平车、校锭子、揩车等,布机的大平车、小平车、了机检修、重点检修等。

设备计划休止率等于各项休止率之和。某项休止率按规定的周期和每次停车时间计算:

$$某项休止率 = \frac{-个大平车周期内一台车某项休止的次数 \times 每次休止时间}{-台车-个大平车周期的工作小时数} \times 100\%$$

例 6－3　某企业全年工作 355 天,每天三班,每班 7.5 h。某型号设备的休止情况为:大平车周期 4 年,每次休止 8 h;小平车周期 6 个月,每次休止 4 h;重点检修:周期 2 个月,每次休止 1 h;其他项目休止率为 0.1%,试计算该设备的运转率。

解:

$$大平车休止率 = \frac{1 \times 8}{355 \times 4 \times 3 \times 7.5} \times 100\% = 0.03\%$$

$$小平车休止率 = \frac{(2 \times 4 - 1) \times 4}{355 \times 4 \times 3 \times 7.5} \times 100\% = 0.09\%$$

$$重点检修休止率 = \frac{(6 \times 4 - 8) \times 1}{355 \times 4 \times 3 \times 7.5} \times 100\% = 0.05\%$$

则:

$$设备运转率 = 1 - (0.03\% + 0.09\% + 0.05\% + 0.1\%) = 99.73\%$$

3. 在制品储备定额　从原料投入开始,到成品入库前为止,不论处于生产过程的任何阶段,也不论表现为任何形态统称为在制品。在制品储备定额就是生产过程中各阶段在制品储备数量应遵守和达到的标准。正确确定在制品储备定额,能够为编制生产计划和生产作业计划提供依据,为组织均衡生产提供保证,并能节约流动资金占用,加速流动资金周转。

为了正确确定在制品储备定额,便于管理和分析影响在制品储备定额的因素。根据在制品在各工序所处阶段不同,可分为以下三类。

(1)正在机器上制造,尚未落机的在制品,简称"机上在制品"。如清花未落机的棉卷、浆纱未落机的浆轴等,其计算公式为:

机上在制品 = 利用设备台数 × 单位设备每批输出在制品数量 × 输出在制品单量 ×
机上在制品平均充满系数

(2)正在机器上喂入的在制品,简称"在喂品"。如梳棉机上在喂的棉卷,布机上在喂的织轴等。其计算公式为:

在喂品 = 利用设备台数 × 单位设备每批喂入在制品的个数 × 喂入在制品单重 ×
在喂品平均充满系数

"机上在制品"和"在喂品"平均充满系数,一般均取 0.5。

(3)已从上工序机器上落机尚未喂入下工序机器的,准备使用的在制品,简称"预备品"。包括两工序间积累成批,正在运输、等待运输、正在处理、等待使用的在制品。其计算公式为:

预备品 = 利用设备台数 × 单位设备预备个数 × 预备在制品单量

影响单位设备预备个数的因素很多,诸如供应周期、分段喂入情况、各工序保全保养和布机了机的均衡性、翻改调度等。此外还有工艺技术要求,如原棉松包后,需要经过一个班存放才能使用,以及纬纱给湿定捻等,都需要增加储备量。这一部分,有的单独作为一类,称为"处理品"。还要考虑生产波动情况,为避免生产波动造成供应失调,根据经验要适当增加储备量这一部分,有的单独为一类,称为"保险品"。

二、纺织企业生产能力的确定

(一)生产能力的概念及种类

1. 生产能力的概念 企业的生产能力是指企业的固定资产在一定时期内和一定的技术组织条件下,经过综合平衡后所能生产的一定种类产品的最大数量。纺织企业一般以细纱工序的生产能力代表纺部的生产能力,以织布工序的生产能力代表织部的生产能力,针织厂则以成衣车间的生产能力来代表等。

工业企业生产能力是反映工业企业生产客观可能性的指标之一,它是按直接参与生产的固定资产来计算的,一般不考虑原材料、燃料、动力供应不充分、劳动力配备不合理、设备运转不止常等因素对生产能力的影响。因为这些因素的影响,只是表明人力、物力不能得到充分合理利用,不能因此而降低客观存在的企业生产能力的水平。

纺织企业生产能力通常是以企业出产的最终产品和可供出售的半成品年生产实物量来表示的。如棉纺厂以年产棉纱吨数、棉织厂以年产棉布米数等来表示工厂的生产能力。

2. 纺织企业生产能力的种类 工业企业的生产能力,一般有以下三种。

(1)设计能力。这是工业企业设计任务书和技术文件中所规定的生产能力,它是根据工业企业基本建设设计的全部技术装备、产品方案和各种设计数据计算出来的。这种生产能力一般在企业建成投产以后,要经过一定时期的熟悉和掌握技术的过程以后才能达到。

(2)查定能力。这是在没有设计能力,或者原有设计能力由于企业的产品方案和技术组织条件发生了重大变化,已不能反映实际情况时,由企业重新调查核定并经上级主管机关批准的生产能力。这种生产能力是根据企业现有条件,并考虑到企业在查定时期内所采取的各种措施的效果来计算的。

(3)计划能力。这是指工业企业在计划年度内所能达到的生产能力。这种生产能力是根据工业企业实际达到的能力水平,并考虑到在计划年度内所能实现的各种措施的效果来计算的。

以上三种生产能力,各有不同用途。当确定企业生产规模,编制企业长远计划、安排企业基本建设和采取重大技术组织措施时,均应以设计能力或查定能力为依据。当企业编制年度生产计划,确定生产指标时,则应以计划能力为依据。在下面所说的企业生产能力,指的是计划能力。

(二)纺织企业生产能力的核算

企业的生产能力主要是由以下三个基本因素决定的。

1. 固定资产数量 主要是指机器设备的数量,包括正在生产、修理的设备或因某种原因暂时停止生产的,但不包括报废的设备、不配套的设备以及某些连续生产按规定必需有的备用设备。

2. 固定资产的有效工作时间 这是指按照企业现行工作制度计算的机器设备的有效工作时间。在连续生产的条件下;设备的有效工作时间一般等于全年日历日数减去设备计划修理的停工时间。在间断生产的条件下,设备的有效工作时间可按下式计算:

设备全年有效工作时间＝（年日历日数－节假日或计划停车日数）×每日工作班数×

每班工作小时数×（1－设备计划休止率）

式中的节假日或计划停车日数指法定假日或四班三运转每月规定的计划停车日数等。

3. 固定资产生产率　主要是指单位机器设备的生产率定额或单位产品的台时定额。计算企业生产能力时所用的定额应充分考虑先进的技术因素和组织因素。

核定生产能力的,一般先核定各个生产环节的生产能力,然后再核定企业的综合生产能力,核定各个生产环节生产能力时,可按下列公式：

设备生产能力＝机器设备数量×设备有效工作时间×单位机器设备的生产率定额

企业的综合生产能力的核定,必须经过综合平衡,对各个基本生产（工序）之间平衡时,一般要以主要工序为主导;对基本生产与辅助生产能力平衡时,一般要以基本生产能力为主导。纺织企业,一般以主要车间,如布机、细纱,核定主要产品生产能力及全部产品混合生产能力或折标准品生产能力。

三、纺织企业生产计划的编制

（一）生产计划指标的确定

生产计划的核心是指确定产品的品种和数量,只有确定了品种和数量以后,才可以计算商品产值和总产值。

1. 品种的确定　产品品种是以市场需求为基础并考虑企业的实力等因素,采用定性分析法确定的。常用的方法是收入利润顺序分析法。

收入利润顺序分析法是将生产的多种产品按销售收入和利润排序（表6－2）,并将其绘在收入利润图上,表6－2所列的10种产品的收入和利润顺序可绘在图6－2上。

表6－2　销售收入和利润次序表

产品名称	A	B	C	D	E	F	G	H	I	J
销售收入	3	5	1	2	4	9	7	8	10	6
利润	1	2	3	4	5	6	7	8	9	10

从图6－2可以看出,在斜线上方的产品,如C、D等,销售收入次序在前,利润次序在后,即利润比正常情况要少,其原因可能是销售价格偏低,或是成本偏高,所以应考虑是否可能提高售价或降低成本。对斜线下方的产品,如A、B等,销售收入次序在后,利润次序在前,即利润比正常情况要多（或亏损比正常情况要少）,其原因不是成本低,就是售价较高,对这种产品,应考虑增加销售量,以增加销售收入。像J、I这种收入少、市场需求量少的产品可以不生产。

2. 产量的确定　品种确定之后,就要确定每个品种的产量,可以采用盈亏平衡点法（计算分析方法详见第三章）

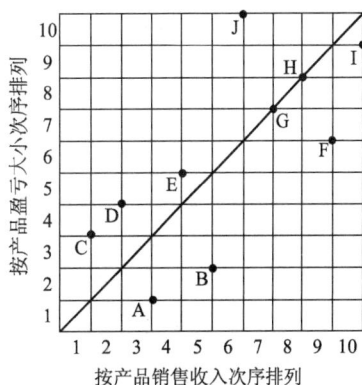

图6－2　收入利润图

和线性规划法等方法来确定。

(二)产品出产进度计划的编制

确定了产品品种与产量之后,再安排产品的出产时间,就得到了产品出产进度计划。

1. 出产进度安排的要求

(1)保证订货合同所规定的品种、质量、数量和期限。

(2)对于多品种生产,应进行产品品种的合理搭配,使企业生产均衡,负荷饱满。

(3)保证产品的原材料、外协件的供应时间和数量与产品出产进度相平衡。

(4)保证各项生产技术准备工作与产品出产进度相衔接。

2. 产品出产进度的安排 由于不同的生产类型有不同的特点,安排产品出产进度的方法也有一定的差别。

(1)大量大批生产企业。由于产品品种数很少,产量很大,生产的重复程度高,多采用备货型生产方式。产品出产进度的安排,主要是确定计划期内不同时期的平均日产量。常用的安排方式有四种(图6-3)。

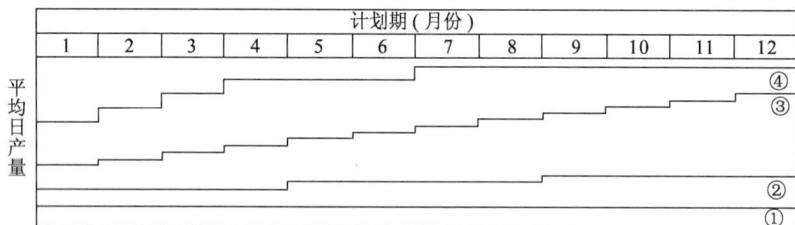

图6-3 大量大批生产情况下几种产量分配方式
①—平均分配 ②—分期递增 ③—小幅度连续递增 ④—抛物线递增

①均匀分配方式。将全年计划产量平均分配给各季、各月。

②分期递增方式。即每隔一段时间平均日产水平有所增长,而在该段时间内每月则大致是平均出产。

③小幅度连续递增方式。即各季、各月的产量逐渐地、小幅度地不断递增。

④抛物线递增分配方式。将全年产量按开始增长较快、以后逐渐缓慢递增的方式安排各月任务。

(2)成批生产企业。由于品种较多,各种产品产量相差较大,不能采用大批量生产企业的方式安排生产。具体可采用如下方法进行生产。

①对产量大并经常出产的产品,可按"细水长流"的方式每月均匀地安排出产任务。

②对于订有合同的产品,要按合同规定的数量与交货期的要求予以安排,以减少库存。

③同一系列不同规格的产品,当产量较少时,尽可能安排同一时期生产,这样可减少同期生产的品种数,扩大生产批量。

④新产品的生产应分散安排,使新产品的技术准备工作均衡,保证新产品的生产质量。

(3)单件小批生产企业。由于品种很多,每个品种的产量又很少,产品出产进度计划应以订货合同为依据,并考虑生产能力进行安排。

安排好产品出产进度计划后,还要将生产任务分配到各个基本车间,使各车间之间的生产任务在时间上、数量上相互衔接平衡,保证企业生产任务的顺利完成。

(三)纺织企业生产计划的编制步骤

编制生产计划的步骤和内容,大致有如下几类。

1.调查研究、收集资料、弄清情况　通过调查研究,主要摸清三方面的情况:一是国家和社会对企业产品的需要,二是企业生产的外部环境,三是企业生产的内部条件。

根据调查研究,收集和掌握大量情报资料,作为编制生产计划的依据。其主要资料有以下几类。

(1)上级下达的国家计划任务。

(2)企业长远发展规划,长期经济协议。

(3)国内外市场的经济技术情报及市场调查、预测资料。

(4)计划期产品的销售量、上期合同执行情况及产品库存量。

(5)上期生产计划完成情况及在制品结存情况。

(6)技术组织措施计划与执行情况。

(7)原材料、外购件、工具、燃料、动力供应情况以及库存量和消耗情况。

(8)计划生产能力及产品生产定额和分车间、分工种、分技术等级的工人数。

(9)分车间的设备数量及检修情况。

(10)产品价格目录及厂内各种劳务价格等资料。

同时,认真总结和分析上期计划执行中的经验存在的主要问题,制订在本期计划贯彻中进行改进的具体措施。

2.拟定计划指标方案　企业根据国家、社会的需要和提高企业的经济效益,在统筹安排的基础上,提出初步生产计划指标方案。

(1)产品品种、质量、产量、产值和利润等指标。

(2)各种产品品种的合理搭配和出产进度的合理安排。

(3)将生产指标分解为各个分厂(或车间)的生产任务指标等工作。

计划部门提出的指标方案应该是多个,并从多个方案中进行分析研究,通过定性和定量评价、比较,选择较优的可行方案。

3.综合平衡,确定最佳方案　对计划部门提出的初步指标方案,必须进行综合平衡,研究措施,解决矛盾,以达到社会需要与企业生产可能之间的相互平衡。使企业的生产能力和资源都能得到充分的利用,使企业获得良好的经济效益。

(1)企业内外的协调平衡。企业内部和外部的协调,实际就是供、产、销的平衡。这里又分为产销平衡和供产平衡两部分。

①产销平衡。产销平衡是指计划生产的产品品种、数量、质量和交货期等,都必须根据市场需要和企业的生产能力来确定。

②供产平衡。就是在进行产销平衡的同时,还必须做好生产同物资供应的平衡工作。企业生产什么品种、生产多少、什么时候生产,都必须与物资的品种、规格、质量、数量以及供应期限相适应。这方面在制订计划时就应防止留有缺口。

(2)企业内部的平衡。企业内部的平衡主要是以生产计划为中心的企业年(季)度计划之间的平衡,目的是合理协调使用企业的人力、物力、财力,促使生产有秩序、有节奏地进行。这是企业综合平衡工作的重点,主要包括以下内容。

①生产任务与生产设备的平衡。主要测算设备生产能力对生产任务的保证程度,检查设备与生产面积负荷平衡,从中发现薄弱环节和多余能力,以便采取措施加以协调。

②生产任务与劳动力的平衡。主要是用生产任务对各部门、各环节劳动力的需要量与当前劳动力现状进行比较,从而确定各类人员的多余或不足情况,进行合理调配。

③生产任务与物资供应的平衡。主要测算原材料、燃料、动力等供应在品种、规格、质量、数量、供应时间及消耗水平方面对生产任务的保证程度。

④生产任务与财务成本的平衡。企业要根据目标销售额确定目标利润,然后根据目标利润测算目标成本,以此控制企业生产及其他各方面工作,保证利润目标的实现。同时,应根据企业的生产任务,制订企业的资金计划,测算流动资金对生产任务的保证程度与合理性。

⑤生产任务与生产技术准备的平衡。主要测算设计、工艺、维修、科研、新产品试制、技术改造、技术组织措施等生产技术准备力量与生产任务的平衡衔接。

⑥各项指标之间的平衡。企业的生产经营计划是一个有机的整体,各项计划指标之间是相互联系、相互制约、相互促进的。因此,它们之间必须通过试算平衡,以求得生产指标与其他指标,如劳动生产率、工资、设备利用、原材料供应、产品销售、成本、利润、资金等指标的平衡。

指标与定额(或标准)之间也有一定的联系,生产计划指标与相应的定额(或标准)之间必须进行试算平衡,如产量指标与各种劳动定额、机器生产率定额之间就有密切关系,必须取得平衡。

总的来说,确定生产计划指标,要取得上述几个方面的综合平衡。归纳起来,就是以确定生产计划指标为中心,对人、财、物各种因素和供、产、销各个环节进行综合平衡。

此外,生产计划指标的综合平衡还要注意做好长、短期协调计划的平衡,把长期计划的战略目标,通过年(季)度计划具体落实。

4. 编制年度生产计划表 企业的生产计划,经过反复核算与综合平衡,确定生产指标,最后编制出年度生产计划表,经上级主管部门批准或备案后,即作为企业正式计划。

年度生产计划表,主要包括产品产量计划表(表6-3)、工业产值计划表及计划编制说明(表6-4)。

表6-3 工业产品产量计划表

产品名称	计算单位	上 年 预 计		计 划 年 度					
		全年预计	1~9月预计	全年	一季	二季	三季	四季	备注
		1	2	3	4	5	6	7	8
甲产品 乙产品 丙产品 …… ……									

表6-4　工业产值计划表

项目	上年预计	计划年度					计划年为上年预计达到的%	备注
		全年	一季	二季	三季	四季		
	1	2	3	4	5	6	7	8
一、总产值总计（不变价格）								
二、商品产值总计（现行价格）								
三、工业增加值（现行价格）								

生产计划的编制说明,应主要包括下述内容:编制生产计划的指导思想和主要依据;预计年度生产计划完成情况;计划年度产量产值增长水平及出产进度安排;实现计划的有利条件和不利因素,存在的问题及解决措施;对各单位、各部门的要求等。

四、纺织企业生产作业计划的编制、执行与控制

(一)生产作业计划的特点与内容

生产作业计划是生产计划的具体执行计划,是企业组织日常生产活动的依据。生产作业计划与年(季)度生产计划相比,具有两个显著的特点。一是从时间上来说,计划期比较短,一般指月度和月度以内的旬、周、日、轮班计划;二是从空间上来说,计划内容比较具体,它要为每个生产环节直至每个工人明确规定每一个短时间内的生产任务和生产进度,规定各个生产环节相互之间在生产活动中的联系和衔接。因此,生产作业计划是生产计划的执行计划,是生产计划的继续和补充,是企业组织日常生产活动的依据。

生产作业计划工作包括两方面的内容,即生产作业计划的编制和生产作业控制工作。编制生产作业计划就是把企业年度生产指标(品种、产量、质量等)具体地分配到各车间、工段、班组以至每个工作地和个人,规定他们在月、旬、周、日以及昼夜轮班的具体生产任务,以使企业更有效地指导和组织日常生产经营活动,从而保证企业生产计划规定的生产任务能够按品种、按质量、按数量和按期限全面地完成。生产作业控制就是通过监督、检查和统计各项计划进度的完成情况,及时发现和解决计划执行过程中可能发生的各种偏差,保证生产任务的顺利完成。生产作业计划是建立企业正常生产秩序和管理秩序的主要手段,是企业计划管理的重要环节。

生产作业计划具有以下几方面的作用:一是组织均衡生产,建立正常生产秩序和工作秩序的重要手段;二是提高企业生产经济效益的重要手段;三是保证产销结合的重要手段。

(二)纺织企业编制生产作业计划的方法

纺织企业的生产作业计划,主要包括厂级生产作业计划和车间内部生产作业计划两部分。编制生产作业计划的方法一般是:从空间上先把企业的生产任务分配到车间,然后把车间的生产任务分配到班组以至职工个人;从时间上先定月度生产任务,然后定月度以内旬、周、日、轮班的生产任务。其基本要求是必须保证全面完成企业年(季)度计划,保证各个生产环节的生

产任务在品种、数量、期限上的相互配合和衔接;要充分利用各工序的生产能力,要尽量缩短生产周期,减少在制品储备,加速流动资金周转,节约流动资金占用。

1. 纺织企业厂级生产作业计划的编制方法　厂级编制生产作业计划,主要是根据企业年度和季度生产计划任务、订货合同的要求,以及上述编制生产作业计划的有关资料,为各车间规定计划月份的生产任务,包括产品投入和产出的任务。

纺织企业的生产品种少、批量大、专业化程度高,要求通过生产作业计划的编制,使各个生产环节保持严密的节奏性,使各个工序的生产在在制品数量上和时间上紧密配合,即上工序的生产要保证下工序的需要。根据这一要求,编制厂级生产作业计划采用"在制品定额法"也称作"连锁法"。这种方法的特点是:首先确定主要工序(如:布机、细纱)的生产任务,并在保持在制品定额水平的基础上,按照工艺过程的顺向确定加工工序的任务,按照工艺过程的反向推算供应工序的生产任务,使其一环紧扣一环,像一条锁链,将企业各个生产环节连接起来;其二,根据在制品储备定额的变化,调整供应、加工工序任务;其三,根据基本生产任务,向辅助生产、劳动、供应等部门提出要求,进行有关因素的综合平衡。

用"连锁法"确定各工序生产任务和利用设备数的方法。纺织企业各工序生产任务的计算方法如下:

纺部:

$$售纱月生产任务 = 季售纱任务 \times \frac{月工作班数}{季工作班数} \div (1 - 加工整理工序回丝率) \pm$$
$$本工序期末、初在制品量$$

$$自用纱月生产任务 = 棉布月生产任务(百米) \times 单位产品用纱量(kg/100\ m) \pm$$
$$本工序期末、初在制品量$$

$$供应工序生产任务 = \frac{下工序计划产量}{下工序制成率} \pm 本工序期末、初在制品量$$

$$加工工序生产任务 = 上工序计划产量 \times 本工序制成率 \pm 本工序期末、初在制品量$$

织部:

$$布机月生产任务 = 全季棉布生产任务 \times \frac{月工作班数}{季工作班数} \div (1 - 整理损失率) \pm$$
$$本工序期末、初在制品量$$

$$穿浆工序生产任务 = \frac{布机生产任务}{每匹布长 \times 每轴匹数} \pm 本工序期末、初在制品量$$

$$整经需生产经轴数 = \frac{浆纱生产任务(浆轴数)}{每缸生产浆轴数} \times 每缸需经轴数 \pm$$
$$本工序期末、初在制品量$$

$$络经生产任务 = 细纱计划产量 \times (1 - 络经回丝率)$$

棉布计划成包入库量 = 布机计划产量 × (1 - 整理损失率)

根据上述方法计算得到的各车间的生产任务,再根据生产计划中其他有关资料,就可以确定每一车间在计划期内所需利用设备数量。其计算公式如下:

$$车间利用设备数 = \frac{计划期车间生产任务}{计划期工作小时数 × 设备生产率定额 × 设备运转率}$$

说明:关于制成率的概念,本章特指对本工序喂入品的制成率。

$$对喂入品制成率 = \frac{本工序产量}{本工序喂入品量} × 100\%$$

例 6 - 4　某企业第三季度 273 班,其中 9 月份 92 班。全季棉布生产任务 29/29、236/236 平布 741.188 万米,整理损失率 0.6%,布机计划单产 4.672 m/(台·h),运转率 96%,每个织轴 27 匹,每匹长 40 m;浆纱工序每缸生产 16 只浆轴,每缸需 6 只整经轴;已知棉布用经纱定额 7.620 kg/100 m,29 tex 经纱粗纱台班产量 502 kg,细纱工序制成率 99.53%,在制品期初期末无变化。试计算 9 月份:

(1)布机利用台数。

(2)织部各工序生产任务。

(3)29 tex 经纱细纱生产任务、粗纱生产任务和粗纱利用台数。

(4)若全季 29 tex 售纱生产任务 300 t,加工整理工序回丝率 0.05%,则本月售纱生产任务为多少?

解:

(1)9 月份布机生产任务 $= 741.188 × \frac{92}{273} ÷ (1 - 0.6\%) = 249.778 ÷ 99.4\% = 251.286$(万米)

$$布机利用台数 = \frac{251.286 × 10\ 000}{92 × 7.5 × 96\% × 4.672} = 812(台)$$

(2)9 月份布机计划总产量 $= 812 × 92 × 7.5 × 96\% × 4.672 = 251.292$(万米)

$$9 月份穿浆生产任务 = \frac{2\ 512\ 920}{40 × 27} = 2\ 327(轴)$$

$$9 月份整经生产任务 = \frac{2\ 327}{16} × 6 = 873(轴)$$

9 月份棉布成包入库量 $= 251.292 × (1 - 0.6\%) = 249.784$(万米)

(3)9 月份 29 tex 经纱细纱生产任务 $= 251.286 × 100 × 7.620 = 191\ 480$(kg)

$$9 月份 29 tex 经纱粗纱生产任务 = \frac{191\ 480}{99.53\%} = 192\ 384(kg)$$

$$29 tex 经纱粗纱利用台数 = \frac{192\ 384}{92 × 502} = 4.2(台)$$

(4)9 月份售纱生产任务 $= 300 × \frac{92}{273} ÷ (1 - 0.05\%) = 101.149$(t)

在实际工作中为避免由于疵品产生影响计划任务完成,布机等利用台数可适当多取一点。厂级生产作业计划在编制过程中,必须加强综合平衡工作,并认真编写文字说明。

2.纺织企业的车间生产作业计划　车间生产作业计划是根据厂级生产作业计划,结合各车间的具体情况编制的,将任务进一步分配到各工序、班组和个人的更深入、更细致的具体计划。其目的在于均衡完成计划任务,组织有节奏的生产。

(1)车间生产作业计划的形式、内容和任务。

①不同企业、不同车间,车间生产作业计划的形式各不相同,但其基本形式是日历进度,即逐日、班安排生产进度。

②车间生产作业计划的内容包括生产品种、数量、设备运转情况及其按日历的安排以及质量、节约等指标。

③车间生产作业计划的任务,因各个车间在生产过程中的地位而别:主要车间和加工车间要保证完成厂级任务;供应车间主要任务是保证供应。

(2)细纱车间生产作业计划。细纱车间生产作业计划可采取分品种分早、中、夜三班计算平均开台和班产,也可采取逐日、班编制日历进度。

$$某品种日产量=(某品种利用台数×该日开工班数-计划休止台班数)×$$
$$计划台时产量×每班工作小时$$

细纱日产量计算好以后,应与织部要纱进度计划相平衡。

(3)售纱入库日历进度。售纱入库日历进度,主要根据售纱下机产量,扣除络筒回丝损失后折整包按吨入库,并与对口厂要纱进度相衔接。

$$售纱日入库吨数=该日细纱下机产量×(1-加工损失率)÷1\,000$$

(4)前纺车间作业计划。前纺车间作业计划必须保证细纱作业计划的实现,控制储备量定额,并保持前纺各工序的内部衔接。由于前纺工序多,机台数量差异大,因此,编制前纺作业计划时考虑的因素比较多,一般采取"长计划,短安排"的方法,即全月平衡,分段安排,如按月平衡,分周(旬)编日历进度等。当生产比较稳定时,也可以分早、中、夜三班控制开台与班产。

(5)布机车间生产作业计划。由于布机机台数量多,单位机台生产能力小,在品种少、批量大的情况下,每日休止就全月来看差别不大,只要确定分品种利用台数、运转率、计划单产即可。在有品种翻改任务的情况下,计划的编制就比较复杂,要确定翻改日历进度,控制开台及计划单产。

(6)棉布成包入库日历进度。成包入库日历进度以布机下机产量为依据,并考虑整理损失率,凑成整数,每日入库数要与布机下机产量相适应,控制储备定额,均衡成包,保证交货进度的要求。

(7)准备车间生产作业计划。准备车间的生产安排要受纺部细纱和布机了机情况两个方面的影响,一般按月平衡,分周编制日历进度。由于浆纱、整经机台数量少,单位机台能力大,调整比较困难,因此,准备车间作业计划一般以浆纱、整经工序为重点,进行平衡和衔接。

布机了机周期计划是准备车间编制作业计划的主要依据。布机了机周期计划也是分周期编制的,要与实际上轴进度记录对照,并按了机周期推算。布机了机周期,即每个织轴可织班数,计算公式是:

$$每只织轴可织班数 = \frac{每只织轴长(匹)}{布机生产率定额 \times 每班工作小时 \times 布机运转率}$$

(三)生产作业的控制

生产作业控制是按照生产计划的要求,组织生产作业计划的实施,全面掌握企业的生产情况,了解计划与实际之间的差异及其原因,及时调整生产进度,调配劳动力,合理利用生产设备,控制物料供应、储存及运输工作,并统一组织力量,做好生产服务工作。生产作业控制是实现生产计划和作业计划的重要手段,是整个生产过程的一个重要组成部分。它一般包括生产调度、生产进度控制、在制品占用量控制等内容。

1. 生产调度工作　生产调度工作就是组织执行生产作业计划的工作。它以生产作业计划为依据,对企业生产过程直接进行控制和调节。

即使是编制得很好的生产作业计划,也不可能完全正确地反映客观实际,完全预见到生产发展中的一切变化。生产调度工作的任务,就是在企业日常生产活动中,按照生产作业计划的要求和具体情况,对企业生产系统进行全面控制,加强生产进度管理,不断克服不平衡现象,并且通过各种信息,积极预防生产中可能出现的问题,使生产过程中的各个环节、各个方面能够相互协调地工作,从而保证生产计划的全面完成。

(1)生产调度工作的主要内容。不同行业的企业,生产调度工作的具体内容是有所区别的。就纺织企业而言,生产调度工作主要包括检查生产作业计划的执行情况;检查生产前的准备工作;检查生产过程正常进行的条件(如物料供应、设备运转、在制品储备等);根据生产需要,合理调配劳动力。

(2)生产调度工作应遵循如下原则。

①计划性。生产调度工作必须以生产作业计划为依据,以保证全面完成生产作业计划为目的。调度的灵活性应服从计划的原则性。

②预防性。要能准确预见可能或将要发生的偏差或脱节现象,及时采取有效措施,"防患于未然"。

③集中性。各级调度人员是同级生产领导的助手,在生产副厂长的领导下,按各级领导人员的指示,行使调度职权,发布调度命令。各级领导应维护调度职权,做到集中统一指挥。

④及时性。对生产过程中各种问题的发现处理,都要迅速果断,反馈及时,讲求效率。

⑤群众性。在生产调度中,调度人员要随时了解群众的意见和要求,依靠群众进行调度,使调度工作的集中统一指挥具有广泛的群众基础。

(3)加强生产调度工作的措施。建立健全强有力的生产调度系统,是加强生产调度工作的组织保证。厂、车间、班组和有关生产部门都要建立调度组织或设调度人员,形成上下贯穿、左右协调、集中统一的生产调度系统,搞好全厂生产调度工作。

搞好生产调度工作,必须建立调度制度,正常调度工作秩序。调度制度包括各级调度责任制、调度会议制度、调度报告制度、调度值班制度等。

加强生产调度工作,还必须注意调度工作方法,不断提高调度工作的及时性、预见性和全面性。调度工作的方法一般包括调查研究、加强日常检查、召开调度会议等。

加强生产调度工作要适当配置和充分利用各种生产调度技术设备,如通信设备、信息处理设备、现场监测设备,以提高调度工作的准确性、及时性和效率。

2. 生产进度控制 生产进度控制是指从原材料投产后到制成成品入库为止的全部过程的控制。这既要从时间上来控制生产进度,又要从数量上来控制生产进度。生产进度控制对于按时按量投入生产和产出产品,保证生产过程中各个环节之间的紧密衔接,做到均衡生产,是十分有效的手段。

(1)投入进度控制。投入进度控制是指对各种原材料、半成品投入日期和投入数量的控制,要求做到按计划投入。投入进度控制的作用主要是可以控制投料,保证投产的均衡性,可以保持在制品的正常流转,避免生产过程中断和产品积压现象。纺织企业投入进度控制的方法,一般是用投产日报与投入日历进度计划进行比较,来控制每日(班)投入进度和累计投入进度。

(2)产出进度控制。产出进度控制是指对产品的产出日期、产出数量、产出品种等的控制。产出进度控制主要决定于投入进度控制。反之,也要根据产出进度控制及时反馈的信息来跟踪投入进度控制。纺织企业产出进度控制的方法,主要是用生产日历进度计划与产出日报进行比较,控制每日(班)产出进度,累计产出进度。

(3)生产均衡性分析。生产均衡性分析是从生产进度对比和均衡率两个方面进行考察。生产进度是指企业或某一生产环节在某一时间(如季、月)内,每经过一段相等时间完成该时期的全部生产任务的比例。将各个时间阶段的产量加以连续对比,可以观察企业生产进行得是否正常、均衡。如果某些时间阶段的产量出现大幅度的上下波动,说明生产不均衡。衡量生产均衡性的指标用均衡率来表示。计算公式如下:

$$均衡率 = \frac{\sum \dfrac{某段时间的实际完成量}{某段时间的计划完成量}}{考核期划分的时间段}$$

3. 在制品占用量的控制 在制品占用量控制是对生产过程中各个环节的在制品的实物和账目进行控制。搞好在制品占用量控制,不仅有利于实现生产作业计划,而且对减少在制品积压、节约流动资金、提高经济效益都有重要作用。

第四节 纺织企业生产绩效管理

一、生产绩效管理

(一)绩效与绩效管理

绩效一词的使用相当宽泛,既包括产出,也包括行为。优秀的绩效,不仅取决于做事的结果,还取决于做这件事所拥有的行为或素质。对于生产管理来说,绩效是生产部门人员完善自身业务技能,提高生产效率的过程和行为,也是被企业认可的工作总结和结果。

绩效管理是通过管理者和员工个人经过沟通制定绩效计划、绩效监控、绩效考评、绩效反馈与改进,以促进员工业绩持续提高并最终实现企业目标的一种管理过程。绩效管理的原理其实很简单:设定清晰的工作目标和合理的考核方法,给予员工公正的报酬和激励,让员工知道他要做什么、怎么做以及回报。大多数企业在进行绩效管理时往往只注重绩效评价,而忽略了绩效管理的整个过程。

(二)绩效管理程序

绩效管理的过程通常被看作是一个循环,这个循环的周期分为四个步骤:绩效计划、绩效实施、绩效评价、绩效反馈与面谈。绩效管理系统流程如图6-4所示。

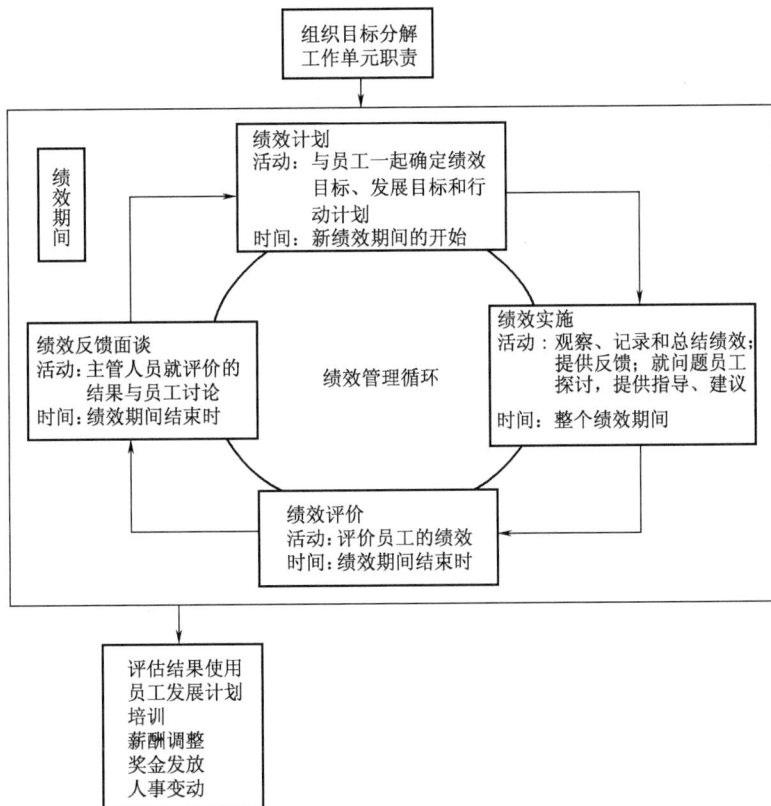

图6-4 绩效管理系统流程图

1. 绩效计划 绩效管理的第一个环节就是绩效计划,它是绩效管理过程的起点。绩效计划是在绩效管理期间开始的时候由管理者和员工共同制订的绩效契约,是对本绩效管理期间结束时员工要达到的期望结果的共识。一般来说,是由管理者与员工合作,就员工下一周期应该履行的工作职责、各项任务的重要性等级和授权水平、绩效的衡量、组织提供的帮助、可能遇到的障碍及解决的方法等一系列问题进行探讨并达成共识的过程,是整个绩效管理体系中最重要的环节。

2. 绩效实施 绩效计划设定好之后,员工开始按照计划工作。在这个过程中,管理者主要应该做好以下绩效辅导和持续性沟通工作。

(1)绩效辅导。绩效辅导就是管理者辅导和帮助员工提高业绩操作能力,实现绩效计划。绩效辅导贯穿整个绩效目标达成的始终。这对管理者来说,可能是一个挑战,一项烦琐而细致的工作。所以,必须让管理者意识到自我的绩效,也必须通过下属的绩效来实现,帮助下属改进业绩才能提高自我的绩效。同时,帮助下属应是现代管理者所具备的素质修养,是一种责任,也是职业道德精神的体现。

(2)持续性沟通。持续性沟通是一个双方追踪进展情况,找到影响绩效的障碍,以及得到使双方成功所需信息的过程。沟通首先要关心和尊重员工,与员工建立平等、亲切的感情,在实现目标的过程中为员工清除各方面的障碍,双方共同探讨员工在组织中的发展路径和未来目标。持续的绩效沟通能保证管理者和员工共同努力,及时处理出现的问题,修订工作职责。只有这样,上下级才能在平等的绩效沟通中相互获取信息、增进了解、联络感情,从而保证员工的工作正常开展,使绩效实施的过程顺利进行。

持续性沟通往往可以通过定期召开例会、定期或不定期让每位员工汇报其完成任务和工作的情况、收集和记录员工行为或结果的关键事件及数据等形式。

3. 绩效评价 绩效评价是在绩效计划确定和持续有针对性的绩效辅导的基础上,按照事先确定的衡量标准,考查员工实际完成的绩效的过程。

4. 绩效反馈与面谈 完成绩效评价后,主管人员还需要与下属进行一次面对面的交谈。通过绩效反馈与面谈,使下属了解主管对自己的期望,了解自己的绩效,认识自己有待改进的方面。下属也可以提出自己在完成绩效目标中遇到的困难,请求上司的指导或帮助。在下属与主管双方对绩效评价结果和改进点达成共识后,主管和下属就需要确定下一绩效管理周期的绩效目标和改进点,从而开始新一轮的绩效评价周期。

5. 绩效结果的应用 在这个循环中所得到的绩效结果具有多种用途。如绩效结果可用于指导员工工作业绩和工作技能的提高,通过发现员工在完成工作过程中遇到的困难和工作技能上的差距,制订有针对性的员工发展培训计划。绩效结果还可以比较公平地显示出员工对企业做出的贡献大小,据此可决定员工的奖惩和报酬的调整。此外,通过员工的绩效状况,也可以发现员工与现任职位是否适应,根据员工绩效高于或低于绩效标准的程度,决定相应的人事变动,使员工能够从事更适合自己的职位。

(三)生产绩效考评

绩效考评既是绩效管理的重要组成部分,又是一个独立的管理系统。绩效考评是在工作一段时间或工作完成之后,对照工作说明书或绩效标准,采用科学的方法,对员工的工作行为与工作结果全面地、系统地、科学地进行考察、分析、评估与传递的过程。绩效考评在本质上就是考核组织成员对组织的贡献,或者对组织成员的价值进行评价。它是管理者与员工之间为提高员工能力与绩效、实现组织战略目的的一种管理活动。

1. 绩效考评的内容 企业绩效考评的内容,体现了企业对员工的基本要求。考评内容是否科学、合理,直接影响到绩效考评的质量。因此,实行绩效考评的企业对有关考评内容的问题都应重视,应试图制订符合各自企业实际情况需要、能够全面而准确地评价员工工作的考评内容。我国很多企业以下面四点作为绩效评估的基本内容。

德:德是员工的品德素质、思想觉悟、政治倾向和价值取向。

能:能是员工的能力素质,包括技能、学识、智能和体能。

勤:勤是勤奋敬业的精神、工作态度和表现,包括出勤率、积极性、主动性等。

绩:绩是员工的工作成果,包括完成工作的数量、质量、效率和经济效益等。

2.绩效考评的标准　企业要进行准确而有效的绩效考评,必须选择适当的考评标准,并以科学而公正的量度方法去评估。完整的企业绩效考评标准应该包括工作业绩考评标准、工作行为考评标准、工作能力考评标准、工作态度考评标准等内容。

(1)工作业绩考评。工作业绩考评是对企业人员担当工作的结果或履行职务工作结果的考核与评价。它是对企业员工贡献程度的衡量,是所有工作绩效考评中最本质的考评,直接体现出员工在企业中的价值大小。在企业中,工作业绩主要指能够用具体数量或金额表示的工作成果,是最客观的考评标准,如产量、质量、成本、费用等。

(2)工作行为考评。工作行为考评主要是对员工在工作中表现出的相关行为进行的考核和评价,衡量其行为是否符合企业规范和要求,是否有成效。企业常常用频率或次数来描述员工的工作行为,并据此进行评价,也属客观性考评指标,如出勤率、事故率、表彰率、违纪违规次数、客户满意度、员工投诉率、合理化建议采纳次数等。

(3)工作能力考评。工作能力考评是考评员工在职务工作中发挥出来的能力,譬如,在工作中判断是否正确、工作效率如何、工作中的协调能力怎样等。根据被考评者在工作中表现出来的能力,参照标准或要求,对被考评者所担当的职务与其能力是否匹配进行评定。这里的能力主要体现在四个方面:专业知识和相关知识,相关技能、技术和技巧,相关工作经验,所需体能和体力。

(4)工作态度考评。工作态度考评是对员工在工作中付出的努力程度的评价,即对其工作积极性的衡量。常用的考评指标有主动精神、创新精神、敬业精神、自主精神、忠诚感、责任感、团队精神、进取精神、事业心、自信心等。

3.绩效考评的方法

(1)排序法。它又称作排队法,是一种相互比较的方法。在企业生产绩效评价中,采用将被评价对象之间相互比较,进行最优到最差的排序。如,对五个规模大致相同、类型相似的工作进行绩效评价,先从这五个工作中评价出一个绩效最好的和一个绩效最差的,接下来再评出第二个好的和第二个差的,依此类推。这种方法是以被评价对象的综合绩效为基础,按其总体效益和业绩进行排序比较,评出最好、次好、中等、较差和最差。这种方法十分简便,常被广泛采用。但其缺点是:不是按被评价对象的工作绩效与每项评价标准进行对照比较打分,而是根据总体的综合绩效进行比较,无法对其中的个体进行具体的评价,缺乏可信度和精确度。在企业生产系统中的不同单位或部门之间无法进行排列比较。

(2)等级评定法。此法是最容易操作和普遍应用的一种绩效评价方法。这种方法的操作形式是先制订具体的评价标准,在进行绩效评价时,按已制订的有关各项评价标准来评价每一个被评价对象的业绩和效益。同时,对每一个被评价对象的每一项又设立评分等级数,一般分为五个等级:最优的为10分,次之为8分,依此类推。最后把各项得分汇总,总评分越高,工作绩效就越好。要确定相应的评价项目及评分标准,就应按其重要程度设置函数。这种方法的缺点是:评价工作量大而繁重,而且权数不易设置准确;较多的主管人员和员工习惯于评定为较高的等级,因此常常出现大量的绩效评定为优秀的工作或员工。

(3)强制分布法。为了避免由于前述等级评定法所出现的大多数工作或员工都得到比较高的等级,而没有真正把优秀的绩效区分出来,可以使用强制分布法,即对各个等级的数量比例做出限制。通常来说,各个等级的比例分布越接近正态分布越好。如对于"卓越""优秀"

"良好""一般""不足"五个等级的比例分布按照强制分布法设定如下：

卓越	优秀	良好	一般	不足
10%	20%	45%	20%	5%

　　强制分布法的比例规定相对宽泛和确定,具体到各个部门,可以有一定的上下浮动。同时,在使用强制分布法时,应将单个员工绩效与整个部门绩效结合在一起。当部门整体的业绩完成情况较好时,部门内部员工被评定为较高的绩效等级的比例相对就比较高;反过来亦如此。

　　(4)要素比较法。将评价对象分为若干要素或项目,每一个要素的评分又分为若干等级,一般分为三到五个等级,三个等级为好、中、差;五个等级为优秀、良好、一般、较差、最差。使用要素比较法时,评价主体根据自己对被评价对象的了解,在每一个等级中选择一个最符合被评价对象实际情况的答案,并在该等级中做上标记。一般来说,人们在三个等级的评价中容易产生趋中心理,也就是说易将等级评为中等。相对而言,五个等级更为科学一些,对被评价对象的绩效和评价更确切一些,但评价要素的划分不可过细。这种评价方法适用范围很广,既可用于企业生产工作绩效评价,也可用于员工工作绩效的评价。

4. 绩效评价的程序　一般来说,绩效评价应包括制订计划、建立评价指标体系、收集信息资料、分析评价、绩效反馈和结果运用六个环节。绩效评价的一般程序如图6-5所示。

　　(1)制订计划。绩效评价必须有计划地进行,首先必须明确评价的目的和对象,再根据目的、对象选择重点考评的内容、时间和方法。

　　(2)建立评价指标体系。绩效评价是一项技术性很强的工作。其技术准备包括拟定、审核评价标准,选择或设计评价方法,培训考核人员等。

　　(3)收集信息资料。能否收集到评价信息就成为评价是否可信和有效的必要的前提条件。一般来说,收集信息资料可以从考勤记录、工作日记、生产报表、备忘录、现场视察记录等途径获得。

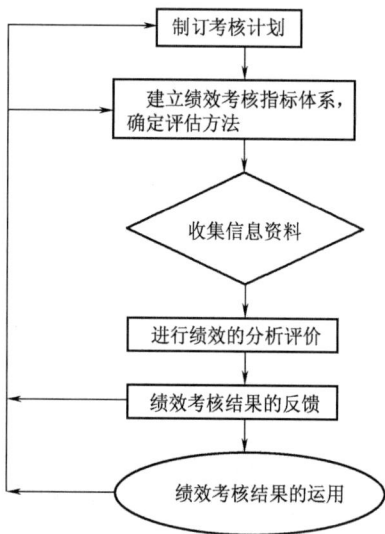

图6-5　绩效评价的一般程序

　　(4)分析评价。这一阶段的任务是要对员工个人或被考评群体各方面的绩效做出综合性的评价。在这个阶段需要注意的问题是在企业对处于不同地位的员工进行考评时,其侧重点也不一样。

　　(5)绩效反馈。只作评价而不将结果反馈给被评的下级,绩效评价便失去它激励、奖惩与培训的重要作用。反馈的方式主要是绩效面谈,而在绩效面谈中需要掌握一定的技巧。

　　(6)结果运用。评价不是目的,因此应当特别注意评价结果的运用。评价结果主要可以应用到工资分配、奖金、股利、职务晋升或调迁、培训教育等方面。

[知识链接]卓越绩效模式(Performance Excellence Model)

　　卓越绩效模式是当前国际上广泛认同的一种组织综合绩效管理的有效方法和工具。该模式源自美国波多里奇奖评审标准,以顾客为导向,追求卓越绩效管理理念。包括领导、战略、顾客和市场、测量分析改进、人力资源、过程管理和经营结果七个方面。该评奖标准后来逐步风行世界发达国家与地区,成为一种卓越的管理模式,即卓越绩效模式。它不是目标,而是提供一种评价方法。迄今,卓越绩效管理正日益成为一种世界性标准。一个追求成功的企业,它可以从管理体系的建立、运行中取得绩效,并持续改进其业绩、取得成功。但对于一个成功的企业如何追求卓越,则"模式"提供了评价标准,企业可以采用这一标准集成的现代质量管理的理念和方法,不断评价自己的管理业绩走向卓越。

二、纺织企业薪酬管理

(一)薪酬的概念

薪酬是指员工在从事劳动、履行职责并完成任务之后所获得的经济上的酬劳或回报。狭义地说,它是指直接获得的报酬,如基本工资、绩效工资(奖金)、成就工资(红利、利润分享及股票期权)、津贴等。广义地说,薪酬还包括间接获得的报酬,如福利等。

(二)薪酬制度

我国纺织企业现行的工资制度大致有以下几种。

1.保全工人等级工资制　根据各工种的技术复杂程度、劳动繁重程度、工作责任大小等因素划分技术等级,按等级规定工资标准。一般由技术等级标准、工资等级表和工资标准三方面内容组成。

(1)技术等级标准。它是衡量各项工作的技术等级和工人熟练程度的尺度,也是确定工人工资等级的主要依据,是按行业、分工种制订的。根据技术复杂程度,劳动繁重程度和责任大小,规定各个工程技术等级的要求。它包括应知、应会和工作实例三个方面。应知规定了某一等级工人应该掌握的技术理论知识;应会规定了某一等级工人应该具备的实际技术能力水平;工作实例是根据应知、应会的要求,规定某一等级工人应该完成的典型工作项目。

(2)工资等级表。工资等级表是确定本部门的工资等级数目和各等级工人之间的工资差别的依据。它包括工资等级数目、工资等级系数和级差三项内容。工资等级数目,是根据各行业、各部门不同工种的技术复杂程度、劳动繁重程度和责任大小来确定的;工资等级系数,即某一等级工资额同第一级(最低等级)工资数额之比;级差是指相邻两级工资的差额,等级愈高,级差愈大。

(3)工资标准。工资标准又称工资率,是指单位工作时间(小时、日、月)规定的工资数额。它表示某一工资等级的货币工资水平。

2.职务等级工资制　职务等级工资制是企业对管理人员和专业技术人员所实行的按照职务规定工资的一种工资等级制度。一般采用一职数级、上下交叉的办法,即在同一职务内划分若干等级,相邻职务工资等级线上下交叉,员工都在本职务所规定的工资等级范围内评定工资。

3.运转工人岗位技能工资制　岗位技能工资制是按照工人在生产中的工种不同和岗位,分别规定不同的工资标准。凡能达到该岗位操作技能要求,并能独立操作者,可领取此岗位的工资。这种工资制度的基础是工人的工作岗位,纺织企业的各种运转工人按照技术高低、难易程度、责任大小、劳动条件、劳动强度等分为若干岗位,相近的工种放在同一岗位。

4. 浮动工资制　浮动工资制是以员工的工资等级相应的工资标准为基础,将其部分或全部工资浮动,按照员工劳动态度、贡献大小和企业经营成果好坏支付劳动报酬。企业实行浮动工资制,按其浮动幅度的大小可分为:小浮动,即拿出一部分标准工资与奖金合在一起浮动;半浮动,即拿出50%的标准工资与奖金合在一起浮动;全浮动,即将标准工资与奖金全部纳入浮动范围。

5. 结构工资制　结构工资制是按照工资的不同职能,把工资分解成若干个部分,相应规定不同的工资额,用以支付员工各种不同劳动消耗的报酬。结构工资制的内容一般包括基本生活工资、劳动技能工资、工龄工资、效益工资、奖励工资和岗位津贴等。

(三) 薪酬设计的步骤

薪酬方案的设计是一个系统工程,它以职务分析与评价、定员定额和考核为设计前提,主要包括工资制度类型、工资等级、工资标准等设计内容。

1. 制订薪酬方案　制订薪酬方案应以企业总体发展战略为依据,根据不同的经营战略、不同的市场地位和发展阶段选择不同的薪酬策略,达到有力地支持企业总体发展战略的目的。

2. 工资制度的类型选择　工资制度从性质上可以分为三类。

(1)高弹性类。该类工资制度的员工薪酬在不同时期起伏较大,绩效工资与奖金所占比重较大。

(2)高稳定类。该类工资制度的员工的薪酬与实际绩效关系不太大,而是主要取决于工龄及公司整体经营状况,员工的薪酬相对稳定,给人一种安全感。工龄工资制属于这一类。

(3)折中类。既有高弹性成分,以激励员工提高绩效,又有高稳定成分,以促使员工注意长远目标。如结构工资制和职务工资制。

企业在制订员工薪酬计划时,实际上并不需要简单地在一种或者另一种薪酬方案之间进行选择。相反,各种薪酬方案的某种结合通常是最好的解决方案。

3. 划分工资等级　无论什么薪酬项目,都要反映差别。因此,要确定若干职务等级,作为确定工资的依据。目前,绝大多数企业确定职务等级都以职务分析和职务评价的结果为依据,以此评估每个职务对实现企业目标的价值,反映不同职务在企业中的相对价值和相对贡献。评价指标一般包括职务责任大小、复杂性及所需资格条件等。根据职务评价的最终点数,划分出几个区间,将同一区间的职务定为一个等级。

划分工资等级还要确定不同等级之间工资相差的幅度,即确定企业内最高等级和最低等级的工资比例关系,以及其他各等级与最低等级的工资比例关系。前者反映了企业内员工薪酬拉开差距的状况,差距太小会影响员工的积极性,差距太大可能会造成员工的不团结。后者则充分考虑劳动强度、复杂程度、责任大小等方面的差别,以达到工资激励的目的。

4. 确定工资标准

(1)调查了解本地区劳动力市场的薪酬水平,作为确定企业平均薪酬水平的参考依据。

(2)确定企业内最低等级的工资标准。根据国家规定,企业最低等级工资标准不得低于国家法定最低工资标准。同时,要考虑企业支付能力、劳动生产率的增长情况和员工现有薪酬水平等因素。

(3)确定各等级的工资标准。以最低等级工资标准为基数,根据工资总额及各等级与最低等级的工资比例关系,确定各等级的工资标准。

5. 薪酬方案的实施与调整　薪酬方案实施之前要测算、分析,分析是否妥善处理了各种工资关系,是否适合企业经济实力,是否有利于工资职能的实现等。薪酬方案实施时,要以员工考核结果为基础,因为要实现按员工实际绩效分配和按员工的技能及贡献大小择优升级都要有准确的数量依据。要建立严格的考核制度,根据考核结果的好坏,员工工资可上可下。随着企业的发展,薪酬方案会出现不适应企业发展之处,需要随时调整。

[案例]红豆集团:"制度福利"开启职业新空间(选编自《中国纺织报》2013 – 2 – 5)

说到企业福利,很多人首先想到的是养老、医疗、失业等社会保障,在红豆集团,员工除了能享受到社会保障的福利,还能享受到各种"制度福利"。红豆集团有 1 万多名一线员工,企业通过评选"星级员工"和开展合理化建议活动,来提高他们的积极性、主动性和创造性。红豆把工作努力的员工评选为"星级员工","星级员工"分为 3 个等级,分别进行经济补贴,并免费送其上大学,车间组长、检验员、车间主任等管理人员都从"三星级员工"中选拔。在提高他们收入的同时,红豆还把"星级员工"的照片及资料贴在宣传栏上,增强了他们的荣誉感。"三星级员工"成为一线员工向上流动的通道,许多员工由此开启新的职业空间。

(四)津贴与员工福利

1. 津贴与补贴　津贴与补贴是对员工在特殊劳动条件、工作环境中的额外劳动消耗和生活费用所支出的补贴。一般把与工作联系的补贴称为津贴,把与生活相联系的补偿称为补贴。常见的津贴有以下几类。

(1)为保障职工身体健康的津贴有井下津贴和高温津贴。

(2)为补偿职工特殊劳动消耗的津贴有夜班津贴和野外津贴。

(3)为保障职工生活的津贴有探亲假津贴、取暖费等。

(4)为鼓励职工提高科技水平和优秀工作者设立的津贴有科研津贴、特殊津贴等。

2. 员工福利　福利是组织向员工提供的非报酬性的物质待遇,是一种劳动的间接回报。企业的福利形式繁多,一般有公共福利、个人福利、组织内部公共福利和生活福利四类。

(1)公共福利。是由政府支持或提供,由国家法律或政府政策加以保障的福利。如医疗保险,失业保险、养老保险、伤残保险等。

(2)个人福利。是由组织提供与员工选择相结合的福利项目,如辞退金、住房津贴、交通费、工作餐、人寿保险等。

(3)组织内部公共福利。是完全由组织提供的某一员工群体均可享受或有机会享受的福利项目,如带薪休假、集体旅游、组织自己认可的民间或固定的节假日(如中秋节、圣诞节等)。

(4)生活福利。是组织为员工提供的生活方面的专项福利项目,如为员工提供法律服务、心理咨询、贷款担保、子女教育服务等。

➤技能实训

通过对一个纺织企业进行实际调研,使学生接触和了解纺织企业的实际生产管理活动,对生产流程和工厂的生产管理有一个感性的认识。经过实地参观、询问、考察,分组讨论,写出调研报告。内容要求:

1. 工厂生产管理总体情况与生产类型。
2. 生产布局与生产流程。
3. 生产计划的编制及管理。
4. 产品检验与控制。

➤ 案例综合分析

某纺织企业有位厂长,工作很认真,特别重视现场管理,经常到生产车间巡视,有一次,经过梳棉和清花的通道时,正撞在一个员工推的棉卷车上,腿被碰伤了,车间主任责备员工不注意安全,并对其进行了批评教育及处罚。这位员工平时工作表现很好,不久,因此事离职了。后来这位厂长说起这件事感到非常惋惜。

● 问题

1. 此类事情的责任由谁来承担?
2. 如何从根本上解决此类问题的发生?

第七章　纺织企业工艺管理

本章学习目标

1. 了解工艺管理的内容、要求和实施方法。
2. 熟悉如何进行工艺设计及管理。
3. 了解工艺研究的主要内容。
4. 熟悉日常工艺管理的项目。

[导入案例]工艺管理不严,产品质量难保(选编自某纺织企业技术管理实例)

　　某纺织厂在纺织品染色中,经常会出现严重缸差。同一种色号的纺织纤维染色时,使用的原料、染色处方、染色工艺都是相同的,为什么有时会出现这么严重的缸差呢? 技术管理等部门通过细致的深入调查,发现造成严重缸差,大部分是由于工艺管理不严格造成的。该厂在毛条染色中缸差现象严重,特别是在中夜班生产的产品缸差更严重,极大地影响了产品的质量。工艺工程师进行调查和分析的结果显示:染色挡车工的工艺意识淡薄、染色操作时,挡车工不严格按工艺操作,随意性很大,往往染色升温速度快,保温时间短,工艺管理不严格、工艺检查不到位,造成染色的缸差严重,产品质量下降等。又如有一次生产匹染毛/腈华达呢产品。纺纱、织布生产都很正常,到染整分厂进行后整理加工却出现了严重的幅缩现象。原设计成品幅宽 144 cm,经过洗呢、煮呢、染色后幅宽只有 120 cm 左右,造成严重的质量事故。

　　企业组织生产、工艺、技术、设备、质量等部门查找质量事故的原因,最后确定在工艺管理上有缺陷。所使用的原料与设计用原料有差异,使用的腈纶不是正规腈纶而是高收缩腈纶,原料上机没有按照设计、上机、记录三符合的原则进行认真检查。工艺管理的不当引发质量事故,给企业造成重大的经济损失,这是很惨痛的经验教训。加强工艺管理就是要尽量减少产品质量产生波动,使企业保持高质、高产、低消耗的稳定生产状态。纺织企业的工艺管理是企业生产技术基础性管理的重要组成部分,工艺管理好坏直接影响企业的产品品种、质量、产量和消耗等经济指标,影响企业的经济效益,所以工艺及工艺管理水平直接反映纺织企业的技术水平。

　　本案例说明了纺织工艺管理的重要性。很多的产品质量问题,究其原因都是由于工艺管理不到位引起的,给企业带来重大的损失,所以说工艺管理是生产技术基础性管理的龙头,应引起足够的重视。

第一节　纺织企业工艺管理的内容和要求

纺织企业的生产技术管理概括起来有五大基础性管理,即工艺管理、设备管理、操作管理、空调管理和原材料管理。在五大基础性管理中工艺管理是龙头,是五大管理中的最重要的一项管理,但是受设备状况、操作熟练程度、环境温湿度和原材料等各项条件的制约。只有设备、操作、温湿度和原材料等各项条件同时符合工艺的要求,工艺才能发挥出最佳的效果,才能生产出优质、高产和低消耗的产品。在生产技术管理中,工艺管理是主导,其他管理是工艺管理的基础,它们之间互相依赖、互相渗透。

一、纺织企业工艺管理的主要内容

工艺管理是生产技术管理的重要组成部分,它对企业生产技术经济指标的全面完成有着重要意义。在纺织企业中,工艺管理主要包括以下几个方面的内容。

1. 工艺调研　目的是为了了解市场和用户对产品的需求,了解国内外同类产品的工艺水平,了解新工艺、新材料的使用情况,了解本企业在生产过程中存在的问题,为企业工艺水平的提高奠定良好基础。

2. 工艺设计　这是工艺管理的中心内容。在工艺设计中,根据产品的规格、特性、质量要求以及所用原料的性能,拟订产品生产的工艺路线、工艺流程及加工方法和操作规程;拟订产品的工艺参数;制订工时和相关原材料的消耗定额;规定检验产品质量的方法和使用的检验工具等。合理制订工艺设计是工艺管理的关键。

3. 工艺审查

(1)工艺审查的内容。工艺审查主要是审查工艺流程是否正确及工艺参数是否合理。

(2)工艺审查的必要性。产品的工艺流程是各车间生产的主要依据,工艺参数则直接影响到产品的产量、质量和消耗。合理的工艺流程可以保证质量,减少劳动损耗,合理利用设备和厂房,从而提高生产效率。

4. 工艺文件编制与管理　工艺文件是企业管理文件,属于企业技术管理文件,是开展工艺工作的依据,主要用于指导工人操作和用于生产、检验、工艺管理。工艺文件主要包括工艺设计单、工艺表格、工艺卡,还包括劳动定额表、原材料消耗定额表、检验标准等。企业应根据自身产品的特点选择一种或几种类型的工艺文件,并切实做好保管、贯彻执行及修订等工作。

5. 工艺研究　工艺的合理性、先进性同纺织企业优质、高产、低耗有密切的关系。加强工艺研究,不断提高工艺的合理性、先进性,对提高企业的经济效益有直接的作用。

6. 工艺纪律　必须抓好工艺执行的环节,严格要求设计工艺参数在实际工艺流程工序机台上的执行状态。要求挡车工自查工艺,技术员、轮班长、车间主任进行工艺检查或抽查。车间或轮班均应设专职工艺检查员,负责工艺的专职检查和工艺上车合格率的把关,确保工艺上车符合标准,不断提高产品的质量。

7. 工艺定额管理　工艺定额包括工时、材料、燃料、动力、工具消耗定额。制订的目的是为了能及时地供应人力及符合规格要求的物资、能源,为均衡生产出符合质量要求的产品做好准备。

8. 环境条件管理　纺织企业的环境条件主要指温度、湿度、噪声、光照等,根据生产工艺对其提出要求,通过技术手段和管理手段对环境的各项要素进行控制,保证纺织品在适宜的环境中进行生产。

9. 人员培训　各种操作都是由人来进行的,所以应明确其培训需求,实现全员岗前培训,尤其是对操作人员的培训。对重要岗位的操作人员更要注重培训,操作人员必须在考核合格并取得操作证以后方可允许他们上岗操作。

10. 设置重点工序质量控制点　生产过程的质量管理是保证产品质量的关键,因而应积极地对生产过程实行工序控制,保证生产出客户满意的合格产品。对工序控制,主要是通过设置重点工序质量控制点来达到。

(1)按工序质量控制点设置的原则和要求来设置工序质量控制点。

(2)编制工序质量控制点的各种文件。

(3)对工序质量控制点上使用的设备,定期进行检查,做好记录。

(4)对控制点设备建立日点检制度,以保证设备处于良好的运行状态。

二、纺织企业工艺管理的基本要求

工艺管理的各项工作必须做到既先进又合理。其基本要求有如下几点。

(1)保证和提高产品质量,使之符合国家质量标准,并与国际质量标准接轨,同时要满足用户要求。

(2)节约工时,节约原材料、动力、燃料及其他辅助材料,降低产品成本和提高劳动生产率。

(3)保证设备合理、经济的运转和均衡生产,提高生产效率,充分利用生产能力。

三、纺织企业工艺责任

任何一个企业要生存和发展就必须生产出满足客户需求的产品,而产品的形成必须经过市场调研、开发设计、生产技术准备、原料采购、生产制造、质量管理、营销及售后服务全过程,而工艺技术、工艺管理则贯穿其中。工艺管理工作贯穿纺织企业经营全过程的情况见表7-1。

表7-1　工艺管理职能

企业经营过程	涉及部门	工艺职能
市场调研	设计、工艺	工艺调研
开发设计	设计、工艺、总师办、有关车间	工艺试验、工艺研究、工艺标准制订、工艺性分析与审查、工艺情报收集
生产技术准备	工艺、计量、质检、有关车间	工艺方案、工艺流程、工艺设计、材料消耗工艺定额、工时消耗工艺定额、管理性工艺文件制定
原料采购	设备、供应、工艺	工艺装备明细表、原料消耗工艺定额明细表、主要辅料消耗工艺定额明细表
生产制造	生产车间、生产调度、人力资源、工艺、质量、设备、计量	定人、定机、定工种,按工艺标准进行生产、工艺验证,现场工艺过程管理、执行工艺纪律、工艺总结

企业经营过程	涉及部门	工艺职能
质量管理	检验、质量、总工程师、设计、工艺、有关部门	按工艺和标准检验,监督生产现场工艺纪律,新产品试制鉴定
营销	工艺	向客户、消费者提供工艺参数
售后服务	工艺、设计、营销	客户访问、市场研究、为新产品提供最佳工艺决策

(一)管理岗位工艺责任

1.厂长工艺责任

(1)负责建立健全、统一有效的企业工艺管理体系。

(2)负责设立健全、统一有效的工艺管理部门。

(3)审批企业技术发展规划、工艺发展规划、技术改进规划、重大工艺技术装备的引进与基建项目。

(4)对企业贯彻执行国家和上级主管部门颁发的工艺技术政策、法规负责。

2.技术副厂长(总工程师)工艺责任 总工程师是全厂工艺管理的主管领导,对企业工艺管理全面负责,即负责领导制订工艺设计,提出工艺要求,审批工艺方案和重大项目的变更,颁发工艺管理制度并检查执行情况,领导工艺研究活动等。具体内容有如下几点。

(1)建立健全以总工程师为首的工艺管理和工艺技术责任制。

(2)建立健全工艺技术范围内的各项工作制度。

(3)建立责任制工艺技术方面的工作程序。

(4)组织领导工艺调查,制订中长期工艺发展规划,提高本企业生产工艺水平。

(5)安排工艺人员参加新产品开发、调研和老产品用户访问。审批重要产品工艺方案,主持新产品试制的厂内鉴定工作。

(6)建立健全工艺标准、工艺情报的专职机构或指定专人从事工艺标准、工艺情报工作,不断提高工艺技术水平和工艺管理水平。

(7)负责生产技术准备工作,保证工艺准备有科学的周期性。

(8)审批各类工艺技术文件和工艺规划与工艺制度。

(9)负责工艺技术档案与工艺技术保密工作。

(10)负责组织、领导工艺人员技术培训、考核、晋升等工作。

3.总工艺师责任

(1)组织制订、审查、签署工艺管理制度和工艺责任制。

(2)组织制订、审查、签署工艺技术范围内的各项工作制度和工艺工作程序。

(3)组织新老产品工艺方案的讨论和制订工作,审批产品工艺方案、工艺流程方案。

(4)组织工艺科研的实施,及时解决工艺科研过程中出现的技术问题,确保工艺科研工作的顺利进行。

(5)组织、领导新技术、新工艺、新材料的推广应用工作。

(6)组织工艺标准的贯彻和实施工作。负责工艺文件的标准化、工艺要素的标准化、工艺典型化等工作。

(7)负责组织新产品投产前的工艺技术交底工作。

(8)负责组织和协调生产过程中发生的工艺技术问题,确保按质、按量、按期完成生产任务。

(9)负责组织工艺信息反馈工作。

(二)职能部门工艺责任

企业的各个部门涉及如下具体工艺工作的责任。

1. 产品设计部门 负责提高产品设计和技术文件的正确、完整、统一。负责组织工艺部门参加产品设计、方案设计、产品结构工艺性审查等工作。

2. 采购供应部门 按工艺要求及时提供合格的原材料、辅料。

3. 档案资料部门 负责工艺文件、工艺标准、工艺情报等工艺资料的归档和管理工作,负责工艺文件的发放和保密工作。

4. 人事部门 按生产需要配齐各类生产人员,保证定人、定机的实现,负责制定劳动工艺定额。保持定额的先进性、现实性和合理性。

5. 生产技术部门 根据企业的具体情况合理地选择生产过程的组织形式,按工艺要求组织均衡生产,使产品的品种、质量、数量和期限均达到要求。对因均衡生产不力而造成的质量事故负责。负责制定工艺设计初步方案并在审批后组织车间贯彻执行,负责日常的工艺变动调整,检查督促各工序工艺明细设计和工艺管理的执行情况,组织工艺试验研究活动等。对于大型企业,生产技术职能部门只对车间下达总工艺设计方案,至于各工序各机台明细工艺设计则由相关车间自行完成。中小型企业全流程明细工艺则由生产技术部门统一设计。

6. 试验部门 一般属于生产技术科直接领导的,具体贯彻执行工艺管理的部门。试验部门参加工艺研究和拟订工艺方案,即实物抽样试验分析并进行数据处理,办理工艺变更事宜并对业务范围内的工艺管理制度负责监督管理。试验部门最日常的工作是对生产线上的半制品或成品进行在线或离线抽样检测,看其是否符合工艺设计要求。对不符合要求的要及时通知相关工序,并参与整改,直至符合要求为止。

7. 质量管理部门 认真贯彻执行国家和上级有关加强工艺管理、严格工艺纪律的方针、政策和指示,推动工艺工作。负责组织检查工艺纪律贯彻情况,并对各部门情况做出评价。负责组织综合分析厂内外工艺质量信息,并向工艺部门反馈和监督。参加工序质量控制点的建立和组织产品质量、工序质量的审核。负责产品质量保证体系的建立。

8. 安全部门 负责对生产现场的人员操作和设备运行等不安全因素进行检查监督,确保安全。协助企业有关部门进行"三废"治理,不断改善劳动环境。负责组织开展安全教育,对特殊岗位的人员要进行安全技术培训和考核。

9. 计量部门 负责按工艺要求配置计量器具,负责编制计量器具的周期检定、校对和维修规范,计量检定人员必须经过严格考核,凭操作证进行操作。

10. 设备部门 编制设备"点检卡"和设备检查维修规范。保证设备处于完好状态,对因设备不完好而造成的质量事故负责。负责对生产工人进行正确使用设备和做好日常维护保养的教育,经常监督、检查各车间生产设备的使用情况。

11. 各生产车间 做好生产前的工艺技术准备工作,新产品投产前应组织对工艺文件的消化和交底工作。根据工艺流程合理地组织生产,严格工艺纪律,按质、按量、按期完成生产任务。负责组织车间验证工艺是否合理正确,对生产中出现的工艺问题应提出改进意见。认真做好工序质量控制点的管理工作。分析和测定工序能力,当工序能力不足时采取措施加以调整,并参加工序质量、产品质量的审核工作。

（三）工艺部门岗位责任

在纺织企业可单独设置工艺设计部门,也可在生产技术部门下设置工艺设计岗位。工艺部门岗位责任有如下几点。

1. 负责制定工艺管理制度　制订有效的工艺管理制度、工艺工作程序、工艺部门各类人员的工作标准、工艺纪律检查、考核实施细则并认真贯彻执行。

2. 负责工艺管理工作　组织有关部门贯彻执行工艺规程和工艺守则、工艺检验、工艺整顿、工艺工作中的质量管理等活动,加强工序质量控制等工作。负责把经过验证、鉴定合格后的新工艺、新材料、新装备纳入工艺文件的工作。参加工艺纪律检查工作。

3. 制订工艺发展规划　根据企业不断提高工艺水平、产品质量和生产能力以及经济效益、增加品种的需要,制订工艺发展规划和计划。对规划、计划制订与修订的及时性、正确性、可靠性、先进性、可行性负责。参加技术部门制定、修订企业的有关技术发展规划和计划工作,承担分工部分的工作内容,并认真组织实施。

4. 负责组织工艺技术的试验研究和开发工作　根据企业产品开发和工艺技术发展的需要,负责制定工艺试验研究计划。负责本企业主导产品的工艺技术现状的分析研究,并确定开展工艺试验研究的课题与方法。根据企业技术引进的规划,负责制定工艺试验研究规划,做好工艺技术与装备的引进、消化、吸收、创新工作。负责解决本企业工艺技术薄弱环节的工艺试验研究工作。负责新工艺、新材料、新技术、新装备的试验研究和推广使用。负责工艺试验研究课题的实施、总结及鉴定。负责将工艺试验研究成果纳入有关工艺文件,做好存档及保密工作。

5. 负责产品工艺工作　参加新产品开发调研和老产品改进用户访问,以及对产品开发过程的评价。负责产品工艺审查及会签,对产品工艺提出改变、改进或同意的意见。组织设计并审定工艺方案及工艺流程方案。组织设计工艺规程和其他有关工艺文件。负责对生产车间进行新产品投产前、老产品改进和老产品再投产的工艺技术交底工作。组织编制工艺定额,包括组织编写材料消耗工艺定额和组织编写劳动消耗工艺定额。

6. 负责对生产过程进行工艺技术服务　及时组织实施工艺文件的指令性修改,并对修改后的正确性、统一性负责。及时处理工艺文件在实施过程中发现的问题。负责解答与工艺技术有关的咨询。负责组织工艺攻关和工艺技术改造工作,工艺攻关成果要纳入有关工艺文件。支持合理化建议和技术革新工作,将其成果纳入有关工艺文件。参加工艺纪律的检查与考核工作。

7. 其他工艺工作　组织制定工艺标准,逐步实现工艺文件的标准化、工艺要素的标准化、工艺典型化。负责工艺情报的收集、整理和传递工作。负责工艺人员培训管理工作,有组织、有计划、有目的地培养和提高工艺人员的素质。

（四）工艺人员岗位责任

1. 总工艺设计师岗位责任

（1）参加主管产品的技术任务书的讨论、新产品的开发调研和用户访问工作。

（2）制订产品工艺设计方案,对工艺方案的科学性、经济性、正确性、可靠性负责。

（3）指导主管产品工艺文件的设计,并负责制定管理性工艺文件。

（4）负责审查主管产品工艺文件,对主管产品工艺文件的正确性、完整性、统一性负责,编制工艺文件目录。

（5）在新产品投产前,协助车间技术主任组织好技术交底工作。

（6）负责新产品试制或小批量试制的工艺总结,提出改进工艺意见。

（7）做好生产现场技术服务工作,对影响产品质量薄弱环节进行调查研究,查明原因并提出解决方案。

（8）协调各工序之间的工艺要求,参加工艺攻关和工艺技术改造工作。

（9）参加主管产品的质量检验和质量会议工作。

（10）参加工艺纪律检查工作,掌握主管产品的工艺贯彻情况。

（11）负责主管产品工艺文件的修改工作。

2. 分管工艺设计师岗位责任

（1）负责分管工序产品的工艺设计。

（2）参加新产品工艺方案的制订工作,对分管的工艺设计提出意见。

（3）按专业分工负责的有关管理性工艺文件的设计,确保工艺文件的正确、完整、统一。

（4）协助总工艺师做好新产品投产前的技术交底工作,向有关人员详细介绍保证产品质量的工艺措施。

（5）指导生产人员严格贯彻工艺规程。对已经实施并验证的生产人员的合理化建议应纳入工艺文件中。

（6）负责对分管工序的产品进行工艺验证工作。

（7）参加分管工序的产品的工序质量审核和产品质量审核工作,对质量审核中提出的工艺问题要积极采取措施妥善解决。

（8）不断采用新材料、新工艺、新技术、新设备,积极参加工艺实验研究,不断提高工艺水平。

（9）做好现场的服务工作,及时处理生产中出现的技术问题,保证生产顺利进行。

（10）参加工艺攻关和工艺技术改造工作,工艺攻关成果要纳入有关工艺文件。

（11）参加工艺纪律检查工作,了解分管产品的工艺贯彻情况。

（12）负责分管产品的工艺文件的修改工作,对修改后工艺文件的正确、完全、统一负责。

3. 车间分管工艺主任的职责 车间分管工艺主任是车间工艺管理的主管领导。其具体职责有以下几点。

（1）负责工艺设计的贯彻执行并确保工艺上机。

（2）负责审批和检查车间分摊的工艺项目试验。

（3）参加全厂新工艺设计的讨论,领导车间专职工艺人员做好本车间具体的工艺管理工作。

（4）定期检查工艺上机情况等。

4. 轮班长的职责

（1）负责轮班工艺管理工作。

（2）按工艺设计变更通知单上规定的内容与要求，组织有关生产组长及生产工人认真贯彻执行。

［案例］某纺织企业工艺管理手册中的管理文件项目（表7-2）

表7-2 管理文件项目

编号	文 件 名	编写人
01	工艺纪律实施细则及考核方法	
02	工艺管理规定	
03	工艺文件编制修改审批管理规定	
04	先锋试验工艺的有关规定	
05	工序质量控制点管理规定	
06	厂工艺纪律检查内容及考核标准	
07	生产现场工艺纪律检查内容及考核标准	

第二节　纺织企业工艺设计与工艺研究

一、纺织企业工艺设计的内容与要求

（一）纺织工艺设计的要求

工艺设计是指根据产品设计，确定主要原材料成分和其加工方法、工艺流程、工艺参数、设备类型的选择，以及各工序半制品的规格与质量要求等。工艺设计是工艺管理的重要环节，是产品生产的主要依据，因此，必须合理制订其工艺。所谓合理的工艺设计，是指必须保证品种的先进性和产量质量的提高，保证符合科学原理和实际生产条件，并力求节约原材料和能源消耗。凡是投产的产品，都要有完整的工艺设计。为了制订合理的工艺设计，应该掌握机器设备的性能，了解产品的风格特征、花色花型特点和用户要求，考虑实际生产条件的可能等。总之，应满足以下两个方面的要求。

（1）产品具有良好的使用性能，即产品在使用过程中具有良好的性能和质量，符合绿色环保的要求。

（2）产品具有良好的制造经济性，即在制造过程中以最少的劳动消耗，生产出符合质量规格要求的产品，使产品物美价廉，增强市场竞争能力。

（二）纺织工艺设计的主要内容

因为纺织产品的用途、规格、质量标准、用户要求不同，纺织产品所用的原料、染料性能、生产设备性能和工艺流程等因素的不同，产品的工艺设计存在着一定的差异。设计人员在充分掌握各种不同因素的基础上，从现有条件出发，坚持"质量第一"，讲求经济效益，合理选用原材料，选择合理的工艺方案，使设计、生产出的产品满足用户要求。

1.工艺设计方案的类型(表7-3)

表7-3　工艺设计方案的类型

分类方法	方　案　类　别
按企业的生产类型分	小批量和轮番生产的工艺设计方案
	中批量生产的工艺设计方案
	大批量生产或大量生产的工艺设计方案
按产品的生产状况分	新产品试制与投产的工艺设计方案,包括试验性新产品和生产考验性新产品
	老产品技术改造的工艺设计方案,包括改变产品设计和改变产品产量

2.工艺设计方案　工艺设计方案中,通常包括必要的技术经济指标、工艺及技术上的总原则等内容。

(1)新产品试制工艺设计方案。新产品试制的工艺设计方案应在评价产品工艺性的基础上,提出试制所需的各项工艺技术准备工作。其内容包括:对产品工艺性的评价,对工艺工作量的大体估计,自加工还是外协加工的初步意见,主要材料和工时的估算,有关新材料、新工艺的试验意见等。

(2)新产品小批量试制工艺设计方案。新产品小批量试制工艺设计方案在总结试制的基础上,提出批量试前所需的各项工艺技术准备。其内容包括:对新产品试制阶段工艺工作的小结;自加工还是外协加工的调整意见,工艺路线的调整意见,对特殊原材料的要求,需要设计的全部工艺文件及要求,对工艺验证的要求,对有关重点工艺环节的安排及生产节奏的安排意见,根据产品复杂程度和技术要求所需的其他内容。

(3)批量生产的工艺设计方案。批量生产的工艺设计方案应在总结小批量试制情况的基础上,提出批量生产前需进一步改进、完善工艺和生产组织措施的意见和建议。其内容包括:对小批量试制阶段工艺验证情况的小结,工艺关键点的质量攻关措施意见,关键工序质量控制点设置要求,工艺文件及工艺设备的进一步修改和完善建议,对生产的安排和投产方式的建议,有关新材料、新工艺的采用建议。

(4)老产品改进的工艺调整方案。老产品改进的工艺设计方案主要指老产品改进工艺后的工艺组织措施,老产品改进工艺设计方案的内容一般可参照新产品的有关工艺设计方案制订。

二、纺织企业工艺设计

(一)编制工艺方案的依据

1.设计和批量试制投产的日期　批量试制投产日期的确定,本质上就是确定了生产技术准备工作的周期。应根据市场信息和企业各方面的条件做出决策。

2.产品性质　编制工艺方案时,应明确该产品是企业的主导产品还是一般产品;是系列产品还是单一产品等。

3.产品的生命周期　应根据市场预测信息,确定该产品的发展前途。预计产品最大市场容量、年销售量等。

4. 产品的生产类型 确定该产品的生产规模和方式,是大批量生产、还是中批量或小批量生产,是连续生产还是周期轮番生产。

5. 有关该产品的文件 产品的全部设计文件、产品标准、技术要求及其他有关的技术文件。

6. 有关的工艺资料 企业的有关设备和测试仪器的清单,设备生产能力,工人技术等级及工种情况。

7. 工艺水平比较 企业现有工艺技术水平与国内外同类产品的新工艺、新技术成就等的比较。

（二）工艺方案编制要求

1. 新产品试制 新产品试制,可按照不同情况区别对待。技术简易、生产工艺易掌握的一般产品,可不编制工艺方案,可仅做原则性规定;复杂的、试验研究性的重要产品,都要详细、认真地编制工艺方案。

2. 小批量生产或轮番生产的产品 小批量生产或轮番生产的产品,除已基本掌握生产情况外,一般都必须编制工艺方案。中批量或大批量生产的定型产品,通常应编制工艺方案。

（三）编制工艺及实施的步骤

1. 确定拟订人员 新产品试制任务确定后,由总工程师拟订和任命产品主管(总)工艺师,主管(总)工艺师配合新产品开发设计师完成新产品试制工作,参加从调研、设计方案论证到产品鉴定的各项工作,以便全面熟悉产品的设计性能和技术条件,掌握生产产品的关键工艺所在。

2. 提出决策意见 厂长应会同总工程师、生产副厂长等根据各业务科室提供的资料,对批量试生产计划要求、产品的设计性质、生产类型,产品的生命周期等项目提出投产决策意见,形成书面文件。产品主管(总)工艺师根据厂长的决策,把主要数据纳入工艺方案,作为编制工艺方案的主要依据。

3. 确定拟订原则 总工程师根据厂长的决策,会同工艺科长等有关的主要技术人员对该产品投产的批量大小、对设备和测试仪器的要求、工艺专业化和协作原则、生产组织方式等问题做出原则性决定。产品主管工艺师将这些决定精神具体化并纳入工艺方案,作为编制工艺方案的重要原则。

4. 编制工艺方案 产品主管(总)工艺师应收集所需要的技术文件和企业生产条件等资料并做出分析;听取产品试制车间、有关科室和专业工艺员对该产品投产的意见和建议。组织各专业分管工艺员,初步提出工艺方案设计。会同人事部门及有关车间安排工人培训计划,会同外协归口部门协调外协项目等。凡工艺方案内容中涉及非工艺部门承担的事项,均应采取各种形式把实施原则及方法确定下来。由产品主管(总)工艺师编制工艺设计方案。

5. 组织讨论工艺方案 由工艺科长组织工艺人员对方案进行讨论,由产品主管(总)工艺师修改后,经工艺科长审核,报总工程师审批。

6. 批准工艺方案 总工程师组织各有关职能部门、车间和技术人员对工艺方案进行全面审查。经充分讨论后,由总工程师做出决策,必要时由产品主管(总)工艺师修改后,由总工程师批准。

[案例]某纺织企业工艺文件的编制与审批权限(表7-4)

表7-4　审批权限

序号	工艺文件名称	设计	校对	审核	批准	备注
1	工艺标准、工艺管理标准、主导工艺文件	√	√	√	√	
2	总工艺设计单	√	√	√	√	
3	新产品试制工艺文件	√	√	√	√	
4	分工艺设计单	√	√	√		
5	工艺材料定额	√	√	√		
6	工艺卡	√	√	√		分厂编制
7	工艺守则	√	√	√		分厂编制

注　表中打"√"表示必须经过本流程。

7. 工艺方案归档和修改　工艺方案经审核批准后应立即归入技术档案室,并分发给各有关部门和工艺人员,作为生产技术准备和编制工艺文件的依据。在实施过程中若需要修改,应履行必要的手续,并经总工程师批准。

8. 工艺方案实施　生产计划部门在总工程师办公室配合下,按批准的工艺方案编制产品生产技术准备工作综合计划进度表,并经厂长批准纳入企业的全面计划管理的渠道,各有关部门均应按计划执行,以保证工艺方案的实施。

(四)工艺方案文件的管理

1. 工艺方案的格式　工艺设计文件一般由工艺设计单、工艺表格、工艺卡等组成,设计单包含工艺流程、设备型号、工艺参数、工艺审批等内容。

2. 工艺方案的管理　工艺方案会审时应作详尽的审查记录,存档备查。经批准的工艺方案,由工艺科进行统一编号管理,并复制,发至有关部门执行。执行中如需要重大修改,可由产品主管(总)工艺师重新拟订方案或修改原方案,经过前述同样程序审批发放。并将原工艺方案收回作废。如为局部修改,经过原批准者审批后,由产品主管(总)工艺师签发"工艺通知单"通知有关部门执行。工艺方案在执行发现问题,可及时反映,但除工艺部门外,其他部门不允许擅自修改。

3. 工艺设计的表现形式　纺织企业具有工序多、机台多、品种多、人员多、工艺参数多的生产特点,各种产品的质量要求不同,应有不同的工艺设计方案。在一个车间(或工厂)内,常有多个品种同时生产,为适应市场要求,翻改也较频繁。因此,应把掌握生产规律和发挥职工的积极性结合起来,把专业管理同群众管理结合起来,使职工自觉地按工艺要求进行生产,严守工艺纪律,以保证生产正常进行,稳定和提高产品质量。工艺设计的表现形式一般有以下三种。

(1)工艺设计单。每个产品品种都必须有完整的工艺设计单(有的企业也称总工艺设计单)。纺部工艺设计是按品种从原料开始一直到最后制成筒子纱线、绞纱线或直接作纬纱的管纱,按照工艺流程,将每道工序中所设计的项目(参数)逐一填写到工艺设计单中;织部工艺设计是根据织物规格、品种,从经纬纱的特数直到坯布成包,按织造生产工艺全流程,将每道工序的参数逐一填写在工艺设计单中。

(2)工序卡。又称作工艺设计牌(有的企业也称作分工艺设计单),是将每一种产品,按照工艺流程顺序排列出每道工序的具体的工艺参数、操作方法及要求,便于挡车工统一执行,防止工艺质量事故的发生。

(3)工艺卡。又称作工艺设计卡(一般都挂在每个机台的机头)。同类机台,因加工产品不同,工艺内容也有差异。为了正确反映机台的工艺参数,便于挡车工掌握和工艺检查,在机台上都设有工艺卡,列出经常变动的工艺项目,以利标准化现场作业管理。

(五)工艺标准化

1. 工艺标准化的目的　工艺标准化是为了使产品生产过程能够切实保证产品的质量,同时又能提高效率、降低消耗。

2. 工艺标准化的内容

(1)工艺术语标准化。工艺术语是工艺领域内的共同技术语言,它是制订工艺标准、编制工艺文件和做好各项工艺工作的基础。工艺术语不统一,不仅会影响技术交流,甚至会影响生产技术工作的正常进行。企业在编制工艺工作中,应按照统一的规定使用名词、术语和符号。对国家或行业尚无统一规定的,应在本企业内做出统一的规定。

(2)工艺要素标准化。工艺要素是工艺方法赖以实施的一系列重要因素,如机械加工的加工余量、工序尺寸及公差、切削用量等;塑料成型加工中的温度、时间、压力等;纺织品加工中的并合根数、牵伸倍数、线密度、捻度、不匀率、经纬密度、幅宽等因素。对这些因素进行统一和简化,制定出标准并加以贯彻,是达到工艺目的的重要保证。

(3)工艺规程标准化。工艺规程标准化又称作工艺规程典型化,是从研究产品类型和加工工艺着手,把具有相同的类型和加工工艺特征的产品归并在一起,研究其工艺上的共同点,结合企业的实际生产技术条件找出比较先进的工艺方案,形成指导生产的工艺文件。在编制过程中,有的工序可以编制工序守则或操作说明书,作为通用性的工艺规程。

(4)工艺文件标准化。工艺文件标准化,是运用标准化手段,对工艺文件的种类、格式、内容、填写方法和使用程序等实现标准化,并保证工艺文件的完整和统一的标准化。企业应根据自身的产品特点、专业化程度、设备和人员的技术水平等不同条件,制定出适合本企业使用的工艺文件格式,也可按具体情况在使用统一的工艺文件格式的基础上,适当增补一些实用的格式。

3. 工艺标准制订

(1)标准编制人员。制订的标准是否合理将直接影响企业的产品质量和成本。企业的工艺部门应根据工艺标准的对象、内容与适用范围,组织相应的专职标准化人员和专业工艺技术人员编制工艺标准(表7-5)。

表7-5　标准编制分工和要求

标准类别	负责编制人员	编制要求
基础标准	专职标准化人员	专职标准化人员负责编制方法的指导和督促检查,组织审查、报批、编号和发布
工艺标准	专业工艺技术人员	对专业性较强的标准,应组织有关专业工艺技术人员负责编制
多专业、工作量大的标准	专职标准化人员和专业工艺技术人员联合编制	联合编制的方式可以集中各方面的意见,以便与标准的贯彻实施

（2）标准制订的工作程序。确定标准的适用范围,根据工艺标准化计划的要求,确定所制定的标准应包括哪些内容,适用范围及要求达到的目的。收集有关资料,包括国内外有关的标准资料,设计、生产、使用各方面的意见,与标准有关的历年现场生产技术数据。

（3）试验验证。必要时对尚无足够可靠性的指标、技术数据进行试验验证,取得第一手的试验技术资料。

（4）整理与对比分析。对收集来的资料进行整理与对比分析,根据标准的制订原则确定方案和提出论据。

（5）编写标准(草案)。在研究当前生产、技术、管理、使用等有关情况的基础上,考虑技术的发展,按照标准制订原则编写标准(草案)。对重大的工艺标准,要编写说明书,其内容见表7-6。

表7-6　编写说明书的主要内容

项　　目	主　要　内　容
制定标准的依据	制定标准的依据
起草的简单过程	起草工作小组的组成以及调研、试验、测试、统计、分析等简单过程
主要参数的确定原则	依据参数的具体情况来确定
各参数的相互关系	用文字说明或用公式表达
水平分析对比资料	如国内外先进水平资料
主要分歧意见处理	对主要分歧意见处理的说明
贯彻标准	关于贯彻标准的措施建议以及在贯彻标准中可能出现的问题
存在的问题	存在的问题和需经上级解决的问题

（6）征求意见。标准草案完成后首先要由起草单位进行逐级审查。然后将标准草案送交有关科室和车间征求意见。

（7）修改会签。在广泛征求意见的基础上,标准起草人员对草案进行修改,进行文字加工,提出第二稿的标准草案,送有关部门会签。

（8）审查批准。经过会签的标准草案(或包括编制说明书)按规定的程序经标准化人员及逐级审查签字后报送总工程师(或技术副厂长)审批签字。

（9）发布实施。经批准的工艺标准,由工艺部门的标准化专职机构组织复制、存档并发文公布实施。

4.工艺标准定期复审

（1）复审的目的。复审的目的就是审查和确定过时或即将过时的标准,以便及时地进行修订或增订新标准,适时地将科学技术成果和实践经验纳入标准。

（2）复审周期。工艺标准的复审周期一般为2~3年。

（3）复审人员和方式。复审工作由专职标准化人员或专业技术人员负责,可采取组织会议复审或发函复审的方式。

（4）复审结果处理。根据复审结果,可按重新确认、修改、修订、废止等情况处理原工艺标准(表7-7)。

表7-7 复审结果处理程序

程　序	具　体　内　容
确认	标准仍能满足当前生产需要,各项技术指标符合当前科学技术水平,标准内容不做修改或只做编辑方面的修改。这类标准的标准号不变,标准再版时,应在标准封面上注明"××××年确认"字样
修改	对标准的内容(包括标准名称、条文、参数表等)进行少量修改和补充。经修改,补充后,这类标准的标准号一般也不变,仍继续有效
修订	当标准的主要技术内容需要作较多的变动时,该标准应重新修订。这时需要及时立项,作为修订标准项目。标准修订前必须收集"使用情况",并整理出存在的问题;收集"技术和经济发展情况"、"贯彻标准存在的问题"等进行分类整理,作为修订的根据。修订后的标准编号不变,仅将年代号改为修订后批准的年代号
废止	标准的内容已不适应当前的生产需要或已被新的标准所替代,以及已失去使用意义的标准应废止

5.工艺标准的贯彻　贯彻标准不只是标准化人员的工作,而应是包括企业最高领导在内的企业有关人员共同参与的一项工作,贯彻工艺标准的步骤为计划、准备、实施和总结。

（1）制订贯彻标准计划。主要考虑以下几点。

①与其他相关标准配套贯彻。

②与企业各项计划、管理机构和企业的经营目标协调。

③选择适当时机(如新产品投产时)贯彻标准。

④全面分析贯彻标准所涉及的各个方面、各个环节、各部门承担贯彻标准的潜力,以免影响企业的正常生产秩序。

（2）贯彻标准准备。主要指下面几个方面。

①宣传准备工作。由有关技术人员宣传贯彻该标准的意义和目的,使人家理解和熟悉标准的内容。

②技术准备。编制新旧标准对照表,针对技术难点组织工艺攻关,下发有关的技术资料等。

③物质准备。准备必需的专用工艺装备、设备、材料、检测仪器等。

（3）组织实施。组织实施工作主要做以下几项工作。

①在小范围内先试行贯彻标准,目的在于发现贯彻标准中可能出现的问题,以便在全面实施时进一步采取有效措施。对于影响面小的标准各方面情况比较清楚的,可不进行试行贯彻。

②进行全面实施,在各方面准备就绪,条件成熟时,即发出通知,对所要贯彻的标准进行全面贯彻实施。工艺技术标准宜在新产品投产或批量生产组织投产时使用,这样有利于协调配套。

③进行检查监督工作。标准全面实施以后要加强检查监督,及时纠正贯彻标准中的偏差和违反标准的行为。检查监督工作由质量检验部门和标准化管理机构负责。

（4）总结提高。在贯彻实施过程中发现标准本身存在的问题,应及时收集修改建议。

三、纺织企业工艺研究

工艺研究是推进企业生产技术发展的重要手段,可以借此改进生产工艺,不断提高工艺技术水平。纺织企业的工艺研究应根据市场行情变化和季节变化,根据质量指标、实物质量、用户反映等要求,抓住生产中的薄弱环节,制订工艺改进方案,从理论上、技术上进行科学分析,以达到保证生产稳定和产品质量不断提高的目的。

(一)纺织工艺研究的主要内容

(1)对已了机的产品工艺进行分析和总结,总结经验和教训,并写成"已生产产品工艺小结",利于今后同类或相近产品再生产时备考,以便直接套用或作少许修改即用,大大缩短试生产周期。

(2)对同行业、国内国际的新工艺信息加以分析研究,尤其是注意收集适合本单位生产线工艺的信息,以指导工艺设计的先进性。

(3)对工艺中的疑难问题进行分析研究,尤其要重视将设备、温湿度环境、操作技能、原料特性和混配成分变化等诸因素,作为一个系统进行剖析研究,直接促进工艺技术水平的不断提高。

如前所述,工艺是龙头,设备、操作、空气调节和原材料是服从于工艺的。因此,工艺研究的范围自然涉及很多方面,应对设备性能的充分发挥,操作技能的改进,各气象条件下温湿度与工艺环境的联系,原料的性能等,既分类别又作为一个系统通盘考虑,综合分析,全面研究。

(二)工艺验证

工艺研究应与工艺试验紧密结合,充分利用各种试验手段,使用最短的时间,最经济的方法,摸索出最佳工艺方案。工艺试验的方法通常采用先锋试验。所谓先锋试验,是某新产品正式生产前的一系列工艺方案的试探。即根据方案的不同情况,合理安排试验,迅速找到最优试验点或最优试验方案,通过工艺试验验证工艺的合理性。

1. 工艺验证　工艺验证是在新产品研制和批量试制阶段中,对工艺能否保证达到产品设计的要求,所进行的一系列验证工作。它包括对新工艺和关键工艺的验证,协助新产品试制部门解决重大的工艺技术问题。

2. 工艺验证的依据　主要包括产品设计技术文件,有关国家标准、行业标准、企业标准及产品质量分等规定等,工艺方案,工艺流程,工艺设备明细表,其他有关工艺文件。

3. 工艺验证的内容和要求

(1)新产品试制阶段。新产品试制一般是要进行规定的试验和用户使用考验,然后鉴定,对新产品的性能、工艺性和经济性等做出评价,并根据验证结果对技术文件进行相应修改。

(2)新产品的批量阶段。批量阶段是在新产品试制、鉴定的基础上,为大批量生产的工艺设计做准备,通过对每一道工序的加工质量、工艺装备和定额进行考察,使工艺文件达到正确、统一、齐全。新产品的批量阶段的工艺验证重点是工艺准备,目的是考验产品的工艺、进一步验证工艺的合理性。验证全部工艺文件和全部工艺设备,并对设计工艺进一步审查修改。在批量阶段时要做好一系列的生产技术准备工作,准备好生产所需的全部工艺文件。

4. 工艺验证的方法　工艺验证的方法主要是试验法。试验是指在技术开发和设计、实施过程中,为了实现和提高技术功能的效用和技术经济水平,利用仪器、设备,人为地控制条件,改变对象,进而在有利的条件下考察对象的研究方法。工艺验证就是在新产品试制过程中,运用试验方法,经过反复改变试验条件和操作方式,验证工艺所能保证达到的制造质量及其经济效果。试验是检验技术成果的重要手段。

用于工艺验证的最常用的试验方法有以下两种。

（1）对比试验。它是为确定两种或多种研究对象的优劣异同所安排的试验。要证实工艺方法及工艺装备的效果，可以进行试验比较，找出各种方案的优点和缺点、相同点和相异点，作为技术决策的依据。

（2）因果试验。由已知结果再去寻找原因的试验。如在工艺验证中发现工艺流程不稳定，就需要查明原因，以便采取措施，修改工艺。

5. 工艺验证组织 工艺验证工作由工艺部门负责组织，生产车间和有关部门参加，以验证小组形式进行验证。

6. 工艺验证程序

（1）验证计划。工艺部门根据生产部门下达的生产计划和工艺方案中确定的工艺验证项目、内容、方法及要求，编制工艺验证计划。该计划经技术副厂长（或总工程师）和生产副厂长审批后，下发到生产和有关部门。

（2）验证准备。验证准备的项目及内容见表7-8。

表7-8　验证准备项目及内容

验证准备项目	验证准备内容
组织准备	根据工艺复杂及重要程度，确定验证组织形式及成员
技术文件准备	设计部门提供产品技术文件和技术标准，工艺部门提供全套工艺文件
原料准备	物资部门根据工艺部门编制的"原材料定额明细表"做好原材料、辅料的准备
质检试验准备	由技术部门、质检部门、计量部门做好工序检查、工艺检查、半成品检验等准备
技术交底准备	由生产现场主管主持召开技术交底会。设计主管、工艺主管要向现场工段长以及有关操作人员介绍工艺验证的主要内容、要求和方法

（3）验证过程。系列产品及主导产品的工艺验证工作由工艺部门负责组织指导。工艺验证时，由各生产现场技术主管负责全面验证工作。验证结束由各生产现场技术主管负责编写验证小结，报工艺部门。验证过程中，如果发现工序有明显错误或遗漏，工艺员应立即修改工艺；操作人员如在加工过程中发现问题也应立即停止操作，并向验证小组反映，待验证小组做出工艺变更决定后，操作人员再按变更后的工艺进行加工和验证。工艺员要严格按工艺要求进行检查，质检员要严格按质量标准进行检查。验证小组逐道工序进行验证。

（4）验证结论。验证结论分为合格、基本合格和不合格三种（表7-9）。

表7-9　验证结论与要求

验证结论	具体要求
合格	各工序质量和半成品加工质量达到工艺技术要求并且稳定的才算验证合格。这时工艺设计可定型，工艺规程可投入生产使用
基本合格	各工序质量和半成品加工质量基本合格，但尚待完善或改进的只能算基本合格。需经改进，再次验证合格工艺定型后，工艺规程才可投入生产使用
不合格	不能保证产品质量要求或不能保证质量稳定的、必须变更工艺流程或更改工艺参数的为不合格。对验证不合格的，工艺人员须重新设计工艺并组织验证

7．工艺定型

（1）工艺定型的条件。

①工艺验证合格。

②工艺技术资料完整、正确,能保证产品的技术条件的要求。

③具有完整的试制总结。

④工艺过程所需的设备和检测仪器能符合工艺要求,并调试合格。

⑤工艺参数调试合格,能保证产品的质量。

⑥原材料符合工艺要求,并能保证供应。

⑦技术管理制度与岗位责任制已建立,并得到贯彻执行。

⑧生产和检验人员能掌握所在工序的工艺资料和操作技能。

（2）工艺定型审批程序。工艺定型一般由企业内部根据一定审批程序完成。当工艺定型的产品达到生产标准时,企业可在内部审批定型,批准正式生产,也可根据有关规定向上级部门提出申请定型。

第三节　纺织企业日常工艺管理

一、纺织企业日常工艺管理的工作

1．工艺设计工作　工艺设计是工艺管理的中心内容,主要项目是拟订产品生产的工艺路线、工艺流程、工艺参数、加工方法和操作规程等。

2．工艺审查审批工作　审查审批工艺流程是否正确及工艺参数是否合理,工艺流程是各车间生产的主要依据,工艺参数则直接影响到产品的产量、质量和消耗。合理的工艺流程和工艺参数可以保证产品质量,减少劳动损耗,提高生产效率。

3．工艺的执行工作　工艺执行包含两大方面内容,即实际上机工艺情况和工艺检查情况。严格要求设计工艺参数在实际工艺流程工序机台上的执行状态。要求进行工艺检查或抽查。设专职工艺检查员,负责工艺的专职检查和工艺上车合格率的把关,确保工艺上车符合标准,不断提高产品的质量。

4．工艺调研和工艺研究工作　了解国内外同类产品的工艺水平,了解新工艺、新材料的使用情况,合理性的选择工艺参数,加强工艺研究,不断提高工艺的合理性、先进性,提高企业的经济效益。

5．日常工艺文件管理工作　工艺文件是开展工艺工作的依据、主要用于指导工人操作和用于生产、检验、工艺管理。工艺文件主要包括工艺设计单、工艺表格、工艺卡,还包括劳动定额表、原材料消耗定额表、检验标准等。企业要切实做好保管、贯彻执行及修订等文件管理工作。

二、纺织企业工艺审批制度

工艺设计的制订和贯彻不是一成不变的,随着生产条件的变化,工艺设计中某些参数就需要及时加以调整。为了防止工艺混乱与差错,应建立工艺变更审批制度。

1．审批

（1）审批程序。工艺设计由设计者校对后,由产品主管（总）工艺师或工艺组长审查,再经工艺科长审核,总工程师批准。

（2）审核内容。工艺设计是否符合工艺要求,是否达到规定指标。工艺流程、工序内容、工艺要求、所用设备是否正确合理,有无违反安全标准和环保规定。工艺设计的格式、术语、代号、计量单位以及材料规格和工艺参数是否符合标准。

2.会签 工艺设计经审核后,应由有关车间和部门会签。主要会签内容为:根据本车间的生产能力,工艺设计所定的内容能否实现;工艺设计所用设备和检测仪器是否合理,自制或改装有无可能。

3.批准 经会签后的工艺设计,一般由工艺科长批准或由总工艺师批准。

4.审批管理 纺织企业一般实行厂部、车间两级管理,由提出部门按审批范围逐级办理审批手续,再由执行部门具体落实。工艺审批权限及工艺审批责任见表7-10与表7-11。

表7-10 工艺审批权限

审批项目	内 容
厂部审批项目	重大的工艺变更,如改变机械结构、工艺顺序、新品种试制等
	对质量、产量、节约有较大影响的工艺变更,如纺织企业细纱机与织机速度、牵伸倍数、配棉或配毛成分等的变更
	企业与用户之间有关工艺项目的变更,如成包规格变更等
车间审批管理项目	除厂部管理项目外,其他项目变更可由车间主任审批

表7-11 工艺审批责任

程 序	责 任
工艺制定	应充分考虑企业的生产技术实际情况,设计者对工艺文件的正确性、完整性、先进性和安全性负责。在工艺文件会签中,要听取各方面的意见,对正确合理的内容,应及时采纳
审 查	认真对工艺文件的全面审查,确保工艺的正确和前后衔接,工艺应适应本企业的生产技术条件。审查者对工艺的准确性、先进性、合理性负责
会 签	审查工艺文件在本企业贯彻执行的合理性和可行性,对存在问题的地方,提出修改意见,并做好相应的生产技术准备安排,使工艺文件能迅速执行
批 准	对有关的政策和规定负责

三、纺织企业工艺纪律

严格执行工艺纪律,是贯彻工艺设计和实现效益的重要保证。纺织厂是多工序连续生产的系统,任何一种工艺的波动或差错,不仅直接影响本工序生产,而且会影响下道工序,直至影响产品是否满足用户要求。所以,一定要制订工艺纪律,教育职工严格遵守。工艺纪律的内容包括以下几个方面。

（1）各工序翻改品种、变更工艺或采用新工艺时,应经当班班长和技术员跟踪检查,确保无误后方可开车试产。试产的第一个产品,应送试验室试验,符合变更要求后才能正式开车生产。若不符合,再调试直至合格。

（2）各机台进行大修理后，由维修队长负责检查有关隔距和变换齿轮，填表送试验室核对无误后，方可开车生产。试产的第一个产品，应送试验室试验，符合工艺要求后，才能正式开车生产。若不符合，再调试直至合格。

（3）生产技术科、试验室应经常核对工艺，并定期检查各工序变换齿轮；定期整理汇总工艺设计表和技术资料；齿轮变换要按齿轮管理制度进行，做到专人负责，统一收发管理。

（4）由于工艺管理问题而造成的质量事故或质量差错，按有关规定查明原因，分清责任，并吸取教训，积极改进。当工艺变动时，工艺卡的内容应及时更改填写，便于大家了解掌握。各种试验资料必须妥善保管。新品种的试纺、试织资料必须完整地保管备查，要做到工艺的设计、工艺的上机和工艺的记录三者相符。

严格各项工艺纪律，做到机台有工艺卡，生产操作严格按工艺卡规定执行，检查质量参照工艺卡。在维修工、挡车工中树立工艺是龙头的观念，认识到"工艺卡就是技术法规"，工艺参数是不可擅自改动的。只有从根本上提高对工艺严肃性的认识，并与经济责任紧密相结合，才能提高严格遵守工艺纪律的自觉性，克服有章不循违章现象（表7－12）。

表7－12　工艺管理违纪现象

管理项目	违　纪　现　象
工艺文件	文件不齐全，内容缺项有错误，不清晰。生产技术准备不充分
	分发文件较混乱，时多时少，有遗漏
	工艺文件未及时修改，文件前后不一致
	文件管理不善
设　备	设备技术状态差，不能满足工艺加工的要求
	关键工序设备，未按期进行周期点检，影响加工质量
	设备性能和精度超过允许界限
	设备脏、乱、差
	计量器具不合格，超过检定周期
原料与半制品	原料质量和指标不符合工艺要求
	半制品的内在质量不合格
文明生产	生产现场通道不畅，飞尘堆积，脏乱差
	半制品摆放乱不整齐，定置管理差
均衡生产	均衡生产差，突击生产，为赶任务违纪生产
	粗制滥造，半制品乱堆放，影响文明生产和定置管理

四、纺织企业工艺上机检查

尽管工艺设计过程把各方面的因素考虑得十分周全，但是设计工艺最后在实施到各个机台的过程中，各机台运转的实际工艺参数（实际工艺）不一定与设计参数完全吻合。这是因为各单机每一个工艺部件（即与加工产品直接接触的零部件或专件）的静态形变和动态形变的状态总是处于变化之中，不可能完全一致。这种变化导致了加工过程中工艺效果的差异，该差异称为"内不匀"。另外,还有加工同一产品的同型号机台之间,尽管执行的设计工艺参数完全一样,但各机台的机械状态不可能完全一致,从而导致各机台之间工艺效果也会有差异,这就是"外不匀"。"内不匀"和"外不匀"的综合影响结果就是"总不匀"。

工艺上机检查的目的是为了缩小纱锭与纱锭、机台与机台等之间工艺上的差异,使上机工艺符合工艺设计要求,纠正工艺偏差,降低产品的总不匀,提高产品质量的均匀度。纺织企业是多机台生产,大多数设备都是由很多零部件组装而成,若安装规范不一,误差超越工艺允许限度,必然影响产品质量的稳定。所以,工艺上机检查是加强工艺管理必不可少的重要手段,是提高产品质量的有效保证。

1. 工艺上机检查的方法　由设备科、生产技术科定期或不定期地组织车间领导、有关工序的工艺技术员、保全保养技术人员和工人参加工艺上机检查,根据工艺上车技术条件中规定的检查项目、允许限度与检查方法,对机上实际工艺执行情况逐项(次)检查并做好记录(有时还要拆卸机台局部部位,详细检查内在原因),逐台计算合格项(次)数,最后按工序计算工艺上车合格率。

$$工艺上车合格率 = \frac{合格总项(次)}{检查总项(次)} \times 100\%$$

2. 工艺上机检查的内容　工艺上机检查应根据各个企业生产条件、各道工序工艺的具体内容和要求,定出检查项目、工艺技术标准、允许差异限度、统一检查方法等。如纺织企业的细纱机,主要是检查变换齿轮齿数、罗拉运转灵活程度、隔距块松紧、加压大小、销子开口统一情况、皮圈架磨损情况、集合器形式与口径、导纱动程与标准的差异、粗纱是否碰皮辊架等各个项目是否符合工艺要求。在织布机上,主要是检查经位置线、投梭时间、开口时间、张力机构、布幅、吊综状态、经纱通道、车速等是否符合工艺要求。车间工艺检查考核对象和考核内容见表7-13。

表7-13　车间工艺检查考核对象和考核内容

考核对象	考 核 内 容
操作者	实行定人、定机、定工种,并按规定具有设备或工艺操作证
	生产前的准备工作,熟悉并掌握本工序的工艺文件和技术标准的有关内容
	认真贯彻工艺要求,仔细检查设备、原料和在制品等是否符合技术条件要求,严格按工艺生产和操作
	按要求做好自检工作,检查工艺文件中规定的工艺参数,如温度、湿度、压力、隔距、牵伸齿轮、开口时间等并做好记录
	实行文明生产,所用设备的整洁,工具定置,工具箱清洁,在制品定置摆放整齐,操作文明,通道畅通
	在制品质量合格,一等品率达到计划要求,未发生质量事故
生产班组	设置兼职工艺检查员,贯彻执行企业工艺实施及检查考核方法。检查本工序的工艺执行情况,考核定人员并做好记录
	完成工艺合格率指标,特别是达到重要工序的工艺合格率计划指标
	班组的在制品的一等品率、制成率达到或超过计划指标
	降低因违反工艺所造成的质量事故及损失

续表

考核对象	考核内容
生产车间	技术主任负责车间工艺管理工作,车间设置专职或兼职工艺检查员,负责车间工艺检查、考核等工作
	认真贯彻执行企业工艺实施及检查考核方法。做好工艺抽查工作和对生产班组、车间工艺组(员)的工艺纪律考核工作
	车间的在制品一等品率、制成率达到或超过计划指标
	完成工艺合格率指标,特别是完成重要工序的工艺合格率计划指标
	降低车间因违反工艺所造成的质量事故及损失

[案例]某纺织企业重点工序质量控制点的考核标准(表7-14)

表7-14　质量控制点的考核标准

项目＼指标	优秀控制点	合格控制点	不合格控制点
工艺贯彻率	100%	100%	低于100%
质量合格率	高于该工序规定1%	达到该工序规定	低于该工序规定
工艺纪律考核分数	96分以上	90~96分	低于90分
控制文件、原始记录	齐全、正确、活动正常	正确、1~2项记录欠完善	原始记录不完善,超过3项
质量审核评价	合格	合格	不合格

➤ 技能实训

通过对一个纺织企业进行实际调研,使学生接触和了解纺织企业的实际工艺管理活动,经过实地参观、询问、考察,分组讨论后写出调研报告。

1. 你作为一名企业基层的工艺管理者(如车间的工艺设计员),如何开展工艺管理工作。要求通过调研写出车间工艺管理的工作程序和有关人员的岗位职责。

2. 你作为一名基层的工艺管理者应如何开展工作,才能保证良好的工艺技术状态。你认为应该如何开展工艺上机检查,才能保证产品质量的稳定和提高? 针对工艺管理中存在的问题,提出几条建设性的措施。

➤ 案例综合分析

纺织企业工艺管理制度实例

(选编自无锡明仁纺织印染有限公司的企业管理手册)

1. 工艺设计

(1)全厂各类产品的工艺及工艺操作规程统一由技术科负责设计和编制,经总工程师审批签发,下达有关车间执行。

(2)基本工艺规程的主要内容。

①产品的坯布和成品规格。

②坯布和成品的质量标准。

③工艺流程。

④加工机台及设备条件要求。

⑤工艺条件及主要用料处方。

⑥工艺上车的标准及检查内容。

⑦技术操作要求。

(3)新产品根据试验结果,在技术上已经成熟、设备条件达到要求、生产确有把握的情况下,由技术科统一编制新产品工艺规程,经总工程师审批签发,下达车间执行。

(4)6个月以上未生产的产品重新投产时,如坯布、染化料、加工机台的设备条件有重大变化时,也应进行先锋试验。如无上述重大变化,经技术科与有关部门研究,认为确有把握时,可不再进行先锋试验。但技术科应重新下达正式的《基本工艺规程》,书面通知车间执行。

(5)经常使用的产品(如坯布、染化料、加工机台设备条件)发生重大变化时,应事先进行必要的先锋试验。若需修改工艺时.由技术科提出《工艺修改通知书》由总工程师或分管厂长签发交车间执行。

(6)技术科每年应对全厂生产品种的所有工艺作一次全面整顿,本着可行、实用、有效的原则,理顺工艺体系,重新印好每年度《基本工艺规程》,工艺检查作为附件,下发车间生产备用。

2. 工艺上车

(1)新产品投产一周前,技术科应将《新产品工艺设计指导书》交有关车间,以便贯彻执行。

(2)各车间工程师根据生产任务,按机台分别制订具体的工艺执行细则,内容包括工艺条件、用料处方、技术操作要求及半制品质量要求等,并以书面形式分发给各机台执行。

(3)在投产之前,车间工程师要向轮班工艺员、生产组长、挡车工、化料工等人员作新工艺执行细则的详细解释和现场指导,避免发生误差。

(4)一切工艺试验都有生产科牵头,统一以书面形式下达车间试验,任何人不得擅自在生产机台上搞所谓工艺试验,影响生产,影响产品质量。

3. 工艺检查

(1)为了保证工艺准确执行,必须进行工艺检查。工艺检查分厂级检查、车间检查和机台自查三级。

(2)技术科根据生产中发生的问题组织重点检查。

(3)车间工艺员对各机台工艺进行全面检查。每天检查的记录,作为机台考核的依据。车间工程师每批产品上机检查1次,并对工艺员检查记录进行签阅,以便及时了解工艺执行情况。

(4)各机台挡车工应对全机工艺执行情况,按车间规定次数进行检查,进布工、出布工、化料工按各人员职责范围检查工艺执行情况。进布工每班按规定次数检查,并做好记录。出布工要经常检查布面质量情况,贴好标样,发现问题要立即向挡车工汇报处理。该记录由生产组长每天签阅。

(5)工艺检查的内容和方法由车间主任和车间工程师根据各类产品《工艺设计书》的要

求,分别按机台制订。检查内容包括浓度、温度、作用时间或车速、半制品标准核对等,并报技术科备案。

4. 工艺纪律

(1)一切产品都必须贯彻"先订工艺后投产,未订工艺不投产"的原则。

(2)各机台加工的任何产品,包括试验产品、代加工产品等,都必须在上车前有正式书面工艺下达,无明确工艺的产品不得上车加工。

(3)必须保证工艺的严肃性,工艺下达后操作人员和各级干部必须严格执行,不得擅自改变。

(4)要积极发扬技术民主,欢迎提出所订工艺改进意见,应积极采纳合理的意见,但在未作出结论、工艺未修改之前仍应按原订工艺认真执行。

(5)由于发生故障或操作差错等突发性原因,为保护产品不受损失,轮班工艺员,可对某些工艺条件作暂时性的应急变更,但对上述变更的原因、处理的经过及效果应及时向车间主任汇报。

● 讨论题:

该纺织企业工艺管理制度的具体内容有哪些? 找出该企业工艺管理制度的特点及存在的不足。

第八章 纺织企业设备管理

● 本章学习目标 ●

1. 了解企业设备管理的内容、要求和实施方法。
2. 熟悉如何进行设备的选型和购置。
3. 了解设备资产管理的主要内容,确保设备资产的保值、增值。
4. 熟悉日常设备的使用、维护和维修方法。
5. 熟悉设备更新与技术改造的过程。

☞ [导入案例]设备是企业发展的翅膀

设备是企业生产的工具,也是企业创造价值的主要手段。企业设备管理中的选型和购置工作是资产投资的重要环节,设备的规划、选型和购买等工作都需要慎之又慎,规划决策的失误往往造成企业不可挽回的损失。据某省统计部门的数据,1998年该省仅轻纺系统就有5 000万元的新设备闲置,近10条生产线不能生产,造成的原因就是规划决策的失误,在市场预测不明的情况下进行盲目的投资。决策的项目没有经过认真调研、分析,设备前期管理工作的失误,使花了大量资金购买的设备无法投入生产,不是购买的设备技术过时,就是生产的产品质量有问题,或产品没有市场和竞争力,使企业陷入困境。

企业需要的设备是否一定要购买?在投资规划决策时,进行经济分析是必不可少的重要环节。要考虑设备的使用率和性价比。如某毛纺织厂,由于某些毛织物风格的要求,在后整理加工中需要电压设备,根据生产需要,投资了几十万元购买了一台全自动电压光机。但实际上,该厂生产的主要品种都不需要经过这道工序。该设备进厂后,一年内也用不上几次,基本上处于闲置状态,设备的利用率很低。如果不购买该设备,少量需要加工的产品可以拿出去委托加工,费用反而更节省。

纺织企业资产的保值和增值是企业领导层时时刻刻考虑的大事,特别对国有企业更是如此。某国有纺织企业为尽快摆脱经营困境,千方百计引进外资,搞合作经营。这本来是件有利于企业发展的好事,但由于外资方老板的不当行为,使企业蒙受损失,使国有资产流失。合资企业重要的一项是合作双方出资的比例,股份制企业就是所占的股份的比例,外资方老板以部分国外先进设备入股,中资方以其他资产入股。在资产评估时,外资方的先进设备是以高价值折算的,实际上所谓的国外先进设备是国外淘汰的设备、二手设备,甚至还有部分是国产的旧设备,经过重新刷油漆冒充先进设备。这样的设备在生产中的表现可想而知,故障多、效率低、产品质量差。被合资方欺骗的原因是对设备的信息了解得不够,对纺织设备资产评估不准确,在设备资产管理方面存在较大的瑕疵。

本案例展示了设备管理中选型和购置工作的重要性,这项工作稍有不慎,就会给企业带来重大损失。优良的装备是纺织企业取得良好经济效益的重要保证。

第一节　纺织企业设备管理及管理者的素质技能要求

一、纺织企业设备管理的意义

1.纺织设备　设备是固定资产的重要组成部分。在我国,直接或间接参与改变劳动对象的形态和性质的物质资料称为设备。纺织设备是指直接生产纺织设备或直接服务于生产过程的设备。现代纺织设备具有的特征见表8-1。

表8-1　现代纺织设备具有的特征

主要特征	例证
日益大型化或超小型化	如重型地毯织机,门幅可达 5 m 以上
运行高速化	如传统的有梭织机的车速达到 200 r/min,剑杆织机的车速可达 450~600 r/min,喷气织机的车速可达到 1 000 r/min
功能高级化	高性能、多功能的设备
控制自动化	如涤纶厂的长丝生产就是自动化控制全过程的生产线

(1)直接参加生产的纺织设备和实验设备,如各类纺纱设备、织布设备、染整设备、试验及化验仪器等。

(2)直接为生产服务的建筑物和构筑物,如厂房、仓库、锅炉、维修设备等。

(3)搬运装置,如铲车、电瓶车、吊车、输送带等。

(4)能源动力设备等。

2.纺织设备管理　纺织设备管理是指为了更有效地发挥纺织设备的效能,提高企业的生产效率和经济效益对纺织设备进行的设计、选型、维修、改进等各种技术活动和管理活动的总和。纺织设备管理包含技术和经济两个方面的管理。技术方面管理目的是保障纺织设备的可靠性和维修性。经济方面管理目的是保障纺织设备的寿命和经济性(表8-2)。

表8-2　纺织企业设备管理项目

管理项目	主要内容
技术管理项目	纺织设备的设计和制造技术,纺织设备诊断技术和状态监测维修,纺织设备维护保养、大修、改造技术等
经济管理项目	纺织设备规划、投资和购置的决策,纺织设备能源成本分析,纺织设备大修、改造、更新的经济性评价,纺织设备折旧等

3.纺织设备管理的意义　纺织设备管理的意义主要体现在以下几点。

(1)纺织设备管理是纺织企业的基础管理。现代化纺织企业依靠先进的设备进行生产,生产中各工序要求密切配合和衔接,连续和均衡性的生产过程要依靠设备的正常运行来保证。

如果某一设备出现故障停机,就会造成生产环节中断,影响生产的正常进行,无法按时完成生产任务。纺织设备管理就是正确使用和精心维护,进行设备的状态监测,使设备始终处于良好的技术状态,保证生产的顺利进行。

(2)纺织设备管理是产品质量的保证。纺织产品是通过纺织设备生产出来的,设备的技术状态不良,必然会影响到产品的质量,产品质量是纺织企业的生命。要加强企业质量管理,就必须加强设备管理。

(3)纺织设备管理提高企业经济效益的重要手段。企业的产量、质量和经济效益与设备的技术性能状态有密切的关系。产品的高产优质与设备有关,产品的原材料、能耗、维修费用都和设备直接相关。

(4)纺织设备管理是安全生产的保证。设备的技术落后和管理不良是引发设备故障和人身伤亡的重要原因。为了安全生产必须重视纺织设备管理。

(5)纺织设备管理是环境保护的前提。纺织生产(特别是染色整理工序)会排放有毒、有害的气体、液体,是污染环境的重要源头。为净化环境,保护人类赖以生存的地球,从社会发展的长远利益考虑,必须重视纺织设备管理,为环境保护创造良好的条件。

(6)纺织设备管理是企业长远发展的重要一环。科学技术是企业的第一生产力,企业的核心竞争能力体现在产品的开发、生产工艺的革新和生产设备的装备技术水平上。要以先进的生产设备和检测设备来保证新产品的开发和生产,采用新技术开发新产品,并迅速投产,形成批量,占领市场,实现企业长远发展的目标,这都要求企业要加强设备管理。

4. 设备管理的经济技术指标

(1)设备经济技术指标的意义。设备经济技术指标是用来检查设备管理工作的执行情况、可定量评价企业经济效果和绩效的一组数据。经济技术指标可分成单项指标和综合指标。经济技术指标在管理过程中起监督、调控和导向的作用,通过指标考核来定量评价管理工作的绩效。当发现控制偏差时可及时采取措施调整。指标通过数据的形式反应实际工作的水平,与企业及个人的利益挂钩,可起到激励和促进的作用。

(2)纺织设备经济技术指标的构成。纺织设备管理经济技术指标主要包含两项内容,即经济指标和技术指标(表8-3)。

表8-3 纺织设备管理经济技术指标

管理指标项目	子项目指标	子项目指标细分
经济指标	设备效益指标	设备资产保值增值率、设备净资产收益率、设备投资评价指标和设备(追加)投资利润率等
	设备折旧指标	设备新度系数等
	维修费用指标	设备维修费用率、故障停机损失、备件资金周转率等
	能源利用指标	能源利用率和单位产值综合耗能量等
技术指标	设备更新改造指标	设备改造计划完成率、设备更新计划完成率、设备改造成功率和设备资产形成率等
	设备利用指标	设备台时利用率、设备闲置率和设备效率等
	设备维修管理指标	设备修理计划完成率、定期检查计划完成率、设备维修保养优等率等
	设备技术状态指标	设备完好率、故障停机率、事故率、设备维修管理

二、纺织企业设备管理的任务和内容

(一)纺织设备管理的主要任务

纺织设备管理的主要任务就是要用好、管好和修理好设备,它包括以下几个方面。

(1)正确地选购设备。要掌握国内外设备技术发展状态,根据技术上先进、经济上合理和生产上可行的原则正确地选购设备。

(2)保持设备始终处于良好的技术状态。通过正确使用、适时维修使设备保持完好状态。设备完好一般包括三方面的内容:设备零部件齐全,运转正常;设备性能良好,产品质量符合要求;原材料消耗正常。

(3)做好现有设备的挖潜、改造和更新工作。通过采用技术先进的新设备更换旧设备或应用新技术改造旧设备,改善和提高企业技术装备素质。以保证设备的先进性和适用性。

(4)充分发挥纺织设备效能,不断提高纺织设备综合效率和降低纺织设备寿命周期费用。

(5)提高纺织设备利用率,提高纺织设备的可靠性、安全性和适用性。

(6)取得良好的投资效益,使投资者和经营者的收益最大化,是企业纺织设备管理的根本目标。

(二)纺织设备管理的基本内容

1.设备基础管理内容 健全设备组织机构,开展人员素质培训,建立和完善设备管理的激励和约束机制,广泛采用现代管理方法和手段开展设备管理,完善设备管理基础工作,推进设备管理标准化。

2.设备的技术管理内容 加强设备的前期管理,正确地选购机器设备,合理、充分地使用机器设备。加强设备的故障管理,探索发生故障的原因和解决的措施。做好设备的维护和修理工作,逐步扩大状态维修方式,重视设备的挖潜、更新与改造工作,依靠科学进步,不断提高企业设备装备的水平。

3.设备的经济管理内容 做好设备的投资和经济核算管理工作,建立设备寿命周期费用统计分析系统,加强对设备费用的核算。完善企业设备资产管理制度,经常开展资产评估,防止资产流失。

纺织设备的全过程管理就是对纺织设备的规划、设计、制造、选型、购置、安装、调试、维修、改造、更新,直至报废的全过程所进行的技术、经济的综合管理。从宏观上看,纺织设备全过程管理属全社会管理。实现纺织设备全过程的管理,就是要加强全过程中各环节之间的横向协调,克服纺织设备制造单位和使用单位之间的脱节,提高纺织设备的可靠性、维修性、经济性,为纺织设备管理取得最佳综合效率创造条件。

(三)设备管理机构设置和管理岗位

1.设备管理机构设置的影响因素 企业的多元化使设备管理机构设置有多种结构,影响设备管理机构的因素很多,主要表现为以下几点。

(1)纺织企业的规模。企业规模的大小决定设置设备管理机构的层次。大型纺织企业,一般是包含纺纱、织布、染整和服装的全能企业,生产环节多、技术与专业跨度大、设备类型繁杂,管理工作量大。一般在总厂设置一名主管设备的副总经理(或副厂长)或在其领导下由总工程师(或总机械师)直接领导设备管理工作,专业主管部门设置设备处,各分厂设置主管设备的副经理(或分厂副厂长)和设备主管人员和职能机构。中小型企业,一般是单项厂(如纺纱厂、织布厂、染整厂)生产环节少、技术与专业跨度小、设备类型较简单,管理工作量小,可由厂长直接领导或授权副厂长领导设备科室的工作。

(2)纺织企业的机械化程度。随着企业大量使用引进国内外先进设备,机械化程度不断提高,加上纺织设备具有台数多的特点,使得纺织设备管理和维修工作量大。特别是自动检测和控制部分技术复杂,这就要求设备管理机构分工精细,责任清晰。

(3)纺织企业连续生产性。纺织企业具有连续生产的特性,一般都是 24h 不停的运转。这不仅要求设备能正常运行,而且设备要保持完好,设备的管理和维修工作量很大。因此,纺织企业的设备管理机构相应比一般企业要齐全,用人也相应多些。

(4)纺织企业的协作程度。设备的维修、零备件的生产加工等逐步走向专业化、社会化,随着设备生产厂家的社会服务体系的不断完善,纺织企业设备管理机构的设置也相应变化,部分维修任务可以有专业厂家承担。如,自控程度较高的设备的电路板的维修和保养,可以外协由设备制造厂家提供部分设备维修力量,大大减轻了企业自身的设备维修和改造的工作量,企业的设备管理机构的设置就可以精简。

2. 设备管理机构组织形式和管理岗位 设备管理机构的组织形式一般分为厂级管理形式和基层管理形式两种。

(1)厂级管理形式。厂级设备管理形式是由厂级领导的分工管理是企业最高层次领导成员之间的分工协作,我国纺织企业内部设备管理大多都采用这种管理模式,一般有以下几种情况。

①由设备副总经理(或设备副厂长)负责企业设备系统,直接领导设备处(科)的工作。管理岗位有设备副厂长、设备处长、设备工程师、车间设备主任和设备技术员。

②由生产副总经理(或生产副厂长)负责企业设备系统,直接领导设备处(科)的工作。管理岗位有生产副厂长、设备处长、设备工程师、车间设备主任和设备技术员。

③由总工程师负责企业设备系统,直接领导设备处(科)的工作。管理岗位有总工程师、设备处长、设备工程师、车间设备主任和设备技术员。

(2)基层管理形式。目前在我国企业内部实行了多种新的基层设备管理运营模式。如企业内部的承包制,企业的基层组织(车间、班组、机台)成为内部相对独立的核算基本单元。随之出现了多种设备管理形式,其特点就是把与设备运行直接有关的人员组成一个整体,共同参与设备管理工作。我国纺织企业在推行设备综合管理过程,发扬了我国工人群众参与管理的优良传统,打破了传统的操作工与维修工、机械检修工与电气检修工的分工界限,实现全员参加企业管理。

三、纺织企业设备管理者的素质与技能要求

纺织设备是纺织企业的技术装备硬件,是纺织企业进行生产活动的重要工具,也是纺织企业现代化技术水平的重要标志。随着科学技术的不断发展,企业对现代化设备的需求和依赖越来越高。科学技术推动了传统纺织设备的现代化进程,促使纺织设备的技术含量不断地提高,纺织设备管理的水平也随之要得到提高。

因此,纺织设备管理者应具备以下素质和技能要求。

(1)应具有较强的工程技术知识基础。设备作为企业的主要生产手段,是企业现代科技

的物质载体。设备管理包含了机械、电子、液压、计算机等许多方面的科学技术知识,不懂得这些知识就无法合理地设计、制造设备、不会经济地选购设备、不能正确地使用和维修设备。其次,设备管理者还要了解掌握监测和诊断技术、可靠性工程、摩擦理论、修复技术等专业知识,才能正确地使用和维修纺织设备。

因此,纺织设备管理需要多门技术作为基础,是一门技术性很强的工作,不懂技术就无法搞好设备管理工作。

(2)应具有多项专业管理的综合能力。具体表现为以下几方面。

①现代设备包含了多种专门技术知识,是多门技术的综合应用。

②设备管理的内容是工程技术、经济财务和组织管理三者的综合。

③设备管理和企业生产经营目标紧密相连,为获得设备的最佳经济效益,必须实现设备的全过程管理,是对设备一生各阶段管理的综合。

④设备管理涉及物资准备、设计制造、计划调度、劳动组织、质量控制、经济核算等多方面的业务,汇集了企业多项专业管理的内容。

(3)应具备面对突发故障,随时解决意外事故的应变能力。设备故障具有随机性,设备维修和管理要减少突发故障给企业生产经营带来的损失,要求设备管理者具有尽快解决突发故障的应变能力;要求设备管理部门信息畅通、备件充分、组织严密、指挥灵活;要求设备相关人员技术精湛、作风过硬,能随时为现场提供服务,为生产排忧解难。

第二节　纺织企业设备的选型与购置

纺织设备的选型与购置,又称纺织设备前期管理,是指纺织设备从规划方案开始到纺织设备投产这一阶段的管理工作,包括纺织设备的规划决策、可行性论证、外购纺织设备的选型采购、自制纺织设备的设计制造,纺织设备的安装调试和纺织设备使用的初期管理。对设备前期各个环节进行有效的管理,为设备后期管理打下良好的基础,为纺织设备投产后的使用、维修、更新改造等管理工作创造了条件。

一、纺织企业设备选型与购置的工作程序

(一)纺织设备选型与购置的意义

(1)纺织设备选型与购置,决定企业的生产规模、生产方式、工艺过程和技术水平,这些都是关系企业发展方向的根本性问题。纺织设备的规划合理,可以提高企业装备的技术水平和系统能力,使企业顺利实现生产经营;如果决策失误,设备选择不当,会影响企业生产的正常进行和产品质量。

(2)纺织设备投资一般占企业固定资产投资的80%左右,较大影响着纺织产品的成本。若投资使用合理则满足生产要求与节约投资的统一,否则造成投资的浪费和纺织设备闲置。

(3)纺织设备选型与购置,决定了纺织设备的适用性、可靠性和维修性。设备的规划和选择直接影响设备的生产效率、精度性能、安全、节能和是否对环境有污染等。如果规划和选型得当,将可使纺织设备长期稳定地运转,设备的有效利用率得到提高,且能满足产品生产工艺的要求;否则,设备不能满足产品生产工艺要求,故障不断,维修不便,安全事故多,修理时间

长,严重影响生产的正常进行。

（4）纺织设备选型与购置,决定了纺织设备全寿命周期费用的90%以上,所以影响着产品的生产成本。纺织设备的寿命周期费用等于设置费加上维持费。设置费以折旧的形式转入产品成本的,构成产品固定成本的重要部分,维持费则直接影响着产品的变动成本。所以设备寿命周期费用直接影响着企业产品成本的大小,决定产品竞争能力的强弱,和企业的经济效益有直接联系。必须做好纺织设备规划选型决策前的方案论证和可行性分析工作,以较低的寿命周期费用,取得较好效益。

（二）纺织设备选型与购置工作程序

纺织设备选型与购置可分为设备规划及可行性论证、设备选型的招标和投标工作、签订采购合同工作等。纺织设备选型与购置的工作程序,按实施时间的先后,应当做好以下工作。

（1）要做好设备规划工作。规划阶段主要是进行规划构思、初步选择、编制规划、评价和决策。本阶段工作的重点是进行规划项目的可行性研究和论证,确定纺织设备的规划方案。要加强设备可行性的论证,要考虑设备的功能必须满足产品的产量和质量的需求,同时还要考虑设备的可靠性和维修性。

（2）要做好设备的选型工作。主要是进行设备选型的招标和投标工作、签订订货采购合同等工作,并对这些工作加以管理。

（3）购置进口设备,除了做好设备选型外,应同时索取、购买必要的维修资料和备件。

（4）做好纺织设备到货前的准备工作,如人员培训、设备安装、试车的准备工作。

（5）做好纺织设备到货的检查验收、安装试运行等的管理。设备到货后的及时开箱检验和安装调试,如发现存在质量问题和数量短缺,应立刻进行交涉或提出索赔。本阶段工作的重点是尽可能的缩短纺织设备的投资周期,及时发挥纺织设备的投资效益。

（6）总结工作。主要针对纺织设备在规划、设计制造或选型采购、安装调试、使用初期等阶段的数据和信息的搜集、整理、分析和反馈,为以后设备的规划、设计或选型提供依据。

（三）纺织设备选型与购置管理的分工

纺织设备选型与购置需要企业各部门的合理分工和协调配合,涉及企业的部门主要有规划决策科、技术工艺科、动力设备科、基建科、生产科、财务科及质量检验科(表8-4)。

表8-4 设备选型与购置中的各相关科室分工

企业部门	部 门 分 工
规划决策科	编制企业的中长期纺织设备规划方案,并进行论证,提出技术经济可行性分析报告,规划部门根据中长期规划和年度企业发展需要制订年度纺织设备投资计划
技术工艺科	纺织设备更新计划和可行性分析报告。负责纺织设备外购的选型建议和可行性分析和自制设备的设计任务书,负责签订委托设计技术协议,负责新设备的安装设计,负责制定试车和运行的工艺操作规程等内容。并参加纺织设备试车验收,负责设备工艺质量有关方面的验收工作
动力设备科	组织纺织设备规划和选型的审查与论证。负责提出纺织设备可靠性、维修性要求和可行性分析。做好纺织设备前期管理的组织、协调工作。组织参加外购纺织设备的试车验收和自制设备设计方案的审查、制造后的技术鉴定和验收工作。组织对纺织设备质量和工程质量进行评价与反馈。负责纺织设备的外购订货和合同管理,包括订货、到货验收与保管、安装调试等

企业部门	部 门 分 工
基建科	负责纺织设备基础及安装工程预算。负责组织纺织设备的基础设计、施工,配合做好纺织设备安装与试车工作
生产科	负责新纺织设备的安装与试车工作,试车准备工作如人员培训、材料、辅助工具等
财务科	负责筹集购买纺织设备投资资金。参加纺织设备技术经济分析,审核工程和设备预算,核算实际需要费用
质量检验科	负责检测纺织安装质量和试生产产品质量。参加纺织设备验收,检测设备质量项目

　　企业各职能部门对纺织设备前期管理都有具体责任分工。一般应由设备管理部门牵头,明确职责分工,加强相互配合与协调,共同完成设备前期管理工作。

二、纺织企业设备的选型与购置

　　1. 纺织设备选型的基本原则　　纺织设备选型即是从多种可以满足相同需要的不同型号、规格的纺织设备中,经过技术经济分析,选择最佳购买方案。设备选型十分关键,合理选择纺织设备,可使投资资金发挥最大的经济效益。选型不当,设备难以发挥应有的作用。

　　纺织设备选型应遵循如下原则。

　　(1)生产上适用。选购的纺织设备应与本企业扩大生产规模或开发新产品等需求相适应,生产上适用的设备才能发挥投资效益。

　　(2)技术上先进。要求其性能保持先进水平,以利提高产品质量和延长设备技术寿命。但要根据企业实际需要,不能一味追求技术上的先进。

　　(3)经济上合理。即要求纺织设备价格合理,在使用过程中能耗、维护费用低,并且回收期较短。所选设备应是经济效益最好的。

　　纺织设备选型首先应考虑的是生产上适用,只有生产上适用的纺织设备才能发挥其投资效果;其次是技术上先进,技术上先进必须以生产适用为前提,以获得最大经济效益为目的;通常将生产上适用、技术上先进与经济上合理三者统一起来考虑。

　　2. 纺织设备选型考虑的主要因素(表8-5)

表8-5　设备选型考虑的主要因素

主要因素	定 义 及 说 明
生产率	设备单位时间的产品产量
工艺性	设备满足生产工艺要求的能力
可靠性	设备、零部件在规定的时间和规定的条件下完成规定功能的能力
维修性	通过维修和维护,来预防和排除设备、零部件等故障的难易程度
安全性	纺织设备对生产安全的保障性能
操作性	设备的操作性要求方便、可靠、安全
环保性	指噪声振动和有害物质排放等对周围环境的影响程度
节能性	纺织设备单位开动时间的能源消耗量和单位产量的能源消耗量
经济性	初期投资、产品的适应性、生产效率、维修费用、能源与原材料消耗等

3. 纺织设备的选型工作程序 纺织设备选型应在广泛搜集信息资料的基础上,经多方调查、研究分析、论证后,最后进行选型决策。

(1)收集市场信息。通过各种渠道,广泛收集所需纺织设备以及纺织设备的关键配套件的技术性能资料、销售价格和售后服务情况,及设备销售商的信誉和商业道德等资料。

(2)筛选信息资料。将所收集到的资料进行排队,从中选择出2~3个设备生产厂作为候选单位,进行咨询、联系和调查访问。详细了解纺织设备的技术性能、可靠性、安全性、维修性、技术寿命以及其能耗、环保等情况,制造商的信誉和服务质量,用户对产品的评价,货源及供货时间,订货渠道,价格及随机附件等情况。通过分析比较,选择几种较满意的机型、制造商和销售商。

(3)选型决策。对选出的几种机型到制造商和已使用的用户进行进一步调查,仔细地询问机型质量、性能、服务承诺、价格和配套件供应等情况。在此基础上,认真比较分析,最后选定订购机型和制造商。

选定机型后,一般应采用招标方式,经过评议确定,与中标单位签订供货合同。招标方式一般有三种。

①公开招标,是竞争招标。

②邀请招标,根据事先的调查,对部分制造商直接发出邀请。

③议标,又称谈判招标。它是非公开、非竞争性招标,是直接进行合同谈判,一般情况尽量不采用这种方法。

4. 纺织设备的订货 纺织设备订货是在纺织设备选型决策的基础上,按质量、数量及交货期的要求,列出外购纺织设备明细,通过询价、报价、磋商,双方签订合同和按约收货。

(1)合同的签订。严格遵守《中华人民共和国合同法》和有关规定签订设备订购合同条款。合同是供需双方达成一致协议,经双方签章后便具法律效应。

合同的主要内容有纺织设备名称、规格、型号;纺织设备数量(台、件、套等)和质量(设备的技术标准等);价格及付款方式(设备价款,结算方法,结算银行、账号);交货地点和时间(运输方式,交、提货检验方法等);违约责任(违反合同条款的处理方法和罚金、赔偿损失的范围与金额等);其他条款。必要时,经公证处公证。

(2)合同管理。订货合同及有关资料都应妥善保管,以便随时掌握合同执行情况。当供需双方发生矛盾时,订货合同作为主要的依据。合同要进行分类整理,设立台账、存档保管。为了方便管理,可设置设备订货合同登记表(表8-6)。

表8-6 设备订货合同登记表

序号	计划号	合同号	设备名称	型号规格	计划数量	订货数量	供货单位	单价	金额	交货期	乙方账号	付款情况	到货日期	到货件数	外观质量	备注

5. 纺织设备的到货验收 纺织设备到货后,需凭托收合同及装箱单,进行开箱检查,验收合格后办理相应的入库手续。

(1)纺织设备到货期验收。订货设备应按期到达指定地点,影响纺织设备到货期的因素较多,双方必须按合同要求履行验收事项。

(2)纺织设备完整性验收。

①订购纺织设备到达后,购买方要认真核对到货数量、名称等是否与合同相符,有无因装运和接卸等原因导致的残损情况,要做好现场记录,办理装卸、运输部门签证等事项。

②做好到货现场提货及纺织设备接卸后的保管工作。

③组织开箱检验。除国内订货外,凡属引进纺织设备或从国外引进的部分配套件(总成、部件),在开箱前必须向商检部门递交检验申请并征得同意后方可进行,或海关派员参与到货的开箱检查。开箱检查主要内容有如下几项。

a. 检查箱号、箱数及外包装情况。

b. 按照装箱单清点核对纺织设备型号、规格、零件、部件、工具、附件、备件以及说明书等技术文件是否齐全。

c. 检查设备在运输保管过程中有无锈蚀,如有锈蚀及时处理。

d. 不需要安装的附件、工具、备件等应妥善保管,设备安装完工后移交使用单位。

e. 核对设备基础图和电气线路图与设备实际情况是否相符;检查地脚螺钉孔、地脚螺钉、垫铁、电源接线口的位置及有关参数是否与说明书相符。

f. 详细记载检查记录。填写开箱检查验收。

④办理索赔。索赔是业主按照合同条款中有关索赔、仲裁条件,向制造商和参与该合同执行的保险、运输单位索取所购纺织设备受损后赔偿的过程。索赔工作要通过商检部门受理经办才有效。

三、纺织企业设备的安装与使用初期管理

1. 纺织设备安装调试的主要内容 按设备安装技术要求,将设备安装在规定的基础上,找平、稳固、调试、运转等工作称为设备安装。

(1)纺织设备的安装。

①设备安装基础。对设备安装质量,设备精度的稳定性,加工产品的质量有很大的影响,安装基础的施工应该严格按规范和要求进行。

②纺织设备安装定位。要满足生产工艺的需要及维护检修、技术安全、工序连接等方面的要求。

③纺织设备安装找平。为保持其稳定性,减轻振动,避免纺织设备变形,防止不合理磨损及保证加工精度等。

(2)纺织设备的试运转与验收。

①试运行前要完成的准备工作。擦洗纺织设备,各润滑部位加足润滑油;手动盘车时,各运动部件应轻松灵活;试运转电气部分,确定电动机旋转方向是否正确,电动机皮带应均匀受力、松紧适当;检查安全装置,保证正确可靠;操作手柄转动灵活,定位准确;清理纺织设备部件运动路线上的障碍物。

②空运转试验。为了检验设备安装精度的保持性、稳固性以及传动、操纵、控制、润滑和液压等系统在运转中是否正常可靠。

③负荷试验。纺织设备的负荷试验主要是为了检验纺织设备在一定负荷下的工作能力。

2.设备使用初期管理

(1)设备使用初期管理的意义。设备使用初期的管理是指设备正式投产到稳定生产这一初期使用阶段的管理。设备使用初期管理的主要内容有设备调整试车、使用、维护、状态监测、故障诊断、人员培训、信息搜集与处理等工作。设备使用初期管理的目的是要全面了解设备运转初期的生产效率、设备性能、故障排除、产品质量,提高设备初期运转的质量,使设备在正常状态下稳定运行。

(2)纺织设备使用初期管理的主要内容。

①调整试车,使设备达到原设计预期的功能。

②做好操作工人的技术培训工作。

③做好设备运转状态变化的观察、记录和分析处理。

④做好信息管理和信息搜集工作,提供各项原始记录。

⑤研究典型故障,提出合理化建议、改进措施。

⑥对费用与效果进行技术经济分析,并做出评价。

四、纺织企业设备资产档案管理

建立和完善纺织设备资产管理的基础资料,是确保企业纺织设备资产管理工作正常开展的重要组成部分。纺织设备资产管理的基础管理包括纺织设备资产编号、纺织设备资产卡片、纺织设备台账、纺织设备档案、纺织设备统计及定期报表等。

1.纺织设备资产编号　为了便利纺织设备的资产管理,每一台纺织设备都应该有自己的编号。设备编号的方法,不同行业各有统一的规定。纺织设备编号的方法力求科学、直观、简便,有利于统一管理,并可运用计算机进行辅助管理。

2.纺织设备资产卡片　纺织设备资产卡片是纺织设备资产的凭证,在纺织设备验收移交生产时,纺织设备管理部门和财会部门均应建立单台纺织设备的资产卡片,登记纺织设备编号、基本数据及变动记录,并按使用保管单位的顺序建立纺织设备卡片册。随着纺织设备的调动、调拨、新增和报废,卡片位置可以在卡片册上调整、补充或抽出注销。

表8-7为某企业的设备卡片。

3.纺织设备台账　纺织设备台账是反映企业纺织设备资产状况、拥有量及其变动情况的主要依据。一般有两种编制形式:一种是纺织设备分类编号,以《纺织设备统一分类及编号目录》为依据,按类组代号分页,以资产编号顺序排列,可便利新增纺织设备的资产编号和分类分型号的统计;另一种是按纺织设备使用部门顺序排列编制使用单位的纺织设备台账,这种形式有利于生产和纺织设备维修计划管理和进行纺织设备清点。上述两种台账,分别汇总,构成企业纺织设备总台账。

表8-8为某企业的设备台账。

表 8-7 设备卡片 年 月 日 （正面）

轮廓尺寸:长 宽 高	重量(吨)：		
国别： 制造厂：	出厂编号：		
主要规格	出厂年月： 投产年月：		
附属装置	名 称	型 号	规 格	数 量	分类折旧年限：
					修理复杂系数
					机 | 电 | 热

资产原值	资金来源	资产所有权	报废时净值
资产编号	设备名称	型 号	设备分类

（背面）

	用 途	名 称	型 式	功率(kW)	转速(r/min)	备 注
电动机						

变 动 记 录

年 月	调入单位	调出单位	已提折旧	备 注

表 8-8 设备台账

单位 年 月 日

序号	资产编号	设备名称	型号规格	设备类型	复杂系数			配套电动机		设备尺寸及编号		制造年月进厂年月	验收年月投产年月	安装地点	折旧年限	设备原值	合同号	随机附件	备件
					机	电	热	台	功率(kW)	尺寸	编号								

4.纺织设备档案

（1）纺织设备档案的建立。纺织设备档案是指纺织设备从规划、设计、制造、安装、调试、使用、维修、改造、更新直至报废的全过程所形成的图纸、文字说明、凭证和记录等文件资料，通过搜集、整理、鉴定等工作归档建立起来的动态系统资料。纺织设备档案是纺织设备制造、使用、修理等项工作的一种信息方式，是纺织设备管理与维修过程中不可缺少的基本资料。

（2）纺织设备档案的管理。纺织设备档案资料按单机整理存放在纺织设备档案袋内，纺织设备档案编号应与纺织设备编号一致。纺织设备档案由专人负责管理，存放在专用的纺织设备档案柜内，按编号顺序排列，定期进行登记和入档工作。纺织设备档案的管理内容见表8－9。

表8－9　设备档案管理内容

档案管理项目	管　理　内　容
资料搜集	搜集与纺织设备活动有直接关联的资料。如纺织设备经过一次修理后，更换和修复的主要零部件的清单、修理后的精度与性能检查单等，对今后研究和评价纺织设备的活动有实际价值，需要进行系统的搜集
资料整理	对搜集的原始资料，要进行去粗取精、删繁就简地整理与分析，使进入档案的资料具有科学性与系统性，提高其可用价值
资料利用	建立纺织设备档案的目录和卡片，以方便使用者查找与检索。充分使用，才能发挥纺织设备档案的作用

第三节　纺织企业设备的使用、维护与修理

纺织设备的正确使用与维护是纺织设备管理工作的重要组成部分。设备在使用过程中，由于受到各种因素的影响，其技术状况会发生改变，工作能力和性能逐渐降低。正确使用设备的意义，在于保持设备良好的技术状况，充分发挥设备效率，延长设备的使用寿命。正确使用设备，还可以防止发生非正常磨损和避免突发性故障，使设备保持良好的工作性能和应有的精度。设备的维护是一项积极的预防工作，是保持设备处于完好状态的重要措施。设备在使用过程中必然会产生技术状况的不断变化和不正常现象，这是设备的隐患。如果不及时处理，会造成设备的过早磨损，还可能造成严重事故。维护设备的意义，在于及时处理随时发生的问题，改善设备的运行条件，避免不应有的损失。

一、纺织企业设备技术状态及完好标准

1.纺织设备的技术状态　纺织设备的技术状态是指纺织设备所具有的性能、精度、生产效率、安全、环境保护和能源消耗等的技术状态。企业纺织设备是为满足某种生产对象的工艺要求而配备的。纺织设备的技术性能及其状态如何，体现着它在生产经营活动中存在的价值和对生产的保证程度。

纺织设备在使用过程中，由于生产性质、加工对象、工作条件及环境条件等因素对纺织设备的作用，致使纺织设备在设计制造时所确定的工作性能或技术状态将不断降低或劣化。一般来说，纺织设备在实际使用中经常处于三种技术状态：一是完好的技术状态，即纺织设备性

能处于正常可用的状态;二是故障状态,即纺织设备的主要性能已丧失的状态;第三种状态是处于上述两者之间,即纺织设备已出现异常、缺陷,但尚未发生故障,这种状态有时称为故障前状态。为了延缓纺织设备劣化过程的发展,预防和减少故障的发生,使纺织设备处于良好的技术状态,除需具有熟练技术的工人正确操作、合理使用纺织设备外,还要对纺织设备进行清扫、维护、润滑、检查、调整、更换零部件、状态检测和诊断等基础工作。同时,设备管理部门还应制订操作规程与管理制度并贯彻执行,做好检查、维修记录,积累各项原始数据,进行统计分析,探索故障的发生规律,以采取有效措施控制故障的发生,保持纺织设备的状态良好。

2.设备技术状态的完好标准

(1)设备的完好状态。纺织设备要达到完好的技术状态一般应符合下列要求。

①设备性能良好。

②设备运转正常。

③消耗正常。

④外表整洁无泄漏。

⑤设备安全性能可靠。

企业设备管理的主要任务之一就是保持设备完好,按操作和使用规程正确地使用设备,是保持设备完好的基本条件。设备完好标准作为检查设备完好程度的尺度,对设备技术状态做出定量分析和评价。

(2)纺织设备完好率计算。设备完好率是企业设备管理、使用、维修、保养及设备技术状态的综合反映。纺织设备完好状态的具体考核指标是企业拥有主要生产设备的完好率。纺织设备完好率计算如下:

①设备完好率:

$$设备完好率 = \frac{完好设备台数}{主要生产设备台数} \times 100\%$$

②完好设备抽查合格率:

$$抽查合格率 = \frac{抽查设备合格台数}{抽查设备总台数} \times 100\%$$

③抽查完好率折算:

$$抽查后完好率 = 设备完好率 \times 抽查合格率$$

(3)纺织设备完好率考核。纺织设备完好率是每月检查台数和合格台数的实际反映,不能以局部抽查数来反映全部设备的完好率。当车间的设备完好率已达到规定的目标,如超过90%,设备部门可用抽查完好纺织设备的方法,即在已报的完好纺织设备中随机抽查一部分,完好设备的抽查合格率反映被检查车间是否保持这个纺织设备完好率的水平。抽查合格率达到规定指标时(一般大于90%),才能认可所报的完好率。符合下述条件之一的设备是不完好设备:完好标准的主要项目中有一项不合格,该设备即为不完好设备;完好标准的次要项目中有两项不合格,该设备即为不完好设备。在检查人员离开现场前,能够整改合格的项目,仍算合格,但要作为问题记录在案。

二、纺织企业设备的使用管理

合理使用纺织设备可以降低磨损、延长零部件的使用寿命,减少更换或修复的次数和停机时间,提高设备的可利用率。正确合理地使用设备,精心维护保养是延长设备寿命,确保企业生产效率和产品质量,减少停工损失和维修费用,降低产品成本,实现企业经营目标的有利措施。

[案例]加强设备使用和维修

某棉织厂由于没有充分重视设备的润滑工作,加油工责任心不强,每天加油时,没认真检查油路是否畅通,表面上设备天天正常加油,实际上由于设备油路堵塞,重要部位得不到润滑。数台设备由于润滑不佳,造成严重磨损事故。目前,由于国内纺织企业使用的设备种类很多,对润滑的要求视其速度、负荷及摩擦副的形式而定。一些国产老设备如旧型织机等,速度较低,负荷不大,对润滑要求不太高。但一些新型设备如高速整经机和高速喷气织机,由于速度高加上负荷较大,对润滑的要求较高。进口设备一般都具有高速高产的特点,其润滑工作一定要充分重视。润滑油的种类和标号、润滑周期、润滑部位等内容一定要按设备使用说明书的规定严格执行。要有相应的检查措施,确保设备的正常运行,防止由于设备机械状态不良而产生疵点,保证了产品的质量,使企业获得最大的经济效益。

1. 纺织设备的合理使用　要合理使用设备,应做好以下工作:充分发挥操作者的主观能动性,按企业产品的工艺特点和实际需要合理配备设备,配备合格的操作者,为设备提供充分发挥效能的客观环境,制订并执行纺织设备使用和维护的一系列规章制度。纺织设备的使用管理就是建立在这些基本条件上,从设备安装调试、正常使用到该设备退出生产为止的全过程,通过组织、管理、监督及一系列必要的措施,使纺织设备经常处于良好的技术状态,获得最佳经济效果的目的。

(1)充分发挥操作者的主观能动性。设备是由操作者操作和使用的,充分发挥他们的主观能动性,使他们积极参加设备管理,爱护设备,自觉地按操作规程合理使用设备,是用好、管好设备的根本保证。

(2)合理配置纺织设备。根据产品和工艺特点来合理配置纺织设备,使设备的生产率与生产任务相适应,达到较高的纺织设备利用率。纺织设备的类型、规格、性能以及加工精度要与企业的生产特点和产品的工艺要求相适应。纺织设备应配备必要的安全装置。有污染的纺织设备应配备治理"三废"的处理装置,减少环境污染(如染整废水的处理)。

(3)配备合格的操作者。根据设备的技术要求和复杂程度,配备能胜任的操作者,确保生产的正常进行和操作者的安全。设备操作者要求具备一定的文化技术水平和熟悉设备结构。因此,必须根据设备的技术要求,对设备操作者进行文化专业理论教育,帮助他们熟悉设备的构造和性能,明确岗位职责。

(4)为设备提供充分发挥效能的客观环境。良好的工作环境有利于设备正常运转,可以延长使用期限,改善操作者的工作情绪。安装必要的防腐蚀、防潮、防尘、防震装置,配备保险仪器装置,要有良好的照明和通风条件等,为设备提供一个能充分发挥效能的客观环境。

(5)制订纺织设备使用和维护的规章制度。

①制订纺织设备使用的有关技术资料。

②根据设备的技术要求性能和结构特点制订的使用程序。

③制订纺织设备的安全操作规程和维护保养细则。

④制作使用润滑卡片、日常检查和定期检查卡片等。

2. 纺织设备使用中的管理 纺织设备在使用过程中,由于受使用方法、工作时间、维护状况及环境等因素影响,技术状态不断发生变化和设备工作能力逐渐下降。通过设备使用中的管理要控制和延缓这一进程,为设备创造一个良好工作条件,正确合理地使用设备,提高设备的使用管理水平和操作者的素质。

(1)定人、定机凭证操作制度。实行定人、定机凭证操作设备制度是为了保证设备的正常运转,提高工人的操作技术水平,防止设备的损坏。设备操作者必须经考试合格取得操作证,不允许无证人员单独使用设备,以确保正确使用纺织设备和落实日常维护工作。

(2)交接班制度。纺织企业大多采用连续生产的方式,连续生产的设备中途不用停机,在运行中交接班。交接班制是纺织设备使用管理制度中的重要一项。交班者须把当班设备运行中发现的问题,详细记录在"交接班记录"上,向接班人介绍设备运行情况。接班人应详细了解设备状态,双方当面检查,交接完毕在"交接班记录"上签名。

(3)使用设备的基本要求。纺织设备在使用过程中,操作者要根据设备操作使用程序和设备的性能和技术要求正确合理地使用设备。使用设备时,要求操作者做到:"三好""四会""四项要求"和"五项纪律"。

[案例]某纺织企业使用设备的基本要求

①纺织设备的"三好"要求:

管好设备——部门领导必须管好设备,保持其实物完好。操作者必须管好自己使用的纺织设备,凭证操作设备。

用好设备——正确使用和精心维护纺织设备,严格遵守操作维护规程。

修好设备——按计划检修时间停机修理,配合维修工人及时排除故障,及时维修好纺织设备。

②操作者"四会"要求:

会使用——操作者应熟悉纺织设备结构性能、技术技能、掌握纺织设备操作规程,懂得加工工艺并正确使用纺织设备。

会维护——会正确执行纺织设备维护和润滑规定加油,按时清扫,保持纺织设备清洁。

会检查——了解纺织设备易损零件部位,掌握完好检查项目和标准,并能按规定进行日常检查。

会排除故障——能根据不正常的声音、温度和运转情况鉴别纺织设备正常与异常现象,及时采取措施排除故障。

③维护使用纺织设备的"四项要求":

整齐——工具、附件摆放整齐,设备零部件不损坏、不丢失,整齐摆放。

清洁——纺织设备内外清洁,各齿轮无油污;不漏油、漏水、漏气;地面清扫干净。

润滑——按时加油、换油,油质符合要求,油路畅通。

安全——遵守操作维护规程,正确使用设备,避免安全事故。

④纺织设备操作者的"五项纪律"是:遵守安全操作维护规程,凭操作证方可使用纺织设备;按规定加油和合理润滑;严格遵守交接班制度;管好工具、附件;发现异常立即通知有关人员检查处理。

(4)纺织设备操作规程。纺织设备操作规程是指导操作者正确使用和操作纺织设备的技术性规范,每个操作者必须严格遵守。认真按照操作规程操作,可以保证纺织设备安全运行,减少故障,防止事故发生。

(5)纺织设备使用规程。针对纺织设备的不同特性和结构特点,制定出设备使用的科学管理制度和方法,是使纺织设备得到合理使用的基本保证条件。设备使用规程内容一般包括:设备使用的工作范围和工艺要求,使用者应具备的素质和技能,使用者应遵守的各种制度和岗位职责,操作规程和维护规程,使用者必须掌握的技术标准,操作或检查必备的工、器具,安全注意事项,考核标准等。

(6)使用纺织设备的岗位责任制。岗位责任制是对纺织设备使用人的职责提出的具体要求,主要包含以下内容:严格遵守"定人、定机凭证操作"制度和"纺织设备操作维护规程",按照"四项要求""五项纪律"规定正确使用和维护纺织设备;认真做好日常点检工作,正确润滑设备;注意运转情况和设备清洁工作;做到"三好",练好"四会",配合维修工检查修理自己操作的纺织设备;保管好纺织设备附件和工具;认真做好交接班等工作。

操作者最了解自己的纺织设备状况,要积极参与设备管理,充分发挥设备效能。不断提高操作人员的思想素质和技术业务素质,调动广大员工的积极性应是纺织设备管理的工作重点。

三、纺织企业设备的维护保养

1. 纺织设备的维护保养　纺织设备的维护保养是操作者为保持纺织设备正常技术状态,延长使用寿命所必须进行的日常工作,是通过擦拭、润滑、调整等方法对设备进行护理,以维持和保护设备的性能和技术状况的一系列工作。在纺织企业,设备的维护保养是操作者主要职责之一。

纺织设备维护一般分为日常维护保养和定期维护保养。定期检查和设备润滑也是设备维护保养的重要内容(表8-10)。

表8-10　设备维护保养内容

项　目	保养内容和要求
日常维护保养	由每班操作者或专人负责进行,在班前要对纺织设备进行点检,查看有无异状,是否需要加油,安全装置及电源等是否良好。冷车先空车运转,检查润滑情况,设备各部分是否正常。电气系统保养有专业电工负责进行
定期维护保养	设备定期维护保养检查的手段以人的感官和简单的检查仪器为主,按规定的时间和项目进行。设备定期维护保养的项目应根据各类纺织设备的特点和有关规定来制定

2. 设备的三级保养制　设备的三级保养制是在总结前苏联计划预修制在我国实践的基

础上,逐步完善起来的一种保养修理制,主要体现设备维修管理的重心由修理向保养的转变,是以预防为主的维修管理手段。三级保养制主要指设备的日常维护保养、一级保养和二级保养。

(1)设备的日常维护保养。设备的日常维护保养一般有日保养和周保养,又称日例保和周例保。日常维护保养在前面已经提过,在此不再叙述。

(2)一级保养。一级保养以操作者为主,由维修工协助完成。任务是对设备局部的检查并清洗规定部位、疏通油路、调整设备工艺隔距、紧固设备部件等。

(3)二级保养。二级保养以维修工为主,操作者参加来完成。二级保养列入设备的检修计划,对设备进行部分解体检查和修理,更换或修复磨损件,清洗、换油、检查修理电气部分,使设备的技术状况全面达到规定设备完好标准的要求。

3. 纺织设备的润滑 磨损是摩擦所产生的必然结果,润滑是控制摩擦、减少磨损的有效手段。搞好设备润滑管理对提高设备的可靠性、延长设备的使用寿命和节省能源都起到重要作用。正确选用适当的润滑剂来润滑两摩擦面,可以控制摩擦,减少磨损,从而减少因磨损所造成的设备故障和能源浪费,保证设备的正常运转。

润滑管理的目的是:要正确地润滑设备,减少设备磨损,延长设备寿命,保证设备正常运转;防止发生设备事故;减少摩擦阻力,降低动能消耗;提高设备的生产效率,保证企业获得良好的经济效果。此外,通过合理润滑,可节约用油,避免浪费。

四、纺织企业设备的检查

1. 设备状态监测及诊断 纺织设备的检查主要是对设备的状态进行监测,对检查中发现的问题进行修理,并预测设备未来状态的发展情况,分析诊断可能会发生的故障。

(1)设备状态监测。利用人的感官、工具或仪器,对设备工作中的温度、压力、车速、振幅、异声等参数的变化进行观察和测定。随着现代设备的高速化、自动化,设备的复杂程度不断地提高,单纯依靠人的感觉器官和经验进行监测愈发困难。于是开始应用电子、红外线、数字显示等技术和先进仪器监测设备状态,并用计算机来处理各种信号,进行分析和判别设备故障。

(2)设备故障诊断技术。在设备运行中(基本不拆卸的情况下),掌握设备运行状况,判定故障的原因和部位,预测设备未来状态的一种技术,称为设备故障诊断技术。设备故障诊断技术不仅要了解设备现状,更要预测设备未来状态,为预防维修打下基础。

2. 纺织设备的检查 设备的检查就是对其运行情况、工作性能、磨损程度进行检查,通过检查可以全面了解设备技术状况、劣化程度和磨损情况。根据检查中发现的问题,更好地开展设备维修工作,提高维修质量,缩短维修时间。纺织设备检查一般可分为日常检查和定期检查两类。

(1)日常检查。日常检查是操作者每天对设备进行的检查。操作者主要利用感觉器官(听、看、触、嗅)和简便的检测手段,每日按规定要求和标准对纺织设备所进行的状态检查。在日常检查的基础上,对重点纺织设备(包括质量控制点纺织设备、特殊安全要求的纺织设备)进行点检,由纺织设备操作者每班或按一定时间周期,按纺织设备管理部门编制的纺织设备点检卡逐条逐项进行检查记录,如有异常应立即排除或通知维修工处理,并做好反馈工作。

纺织设备的日常检查工作做得好,绝大部分隐患都可以早期察觉、尽快排除。

(2)定期检查。定期检查是指维修工按照计划和规定的检查周期,根据检查标准,凭人的感官和检测仪器对纺织设备状态进行的比较全面的检查与测定。作为一项保障纺织设备技术状态的基础工作,它可以用于周期性的定期预防性维修,特别适用关键纺织设备和重点纺织设备的预防性维修,并对检查中发现的问题及时调整,做好预防维修的相关准备工作。设备定期检查包括性能检查、精度检查和可靠性试验。

3. 纺织设备的点检 为了准确地掌握设备运行状态和磨损程度,及时排除隐患,保持设备完好,对影响设备正常运行的关键部位实行重点管理,进行规范化的检查维护工作,称为设备点检。设备点检中的"点",是指设备的关键部位。通过检查关键部位,就能及时、准确地获得设备技术状况的信息。开展以点检为基础,以状态监测为手段的预知维修是设备维修方式发展的方向。

(1)设备的点检分类。设备点检一般分为日常点检、定期点检和专项点检三类。点检项目是对设备上影响产品质量、产量、能耗和影响设备安全运行的部位进行检查。开展点检工作,首先要制订点检标准书,列出点检项目及标准。主要点检项目包含设备的部位、使用仪器和方法、周期和质量标准、检查处理结论等。其次开展点检工作时,要有检查记录卡。检查人员按规定的检查部位、内容、方法进行点检,检查结果要记入点检记录卡,为分析设备状态和预防维修提供依据。

(2)点检的主要工作。点检的主要工作有:确定设备的关键和薄弱部位作为检查点;确定点检部位的检查内容;确定点检的标准;确定点检的周期;确定点检的方法和条件;确定点检的负责人和检查人员;编制点检记录卡、做好点检记录和分析点检记录,建全并保管好设备检修的原始资料;做好点检的各项管理工作。

(3)制订纺织设备检查项目和内容。纺织设备检查卡根据设备检查标准的项目和内容制订(表8-11)。

表8-11 设备日常检查项目和内容

检查项目	检 查 内 容
开车前检查	操作部分是否正常、安全防护是否齐全、是否加油、是否有异常震动和声响、指示灯是否正常等
开车中检查	是否有异声、温升、振动,传动皮带松紧、润滑是否正常,安全限位开关是否正确
停车后检查	电源是否关闭、设备是否清扫、工作地面是否整洁

纺织设备定期和专项检查卡的项目比较全面,以设备的各项性能和设备精度为主要检查的内容。设备定期和专项检查一般可以用目测、耳听、接触的方法和使用测量仪器的方法。检测的内容(以通用设备为例)有隔距检查、磨损检查、腐蚀检查、异声检查、松动检查等。

(4)确定检查周期。定期检查周期与维修质量和费用维修有关。检查周期过短会增加维修费用,检查周期过长则达不到预防目的,因此要综合考虑确定检查周期。设备的工作环境、使用时间、磨损程度等特性,都会影响到检查周期的长短。合理地检查周期能使设备保持在一个较好的工作状态。

4.纺织设备故障与事故　纺织设备在安装调试合格后,投入正常使用,在使用运行过程中,要求连续正常运行,减小故障停机损失,提高设备利用率。纺织设备在运动过程中的技术状态会逐渐变劣,设备产生故障是不可避免的。纺织设备故障管理的任务就是研究设备故障的发生发展规律,降低纺织设备故障率。

(1)纺织设备故障。故障、异常、缺陷等反映纺织设备技术状态的术语,在实际工作中往往难确切地加以区别。一般纺织设备故障的定义为:纺织设备或系统在使用过程中丧失其规定功能或降低了效能的状态。故障只有在设备运转状态下才能显现出来。设备的异常、缺陷是尚未发生故障,但已处于不正常状态,再发展就会成故障。按故障发生的速度可分为突发性故障和渐发性故障两种。

(2)设备故障管理。如果设备发生故障,设备停机会直接影响生产,带来很大的损失,还可能造成重大安全事故或污染环境。加强设备故障管理,防止故障的发生,保持设备正常运转,有着重要的经济和现实意义。

设备故障管理是全过程的管理。管理内容包括:故障信息搜集、存储、统计和整理,故障原因分析,故障处理计划和实施,处理效果评价,信息反馈。采用全过程管理可以全面了解设备状态,搞好设备维修,提高设备的可靠性和利用率。

(3)设备事故。设备事故是指设备因非正常损坏造成的停产,使停机时间和经济损失超过规定限额的事件。设备事故给企业生产带来重大经济损失,并且危及员工的人身安全。因此,要积极采取预防措施,防止事故的发生。设备事故的类别分为三类(表8-12)。

表8-12　设备事故分类

事故的类别	分　类　依　据
一般事故	修复费用:一般设备500~10 000元;精密的、大型的、单机台及关键设备1 000~30 000元;或因设备事故造成全厂供电中断10~30 min为一般事故
重大事故	修复费用:一般设备达1万元以上,精密的、大型的、单机台及关键设备3万元以上者;或因设备事故而使全厂电力供应中断30 min以上为重大事故
特大事故	修复费用:50万元以上,或由于设备事故造成全厂停产2天以上,车间停产一周以上为特大事故

(4)设备事故处理。当设备发生事故时,应马上切断电源,采取应急措施,防止损失扩大,同时保护现场并按设备管理的有关规定上报。及时组织有关人员进行调查分析,对责任事故要严肃处理。一般事故由事故单位负责人组织有关人员,在设备管理部门参加下分析事故原因。重大及特大事故由企业主管领导组织设备、技术、生产、安全等部门和事故有关人员进行分析,查找事故原因,制订防范措施,提出处理意见。要总结经验,吸取教训,采取必要措施,防止类似事故的发生。

五、纺织企业设备维修

纺织设备发生故障后,为恢复其功能和精度,采取更换或修复磨损失效的零件,对设备进行检查和调整,称为纺织设备维修。设备的维修应该贯彻预防为主的原则,根据设备特点及设备在生产中所起的作用,选择适当的维修方式。

1.设备维修方式 企业对生产用纺织设备,较普遍采用的维修方式有事后维修和预防维修,预防维修方式又分为定期维修和状态监测维修。

(1)事后维修。纺织设备发生故障或性能、精度降低到不能满足生产使用时,进行的维修称为事后维修,也就是通常所称的故障维修。对有些故障停机后再维修不会给生产造成损失的纺织设备,采用事后维修方式可能更经济。可以进行事后维修的设备一般不列入预防维修计划,如对结构简单、利用率低或有备用的设备,或维修技术不复杂并能及时获得维修配件的设备,或发生故障停机后再修理不会影响生产任务的设备,都可以用事后维修方式,发挥设备部件的最大使用寿命,达到维修的最好经济性。

(2)预防维修。为了防止纺织设备的功能、精度降低或降低故障率,按事先制订的计划和技术要求所进行的修理活动,称为纺织设备的预防维修。目前普遍采用的预防维修方式是定期维修和状态监测维修。对重点设备和主要设备一般都实行预防维修。

①定期维修。定期维修是以设备运行时间为基础的预防维修方式,具有对纺织设备进行周期性维修的特点。根据纺织设备的磨损规律和部件的失效规律,事先确定维修类别、维修间隔期、维修内容、维修工作量及技术要求。维修计划按纺织设备的计划开动时数可作较长时间的安排。

②状态监测维修。这是以纺织设备实际技术状态为基础的预防维修方式。它是在状态监测和技术诊断基础上,采用设备日常点检和定期检查来查明纺织设备技术状态。针对纺织设备的劣化部位及程度,在故障发生前,适时地进行预防维修,排除故障隐患,恢复纺织设备的功能和精度,又称预知的维修。表8-13和表8-14列举了部分设备状态维修的具体内容。

表8-13 国产并条机状态维修计划表

机台号:

周期	修理耗时(h/台)	人数	维 修 内 容
12个月	8	4	校正调整各罗拉、皮辊、加压及传动部分,清洁并加油
			检查修理圈条装置、揩擦及加油传动部分和导条部分
3个月	4	2	检查牵伸区加压,皮辊的检查、维修
			牙轮的啮合情况
			各自停装置的灵敏度检修
			棉条通道的检查、打磨
			光电自停的检查
20天	2	4	清洁全机各部件
			清洁、打磨棉条通道
			各注油部位加油

表 8 – 14　自动络筒机状态维修计划表

机台号：

周期	修理耗时(h/台)	人数	维 修 内 容
12 个月	8 天	2	检查主吸风电动机轴承并加油,调节传动皮带张力,检查中心轴电动机的润滑油位
			检查槽筒电动机轴承、平衡活塞、筒子制动器活塞等部位
			检查传动箱各传动部件
			清扫络纱头,清洁各传动部位
6 个月	5 天	2	清洗纱头吸嘴、捻结器并加油润滑,检查皮带张力
2 个月	2 天	2	检修络纱头、可移动中心销轴、上吹风、吸风装置、散热风扇、坦克链等并加油保养
			清洗槽筒、电镀杆等
1 个月	1 天	2	清扫车头各电气控制箱、各单锭控制箱
			清洁下部拦纱杆并加油保养
			检修各电气部件的连接情况
半个月	4h	2	检修络纱头外部各机件并加油保养

2. 维修类别　维修类别是根据维修内容和技术要求以及工作量的大小来划分。修理分为大修、中修、项修和小修四类。

（1）大修（大平车）。纺织设备的大修是工作量最大的计划维修。此时设备基准件磨损严重,精度和性能大部分丧失,只有经过全面修理,才能恢复设备使用性能。大修时,对纺织设备的全部或大部分部件解体;修复基准件,更换或修复全部不合格的零件;修复和调整纺织设备的电气及其他系统;消除修前存在的缺陷,全面恢复纺织设备的规定功能和精度。结合大修理,可采用新技术、新工艺进行设备改造,提高设备的使用性能。

（2）中修。中修的工作量介于大修与小修之间。很多企业用项修代替中修。

（3）项修。项修是项目维修的简称,是根据纺织设备的实际状态,对设备状态劣化的局部进行针对性维修。项修时,一般要进行部分拆卸、检查,更换或修复失效的零件,必要时对基准件进行局部维修和调整精度,恢复所修部分的精度和性能。项修具有针对性强,停机时间短,维修费用低,避免过剩维修等特点。对于单一关键纺织设备,可根据日常检查、监测中发现的问题,利用生产间隙时间（节假日）安排项修,从而保证生产的正常进行。项修的工作量视实际情况而定。

（4）小修（小平车）。纺织设备小修是工作量最小的计划维修。实行状态监测维修的纺织设备,小修是针对日常点检、定期检查和状态监测诊断发现的问题,拆卸有关部件,进行检查、调整、更换或修复失效的零件,以恢复纺织设备的正常功能。实行定期维修的纺织设备,小修是根据掌握的磨损规律,更换或修复在维修周期内即将失效的零件,以保证纺织设备的正常工作性能。

3. 纺织设备维修计划　纺织设备维修计划管理工作主要包括:根据生产产品对纺织设备

的技术要求和纺织设备劣化程度,编制纺织设备维修计划;认真组织有关部门实施完成维修计划;保证维修质量,缩短停修时间和降低维修费用。

企业的设备修理计划,有按时间进度的年、季、月计划和按修理类别的大修理计划两类。表 8-15 和表 8-16 分别列举了设备年、月修理计划表的具体内容。

表 8-15　年度设备修理计划表

制表时间:　　年　　月　　日

序号	使用单位	设备编号	设备名称	型号规格	设备类别	修理复杂系数			修理类别	修理内容	修理定额		停歇天数	计划进度				修理费用	承修单位	备注
						机	电	热						一季度	二季度	三季度	四季度			

表 8-16　月份设备修理计划表

制表时间:　　年　　月　　日

序号	使用单位	设备编号	设备名称	型号规格	设备类别	修理复杂系数			修理类别	修理内容	修理定额		停歇天数	计划进度		修理费用	承修单位	备注
						机	电	热						起	止			

4. 设备修理的实施　在实施修理计划时,要求使用者按规定日期将设备交付给修理者,认真按作业计划组织。设备管理部门会同质量检查、设备使用以及修理部门做好修后的检查和验收工作。对单台纺织设备来说,在修理计划的实施管理中应抓好以下几个环节。

(1)交付维修。设备使用单位应按规定日期把设备移交给维修单位。一般纺织企业的设备修理都由使用单位自己的保全队承担。

(2)解体检查。纺织设备解体后,及时检查零部件的磨损、失效情况,特别要注意有没有在修前未发现或未预测到的问题。经检查分析,尽快发出需要的技术文件和图纸。

(3)临时需要的配件和修复件加工。临时配件和修复件往往会影响维修工作进度,应按维修作业的需要安排临时配件的生产计划和修复件的修复工作。要加强计划执行情况的检查,保证满足维修作业需要。

(4)生产调度。维修工段长必须每日了解各部件维修作业的实际进度,并在作业计划表上画出实际完成程度标志。对发现的问题,凡本工段能解决的应及时采取措施解决。如果发现某项作业进度延迟,及时调动人力,把进度赶上去。对本工段不能解决的问题,应及时向计划调度人员汇报。

计划调度人员应检查作业计划的完成情况,认真听取维修工人的意见,研究解决各工种作业衔接问题,从技术上和组织管理上采取措施,努力做到不发生待工、待料和其他延误维修进度的现象。

(5)质量检查。凡维修工艺和质量标准明确规定以及按常规必须检查的项目,维修工人自检合格后,必须经质量检查人员检查确认合格方可转入下道工序。

(6)竣工验收。纺织设备维修完毕,经维修单位空车运转试验及自检合格后,由企业设备管理部门、维修单位、使用单位操作工人和保养工及部门设备、质量检验管理人员共同参加,进行纺织设备修后的整体质量检验验收。

纺织设备大修验收主要内容有空运转试车验收、负荷试车验收、工作(几何)精度标准验收和竣工验收。

5.设备修理的考核　设备修理的考核主要从修理计划完成率和维修质量两大方面考虑。修理计划完成率的高低反映了企业设备预防维修工作的状态。考核年度、季度、月份修理计划的完成率,是考核车间的主要技术经济指标之一。企业设备的维修质量考核,大小修的质量评价是以评等评级的方法进行考核。评等是对设备机械安装质量而言,凡是安装质量全部达到交接技术条件的评为一等,有一项不能达到的评为二等。评级是对产品工艺质量而言,全部达到工艺要求的评为一级,有一项不能达到的评为二级。

设备修理的考核指标主要有以下四项。

(1)设备完好率。设备完好率是考核设备技术状态的综合性指标。设备完好主要包含设备性能良好,符合工艺要求;机、电、仪等零部件齐全,运行状态良好。设备完好率应按月检查,按季累计。

(2)一等一级车率。一等一级车率的含义是指一等一级车台数占周期修理台数的百分比。计算公式如下:

$$一等一级车率 = \frac{一等一级车台数}{周期修理台数} \times 100\%$$

(3)准期率。根据设备修理计划规定的每月大小修理机台准期完成,初步交接的设备,称为准期设备。准期率的含义是指准期完成修理台数占周期修理计划台数的百分比。计算公式如下:

$$准期率 = \frac{准期完成修理台数}{周期修理计划台数} \times 100\%$$

(4)修理计划完成率。该指标反映大小修理作业计划完成情况,是指实际完成台数占修理作业计划台数的百分比。计算公式如下:

$$计划完成率 = \frac{实际完成台数}{修理作业计划台数} \times 100\%$$

六、纺织企业设备的改造与更新

纺织设备的更新与改造是加速企业技术改造的一项有效措施,是提高企业市场竞争力的有效方法。应用技术经济分析的手段,用新技术改造和更新现有的设备,充分发挥纺织企业的内在素质,使其在激烈的市场竞争中能处于领先的地位。

1.纺织设备的技术改造　设备的技术改造也叫做设备的现代化改装,是指应用现代科学技术成就和先进经验,改变现有设备的结构,装上或更换新部件、新装置、新附件,以补偿设备的无形磨损和有形磨损。通过技术改造,改善原有设备的技术性能,增加设备的功能,使之达到或局部达到新设备的技术水平。

(1)纺织设备技术改造的原则(表8-17)。

表8-17 纺织设备技术改造的原则

设备改造原则	具 体 要 求
针对性	从实际出发,按照生产工艺要求,针对生产中的薄弱环节,采取有效的新技术,使设备技术改造密切结合企业生产的实际需要
适用性	掌握适度够用的标准,不要盲目追求高指标,防止功能过剩
经济性	充分利用原有设备的基础部件,节省时间和费用,以较少的投入获得较大的产出
可能性	根据技术改造项目的难易程度,决定由本企业来完成还是请有关生产厂方和科研院所协助完成

(2)纺织设备改造的过程。为了达到纺织设备改造的预期效果,应注意设备改造的全过程的管理。纺织设备改造的过程管理一般包含以下的内容。

①企业各车间于每年10月初提出下一年度的纺织设备技术改造项目,即填写年度纺织设备改造清单报送设备部门。

②经过设备部门审查批准,制定出企业年度设备技术改造计划,并由各车间填写设备技术改造立项申请单并报送设备处备案。重大设备技术改造项目要进行设备技术改造经济分析,报送设备处,经处长或企业主管人审批方可实施。

③纺织设备技术改造的设计、制造、调试等工作,由各车间负责实施。若车间技术能力不足,需委托有关单位协助时,委托单位应向设备管理部门提供详细的技术要求和参考资料,并填写"委托申请书"交设备管理部门审批。

④纺织设备改造工作完成后需经车间和设备处负责人联合验收。

⑤纺织设备技术改造竣工验收后,车间填报改造竣工验收单和设备技术改造成果表报送设备处。

⑥设备技术改造项目验收后,要填写"设备技术改造增值申报核定书"报送设备处,核定后在有关部门分别存档。

2. 纺织设备更新 广义的设备更新应包括设备大修、设备更换和设备现代化改造。目前许多纺织企业仍采用大修的方法,但是大修并不能带来设备自身技术水平的提高,也就很难适应提高产品技术档次的要求。用结构更合理、技术更先进、效率更高、原材料和能源耗费更少的新型设备去替换陈旧的设备,对企业发展生产,提高经济效益,有着十分重要的意义。

(1)纺织设备更新的原则。

①设备更新应当紧密围绕企业的产品开发和技术发展规划,有计划、有重点进行。

②设备更新应着重采用技术更新的方式,来改善和提高企业技术装备达到优质高产、高效低耗、安全环保的综合效果。

③设备更新应当认真进行技术经济论证,采用科学的决策方法,选择最优可行方案,以确保获得良好的设备投资效益。

（2）纺织设备更新的规划。

①纺织设备更新规划的编制。纺织设备更新规划的制订应在企业主管厂长的领导下，以设备管理部门为主，在企业的生产、技术、计划、财务等部门的参与和配合下进行。纺织设备更新规划的制订要根据以下内容进行编制：企业的总体发展规划，国内外纺织设备工艺进步的情况，企业的纺织设备技术性能和经济效益，企业提高产品质量和技术装备素质的要求，企业设备技术改造计划和设备大修理计划等。

②纺织设备更新规划的内容。一般应包括：现有纺织设备的技术状态，需要更新纺织设备的具体情况和理由，国内外可订购到的新纺织设备的技术性能与价格，国内有关企业使用此类纺织设备的技术经济效果和信息，要求新购置纺织设备的到货和投产时间，资金来源等。

纺织设备更新规划的编制应立足于通过对现有生产能力的改造来提高生产效率和产品水平。纺织设备更新要与纺织设备大修理和纺织设备技术改造相结合，既要更换相当数量的旧纺织设备，又要结合具体生产对象，用新部件、新装置、新技术等对纺织设备进行技术改造，使纺织设备的技术性能达到或局部达到先进水平。

③纺织设备更新的周期选择。纺织设备更新必然要考虑经济效益。究竟在什么时候进行设备更新比较适宜，这里存在更新时机的选择，也就是如何确定设备寿命的问题。设备更新在经济上最有利的时候就是设备更新的最佳时机。通常设备寿命可以分为物质寿命、技术寿命、经济寿命。

a. 设备的物质寿命也叫作自然寿命或物理寿命，它是指设备实体存在的时期，即设备从制造完成到投入使用直至报废为止所经历的时间。设备的物质寿命长短与维护保养的好坏有关，而且还可以通过恢复性修理来延长它的物质寿命。

b. 设备的技术寿命是指设备在现阶段技术条件下有存在价值的时期，即设备从开始使用直到因技术落后而被淘汰所经历的时间。技术寿命的长短取决于设备无形磨损的速度。由于现代科技的发展速度大大加快，会出现一些设备的物质寿命尚未结束，就被新型设备所淘汰的情况。进行技术改造可延长设备的技术寿命。

c. 设备的经济寿命也叫作设备的价值寿命。它是依据设备最经济的使用费用（即使用成本）来确定的使用期限，通常是指设备平均使用成本最低的年数。经济寿命用来分析设备的最佳折旧年限和经济上最佳的使用年限，即从经济角度来选择设备的最佳更新时机。过去，我国企业主要是根据设备的物质寿命来考虑设备更新，或者简单按照国家规定的折旧年限来安排设备更新，没有考虑设备的技术寿命和经济寿命，影响了企业经济效益的提高。

（3）纺织设备更新的实施。企业进行设备更新时，在实施过程中应做好以下工作。

①编制和审定纺织设备更新申请单。在充分进行技术经济分析论证的基础上，确认实施的可能性和资金来源等方面情况后，经上级主管部门和厂长审批后实施。

②对旧设备组织技术鉴定，确定残值。尽可能真实反映旧设备本身的价值。残值确定是否合理关系到经济分析的准确与否。

③积极筹措纺织设备更新资金，使更新设备尽快到位。

④精心安排更新设备的安装、调试、试运行，使其尽快投入使用，为企业创造经济效益。

➤技能实训

通过对一个纺织企业进行实际调研,让学生接触和了解纺织企业的实际设备管理活动,经过实地参观、询问、考察,分组讨论,写出调研报告。

1. 你作为一名企业基层的设备管理者(如车间的设备员)如何开展设备管理工作。要求通过工厂调研写出设备管理工作程序、设备管理工作内容和有关管理人员的岗位职责。

2. 你作为一名基层的设备维护者应如何开展工作,才能保证设备始终处于良好的工艺加工状态。你认为造成设备状态不良的最主要因素是什么? 应该怎么解决? 写出几条有针对性的措施。

➤案例综合分析

纺织企业设备科的设备维修管理工作规范实例

(选编自无锡明仁纺织印染有限公司的企业管理手册)

1. 设备维修管理工作实行设备科统一领导,车间分级管理。有计划地组织大修、中修、小修和日常维护工作,使全厂设备常年处于完好状态,保证全厂设备完好率在90%以上。

2. 各生产车间设备的大修、中修项目,由车间提议,会同生产科、设备科、财务科,根据生产任务、资金情况、人力、物力予以综合平衡,确定材料、资金、人工的计划预算,根据厂长审批,安排具体检修。

3. 凡属日常维修材料、备品、配件等计划,由各车间机械员编制,按季报设备科审核,经同意后分送机修车间、供销备件仓库,按计划执行。

4. 设备的大修、中修理项目,在进行具体设计时,设备员要会同有关技术人员深入车间班组听取挡车工、工艺员、保养工等的意见,设计力求科学合理。

5. 设备员要负责大修、中修和新增设备的交接验收工作,每月要会同各车间机械员、保养组长检查机台的完好情况和维修保养质量。

●讨论题:

了解该企业设备管理工作的具体内容,找出该企业设备管理工作的特点及存在的不足。

第九章　纺织企业供应链管理

●── 本章学习目标 ──●

1.理解供应链的基本概念。

2.认识企业内部供应链与外部供应链的区别。

3.理解纺织企业供应链管理的内涵与重要性,掌握实施步骤。

4.熟悉纺织企业采购业务流程,实施采购管理的内容。

5.能分析影响纺织企业库存的因素,掌握库存控制的一般方法。

6.了解纺织企业物料消耗定额与管理内容。

👉 **[导入案例]建立能创造价值的供应链管理模式**(摘编自《中国经济网》2012. 07.09)

　　随着全球化经济以及国际分工的进一步发展,中国制造业面临着新的机遇和挑战。实际上,一件产品的价值是由整条供应链创造的,一件产品的竞争力,则体现了供应链上各个环节的整体竞争力,未来纺织服装行业的竞争将更多地表现在供应链管理的竞争上。而在供应链管理方面,国内一些优秀企业有着值得借鉴的经验。

　　雅戈尔作为国内服装产业的龙头企业,自创立以来,30多年的发展建立了具备自身特色的供应链管理模式。据雅戈尔集团股份有限公司总经理许奇刚介绍,雅戈尔的供应链建设经历了四个阶段:

　　第一阶段在20世纪80年代,以横向联营及创立(北仑港品牌)方式,拓展销售,扩张企业资产规模。这一阶段主要以扩大生产规模作为供应链建设的核心内容。第二阶段,20世纪90年代创立了雅戈尔品牌,组建了营销公司,初步形成全国营销网络,企业开始从加工制造向生产营销型企业发展过渡,在这个阶段主要以扩大营销网络作为核心工作。第三阶段,21世纪初完成了国际服装城和纺织城的建设,掌控了从上游的纺织服装面料成衣制造一直到零售终端的垂直产业链,形成了企业的核心竞争力。第四阶段,2009年起开始实施从生产营销型企业向品牌管理型企业的战略转移,创立了五大品牌,内部产业链发展也从内外结合、以内部企业为主向内外结合供应链整合转移。

　　总的来说,从20世纪90年代起,雅戈尔用了20多年时间,构建了一条垂直型内部供应链。而根据多品牌发展的需要,雅戈尔又提出了打造可持续发展供应链战略。对此,雅戈尔从三方面着手:一是重构了供应链体系,依靠多方位的创新,扩大了国内的领先优势,加速全球资源配置;二是雅戈尔对外采购量将从现在的1/3发展到5年后的1/2,10年后的2/3。供应链企业逐步从国内向海外转移;三是对供应商的选择、培育和考核方面,雅戈尔对供应商进行分类,分为战略合作伙伴、一般供应商以及选择性的供应商。对于战略型供应商,雅戈尔进行信息共享,把其信息纳入雅戈尔的管理体系,同我们一起联合开发,提高雅戈尔的开发能力。

作为国内羽绒服领域的领军者,波司登在自身供应链管理方面也有自己的一套。波司登国际控股有限公司供应链管理中心副总监戴建国表示,对于企业而言,供应链管理必须要能创造价值,而其中很关键的就是供应链管理水平,要有强有力的资源整合能力、成本控制能力。现在,波司登已经从以前的纯生产型工厂,发展到目前自己生产只占10%多一点,绝大部分都是外包生产,波司登把供应链管理上升到集团核心战略之一。

据戴建国介绍,波司登供应链管理的重点在于快速反应。"目前波司登的下单模式,可以说是独一无二的。我们保持15天的下单周期,订完货以后每15天下一次订单,每13天交货,实际上这对供应链来讲压力是很大的。波司登已经连续七八年,都做到13天交货。"

本案例正是向我们展现了国内优秀服装品牌企业在供应链管理方面的特色和经验。

第一节 纺织企业供应链管理概述

一、纺织企业供应链

供应链概念的提出最早在1982年。供应链理论研究源于物流管理研究,起初人们并没有把它与企业的整体管理联系起来,主要是进行供应链管理的局部性研究,如多级库存控制问题、物资供应问题等。进入21世纪,企业面临竞争加剧、用户需求不确定性和个性化增加、高新技术发展迅猛、产品寿命周期缩短等竞争环境,企业要赢得竞争优势,提升在行业中的位置,就必须引入供应链,整合上下游企业的优势,共同赢得市场和创造价值。

(一)供应链的概念

《物流术语》(GB/T 18354—2001)指出:所谓供应链(Supply Chain,SC),是在生产及流通过程中,涉及将产品或服务提供给最终用户活动的上游与下游企业所形成的网链结构。这个术语告诉人们,供应链其实就是从采购原材料开始,制成中间产品及最终产品,最后由销售网络把产品送到消费者手中的,由供应商、制造商、仓库、配送中心和渠道商等实体(或称为供应链的节点)构成的功能网链结构模式。

如图9-1所示,同一企业可能构成这个网络的不同组成节点,但更多的情况下是由不同的企业构成这个网络中的不同节点。如,在某个供应链中,同一企业可能既在制造商、仓库节点,又在配送中心节点等占有位置。在分工愈细,专业要求愈高的供应链中,不同节点基本上由不同的企业组成。在供应链各成员单位间流动的原材料、在制品库存和成品等就构成了供应链上的货物流。

供应链是社会化大生产的产物,是重要的流通组织形式和市场营销方式,它将生产和消费者有机地连接起来,对生产和流通有直接的导向作用。供应链一般分为内部供应链和外部供应链,前者指企业内部产品生产和流通过程中所涉及的采购、生产、仓储、销售等部门组成的供需网络;后者是企业与企业外部的原材料供应商、生产厂商、储运商、零售商以及最终消费者组成的供需网络。内外供应链共同组成了企业产品从原材料到成品再到消费者的供应链。

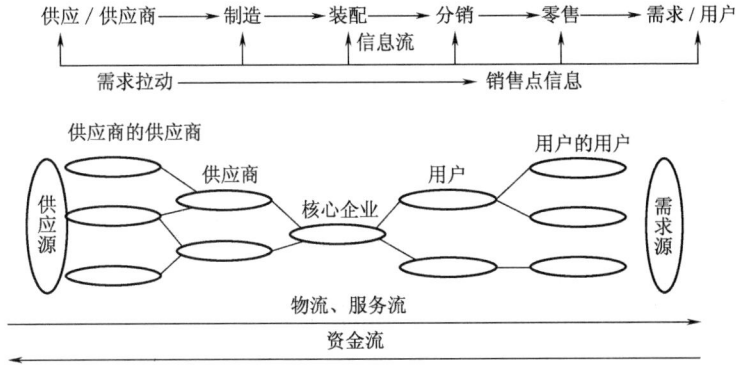

图 9-1 供应链结构模型

(二)纺织企业供应链的特征

供应链不仅是一条连接供应商到用户的物料链、信息链、资金链,而且是一条增值链,物料在供应链上因加工、组装、运输等过程而增加其价值,给企业带来收益。在这个网络中,每个贸易伙伴既是其客户的供应商,也是其供应商的客户,它们既向上游的贸易伙伴订购产品,又向下游的贸易伙伴供应产品。

纺织企业从原材料到产成品的供应链中,存在着众多的中间产品。这些中间产品既作为其上游供应链的"产成品",又作为其下游供应链的"原材料",因此,纺织企业间存在着紧密的相互依存关系。纺织企业供应链是基于纺织产品紧密联系的特点和企业间信息共享的需求而形成的。如图 9-2 所示为我国纺织业供应链的现状图。

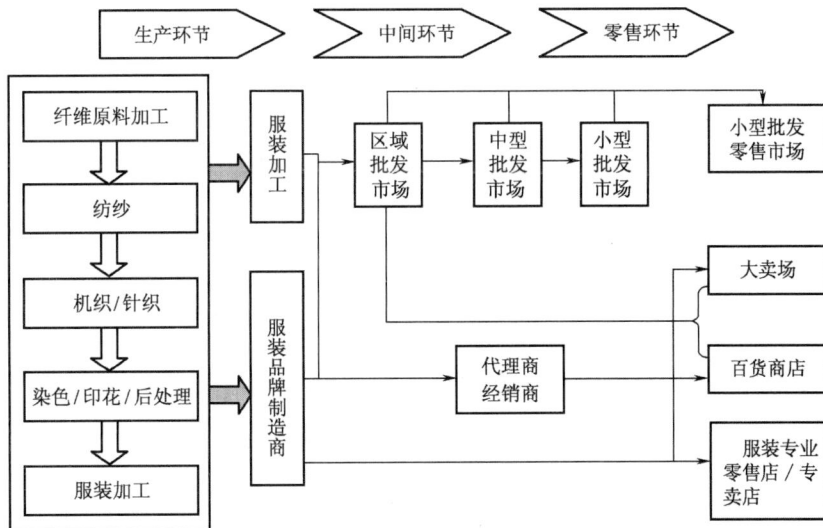

图 9-2 纺织企业供应链现状图

二、纺织企业供应链管理

(一)供应链管理

所谓供应链管理,就是指在满足一定客户服务水平的条件下,为了使整个供应链系统成本达到最小,而把供应商、制造商、仓库、配送中心和渠道商等有效地组织起来,进行产品制造、转运、分销及销售的管理方法。从上述定义中,可知供应链管理包含丰富内涵。

(1)供应链管理把产品在满足客户需求的过程中对成本有影响的各个成员单位都考虑在内,包括从原材料供应商、制造商到仓库再经过配送中心到渠道商。不过,在供应链的实际分析中,有必要考虑供应商的供应商以及顾客的顾客,因为它们对供应链的业绩也是有影响的。

(2)供应链管理的目的在于追求整个供应链的整体效率和整个系统费用的有效性,力图使系统总成本降至最低。因此,供应链管理的重点不在于简单地使某个供应链成员的运输成本达到最小或减少库存,而在于通过采用系统方法来协调供应链成员以使整个供应链总成本最低,使整个供应链系统处于最流畅的运作中。

(3)供应链管理是围绕把供应商、制造商、仓库、配送中心和渠道商有机结合成一体这个问题来展开的,因此,它包括企业的战略层次、战术层次和作业层次等活动。

尽管在实际的管理工作中,只有通过供应链的有机整合,企业才能显著地降低成本和提高服务水平,但是在实践中供应链的整合是非常困难的。这是因为:首先,供应链中的不同成员存在着不同的、相互冲突的目标。如,供应商一般希望制造商进行稳定数量的大量采购,而交货期可以灵活变动;与供应商愿望相反,尽管大多数制造商愿意实施长期生产运转,但它们必须顾及顾客的需求及其变化并做出积极响应,这就要求制造商灵活地选择采购策略。因此,供应商的目标与制造商追求灵活性的目标之间就不可避免地存在矛盾。其次,供应链是一个动态的系统,随时间而不断地变化。事实上,不仅顾客需求和供应商能力随时间而变化,而且供应链成员之间的关系也会随时间而变化。如,随着顾客购买力的提高,供应商和制造商均面临着更大的压力来生产更多、更具个性化的高质量产品,进而最终生产定制化的产品。

英国著名供应链专家马丁·克利斯朵夫强调:"21世纪的竞争不是企业和企业的竞争,而是供应链与供应链的竞争"。实践表明,有效的供应链管理总是能够使供应链上的企业获得并保持稳定持久的竞争优势,进而提高供应链的整体竞争力。统计数据显示,供应链管理的有效实施可以使企业总成本下降20%左右,供应链上的节点企业按时交货率提高15%以上,从订货到生产的周期时间缩短20%~30%,供应链上的节点企业生产率增值也提高15%以上。越来越多的企业已经认识到实施供应链管理所带来的巨大好处,如HP、IBM、DELL等公司在供应链管理实践中取得的显著成绩就是明证。

纺织行业产品具有时尚性强,要求产品对市场有快速反应能力的特点,同时它经历从原料、加工、印染、批发、零售等多个供应链环节,是一种典型的供应链很长的行业。纺织企业供应链管理的主要业务有客户关系管理、客户服务管理、订单管理、生产流程管理、采购、销售管理等。随着研究的深入和应用推广,纺织企业供应链管理必将进入一个新的阶段。

[案例]纺织企业供应链管理应用系统

信普纺织服装供应链管理系统适用于从事服装外贸、工贸、生产加工等纺织服装行业的企业,特别是外向型的服装生产加工企业,是整合服装企业订单、物料供应、成衣技术(样品、工艺等)、生产和销售(出口)等全过程的管理,并且融入对订单的品质、交货日期、成本、效率等进行管理控制的管理信息系统。信普纺织服装供应链管理系统是企业与客户、供应商,内部各部门间进行有效信息传递,缩减生产周期,降低成本、提高生产效率、提升品质,加强客户服务,从而最终提高企业的综合素质和核心竞争力的理想工具。表9-1为纺织企业供应链管理系统的功能介绍。

表9-1　纺织企业供应链管理系统功能介绍

客户管理	订单管理	采购管理	库存管理	技术管理	生产管理	
客户资料	接单规划	供应商档案	面料库存	技术认定	产能规划	
品质标准	报价接单	询价采样	辅料库存	样品管理	物料管制	
工艺标准	订单发单	面料采购	产成品库存	样板管理	订单自动排程	
客户验货	配额管理	面料跟单	易耗品库存	用码量管理	订单排程	
客户评鉴	生产期管理	面料结账	机零设备库存	用码管理设置	设备管理	
客户开发	出口管理	辅料采购	库存控制		制造成本	
	成本管理	辅料结账				
外加工管理	车间管理	外发管理	品质管理	进出口管理	系统管理	
厂外加工管理	制造安排	外发厂资料	面辅料品质	进口管理	系统参数设置	日志查询
厂外加工下单	工票管理	外发订单	大货过程品质	出口管理	用户权限设置	代码设置
厂外加工结算	产能效率管制	物料管理	跟单管理	进出口费用	系统模块设置	系统备份
	出货管理	收货结算	异损管理	手册管理	单位设置	数据传输
			分析追踪	进出口单证	消息查询	技术维护
				收汇核销		

（二）实施纺织企业供应链管理的基本步骤

1. 建立纺织企业供应链的基础工作体系　供应链管理涉及许多具体方法和技术,但最重要的是要了解供应链管理思想对传统管理理念的影响。供应链管理提倡合作伙伴之间信用互守、优势互补、信息互通、困难互助、风险共担、利益共享。各类纺织企业应充分认识到,在当今快速变化的市场中,必须把自己融入供应链中,依托供应链合作伙伴的合作优势来参与国际竞争;同时,要对纺织供应链的现状作客观的分析研究,包括供应链主体企业的管理现状、信息化建设情况、原材料和设备供应情况、产品需求状况、销售状况、经济实力、技术力量等。

2. 确定纺织企业供应链的成员组成　一条供应链上有处于核心地位的企业,也有处于从属地位的企业,任何企业都不可能包揽供应链的所有环节,它必须根据自己的优势来确定自己的位置。对于纺织企业供应链来说,纺织生产企业就是供应链上的核心企业,它的上游企业是纺织的原料、设备供应商,下游企业是纺织品用户。纺织企业应对候选成员企业的绩效、企业信誉、需求的满足速度和质量、专业化水平、信息化程度及合作精神诸方面进行全面考察分析,以选出能使纺织企业供应链整体最优的合作伙伴。

3. 构建纺织企业供应链结构体系　如图9-3所示,这是一条以纺织生产企业为核心,以纺织用户需求为起点向上游企业延伸的、以顾客需求为中心的"拉动式"供应链,链上涉及供应商以及客户的客户。

4. 建立纺织企业供应链信息技术系统　在纺织企业供应链中,各方成员要做到对彼此

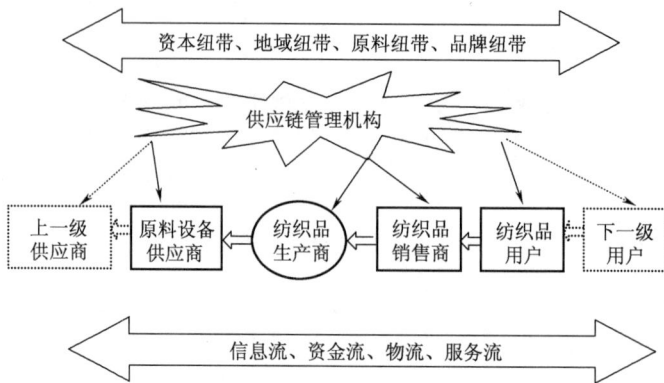

图9-3 纺织企业供应链模型构建

需求的快速反应,就必须有供应链信息技术平台给予支持。以 Internet 为代表的信息技术是实现供应链企业间信息共享的关键技术,是供应链管理的基础。

5.建立纺织供应链组织结构体系 基于职能分工的组织结构并不适应于供应链管理,供应链管理讲求牺牲局部利益来保证整体利益最优。因此,纺织企业应根据供应链管理中快速反应的要求建立一种更能适应现代信息社会的、有利于员工相互交流与沟通、释放员工个性与创造力的扁平型组织结构或网状结构,减少管理层次,促进信息的快速传递与共享,如"供应链管理联合委员会""供应链项目部"等就是这样一种趋于扁平化的组织结构。该机构的组成人员由纺织生产企业及其上下游的成员企业各方抽调,基于整个供应链开展工作。

6.建立纺织企业供应链合作体系 纺织企业供应链管理要求纺织生产企业与供应链上下游其他节点企业的密切合作。各个合作伙伴可借助纺织企业供应链信息网络系统,将各自的业务范围、生产经营规模、产品质量、企业管理现状、销售业绩等资质、信用资料在供应链局域网上予以公布,合作伙伴可以随时查询彼此的信息。

供应链是由成员企业构成的一个虚拟组织,每个成员企业原有的企业制度、文化、价值观不可避免地出现不和谐,不利于企业间的合作。因此,纺织企业供应链合作体系中,各成员企业应加强沟通、相互学习,形成统一的价值观和行为规范,从而求得纺织企业供应链的健康发展。

7.建立纺织企业供应链绩效评价指标体系 评价指标应考虑到纺织企业供应链上下节点企业之间的合作和信用,以及运营状况对整条供应链的影响程度,一般有运行效率、经济效益、满意度和创新能力等指标。当然,不同企业或不同方式组成的供应链,其评价侧重点和具体指标会有所不同。

[案例]绿色纺织企业供应链

绿色纺织生产是相对于传统纺织生产的一种新兴纺织生产模式,是"一种综合考虑纺织生产及纺织品对环境影响和资源消耗的模式,是实现纺织企业可持续发展的重要生产方式,使纺织品在全生命周期中对环境的负面影响最小,资源利用率最高,并使纺织企业经济和社会效益协调优化"。

绿色纺织企业供应链是指围绕核心企业的,由纺织原材料生产企业、纺纱(缫丝、合成)、织造、染整、最终产品生产企业、运输、销售、服务部门、消费者、回收处理企业等构成的网络。绿色纺织供应链比普通纺织企业供应链复杂,供应链上任何企业、部门产生的废丝、废料、废品都必须回收处理,产品退出使用期也必须回收。当废弃纺织品经回收处理后,如还可作为纤维材料或半成品重新使用,则绿色纺织企业供应链是循环的;如可作为生产其他产品的原材料,则回收处理节点是另一条供应链的起点;如需进行焚烧等报废处理,则回收处理节点才是绿色纺织企业供应链的终点。

绿色纺织企业供应链以达到绿色生产为目的,各节点企业分别集中财力、技术、精力去巩固和提高其绿色生产核心能力。它既保证各生产环节的绿色生产,又保证整条供应链的协调运作,以较低的成本生产绿色纺织品。

三、纺织企业供应链管理相关人员的素质与技能

纺织企业供应链管理,是经济性与技术性结合、人与物结合的综合性、专业性很强的工作,所以,一个称职的供应链管理人员应有较高的政策水平、很好的职业道德,还应掌握其职业正常需要的、为履行其工作岗位所必须应知应会的业务技术基本知识和基本技能,以及自觉的组织纪律和较强的体质。

发达国家的企业非常重视企业物流与供应链管理人员的素质。如,美国"生产与库存管理协会(APICS)"是一个国际性现代管理的权威性协会和教育培训机构,为了使接受培训的专业人员业务知识水平有一个统一标准,从1973年始就实行产业管理师资格(CPIM)考试,考试内容分为供应链管理、存货管理、及时交货系统、物料与容量需求规划、生产活动控制等。日本企业特别重视内部的物流现场管理,他们始终认为:高素质的工作人员及清洁整齐的工作环境是减少浪费和提高工作效率的基础工程,并由此推出了"6S活动"。6S活动的开展会使企业办公场所、工作车间、储物仓库整齐无比,企业员工工作严谨认真,更会使企业物品有规则流动。

纺织企业供应链管理一般设置有采购人员、供应人员、销售人员、物控人员等管理岗位。各管理岗位都必须建立的明确上岗条件、基本职责、工作标准、协作关系和考核办法等责任制度。

(一)纺织企业供应链管理人员上岗条件

通常设立初级、中级、高级三类岗位。初级岗位应具有经济类或工程类大专学历以上并见习合格,或取得经济、工程类初级以上专业技术资格;中级岗位一般具有经济类或工程类中级以上专业技术资格,或技术业务有专长并胜任中级岗位的供应链管理人员;高级岗位具有经济类或工程类高级以上专业技术资格,或具有高级岗位专业技术能力、业绩突出的供应链管理人员。

(二)纺织企业供应链管理人员技能要求举例

1. 货仓主管　要求管理或财经类本科,三年以上货仓管理工作经验,熟练操作计算机,精通ISO 9000培训、文件编写、内审,对ERP了解,有独立的事务处理能力,有较好的沟通和协调能力。

2. 货仓管理员　要求中专或高中学历,两年货仓工作经验,熟悉货仓运作流程、账目、仓

位调配,熟练操作计算机。

3. 物控主管 要求管理或计算机、统计本科,有三年以上 PMC 管理经验,熟练操作计算机,对 ERP 原理熟悉,能参与、推动与完善 ERP 系统,精通 ISO 9000 体系,熟练编写有关文件,具有组织、沟通和协调能力。

4. 物控员 要求大专以上学历,有一年以上工作经验;熟练操作计算机,熟悉 PMC 整体运作,独立进行物料分析、计算和规划;懂得 ISO 9000 品质合格证体系,对 ERP 系统有一定了解。

5. 采购主管 要求与企业产品相关的专业大专以上学历,两年以上工作经验,有较强的谈判能力;熟悉与产品相关的物料行情,熟练操作计算机,熟悉 ERP 系统;熟悉供应商评估与考核,懂得 ISO 9000 及运作。

6. 采购员 要求大专以上学历,有一年以上工作经验,熟练操作计算机,懂得 ISO 9000 及采购相关程序;对相关产品材料市场有一定了解。

[案例]某纺织企业对采购主管的能力要求

①职责能力:能正确理解企业的经营方针,把握本部门的责、权、利,有强烈的目标管理意识,熟悉目标管理体系的运作;能根据公司要求制订合理的、具有挑战性的采购业绩目标;能进行部门及个人的业绩考核。

②业务能力:全面了解本部门相关业务的业务流程,掌握本企业各类物资的采购专业技术、业务技能和管理技术,有足够的实务运作能力,包括极强的分析能力和决策能力,针对动态经济环境对物料价格和供应的预测能力,与供应商的沟通能力等。

③知识要求:对纺织企业所采购标的物的基本知识有清楚的认识,包括纤维、纱线、机械、仪表、电子元器件等。

④沟通协调能力:具备良好的人际关系与协调能力,以期获得企业内部各部门的合作,这些部门主要有营销部门、生产部门、质量管理部门、生产现场、财务部门、技术部门、仓储部门等。

⑤改善能力:即围绕采购管理目标,针对现状发现差距和问题,通过业务改善和管理改善的能力,包括有正确的问题意识,敢于正视问题,保持对问题的敏锐性,能用专业眼光和方法深刻发现问题,能运用 PDCA 循环进行问题分析。

⑥管事用人的能力:通过集聚部门人员的智慧完成工作任务,做好人员之间的分工和配合,协调成员之间、部门之间的关系,不断提高员工的业务能力和团队凝聚力。

第二节　纺织企业供应链采购管理

世界经济一体化打破了国界,生产专业化打破了厂界,使纺织品全球采购、全国采购得以盛行。采购管理一直是我国非常薄弱的环节,纺织品跨国集团较少,纺织企业的"大而全""小而全"体制,导致纺织品全球采购量小,各种采购制度相对落后,采购中的违法乱纪屡禁不止。因此,通过纺织企业供应链加强采购管理已是刻不容缓。

一、纺织企业采购业务流程

采购是纺织企业向供应商购买商品的一种商业行为,企业经营活动所需要的物资绝大部分是通过采购获得的。采购是选择和购买物品的过程,包括了解需要、选择供应商、协议价格、签订合同、选择运输方式、催促交货、保证供应等事项。在长期研究和实践中,人们发现企业采购的零部件和辅助材料占最终产品的成本的40% ~ 60%,纺织企业更是高达80%。如果采用科学的采购方法,使采购成本(包括购买费用、订货费用、进货费用等)降低,则会对企业带来很大的经济效益和利润。

在纺织服装企业中,采购业务主要是指纺织服装企业在生产产品时,要由上游的纺织企业提供面辅料,企业的采购业务需要经过以下几个过程。

(1)接受采购任务,制订采购单。这是采购工作的任务来源,通常是企业各个部门把任务报到采购科来,采购科给各个采购员下达采购任务。也有采购科主动根据企业的生产销售任务情况,自己安排各种物资的采购计划,给每个采购员下达采购任务单的做法。

(2)制订采购计划。采购员在接受采购任务单后,要制定具体的采购工作计划。首先进行资源的市场调查,包括对商品、价格、供应商的调查分析,选择供应商,确定采购方法、采购日程计划及运输方法、货款支付方法等。

(3)根据既定的计划联系供应商。有的可能要出差联系,有的要用电话或邮件方式进行联系等。

(4)与供应商洽谈、成交、最后签订订货合同。这是采购工作的核心步骤。要和供应商反复进行磋商谈判、讨价还价,讨论价格、质量、送货、服务及风险赔偿等各种限制条件,最后把这些条件用订货合同的形式规定下来,形成订货合同。订货合同签订之后,才意味着已经成交。

(5)运输进货和进货控制。订货成交后,就是履行合同,就要开始运输进货。运输进货可以由供应商负责,也可以由专业物流企业负责,或自己提货。采购员要参与督促、监督进货过程,确保按时、按质进货。

(6)到货验收、入库。到货后,采购员要督促有关人员进行检验、验收和入库,包括数量、质量的检验。

(7)支付货款与善后处理。一次采购后,要按合同规定支付货款,并进行采购总结评估,处理好一些未尽事宜。

某纺织企业采购作业流程见图9-4。

二、纺织企业供应链采购管理

传统的采购管理只注重采购行为本身,注重在与供应商的谈判中取得价格上的优势,而较少关注供应商所能提供的其他服务,如技术水平、产品质量、交货时间、可靠性、快速响应能力等,也很少与供应商建立良好的长期合作关系。企业与供应商之间的信息不能共享,甚至需要相互隐瞒,以便于在谈判中获得优势。但在供应链管理模式下,纺织企业的采购管理发生了重大变化。

采购管理是指为维护企业的利益,实现企业目标而对企业采购工作所进行的计划、组织、协调和控制活动。相对而言,采购只是其具体的采购业务活动,是作业活动,一般是由采购人员承担的工作。而采购管理是对整个企业的采购活动进行的计划、组织、协调和控制,是面向整个企业的,不但面向全体采购员,而且也面向企业组织的其他人员。

纺织企业加强采购管理的目的,一是降低采购成本,二是提高采购质量。尽管有时实现了廉价采购,但却需要大库存,或降低了采购品的质量,都是不可取的。纺织企业采购管理的基本任务有三个:一是保证企业所需的各种物资的供应;二是要从资源市场上获得各种信息,为企业物资采购和生产决策提供信息支持;三是要与资源市场供应商建立起友好且有效的关系,为企业营造一个宽松有效的资源环境。采购管理的业务内容与流程如图 9-5 所示。

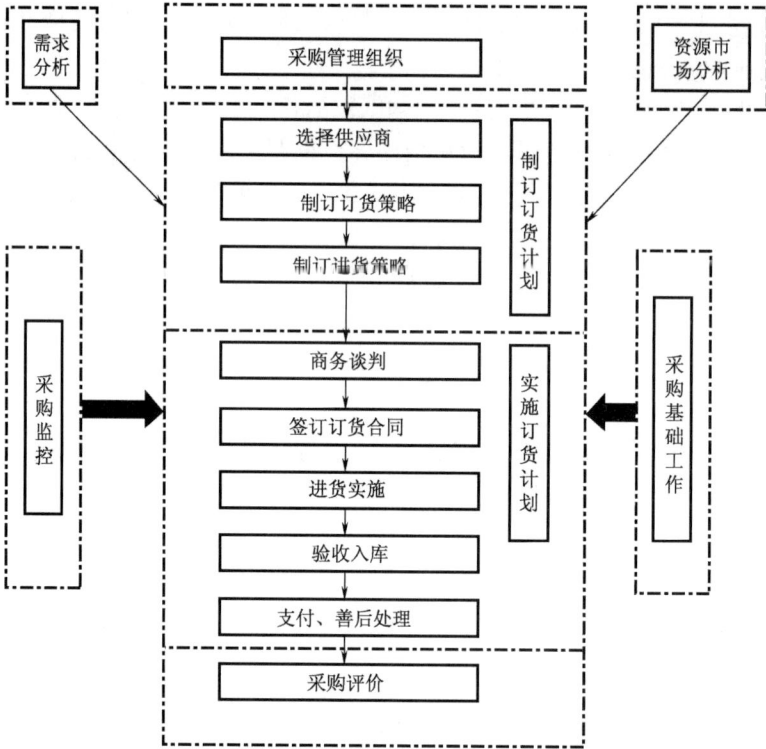

图 9-4 某纺织企业采购作业流程图

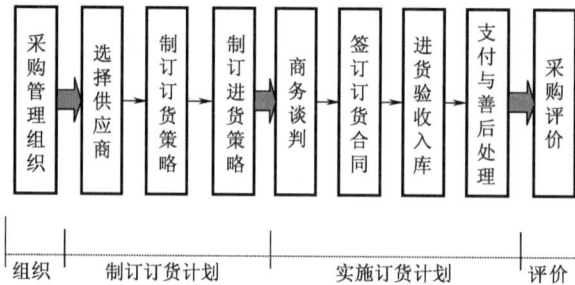

图 9-5 纺织采购管理流程图

1. 采购组织管理 即建立一个精悍的采购管理机构和合理的管理机制,有一些能干的管理人员和操作人员。

2. 制订订货计划

(1)要进行需求分析,要弄清企业需要采购一些什么品种、采购量、什么时候需要什么品种等问题。一般根据需求历史或者生产计划等确定需求规律。

(2)进行资源市场分析,分析研究资源市场的分布、供应商情况、品种情况、价格情况、交通运输情况等。

(3)制订采购计划,包括选择供应商、供应品种、具体的订货策略、运输进货策略以及进货进度等,以解决什么时候订货、订购什么、订多少、向谁订货、怎样订、怎样进货、怎样支付等计划问题。一个周全的采购订货计划对具体的采购工作的实施将会起到很好的指导作用。

在选择供应商时,表9-2提供了对供应商的价格、品质、逾期率和服务等进行考核的参考指标。

表9-2 供应商考核表

考核项目	考核内容及方法
价格	在市场价格水平中的最高价、最低价、平均价
品质	$品质合格率 = \dfrac{进货总数 - 退货总数}{进货总数} \times 100\%$
品质	$批退率 = \dfrac{退货总数}{交货总批数} \times 100\%$
逾期率	$逾期率 = \dfrac{逾期批数}{交货批数} \times 100\%$
服务	出现问题后的配合解决速度为快速或中速或拖拉

3. 实施订货计划 实施订货计划就是把上面制订的采购计划分配落实到人,具体包括联系指定的供应商、进行贸易谈判、签订订货合同、运输进货、到货验收入库、支付货款以及善后处理等。通过这样的活动,完成一次完整的采购活动。

4. 采购评价 采购评价就是在一次采购活动完成后对这次采购的评估,或月末、季末、年末对一定时期内采购活动的总结评价。主要在于评估采购活动的效果、总结经验教训,提出改进方法等。

5. 采购监控 采购监控是指对采购活动进行的监控活动,包括对采购的有关人员、采购资金、采购过程的监控。为了搞好采购监控,首先要创造一个良好的采购监控基础条件,加强采购人员的素质管理,适当提高采购人员的工资待遇,建立健全采购规章制度,健全奖惩制度;其次要建立采购监控制度,包括采购计划制度、采购请示报告制度、采购评价制度、资金使用制度、到货付款制度以及保险制度等。

如某纺织企业采购业务流程的七个监控点见表9-3。

表9-3 采购业务流程的七个监控点

监控点	监控目标	监控措施
审批	保证经济业务在授权下进行	供应部门提出采购计划,主管计划的负责人批准采购计划,并签字
签约	保证供应商按约定的条件执行	采购人员根据授权按计划签订合同,大额、大宗物料的合同经内部审计部门审核
登记	保证及时正确地处理托收承付事项	财务部门收到供货方从银行转来的托收凭证后,立即进行登记,并及时转送采购部门,以备承付时核对
承付	保证货运支付正确、适当	供应部门检查托收凭证及有关合同,是否承付
验收	保证物料的品质、数量符合要求	仓储部门检验收到的物料品种、数量,填写入库单;质检部门检查物料质量,并在入库单上签署意见
审核	保证物料采购的有效性、合理性和完整性	财务部门审核托收凭证、承付意见书及入库单等凭证,无误后作为结算、记账的依据
记账	保证会计核算资料真实完整	会计人员根据原始凭证,编制记账凭证,及时登记有关账簿

实施纺织企业采购管理的途径,是将采购活动渗透到供应商的产品设计和产品质量控制过程中,以产品制造订单驱动采购订单,以采购订单再驱动供应商,以形成真正的纺织企业供应链采购管理。

与其他行业一样,当前我国纺织企业应该认真研究和遵循国际上通行的四大采购规则,即《联合国采购示范法》《WTO政府采购协议》《欧洲联盟采购指令》《世界银行采购指南》,大力推进电子商务、现代物流的发展与采购制度的变革。

三、纺织企业采购流程的变革

一个完善的采购流程应满足所需物料在价格、质量、数量、区域之间的综合平衡,即物料价格在供应商中的合理性,物料质量在制造所允许的极限范围内,物料数量能保证制造的连续性,物料的采购区域经济性要求等。

由于建立在供应链管理的基础上,因此纺织服装企业的采购应建立在信息实时流动上,企业与其供应商共享市场信息及生产数据,即纺织企业可以根据服装企业的生产及库存需求组织生产,服装企业根据消费市场的需求而组织生产。为此,应该强调协同采购的理念,包括企业内部协同,企业外部协同,"为库存采购"转化到"为订单采购",采购过程中的外部资源管理等内容。

1.纺织企业内部协同 包括信息和相关功能模块的集成,采购活动的进行涉及许多信息,包括正确的物料、合适的数量、正确的交付(时间和地点)、合适的货源和合适的价格,这些信息来自于销售和市场部门、设计部门、生产部门、采购部门等,这些部门的协同配合是实施高效采购的基础。

2.纺织企业外部协同 即企业与供应商在共享库存、需求等方面信息的基础上,根据供应链的供应情况实时调整自己的计划和执行交付的过程。同时,供应商也可根据企业的实时库存、计划等信息调整供应计划,在不牺牲服务水平的基础上降低库存。

3."为库存采购"转化到"为订单采购" 在传统的采购模式中,采购的目的是为了补充库存,即为库存而采购。在供应链管理条件下,采购活动以订单驱动进行,制造订单的需求是在用户需求订单的驱动下产生的。采购者只需要把自己的需求信息或库存信息向供应商连续及时传递,供应商就会根据其产品的消耗情况及时连续地小批量补充库存,保证采购者既满足需要又使总库存最小。这种方式可准时响应客户需求,降低库存成本,进而改变传统以库存补充为目的的采购模式。

4. 加强外部资源的管理 传统采购管理的不足之处,就是与供应商之间缺乏合作、柔性和对需求快速响应的能力。实际上,采购并不仅仅是从市场上购回所需的物料,而是一种"外部资源管理",也就是要把组织的生产能力和制造能力扩展到供应商身上,并通过逐步减少供应商数量,致力于与供应商建立一种长期合作的战略伙伴关系。一方面,通过提供信息反馈和教育培训,促进供应商质量的保证和改善;另一方面,让供应商参与产品设计和产品质量控制过程,使供应商的生产组织与本企业的原材料、零部件需求协调起来,双方实行同步运行。

第三节　纺织企业供应链库存控制与物料管理

一、纺织企业供应链模式下的库存控制

(一)纺织企业库存控制系统

根据 GB/T 18354—2001 第4.14 条,库存的定义为:处于储存状态的物品或商品。从生产过程的角度可将库存分为原材料库存、零部件及半成品库存、成品库存三类。库存又具有狭义和广义之分,狭义的库存仅仅是指在企业仓库中处于暂时停滞状态的物料;而广义的库存则表示用于将来目的、暂时处于闲置状态的物料,它停滞的位置可以在企业的仓库、生产线上或车间里,也可以在非仓库的任何位置,如汽车站、火车站及机场码头等类型的流通节点上,甚至在运输途中。纺织企业的库存一般可分为原材料、产成品、备件、低值易耗品以及在制品。据统计,库存费用一般要占库存物品价值的 20% ~40%,因此,库存控制变得十分重要。

库存控制是指对物资库存量变化的掌握和调整,以使其经常保持在合理的水平上。合理的库存量是指在新物资来到之前,能保证在这期间商品正常供应的数量。影响库存量的因素有需求量、商品再生产时间、交通运输条件、资金量、管理水平和设备条件等。由于纺织企业的物资库存量会经常地变化,为使其保持在合理的水平上,既能保证生产对物资的需要,又能最大限度地减少资金占用,即人们常说的"库存太多是浪费,太少又不安全",为此需要对物资库存进行分析和控制。

库存能有效地缓解供需矛盾,保持企业均匀生产,甚至还有奇货可居的投机功能,但它又会增加资金占用和库存费用,并存在库存积压而产生损失的可能。在纺织企业内,库存问题不是孤立的,它和营销、仓库、生产、物料运输、采购、财务等问题都有千丝万缕的联系,而这些部门对库存的目标有时不完全一致,甚至是互斥的,这主要来源于企业不同的职能部门在涉及库存问题上负责不同的任务。表 9-4 表明了各部门对库存的态度。为此,必须根据现实条件和环境的各种限制,通过库存控制系统完成协调这些目标的任务。

库存控制系统是指用来控制库存水平,决定补货时间及订货批量大小的一整套制度和控制手段。该系统的基本任务主要是为了解决两个问题:一是什么时候进行订货;二是订购量是多少。目前,许多纺织企业都在努力与供应商建立长期供需关系,以便该供应商能为企业全年

的需求提供服务。这样问题就从"何时"与"订多少",转化为"何时"与"送多少"了。

表 9 - 4　企业各部门对库存的态度

职能部门	职　能	库存目标	典　型　反　映	库存量的倾向
营销	出售产品	对顾客的良好服务	如果总是缺货或无足够的品种,就难以留住顾客	高
生产	制造产品	有效的批量	如能大批量生产,可降低单位成本和有效地经营	高
采购	购入所需物料	单位成本低	如能整批购进,能降低单位成本	高
财务	提供流动资金	资金的有效利用	从哪儿筹集资金来支付存货的货款	低
设计	设计产品	避免陈旧	陈旧原材料哪能出新品	低

（二）纺织企业库存控制手段与方法

纺织企业库存控制的方法较多,有传统的库存管理技术,如 ABC 的分类管理方法、定量订货模式和定期订货模式;也有适应现代生产的库存控制方法,如 MRP(物料需求计划)、JIT(及时生产方式)和 ERP(企业资源计划)等。限于篇幅,此处仅介绍常用的几种主要方法。

1. 定量订货模式　又称作经济订货批量。具体做法是保持存货数量的连续记录,当存货量降低到一定水平时就进行补货供应,属于"事件驱动"型。这种方式适用于品种数目少但占用资金大的物资。

经济订货批量,是指某物资的订货费用和库存费用之和最小时的一次进货数量。订货费用一般包含差旅费、入库检验费和搬运费等,物资的订货次数越多,则订货费用就越大;库存费用是物资储存中资金占用、仓库管理费用等,物料的存储时间越长,库存费用就越高。可见,订货费用与库存费用存在矛盾,少进勤进,订货次数多,订货费用就大,而库存费用就小;反之一次进货量大,订货次数少,订货费用就少,而物资库存费用就大。可以用曲线方程求出两者总费用最低的对应点,即经济订货批量的计算公式:

$$经济订货批量 = \sqrt{\frac{2 \times 某种物资全年需要量 \times 每次订货费用}{某种物资单价 \times 库存费用率}}$$

库存费用率是指某物资库存费占该物资成本的百分数。

图 9 - 6 所示是定量订货模式的作业程序。

2. 定期订货模式　又称作定期盘点系统、固定订货间隔期系统,即库存物料要按固定的时间间隔进行检查和补货,属于"时间驱动"型。这个固定的间隔时间主要取决于物料的日需要量。这种订货模式适用于品种数量大、占用资金较少的物资。

定期订货方式中订货量的确定方法为:

$$订货量 = 最高库存量 - 现有库存量 - 订货未到量 + 顾客延迟购买量$$

图 9 - 7 所示是定期订货模式的作业程序。

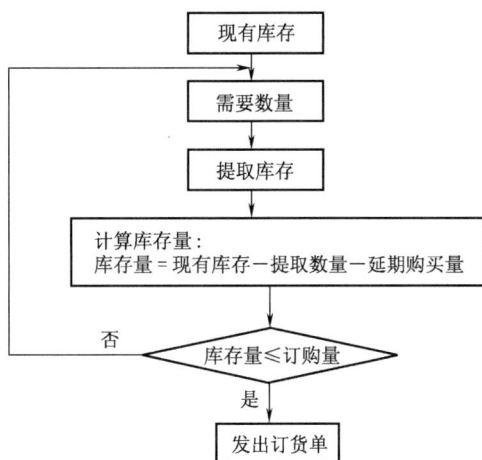

图 9 - 6　定量订货模式的作业程序

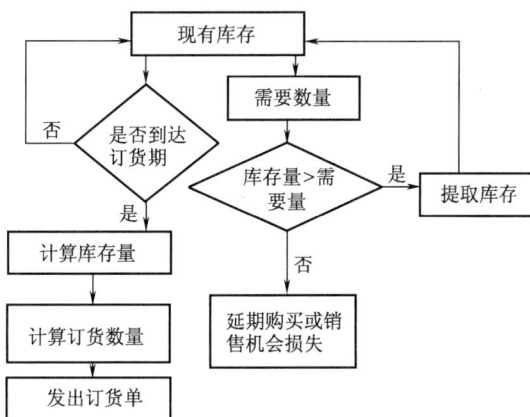

图 9 - 7　定期订货模式的作业程序

定量订货模式与定期订货模式的区别见表 9 - 5。

表 9 - 5　定量订货模式与定期订货模式的区别

特　　征	定量订货模式	定期订货模式
订购量	每次订购量相同	每次订购量不同
何时订购	在库存量降低到再订购点时订购	盘点期到来时订购
库存记录	每次出库都作记录	只在盘点期记录
库存大小	比定期订货模式小	比定量订货模式大
维持所需时间	由于记录持续，所以较长	由于记录不持续，所以较短
物资类别	昂贵、关键或重要物资	一般物资

3.非强制补充供货库存控制模式 也称最小最大补化系统或随机型库存控制模式,其做法是定量和定期模式的混合。库存水平按固定的时间间隔进行检查,但订货则必须在库存量已经降到预定的订货点时才进行。这种方法综合了定量订货和定期订货的优点,但相应地增加了刷新进出货记录和盘存的工作量。

预定的订货点又称作安全库存量,是最低库存量、保险库存量。

4.物料需求计划库存控制模式 它是按反工艺方向,根据最终产品或主要装配线的计划和完工日期,来确定各种原辅料和零件所需订购的日期和数量。

5.供应链管理环境下的库存控制模式 又称作供应商管理库存模式。这种模式下供应商等上游企业是基于下游客户的生产经营和库存量信息,并对下游客户的库存进行管理和控制,甚至形成联合库存管理的形态。它以合作、互惠、目标一致和连续改进原则为基础,要求各节点企业建立有先进的信息系统,要求下游客户的库存状态信息对供应商透明化。这种方法可以有效地克服传统方法下每一个企业组织都独立地建立库存而导致重复库存和高库存的缺陷。

[案例]雅戈尔的移动仓库

20世纪末,雅戈尔总裁李如成访问了美国最大的服装销售企业JC Penney,该企业只有四个仓储地,通过计算机网络的监控调拨,真正实现了无仓库管理。看到这里,李如成仿佛找到了雅戈尔的希望,因为雅戈尔每年积压的产品使得企业损失在亿元以上,如何将损失减少到最小一直是他苦恼的问题。

"市场经济必然导致库存,因为你不知道市场到底需要多少。你不知道你周围的竞争对手到底生产多少"。雅戈尔从与供应链相关的环节入手,重新梳理了企业的销售、财务、供应、储运、生产厂商、分公司、专卖店等环节,力图构造一个以市场为中心的订货、生产模式。显然这样一瓶"新酒"用过去的老酒杯已经不合适了。

从根本上解决库存问题,需要的是经营模式上的彻底转变。雅戈尔要做的是将传统的以生产为中心,转向以销售为中心。学习DELL的直销模式,学习德国服装业的同行:他们将2/3的库存转移到高速公路的运输线上。

"过程才是形成自己核心竞争力的关键"。雅戈尔在信息化进程中,有一块做得最好,那就是雅戈尔的量身订制,在营业厅把顾客身体尺寸数据通过网络传输到生产地,生产地根据这些数据资料马上就可以做加工。

现在,雅戈尔在宁波总部办公室的计算机上,就能清楚跟踪每一件衬衫、西服的生产销售情况,也可以清楚地看到每家卖场的具体销售情况,配送部门则可以根据计算机的监控来控制发货。

我们不得不敬佩雅戈尔"库存转移到高速公路运输线上"的做法。

二、纺织企业物料管理

(一)纺织企业生产作业现场物料管理

纺织企业生产现场涉及的物料主要有原材料、辅助材料、燃料以及机电设备和工具等。由于生产作业现场的平面布置影响着物料的流向、货物的存放和装卸,必须从提高生产效率和降低物料成本两个方面加强管理。

1.现场整理 现场整理要求对现场实际摆放和停滞的各种物料进行分类,区分什么是现场需要的,什么是现场不需要的。然后对现场不需要的物品,如用剩下的边角余料,多余的半成品、切下的布头、回丝(花)、垃圾,多余的工具,报废的设备,工人的生活用品等要坚决地清理出现场。这样,可以防止物料混淆,减少寻找和搬运时间,防止物料误送和误用,从而提高生产效率。

2.现场整顿 现场整顿要求把现场的必要物料依规定位置摆放整齐,并做好适当的标识,如设备、原材料、各工序在制品、返工品、待修品、辅料、工具、量检具、工艺文件、质量记录等各就各位,将它们固定在应有的位置上以供随时使用。这样可避免物料回流,也便于相关人员及时准确地了解物料供应进度和现状。

(二)纺织企业仓库物料管理要求

在现代经营理念下,企业的仓库不仅是形成附加值过程的一部分,也是联系供应方与需求方的桥梁。做好物料仓库的管理,可以有效地控制和降低生产和库存成本,是企业保持优势的关键助力与保证。

现代仓库不仅要保障物料保管的安全,而且要更多地关注如何运用现代技术如信息技术、自动化技术,以提高仓库运转的速度和效益。当然,这些涉及仓库的布局、规划设计、机械装备等因素。从纺织企业仓库日常作业管理看,主要应在以下几方面做好工作。

1.物料入库作业 物料入库作业包括入库物品的检验、上架等。入库验收要求品种规格与合同一致,数量准确,质量合格,时间及时。如发现不符或差错,要及时提出退货或索赔。

2.保管作业 各类物料入库后,应根据不同性能、化学成分和包装特点,分别加以妥善保管。特别对有毒、易燃易爆的危险物资,必须按国家有关规定严格加以管理。物资保管的基本要求是摆放科学、取存方便、计数准确、不发生质变和损耗,做到账、物、卡相符。

3.分拣、捆扎、备货与出库作业 仓库工作人员应急生产和市场需求所急,努力提高工作质量和服务质量。要严格执行物资领用制度,如对有定额的物料要按计划定额发放,有些物料要求实行以旧换新的必须实行以旧换新。为了提高工作效率和服务质量,应做好仓库的日常整理工作,对呆滞物料及时进行处理,如把一个月生产计划内不用的物品放到指定位置,把一周内要用的物品放到容易取的位置。仓库应有仓库总体规划图,并按规划图进行区域标识,物品按规划放置,且要整齐,仓库通道畅通不能堵塞,消防器材要容易拿取等。

4.物料的清仓盘存作业 目的是检查和掌握库存物类的变化情况,主要内容有:将账面数量与实物数量进行核对,检查物料收发是否有差错,检查物料有无超期积压和变质等;清仓盘存实行自查、定期和突击检查相结合。

5.事务性作业 包括入出库和盘存时的库存台账更新、票据制作、装箱单、卸货明细单、运单等制作,提供运费、保管费、作业费等数据。

以上仓库物料管理如果具备自动化的条件,其业务活动可用图9-8表示。

(三)纺织物资消耗定额

物资消耗定额是企业生产管理的重要内容,也是采购、供应的重要依据,它是指一定生产技术组织条件下,制订单位产品或完成单位工作所要消耗的物资在数量上的标准。如,纺织企业生产一吨棉纱或毛纱需要消耗多少千克的原棉或羊毛,织百米布需要消耗多少千克的原纱等。物资消耗定额是编制物资供应计划、组织物资供应的主要依据,也是促进企业厉行节约、推行经济核算的主要条件。因此,每一个纺织企业都必须制订先进合理的物资消耗定额。

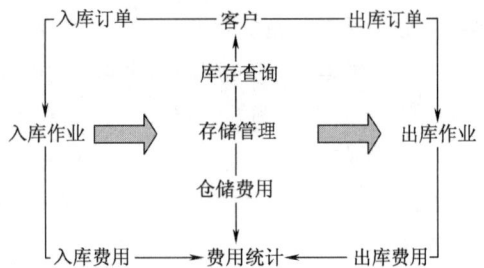

图9-8 仓库管理业务活动结构图

由于纺织企业消耗的物资种类很多,不可能一一说明,下面仅就纺纱厂用棉定额的制订作一简单介绍。

在棉纺企业的产品成本中,原棉成本占80%以上。原棉使用是否得当,不仅关系到产品成本的高低,而且直接影响到产品质量的好坏。因此,棉纺企业一直把用棉定额的管理放在重要的地位上。

用棉定额的制订,一般是按配棉成分制订分纱号的用棉定额。用棉定额可按下列公式计算:

$$细纱扯单位净用棉量(kg/t) = 细纱扯单位混用棉量 - 和用回花量 - 和用再用棉量$$
$$= 细纱扯单位混用棉量 \times (1 - 和用回花率 - 和用再用棉率)$$

$$细纱扯单位混用棉量(kg/t) = \frac{1\,000}{细纱扯总制成率}$$

式中,分子1 000为每吨棉纱标准重量(kg),分母细纱扯总制成率为细纱扯各工序制成率的乘积。各工序的制成率,可根据各工序的回花率、落棉率、盈亏率求得。上式中的和用回花率为各工序回花率折成对混棉回花之和,即本工序回花率乘以上一工序扯对混棉制成率之和。和用再用棉率按品种和质量要求规定,以不影响产品的质量和节约用棉为原则。

在实际工作中,为了保证纱线质量和节约用棉,需要对各工序的落棉加以控制,以尽量提高各工序的制成率,降低用棉水平。具体做法是采用固定的制成率,求出用棉定额。只有当原棉成分或品种发生变动时,才需要通过技术测定,调整制成率,再求出用棉定额。

至于棉纱成品扯单位净用棉量,可通过公式计算:

$$成品扯单位净用棉量 = 细纱扯单位净用棉量 + 细纱后道工序吨扯落棉量$$

式中,细纱后道工序吨扯落棉量,可按统计资料分析确定。

降低用棉水平主要在于控制纺纱各道工序的落棉,特别是清棉、梳棉工序,要综合考虑回花、再用棉的利用,对工艺、机械、操作等因素加以控制,以加强对用棉定额的管理工作。

此外,织造厂的用纱定额、印染厂的用汽定额、纺机厂的材料消耗定额等都可以通过类似的办法加强管理工作。

(四)物料供应计划

物料供应计划是企业根据生产需求,对市场物资资源的预测,运用计划平衡的基本方法和原理编制的,是对企业物资供应活动的预见性安排。

纺织企业物资供应计划是以实物量为计算单位的实物量计划,一般由物资申请表(表9-6)、物资采购计划表(表9-7)、物资核算表(表9-8)、物资平衡表(表9-9)和文字说明构成。文字说明是指表格中无法用数字直接表达的又必须说明的主要情况和问题。

表9-6 物资申请表

物资类别:　　　　　　　　　　　　　　　　　　　　　　　　　　　　　　_____年___月___日

物资名称	规格型号	计量单位	上年预计消耗量	某 年 度 计 划									备注
				年初预计库存量	需用量	年末储存量	其他资源	申请分配量					
								全年	一季	二季	三季	四季	
1	2	3	4	5	6	7	8	9	10	11	12	13	14

表9-7 物资采购计划表

物资类别:　　　　　　　　　　　　　　　　　　　　　　　　　　_____年___月___日

编号	物资名称	规格	计量单位	单价(元)	采购数量	金额(元)	要求进货日期	备注
1	2	3	4	5	6	7	8	9

表9-8 物资核算表

物资类别:　　　　　　　　　　　　　　_____年___月___日　　　计量单位:

项目	任 务			消耗定额		需求量	
	计量单位	某年预计	某年计划	某年预计	某年计划	某年预计	某年计划
1	2	3	4	5	6	7	8
合计							
生产							
基建							

表 9-9　物资平衡表

物资类别：　　　　　　　　　　　　　　　　　　　　　　　　　　　　　　　　　　　　　年＿＿月＿＿日

物资名称	规格型号	计量单位	计划期初预计库存量	计划需要量								计划期末储备量	平衡差额	平衡措施	备注
				合计	生产	基建	大修	维修	改造	科研	其他				
1	2	3	4	5	6	7	8	9	10	11	12	13	14 = 5 + 13 - 4	15	16

物资供应计划的编制业务工作流程如图 9-9 所示。

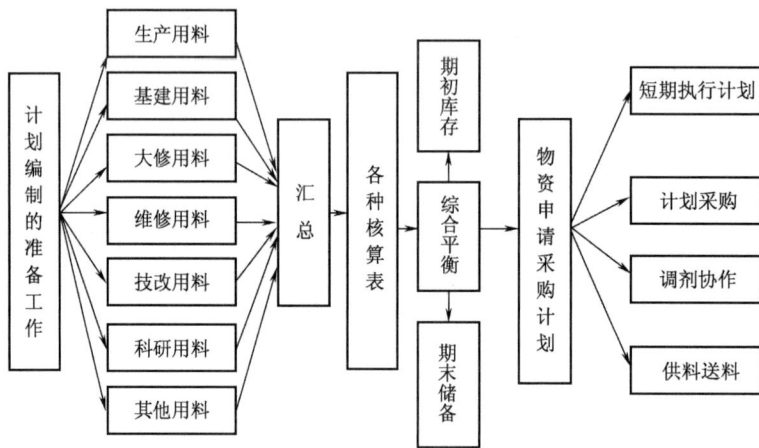

图 9-9　物资供应计划的编制业务工作流程

➤技能实训

1. 联系一家纺织企业,就该企业供应链现状进行分析,并指出存在的不足。

2. 通过建立物资采购小组,模拟采购一批物品的业务流程,并写出实战记录。

3. 参观一家纺织企业的生产现场,测算出生产线上各类物料的总量及资金占用量,寻找减少物料占用的各种途径。

➤案例综合分析

快速反应考量品牌供应链管理能力

(摘编自《中国服饰新闻网》2013.01.21)

中国纺织工业联合会名誉会长杜钰洲曾提出以质量、创新、快速反应能力和社会责任的"四位一体"品牌价值观,快速反应能力成为品牌发展的一个重要衡量标准。

为什么快速反应能力对品牌发展那么重要?《建设纺织强国纲要(2011~2020)》中写道:

"在生产体系上,快速反应能力直接体现品牌的市场适应能力。"的确,在竞争激烈的时代,如果品牌适应市场能力不强,那就只有等着被淘汰。

美特斯·邦威是国内践行快速反应的代表。该公司 2012 年的几个项目已经实现从设计生产到上架销售在 6~20 天内完成。与暴雪合作的魔兽案例,仅 20 天时间完成设计到上架,并且首发当日,单店平均 1 分钟售出 2.5 件。另外,爱国 TEE 活动更是在 6 天内实现设计到上架。以上这些数字,能够证明一直以来被外界质疑本土快时尚能力和快速反应能力。对美邦的生产链来说,快速反应不是能不能,而是需要不需要。

宁波太平鸟集团在国内以虚拟经营模式著称。2007 年,太平鸟提出了"不做服装做时尚"的经营理念。上货快、时尚、平价、款式多、单品限量,是其"快时尚"最基本、最核心的要素。太平鸟在全国二线以上的城市有高覆盖率,每周一次的上新率,每季 2 000 多个新品的推出量,全年销售收入中,新品的产值率能占到 80% 以上。太平鸟每年设计时装超过 7 000 款。

"乐町"是太平鸟集团旗下一个新起的极具成长性的女装品牌,该品牌继承了太平鸟的快速反应能力,以每周近 100 个新款的上新速度,推出"最低价格享受最流行"的平价策略。乐町时尚服饰总经理严翔表示,乐町与位于法国前四位的企划公司合作,能够及时拿到欧洲第一手流行资讯,同时根据信息开发适合国内消费者的产品,做到与国际流行趋势同步。

突破传统制造模式。中国纺织服装业是单一产业链条最长的行业,它涉及从纺纱、织布、漂染、成批生产,到品牌营销、物流、零售终端等诸多环节。从产业链生产组织的角度看,越往链条上游走,企业需要组织的生产周期就越长(如,服装流行趋势提前 6 个月发布,面料流行趋势提前 12 个月发布,纱线则提前 18 个月),进而企业对市场判断和把握的准确度将面临相当考验,这要求企业要对一个相对较长的未来做出预期,并且通过生产库存的模式来对下游进行供货。

这种上下游之间存在的"矛盾"反映到市场上,会存在一定的问题,如跟市场偶尔的脱节、市场反馈较慢等;另外还会给品牌商和加盟商都造成较大的压力,因为投产时间越长,市场行情就越不好判断,品牌商和加盟商都有资金的压力。对此,一些有一定实力的品牌就会在传统模式之外,发展有更快反应的模式,以突破瓶颈。

● **讨论题:**

1. 市场的快速反应能力体现在哪些方面?

2. 为什么纺织企业的快速反应能力是对其供应链管理能力的综合考量?

第十章　纺织企业质量管理

● 本章学习目标 ●

1. 了解纺织企业质量管理的发展历程、要求及内容。
2. 掌握纺织企业全面质量管理的内涵及质量成本与控制的要求和方法。
3. 了解 ISO 9000 族的内涵及纺织企业质量认证的状况、程序、方法。
4. 了解纺织企业质量分析的内容。
5. 掌握纺织企业质量控制常用的方法。

☞ [导入案例] 红豆集团的质量管理

（资料来源：http://fs. zhongsou. net/detail/article/15721522）

红豆集团通过建立长效卓越绩效管理机制，为提高整体绩效和能力提供原动力。

一是持续推进卓越绩效管理。集团计划在今年培养 400 名质量工程师，打造一支既能参与企业质量工作总体策划，又能具体负责落实企业质量方针和质量目标，进行现场指导和帮助解决实际质量问题的高素质质量专业技术人才队伍。2010 年集团按照《QC 小组活动管理流程》开展 QC 小组活动，全面推广至每个班组。至今共发布 311 个课题，产生经济效益 3 051.9 万元。

二是技术标准战略成效显著。近几年，集团加大研发投入，争取技术中心升级，联合科研院所，加快博士后工作站建设。作为国家专利试点企业，红豆连续多年申请专利百件以上，现共有专利 1 532 件。多年来，集团参与国家行业标准的制定、修订共 9 项，立足于高科技推动传统产业做强做大的战略，拥有健全的质量检验、检测体系，先进的工艺技术及精良的生产设备。

三是弘扬质量文化，提高思想素养。红豆大学定期对员工进行培训，使集团从上而下形成了"以质量求生存，以服务促发展"的质量文化。在售后服务方面，按照集团的质量目标要求，对于顾客投诉按规定及时处理，做到让顾客满意为止。

质量功绩：2011 年红豆集团荣获无锡市第四届"市长质量奖"。

这一案例表明：现代纺织服装企业要想在激烈竞争中取胜，必须树立"质量是企业的生命"的观念，强化企业全面质量管理，采用切实可行管理方法进行质量管理与控制。

当前，在世界范围内，不论是发达国家还是发展中国家，都深刻地感受到提高质量的紧迫感。质量问题的日益重要已成为当今这个时代的主要现象。人们不仅把质量看成是国际市场竞争的主要手段，而且更重要的是，把质量看成是对人类社会安全和生存环境的防御力量。随着全球化制造和网络信息化的发展以及国际经济贸易多元化、多层次和多形式的激烈竞争,如何避免纺织品出口中出现贸易摩擦,如何保证并不断地提高纺织产品的质量已成为关系到纺织企业能否在激烈的竞争中获得生存并得以发展的关键。纺织企业质量管理问题一直是一个受到普遍关注的突出问题。

第一节　纺织企业质量管理概述

一、质量管理及其发展

(一)质量及质量管理的基本概念

1. 质量的概念　质量是质量管理的对象,正确、全面地理解质量的概念,对开展纺织企业质量管理工作十分重要。在生产发展的不同历史时期,人们对质量的理解随着科学技术的发展和社会经济的变化而有所变化。自从美国贝尔电话研究所的统计学家休哈特(W. A. She-whart)博士于1924年首次提出将统计学应用于质量控制以来,质量管理的思想和方法得到丰富和发展。一种新的质量管理思想和质量管理方式的提出,通常伴随的是对质量概念的重新理解和定义。美国质量管理专家朱兰(Joseph H. Juran)博士把新产品质量定义为:"质量就是使用性";克劳斯比(Philip Crosby)则把产品质量定义为:产品符合规定要求的程度;现代管理科学对于质量的定义涵盖了产品的"适应性"和符合"规定性"两方面的内容。ISO 9000系列国际标准(2000版)中关于质量的定义是:"质量是一组固有特性满足要求的程度"。"要求"是指"明示的、通常隐含的或必须履行的需求或期望"。

工作质量一般指与质量有关的各项工作,对产品质量、服务质量的保证程度。工作质量涉及各个部门、各个岗位工作的有效性,同时,决定这产品质量、服务质量。然而它又取决于人的素质,包括质量人员的质量意识、责任心、业务水平。其中,最高管理者的工作质量起主导作用,一般管理层和执行层的工作质量起保证和落实作用。

工程质量是指服务于特定目标的各项工作质量的综合质量。工程质量是产品质量的保证,产品质量是工程质量的体现,因此纺织企业的质量管理工作,应着眼于对工程质量进行管理。

2. 质量管理的基本概念　质量管理是指导和控制组织的,与质量有关的相互协调的活动。指导和控制组织与质量有关的活动,通常包括质量方针、质量目标的建立,质量策划、质量控制、质量保证和质量改进。全面质量管理是基于组织全员参与的一种质量管理形式。

质量管理是以质量管理体系为载体,通过建立质量方针和质量目标,并为实施规定的质量目标进行质量策划,实施质量控制和质量保证,开展质量改进等活动。组织在整个生产和经营过程中,需要对诸如质量、计划、劳动、人事、设备、财务和环境等各方面进行有序的管理。质量管理涉及组织的各个方面,是否有效地实施质量管理关系到组织的兴衰。

3. 质量管理的形成规律

(1)质量螺旋。在实践中,人们逐渐认识到质量不是检验出来的,它有一个产生、形成和实现的过程。这一过程可用"朱兰螺旋曲线"来表示。朱兰(J. M. Juran)是美国质量管理专家,他用一条螺旋上升的曲线来反映产品质量形成的规律,如图10-1所示。所谓质量螺旋是一条螺旋式上升的曲线,该曲线把全过程中各质量职能按照逻辑顺序串联起来,用以表征产品质量形成的整个过程及其规律性,通常被称为"朱兰质量螺旋"。朱兰质量螺旋反映了产品质量形成的客观规律,是质量管理的理论基础,对于现代质量管理的发展具有重大意义。

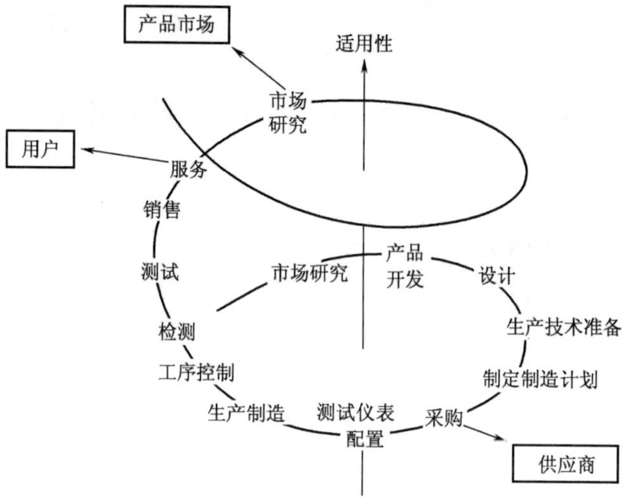

图 10 - 1　朱兰螺旋曲线

(2)质量环。质量形成过程的另一种表达方式是"质量环"。质量环包括 12 个环节(图 10 - 2)。这种质量循环不是简单的重复循环,它与质量螺旋有相同意义。

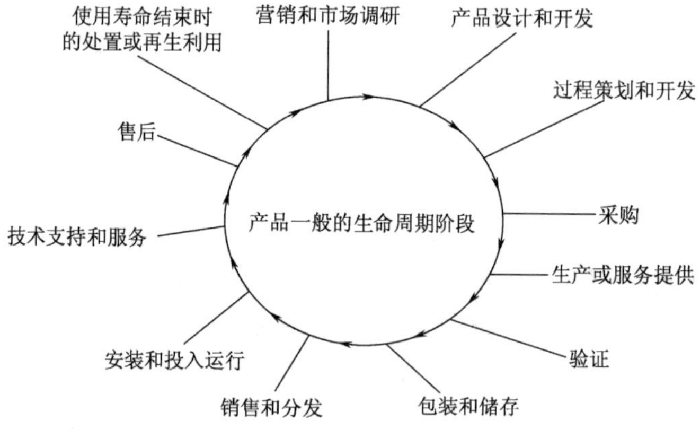

图 10 - 2　质量环

(二)质量管理发展

1. 工业时代以前的质量管理　虽然人类历史的长河中,最原始的质量管理方式已很难寻觅,但可以确信人类自古以来就一直面临着各种质量问题。古代的食物采集者必须了解哪些果类是可以食用的,而哪些是有毒的;古代的猎人必须了解哪些树是制造弓箭最好的木材。这样,人们把在实践中获得的质量知识一代一代地流传下去。

工业时代以前的质量主要靠手工操作者本人依据自己的手艺和经验来把关,因而又被称为"操作者的质量管理"。18世纪中叶,欧洲爆发了工业革命,其产物就是"工厂"。由于工厂具有手工业者和小作坊无可比拟的优势,导致手工作坊的解体和工厂体制的形成。在工厂进行的大批量生产,带来了许多新的技术问题,如部件的互换性、标准化、工装和测量的精度等,这些问题的提出和解决,催促着质量管理科学的诞生。因此,质量管理作为一门学科,是在20世纪工业化时代的事情。

2. 工业化时代的质量管理　20世纪,人类跨入了以"加工机械化、经营规模化、资本垄断化"为特征的工业化时代。在过去的整整一个世纪中,质量管理的发展,大致经历了三个阶段。

(1)质量检验阶段(20世纪20~30年代)。20世纪初,人们对质量管理的理解还只限于质量的检验。质量检验所使用的手段是各种的检测设备和仪表,方式是严格把关,进行百分之百的检验。其间,美国出现了以泰罗为代表的"科学管理"。"科学管理"提出了在人员中进行科学分工的要求,并将计划职能与执行职能分开,中间再加一个检验环节,以便监督、检查对计划、设计、产品标准等项目的贯彻执行。这就是说,计划设计、生产操作、检查监督各有专人负责,从而产生了一支专职检查队伍,构成了一个专职的检查部门,这样,质量检验机构就被独立出来了。

质量检验是在成品中挑出废品,以保证出厂产品质量。但这种事后检验把关,无法在生产过程中起到预防、控制的作用。废品已成事实,很难补救。如果百分之百的检验,则增加检验费用。生产规模进一步扩大,在大批量生产的情况下,其弊端就凸显出来。一些著名统计学家和质量管理专家就注意到质量检验的问题,尝试运用数理统计学的原理来解决,使质量检验既经济又准确。1924年,美国的休哈特提出了控制和预防缺陷的概念,并成功地创造了"控制图",把数理统计方法引入到质量管理中,使质量管理推进到新阶段。

(2)统计质量控制阶段(20世纪40~50年代)。统计质量控制形成于20世纪40~50年代,主要代表人物是美国贝尔公司的工程师休哈特、道奇和罗米格等。这一阶段的特征是数理统计方法与质量管理的结合。

休哈特认为质量管理不仅要搞事后检验,而且在发现有废品生产的先兆时就进行分析改进,从而预防废品的产生。控制图就是运用数理统计原理进行这种预防的工具。因此,控制图的出现,是质量管理从单纯事后检验转入检验加预防的标志,也是形成一门独立学科的开始。第一本正式出版的质量管理科学专著就是1931年休哈特的《工业产品质量经济控制》。

第二次世界大战开始以后,统计质量管理得到了广泛应用。这是由于战争的需要,美国军工生产急剧发展,尽管大量增加了检验人员,但是产品积压待检的情况仍日趋严重,有时又不得不进行无科学根据的检查,结果不仅废品损失惊人,而且在战场上经常发生武器弹药的质量事故,如炮弹炸膛事件等,对士气产生极坏的影响。在这种情况下,美国军政部门随即组织一批专家和工程技术人员,于1941~1942年间先后制订并公布了Z1.1《质量管理指南》、Z1.2《数据分析用控制图》、Z1.3《生产过程中质量管理控制图法》,强制生产武器弹药的厂商推行,并收到了显著效果。从此,统计质量管理的方法才得到很多厂商的应用,统计质量管理的效果也得到了广泛的承认。

第二次世界大战结束后,美国许多企业扩大了生产规模,除原来生产军火的工厂继续推行质量管理的统计方法以外,许多民用工业企业也纷纷采用这一方法。美国以外的许多国家,如加拿大、法国、德国、意大利、墨西哥、日本也都陆续推行了统计质量管理,并取得了成效。但是,统计质量管理也存在着缺陷,它过分强调质量控制的统计方法,使人们误认为"质量管理就是统计方法""质量管理是统计专家的事",使多数人感到高不可攀、望而生畏。同时,它对质量的控制和管理只局限于制造和检验部门,忽视了其他部门的工作对质量的影响。这样,就不能充分发挥各个部门和广大员工的积极性,制约了它的推广和运用。这些问题的解决,又把质量管理推进到一个新的阶段。

(3)全面质量管理阶段(20世纪60年代至今)。科学技术和工业生产的发展,对质量要求越来越高。20世纪50年代以来,火箭、宇宙飞船、人造卫星等大型、精密、复杂的产品出现,对产品的安全性、可靠性、经济性等要求越来越高,质量问题就更为突出。要求人们运用"系统工程"的概念,把质量问题作为一个有机整体加以综合分析研究,实施全员、全过程、全企业的管理。

20世纪60年代在管理理论上出现了"行为科学论",主张改善人际关系,调动人的积极性,突出"重视人的因素",注意人在管理中的作用。

随着市场竞争,尤其国际市场竞争的加剧,各国企业都很重视"产品责任"和"质量保证"问题,加强内部质量管理,确保生产的产品使用安全、可靠。

由于上述情况的出现,促使"全面质量管理"的理论逐步形成。最早提出全面质量管理概念的是美国通用电气公司质量经理菲根堡姆。1961年,他发表了一本著作《全面质量管理》。该书强调执行质量职能是公司全体人员的责任,他提出:"全面质量管理是为了能够在最经济的水平上并考虑到充分满足用户要求的条件下进行市场研究、设计、生产和服务,把企业各部门的研制质量、维持质量和提高质量活动构成为一体的有效体系"。

随着生产力和科学技术的发展,质量管理的理论逐趋完善,更趋科学性和实用性。各国在运用质量管理理论时,都各有所长。随着国际贸易的发展,产品的生产销售已打破国界,不同民族、不同国家有不同的社会历史背景,质量的观点也不一样,这往往会形成国际贸易的障碍或鸿沟,需要在质量上有共同的语言和共同的准则。

(三)质量管理的国际化

质量不仅是国际市场竞争中的主要手段,而且已成为威胁人类社会安全和生存环境的防御力量。质量改进是合理利用资源、提高生产率、减少损失、增加社会效益的有效措施。国际贸易和世界性的经济合作,是每个国家发展经济不可缺少的条件。国家间的相互依赖更加紧密。技术、物资、人才、信息间的互相交流,互相补充,互通有无是现代经济的重要特点。

随着国际贸易的发展,标准化已成为国际市场竞争的重要工具,依靠先进标准进行商业竞争已成国际贸易的一个新动向。纺织品的生产和出口企业要通过建立质量和环境保证体系,尽快提高质量和环境管理水平,获得ISO 9000质量管理体系和ISO 14000环境标准认证和各国的"环境标志"产品认证,获得通往国际市场的通行证,从而以优质、环境无害、健康卫生的产品进入国际市场。在采用国际标准的基础上,执行高于国家标准的内控质量标准,建立一套严密的生产管理程序及完善的质量手册,制订标准化管理条例,规范操作重点,形成质量监督网络的标准化质量管理体系。这样可保证影响产品质量和外观效果的每一个细节都得到严格控制,使产品的生产过程全面纳入新的国际质量管理运作体系,并把对顾客满意信息的监控作为质量管理体系业绩的评价,以持续改进作为提高质量管理水平的重要手段,强化资源管理的重要性,进一步规范、完善企业严谨、高效、科学的质量管理体系。

二、纺织企业全面质量管理

全面质量管理是纺织企业管理的中心环节。全面质量管理(Total Quality Management)简称TQM,是组织企业全体职工和相关部门参加,综合运用现代科学管理技术成果,控制影响质量形成全过程的各因素,以经济的研制、生产和提供顾客满意的产品和服务为目的的系统管理活动。TQM是20世纪60年代初美国质量管理专家费根堡姆在他的《全面质量管理》一书中提出的。TQM被提出后,相继为各工业发达国家乃至发展中国家重视和运用,并在日本取得巨大的成功。多年来,随着世界经济的发展,TQM在理论和实践上都得到了很大的发展,成为现代企业以质量为核心的提高竞争力和获得更大利益的经营管理体系。

(一)全面质量管理的特点

费根堡姆给全面质量管理所下的定义是:"为了能够在最经济的水平上,并考虑到充分满足顾客要求的条件下进行市场研究、设计、制造和售后服务,把企业内各部门的研制质量,维持质量和提高质量的活动构成为一体的一种有效的体系"。全面质量管理过程的全面性,决定了全面质量管理的内容应当包括设计过程、制造过程、辅助过程、使用过程等四个过程的质量。

1.全面的质量管理　全面质量管理的对象——"质量",其含义是全面的,不仅要管产品质量,还要管产品质量赖以形成的工作质量和工程质量。实行全面的质量管理,就是为达到预期的产品目标和不断提高产品质量水平,经济而有效地搞好产品质量的保证条件,使工程质量和工作质量处于最佳状态,最终达到预防和减少不合格品、提高产品质量的目的,并要做到成本降低、价格便宜、供货及时、服务周到,以全面质量的提高来满足用户各方面的使用要求。

2.全过程的质量管理　全过程的质量管理,即全面质量管理范围是全面的。产品的质量,有一个逐步产生和形成的过程,它是经过企业生产经营的全过程一步一步形成的。所以,好的产品质量,是设计和生产出来的,不是仅靠检验得到的。根据这一规律,全面质量管理要求从产品质量形成的全过程,从产品设计、制造到使用的各环节致力于质量的提高,清除不合格品,做到防检结合,以防为主。质量管理向全过程管理的发展,就有效地控制了各项质量影响因素,它不仅充分体现了以预防为主的思想,保证质量标准的实现,而且着眼于工作质量和产品质量的提高,争取实现新的质量突破。根据用户要求,从每一个环节做起,都致力于产品质量的提高,从而形成一种更加积极的管理。

3.全员性的质量管理　全员性的质量管理,即全面质量管理要求参加质量管理的人员是全面的。全面质量管理是依靠全体职工参加的质量管理,质量管理的全员性、群众性是科学质量管理的客观要求。产品质量的好坏,是许多工作和生产环节活动的综合反映,因此它涉及企业所有部门和所有人员。这就是说,一方面产品质量与每个人的工作有关,提高产品质量需要依靠所有人员的共同努力;另一方面,在这个基础上产生的质量管理和其他各项管理,如技术管理、生产管理、劳动管理、物资管理、财务管理等各方面之间,存在着有机的辩证关系,它们以质量管理为中心环节相互联系,又相互促进。因此,实行全面质量管理要求企业在集中统一领导下,把各部门的工作有机地组织起来,人人都必须为提高产品质量,为加强质量管理尽自己的职责。只有人人关心产品质量,都对质量高度负责,企业的质量管理才能搞好。

4.多方法的质量管理　综合性的质量管理,即全面质量管理,用以管理质量的方法是全面的、多种多样的,它是由多种管理技术与科学方法组成的综合性的方法体系。全面、综合地运用多种方法进行质量管理,是科学质量管理的客观要求。随着现代化大生产和科学技术的发展以及生产规模的扩大和生产效率的提高,对产品质量提出了越来越高的要求。影响产品质量的因素也越来越复杂,既有物质因素,又有人的因素;既有生产技术的因素,又有管理因素;既有企业内部的因素,又有企业外部的因素。要把如此众多的影响因素系统地控制起来,统筹管理,单靠一两种质量管理方法是不可能实现的,必须根据不同情况,灵活运用各种现代化管理方法和措施加以综合治理。总之,"多方法的质量管理"要求的是"程序科学、方法灵活、实事求是、讲求实效"。

上述都是围绕着"有效地利用人力、物力、财力、信息等资源,以最经济的手段生产出顾客满意的产品"这一企业目标的,这是我国企业推行全面质量管理的出发点和落脚点,也是全面质量管理的基本要求。坚持质量第一,把顾客的需要放在第一位,树立为顾客服务、对顾客负责的思想,是我国企业推行全面质量管理贯彻始终的指导思想。

(二)全面质量管理的基本观点和基础工作

1. 全面质量管理的基本观点

(1)质量第一,以质量求生存。任何产品都必须达到所要求的质量水平,否则就没有或未完全实现其使用价值,从而给消费者及社会带来损失。从这个意义上讲,质量必须是第一位的。市场的竞争其实就是质量的竞争,企业的竞争能力和生存能力主要取决于它满足社会质量需求的能力。"质量第一"并非"质量至上"。质量不能脱离当前的消费水平,也不能不考虑成本而一味追求质量。应该重视质量成本分析,综合分析质量和质量成本,确定最适宜的质量。

(2)以顾客为中心,坚持用户至上。顾客有内部和外部之分:外部的顾客可以是最终的顾客,也可以是产品的经销商或再加工者;内部的顾客是企业的部门和人员。实行全过程的质量管理要求企业所有各个工作环节都必须树立为顾客服务的思想。内部顾客满意是外部顾客满意的基础。因此,在企业内部要树立"下道工序是顾客""努力为下道工序服务"的思想。现代工业生产是一环扣一环,前道工序的质量会影响后道工序的质量,一道工序出了质量问题,就会影响整个过程以至产品质量。因此,要求每道工序的工序质量,都要经得起下道工序,即"顾客"的检验,满足下道工序的要求。有些企业开展的"三工序"活动,即复查上道工序的质量,保证本道工序的质量,坚持优质、准时为下道工序服务是为顾客服务思想的具体体现。只有每道工序在质量上都坚持高标准,都为下道工序着想,为下道工序提供最大的便利,企业才能目标一致地、协调地生产出符合规定要求,满足用户期望的产品。可见,全过程的质量管理就意味着全面质量管理要"始于识别顾客的需要,终于满足顾客的需要"。

(3)预防为主、不断改进产品质量。优良的产品质量是设计和生产制造出来的,而不是靠事后的检验决定的。事后的检验面对的是已经既成事实的产品质量。根据这一基本道理,全面质量管理要求把管理工作的重点,从"事后把关"转移到"事前预防"上来;从管结果转变为管因素,实行"预防为主"的方针,把不合格品消失在它的形成过程之中,做到"防患于未然"。当然,为了保证产品质量,防止不合格品出厂或流入下道工序,并把发现的问题及时反馈,防止再出现、再发生,加强质量检验在任何情况下都是必不可少的。强调预防为主、不断改进的思想,不仅不排斥质量检验,而且甚至要求其更加完善、更加科学。质量检验是全面质量管理的重要组成部分,企业内行之有效的质量检验制度必须坚持,并且要进一步使之科学化、完善化、规范化。

(4)用数据说话,以事实为基础。有效的管理是建立在数据和信息分析的基础上。要求在全面质量管理工作中具有科学的工作作风,必须做到"心中有数",以事实为基础。为此必须要广泛收集信息,用科学的方法处理和分析数据和信息。不能够"凭经验,靠运气"。为了确保信息的充分性,应该建立企业内外部的信息系统。坚持以事实为基础就是要克服"情况不明决心大,心中无数点子多"的不良决策作风。在全面质量管理中采用了多种统计方法和工具。质量管理的工具包括"老七种工具(直方图、流程图、排列图、因果图、检查表、散点图和控制图)"和"新七种工具(关联图、亲和图、树图、散布图、矩阵图、雷达图和头脑风暴法)",数理统计方法有回归分析、方差分析、多元分析、实验设计、时间序列分析等。

(5)重视人的积极因素,突出人的作用。"各级人员都是组织之本,只有他们的充分参与,才能使他们的才干为组织带来收益。"产品和服务的质量是企业中所有部门和人员工作质量的直接或间接的反映。因此,全面质量管理不仅需要最高管理者的正确领导,更重要的是充分调动企业员工的积极性。只有他们的充分参与,才能使他们的才干为组织带来最大的收益。为了激发全体员工参与的积极性,管理者应该对职工进行质量意识、职业道德、以顾客为中心的意识和敬业精神的教育,还要通过制度化的方式激发他们的积极性和责任感。在全员参与过程中,团队合作是一种重要的方式,特别是跨部门的团队合作。

2.全面质量管理的基础工作

[导入情景]有一家纺织企业,为了提高织造产品质量,计划在企业内部推行全面质量管理的统计工具。为此,企业外请培训师,举办质量管理统计方法培训,各个部门负责人、质量检验人员全都参加,大家抱着喜悦的心情想大干一场。可是一段时间后,效果不尽如人意,问题究竟出现在什么地方呢?经调研发现,这家企业质量管理基础工作相当薄弱,工作随意性大,缺乏标准化、规范化,计量工具检测仪器落后,生产数据统计不全,甚至有时没有记录。可以设想,这样一种管理基础,谈何先进的管理工具和方法的应用,更不用说产生什么效果。

搞好全面质量管理必须做好一系列的基础工作。质量体系是否有效运转,质量管理基础工作的好坏,决定了全面质量管理工作的水平,也决定了企业能否面向市场长期地提供满足顾客要求的产品。全面质量管理的基础工作包括以下几个方面。

(1)质量教育培训工作。教育和培训的目的有两个方面。第一,加强职工的质量意识,牢固树立"质量第一"的思想。第二,提高员工的技术能力和管理能力,增强参与意识。在教育和培训过程中,要分析不同层次员工的需求,有针对性地开展教育和培训。质量教育是质量管理重要的一项基础工作。通过质量教育不断增强职工的质量意识,并使之掌握和运用质量管理的方法和技术;使职工牢固地树立质量第一的思想,明确提高质量对于整个国家、企业的重要作用,认识到自己在提高质量中的责任,自觉地提高管理水平和技术水平以及不断地提高自身的工作质量。

(2)标准化工作。标准化工作主要指制订标准、组织实施标准和对标准的实施进行监督检查。对于企业来说,从原材料进厂到产品生产、销售等各个环节都要有标准,不仅有技术标准,而且还要有管理标准、工作标准等。要建立一个完整的标准化体系。

（3）计量工作。计量工作是保证产品质量的重要手段。做好计量工作,保证计量的量值准确和统一,确保技术标准的贯彻执行,保证零部件互换,是质量管理的一项重要基础工作。计量工作要求必需的量具和化验、分析仪器仪表等要配备齐全,示值准确,并根据不同情况,选择正确的测定计量方法。因此,企业应建立健全计量机构和配备计量人员,建立必要的计量管理制度,以充分发挥其在质量管理中的作用。

（4）质量信息工作。质量信息是质量管理的耳目,也是一种重要的资源。它是改进产品质量、改善各环节工作质量最直接的原始资源和信息来源。要组织好厂内外两个信息反馈,正确认识影响质量各因素变化和质量波动的内在联系,掌握和提高产品质量（或服务质量）的规律。要使质量信息工作在质量管理中发挥其应有的作用,首先,应建立企业的信息中心和信息反馈系统;其次,质量信息要实行分级管理,而且要有专人负责,特别要抓好最基层的信息管理,认真做好原始记录并及时上报;再次,要有一定的考核制度,才能保证信息系统的正常运行。

（5）企业内部的质量责任制。企业内部的质量责任制是企业经济责任制的重要组成部分,要求把与质量有关的各项工作和广大职工的积极性结合起来、组织起来,形成一个严密的质量体系。要有明确的职责和权限,要建立一套相适应的质量责任制度,并与经济责任制紧密结合起来,使每个职工都明确自己该做什么,怎么做,负什么责任,做好的标准是什么。做到人人心中有数,为保证和提高产品质量（或服务质量）提供基本的保证。

（6）文明生产。若没有起码的文明生产条件,企业的质量管理就无法进行。群众性质量管理活动是文明生产的一个重要方面,其重要形式之一是质量管理小组。除了质量管理小组之外,还有很多群众性质量管理活动,如合理化建议制度、与质量相关的劳动竞赛等。总之,纺织企业应该发挥其创造性,采取多种形式激发全员参与全面质量管理的积极性。

（三）全面质量管理的工作方法——PDCA 循环

1. PDCA 循环的含义 PDCA 循环又叫戴明环,是美国质量管理专家戴明博士首先提出的,它是全面质量管理所应遵循的科学程序。全面质量管理活动的全部过程,就是质量计划的制订和组织实现的过程,这个过程就是按照 PDCA 循环,不停顿地周而复始地运转的。PDCA 是英语单词 Plan（计划）、Do（执行）、Check（检查）和 Action（处理）的第一个字母,PDCA 循环就是按照这样的顺序进行质量管理,并且循环不止地进行下去的科学程序。在质量管理中,PDCA 循环得到了广泛的应用,并取得了很好的效果,因此有人称 PDCA 循环是质量管理的基本方法。

2. PDCA 循环的四个阶段八个步骤 PDCA 循环作为科学的管理程序,四个阶段是相辅相成,缺一不可的,而且先后顺序不得颠倒。PDCA 循环法充分表现了全面质量管理方法与传统的质量管理方法的差异性,是把质量管理工作推向标准化、规范化工作轨道的金钥匙。PDCA循环的八个步骤如图 10 - 3 所示,它所表示的内容和所用方法见表 10 - 1。

（1）P——代表计划阶段。这个阶段是决定质量管理的目标和怎样实现目标。

（2）D——代表执行阶段。这一阶段是要严格按照计划规定的目标和具体方法去做实实在在的质量管理工作。

（3）C——代表检查阶段。就是检查 D 阶段是否完成了 P 阶段的目标,是否达到了预期效果。

（4）A——代表处理阶段。这个阶段也可以叫"总结"阶段。对于从 D 阶段中找出的成功的经验或失败的教训,要进行纳入标准和总结遗留问题两个工作步骤。是经验就纳入标准化;是教训就作为遗留的问题,转入下一个循环去解决。

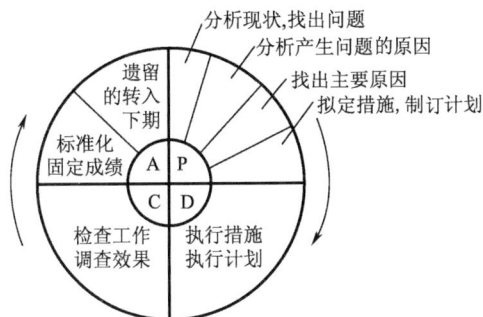

图 10 - 3　PDCA 循环的八个步骤示意图

表 10 - 1　PDCA 循环的八个步骤的具体内容和所用的方法

阶段	步骤	管 理 内 容	质 量 管 理 方 法
P 阶段	1	分析现状,找出质量问题	排列图法,直方图法,控制图法,工序能力分析,KJ 法,矩阵图法
	2	分析产生质量问题的原因	因果分析图法,关联图法,矩阵数据分析法,散布图法
	3	找出影响质量问题的主要因素	排列图法,散布图法,关联图法,系统图法,矩阵图法,KJ 法,实验设计法
	4	制订措施、计划	目标管理法,关联图法,系统图法,矢线图法,过程决策程序图法
D 阶段	5	执行措施、计划	系统图法,矢线图法,矩阵图法,过程决策程序图法
C 阶段	6	调查效果	排列图法,控制图法,系统图法,过程决策程序图法,检查表,抽样检验
A 阶段	7	调查效果	标准化,制度化,KJ 法
	8	提出未解决的问题	转入下一个 PDCA 循环

3. PDCA 循环的特点　PDCA 循环有如下三个特点。

（1）大环带小环。如果把整个企业的工作作为一个大的 PDCA 循环,那么各个部门、小组还有各自小的 PDCA 循环,就像一个行星轮系一样,大环带动小环,一级带一级,有机地构成一个运转的体系,如图 10 - 4 所示。

（2）阶梯式上升。PDCA 循环不是在同一水平上循环,每循环一次,就解决一部分问题,取得一部分成果,工作就前进一步,水平就提高一步。到了下一次循环,又有了新的目标和内容,更上一层楼。图 10 - 5 表示了 PDCA 循环阶梯式上升的过程。

（3）科学管理方法的综合应用。PDCA 循环应用以 QC 七种工具为主的统计处理方法以及工业工程(IE)中工作研究的方法,作为进行工作和发现、解决问题的工具。

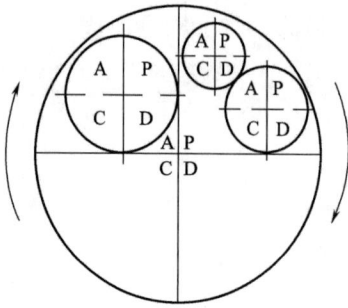

图 10-4　大环带小环

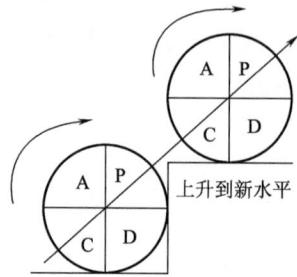

图 10-5　不断上升的 PDCA 循环

三、纺织企业质量管理与控制的基本内容

纺织企业质量管理的基本过程大体上包括生产前——产品设计开发过程的质量管理,生产中——生产过程中的质量管理和生产后——服务过程质量管理。

(一)纺织产品设计开发的质量管理与控制

纺织产品的设计开发是一个复杂的过程,同时要满足来自用户和制造两方面的要求。所以其质量控制和管理特别重要。在进行纺织产品的设计开发、质量控制时,应清楚了解顾客需要什么样的产品和服务。正确识别用户的明确要求和潜在要求是产品的设计开发阶段进行质量管理的首要任务,也是确定新产品开发和设计的依据。识别的整个过程就是大量收集情报并进行系统分析。

针对纺织产品设计的特点,产品设计过程质量管理的具体内容和方法如下。

(1)明确产品设计的工作程序,制定科学的产品设计管理流程,合理安排设计周期、控制设计进度。

(2)建立设计质量管理体系,规范各组织和技术接口,落实各环节的质量管理职能与责任。

(3)加强设计文件管理,建立图纸和技术资料管理制度,明确各环节技术文件的传递程序、技术规范、责任人,保证设计图样、工艺等技术文件的质量。

(4)根据质量水平确定目标成本,对产品设计进行经济分析,有效控制设计成本。

(5)加强设计师管理,最优地组织设计团队并保证其相对稳定性。

(6)建立设计标准化体系,制定产品的造型设计、结构设计、工艺设计等相关标准,简化设计工作,并作为产品设计质量审查,产品试制、鉴定质量检查,产品试验质量监督等的依据,保证产品最后定型质量。

(7)更新设计方法,提高设计质量管理的信息化程度,实现设计工作各部门之间有效的信息沟通,确保设计的效率和质量。

总的来说,纺织产品设计过程质量管理就是要在严格遵守技术标准和法律法规的基础上,通过加强设计管理,对设计的全过程实施有效的质量控制,正确处理和协调资金、资源、技术、环境等约束条件,防止设计过程产生缺陷和不足,全面满足设计文件的质量特性,使产品设计更好地满足用户所需要的功能和使用价值的要求,充分发挥产品生产的经济效益。

（二）纺织产品制造过程的质量管理

纺织产品制造过程的质量管理必须建立一个控制状态下的系统。所谓控制状态就是生产于运作的正常状态，即生产过程能稳定地、持续地生产符合设计质量的产品。生产系统处于控制状态下才能保证合格产品的连续性和再现性。生产制造过程的质量控制包括工艺准备的质量控制、基本制造过程的质量控制、辅助服务过程的质量控制。进行工艺准备的质量控制时，首先要指定制造过程质量控制计划，其次要进行工艺的分析与验证，再就是进行工艺文件的质量控制。

纺织品制造过程的质量管理，应当抓好以下几方面的工作：合理地设置质量控制点；严格贯彻执行工艺规程，保证工艺质量；搞好均衡生产和文明生产；掌握质量动态；加强不合格品的管理；搞好工序质量控制；建立畅通的质量信息传递渠道；有效控制不良产品。

（三）纺织服务过程的质量管理

纺织企业经营的最高目标是让顾客满意，使企业获利。而顾客的满意度源于他们对服务质量的评价。美国著名营销学家贝里、潘拉索拉曼、隋塞莫尔等经过大量研究提出，顾客对服务质量的评价主要依据五个标准：即可靠、敏感、可信、移情、有形证据等。其中，除"可靠"与技术质量有关外，其余几个标准都或多或少与功能性质量即服务过程的质量相关，可见，服务过程的质量对顾客感觉中的整体服务质量有极大的影响。

影响服务过程质量的因素十分复杂，优质服务有赖于顾客、企业、服务人员的最佳契合。显然，提高服务过程的质量，并非一件易事，涉及服务性企业必须对与此相关的、方方面面的因素实行行之有效的管理。要获得有效的管理服务过程，提高服务质量，要求企业的管理者，必须在实践中善于识别服务的可能失败点或压力点。由于服务无小事，管理者必须明确这些"可能失败点或压力点"没有主次之分，只有难易之别，在实践中必须给予重视。

售后服务，是指生产企业、经销商把产品（或服务）销售给消费者之后，为消费者提供的一系列服务，包括产品介绍、送货、安装、调试、维修、技术培训、上门服务等。在市场激烈竞争的今天，随着消费者维权意识的提高和消费观念的变化，消费者在选购产品时，不仅注意到产品实体本身，在同类产品的质量和性能相似的情况下，更加重视产品的售后服务。因此，纺织企业在提供价廉物美的产品的同时，向消费者提供完善的售后服务，已成为现代企业市场竞争的新焦点。

[案例]江苏苏丝达到10年来最好水平

江苏苏丝丝绸股份有限公司2011年的平均制成率为65.94%，提高7.42个百分点，年增加经济效益数百万元。绢丝质量合格率99%以上，其中优级品率25%以上，单纱切疵大幅减少，绢丝主要技术指标达到行业先进水平，特级绢丝达到世界一流水平。

公司首先从丝绸产品的源头质量抓起，通过引进德国倍捻机、意大利高速自动络筒机等当代国际先进水平的生产设备，引进乌斯特条干仪等检测设备，有效提高了企业绢丝、绢绵和绢绸的生产技术水平；通过实施企业全面质量管理、技术革新等举措，较好地提高了企业的丝绸质量水平。尤其是2011年研制成功的精绵新工艺，使精绵的产、质量达到了10年来的最好水平，取得了历史性的突破。精绵滚筒冲洗机的创新，代替了过去的人工槽洗，保证了精绵的冲洗效果；化工助剂的调整，提高了绢纺后道的可纺性能。

其次,公司狠抓了苏丝丝绸各专卖店、代理店和仓储、物流的信息化管理,应用计算机"管家婆"和"Excel"等信息管理系统软件,保证了企业对各专卖店产品、企业库存产品和物流的实时管理,可以及时掌握"苏丝"每天在全国各地的销售动态,掌握哪些是畅销产品、哪些是消费者喜欢的产品,便于及时补充货源、开发新的丝绸产品。

再次,公司加强苏丝各专卖店、代理店的店堂优质服务,强化着装统一、文明用语、礼貌待客,批量大的送货上门,并对全体营业员进行了系统的业务培训。各专卖店、代理店还实行了重点客户的登记、跟踪服务制度,经常回访消费者,指导、帮助消费者洗涤、打理好丝绸产品。

四、纺织企业质量成本与控制

纺织产品质量和成本之间到底是什么关系?有的人认为质量越高,成本也越高,因此,质量水平达到顾客可以接受的程度就行了;有的人认为质量达到一定水平之后,再提高质量就会导致成本的大幅上升,因此,无条件地、不计成本追求"高质量"是不足取的。对于纺织企业来说,如何使产品既能满足用户的要求,又使自己的质量成本最低,必须正确认识质量与成本之间的关系。只有通过系统分析顾客的需求,采用科学的工作方法,在不断满足顾客要求和市场需要的情况下,获得企业的持续发展。

(一)质量成本的含义

质量成本也称为质量费用。根据 GB/T 19000—ISO 9000 标准,质量成本的定义是:将产品质量保持在规定的质量水平面上所需的有关费用。质量成本是指为了保证质量所花的费用与质量不合格造成的损失之和,可以分为运行质量成本和外部质量保证成本。其中运行质量成本可以进一步细分为预防成本、鉴定成本、内部损失成本和外部损失成本(表10-2)。

表10-2 质量成本构成

分 类			内 容
质量成本	运行质量成本	预防成本	用于预防产生不合格品或发生故障而需的各项费用
		鉴定成本	为评定产品是否符合质量要求而需要的一切费用
		内部损失成本	产品出厂前,因不满足规定的质量要求而支付的一切费用
		外部损失成本	产品出厂后,因不满足规定的质量要求而支付的一切费用
	外部质量保证成本		在合同环境条件下,根据用户的要求而提供客观证据所支付的费用

(二)质量成本的分析

质量成本分析,即根据质量成本核算的资料进行归纳、比较和分析,包括质量成本总额及其构成内容分析、构成比例分析和质量损失率分析。质量成本中的事故成本、鉴定成本与预防成本之间的关系,如图10-6所示。质量成本还应与设计产品质量水平一起进行分析。

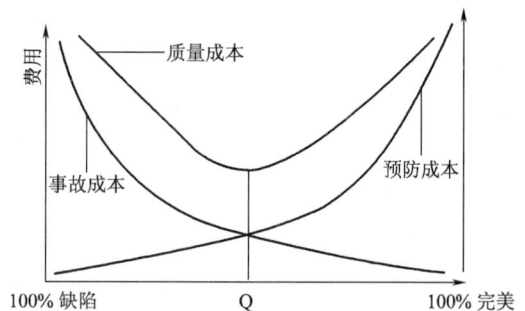

图10-6 质量成本分析

1.质量成本总额及其构成内容分析　首先,计算出本月(或本期)的质量成本总额及其构成内容;然后,分析比较本月(或本期)质量成本与上月(或上期)质量成本的变化情况,据此找出质量成本的发展趋势。

2.质量成本构成比例分析　所谓质量成本构成比例分析,就是在质量成本核算的基础上,分别计算内部损失成本、外部损失成本、鉴定成本和预防成本占质量成本总额的比例,即内部损失成本率、外部损失成本率、鉴定成本率和预防成本率。然后,分析比较质量成本项目构成与最佳质量成本指标,找到控制和降低质量成本的途径。

3.质量损失率分析　控制内外部损失成本是质量成本管理中既能保证质量又能降低成本的关键项目,因此,可用质量损失率的分析寻求质量成本管理的重点。所谓质量损失率,就是指内部损失成本和外部损失成本之和与施工总产值之比,是质量指标体系中一项重要的经济性指标,其大小反映了企业质量管理效果,其值应该越小越好。同时,还可通过分析比较本月质量损失率与上月质量损失率,来衡量管理是否有效。

(三)质量成本控制

质量成本控制,就是通过各种措施达到质量成本目标的一种管理活动。质量成本控制是实现质量成本管理的重要手段,也是完成质量成本计划,实现降低成本目标的保证。

1.确定质量成本控制目标　首先,依据质量成本计划确定控制目标;然后,通过质量成本分析,找出影响质量成本的主要因素和薄弱环节,围绕质量改进计划确定控制目标;最后,依据质量形成的全过程确定控制目标。

2.产品最佳质量水平　质量成本管理的目的就是为了在保证产品质量前提下,使质量成本总和最低。根据美国著名质量管理专家朱兰的最佳质量成本模型可以求得质量成本的最佳点。内外部损失成本一般随着产品质量的提高呈下降趋势,而鉴定成本和预防成本之和随着质量的提高呈上升趋势。这两条成本曲线的交点,同质量总成本曲线的最低点处在同一条垂直线的位置上,产品的最佳质量水平存在于图10-7的模式之中。

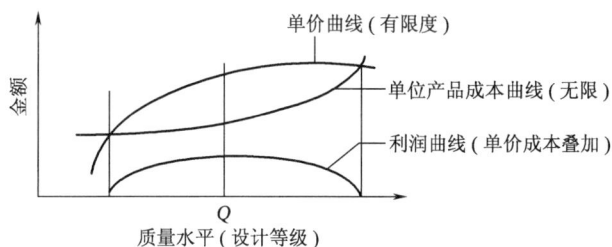

图10-7　最佳质量成本模型

图10-7中的Q处即为最佳质量水平。规定产品的设计等级时,应尽量把质量档次选在最佳水平上。

3.建立质量成本控制系统　一般来说,质量成本的影响因素是经常变化的,如产品更替、设备改造等,最佳质量成本值也要随之变化。因此,要及时调整,建立一个成本控制系统,使质量成本处于受控状态。

第二节　质量管理体系与纺织企业质量认证

ISO(国际标准化组织)是由各国标准化团体组成的世界性的联合会。ISO 9000 是(ISO/TC 176)国际标准化组织质量管理和质量保证技术委员会颁布的所有标准,也称"ISO 9000族",其质量认证原理被世界贸易组织普遍接受。1994 年我国宣布等同采用。质量认证是独立于买卖双方的第三方机构以 ISO 9000 标准为依据对企业进行审核及注册认证的制度,由于其具有公正、客观的特点受到企业的普遍欢迎。由于目前国际贸易发展迅速,在签订国际贸易合同时,采购方都事先评审生产企业的质量体系,并将有关内容纳入订货合同。

一、质量管理体系

(一)ISO 9000 族标准

ISO 9000 族是由 ISO/TC 176(国际标准化组织质量管理和质量保证技术委员会)制订的所有国际标准。ISO 9000 系列标准一经问世,就以其较强的实践性和指导性,立即得到世界各国包括我国在内的普遍欢迎。2000 年 12 月 15 日,ISO 又发布了 2000 版 ISO 9000 族标准。

1. 2000 版 ISO 9000 族标准的构成和基本内容　该标准的构成和基本内容见表 10 - 3。

表 10 - 3　2000 版 ISO 9000 族标准的构成

核心标准	ISO 9000:2000《质量管理体系　基础和术语》
	ISO 9001:2000《质量管理体系　要求》
	ISO 9004:2000《质量管理体系　业绩改进指南》
	ISO 19011:2002《质量和(或)环境管理体系审核指南》
其他标准	ISO 10012:2001《测量控制系统》
技术报告	ISO/TR 1006《质量管理　项目管理质量指南》
	ISO/TR 1007《质量管理　技术状态管理指南》
	ISO/TR 10013《质量管理体系文件指南》
	ISO/TR 10014《质量经济性管理指南》
	ISO/TR 10015《质量管理　培训指南》
	ISO/TR 10017《统计技术指南》
小册子	质量管理原则
	选择和使用指南
	小型企业的应用

从结构和内容上看,ISO 9000 族标准具有以下特点。

(1)标准可适用于所有不同类别产品、不同规模和类型的组织,并可根据实际需要删减。

(2)采用以过程为基础的质量管理体系模式,强调了过程的联系和相互作用,逻辑性更强,相关性更好。

（3）强调了质量管理体系是组织综合管理体系的一个组成部分,利于增强与其他管理体系的相容性。

（4）更注重质量管理体系的有效性和持续改进,减少了对形成文件的程序的强制性要求。

（5）将《质量管理体系　要求》和《质量管理体系　业绩改进指南》这两个标准,作为协调一致的标准使用。

2. ISO 9000 族标准的质量管理八大原则

（1）以顾客为中心。组织依存于其顾客,因此组织应理解顾客当前和未来的需求,满足顾客要求并争取超越顾客期望。

（2）领导作用。领导者确立本组织统一的宗旨和方向。他们应该创造并保持使员工能充分参与实现组织目标的内部环境。

（3）全员参与。各级人员是组织之本,只有他们的充分参与,才能使其才干为组织所用。

（4）过程方法。将相关的活动和资源作为过程进行管理,可以更高效地得到期望的结果。

（5）管理的系统方法。识别、理解和管理作为体系的相互关联的过程,有助于组织实现其目标的效率和有效性。

（6）持续改进。组织总体业绩的持续改进应是组织的一个永恒的目标。

（7）基于事实的决策方法。有效决策是建立在数据和信息分析基础上。

（8）互利的供方关系。组织与其供方是相互依存的、互利的关系,可增强双方创造价值的能力。

这八项质量管理原则形成了 GB/T 9000 族质量管理体系标准的基础。

（二）纺织企业如何贯彻 ISO 9000 族标准

一个企业经济活动包括产品进入国际市场或与国外企业合作,证明企业的产品具有质量信誉,能满足顾客要求,同时证明企业的质量管理水平,能满足国际互认的国际标准规范的要求。通过国际标准的贯彻实施,并获得体系认证证书,这就为企业走向国际市场,增加了竞争能力。

ISO 9000 系列标准是市场经济的产物,对市场经济的完善和成熟程度的要求很高。我国1992 年才正式提出社会主义市场经济,我国建立社会主义市场经济还属于初级阶段,因此这就使我国贯彻 ISO 9000 国际标准和质量认证,还有一个适应的过程。目前,我国沿海地区贯彻标准和质量认证比较积极主动,效果显著,内地则差。这也说明市场经济的发展状况,是贯彻标准和质量认证的重要影响因素。

纺织企业应用 ISO 9001;2000 标准的意义有以下几点。

（1）国际经济贸易的需要。ISO 9000 质量保证体系已成为企业进入国际市场的通行证,ISO 9000 自诞生以后很快受到欧洲乃至全球的普遍认同,ISO 9000 质量体系认证已成为国际贸易中实质性的贸易壁垒,纺织企业不取得认证将难以进入国际市场。

（2）国内市场经济发展的需要,或为满足法律、法规规定要求的需要。

（3）推行 ISO 9000 有助于纺织服装企业提高经济效益。ISO 9000 讲求的是为一个企业的作业过程建立完善的运作系统,并加以有效的管制,使各部门即每个员工职责分明,各项工作制度化,旨在将前后工作分成不同的环节去追究问题的根源,使透过这些过程所产生的产品或服务的品质得到保证。

（4）加强和提高企业管理水平,增强企业内功和企业信誉;推行 ISO 9000 有助于改善纺织服装企业现存的问题。在推行 ISO 9000 质量体系认证的过程中,质量体系的建立将会对纺织服装企业普遍存在的问题加以制约,提高企业产品的安全性、可靠性和经济性。

质量管理和质量保证国际标准,是现代化管理科学的结晶,纺织企业贯彻质量管理和质量保证的国际标准,除市场经济这一主要因素外,还要注意以下几个方面:第一,要以国家技术监督局为主,形成贯彻标准的核心组织;第二,贯彻标准应与质量认证相结合;第三,作为企业领导者,要抢先贯彻标准,抢先质量认证,这样才能占领市场,绝不能坐等市场对企业的推动;第四,贯彻标准要求有一支素质较高的职工队伍,而且事先进行贯彻标准和质量认证的教育培训;第五,要建立质量体系的组织机构,它是贯彻标准的组织保证;第六,编制"质量手册"是贯彻标准的一项很重要的工作。"质量手册"的支持性文件是各质量体系要素作业指导书,如设计、采购和过程控制等作业指导书。

二、纺织企业质量认证

很多国家为了保护自己的消费市场,鼓励消费者优先采购获 ISO 9000 认证的企业产品。可以说,通过 ISO 9000 认证已经成为企业证明自己产品质量、工作质量的一种护照。ISO 9001 质量管理体系认证与贯彻标准密切相关,质量认证是贯彻标准的必然结果。这是当代全面质量管理的重大拓展。

（一）质量认证的概念

《中华人民共和国质量认证管理条例》(1991 年 5 月 7 日国务院发布)第二条规定:"产品质量认证是依据产品标准和相应技术要求,经认证机构确认并通过颁发认证证书和认证标志来证明某一产品符合相应标准和相应技术要求的活动"。质量认证是第三方从事的活动。所谓第三方,即公证的第三方,因为它与第一方生产企业和第二方采购单位,没有行政上的隶属关系和经济利益关系。在我国,国家技术监督部门就是公认的第三方公证部门;在世界各国的国家技术监督机构也是公认的公证的第三方;此外还有质量管理协会、独立的检验机构等。

1. 质量管理体系审核和注册发证 质量管理体系认证机构指派数名国家注册审核人员对自愿申请体系认证的组织实施审核工作,包括审核组织的质量管理体系文件,到组织的现场查证实际执行情况,提交审核报告。质量管理体系认证机构根据审核报告,经审查决定是否批准认证。对批准认证的组织颁发体系认证证书,并将组织的有关情况注册公布,准予组织以一定方式使用体系认证标志。证书有效期为三年。

2. 质量管理体系监督审核 在证书有效期内,认证机构每年组织至少进行一次监督检查,查证组织质量管理体系保持情况,一旦发现组织有违反规定的事实证据,即对相应组织采取措施,暂停或撤销组织的体系认证资格。

3. 质量认证制度的基本内容

（1）形式试验。这是为证明企业产品质量符合产品质量标准的全部要求,对产品所进行的抽样检验,它是整个质量认证制度的基础。

（2）质量体系检查。它是对产品生产质量保证能力进行检查和评定。

（3）监督检验。这是对获准认证后的产品,进行的监督和评定。它是从企业的最终产品中,或从市场上抽取样品,由"认可、独立的检验机构"进行检验。

(4)监督检查。这是对取得认证资格的生产企业的质量保证能力进行的定期复查,以确定企业是否保证认证产品的质量,生产产品是否持续符合质量标准的监督措施。

(二)纺织企业如何推行 ISO 9000 质量体系认证

1.纺织企业质量体系认证的程序

(1)企业申请认证的条件。组织机构要健全,企业要实施 ISO 9000 质量体系,首先要建立相应的组织机构:领导工作小组,还要指定出管理者代表,并聘请认证咨询小组,最后还要成立内部审核小组。质量体系文件要符合国际标准或国家标准。质量体系文件是进行内部质量审核的依据,所以必须符合 ISO 9000 国际标准或 GN/T 19001—2000 国家标准,这是通过质量认证的前提条件。内部质量审核的依据是质量体系文件,审核中检查出的不合格项目要及时纠正,不断完善。

(2)质量认证的程序。

①向认证机构递交认证申请书及相关文件。认证机构对质量体系文件进行审核,若符合标准即可受理申请。

②实施审核。认证机构受理企业申请后,应成立审核组,制订审核计划,分配审核任务并按计划对企业实施审核。审核组出示审核报告,宣布审核结果,做出是否认证合格的结论。

③纠正、跟踪。若审核不能通过,审核组应提出纠正措施、要求,受审企业应据此制订纠正措施并实施。审核组跟踪验证,并给出结论。

④颁发证书。

2.纺织企业推行 ISO 9000 质量体系认证的关键　质量体系认证过程总体上可分为四个阶段:认证申请、体系审核、审批与注册发证和监督执行。质量体系认证证书的有效期通常为三年,在证书有效期内,体系认证机构每年还须对企业进行至少一次监督检查,查证企业有关质量体系的保持情况,一旦发现企业有违反有关规定的事实证据,则对企业采取措施,暂停或撤销企业的体系认证。纺织服装企业在实施 ISO 9000 系列标准的过程中,首先面临的实际问题有:如何正确理解标准的要求;如何有计划、有步骤地完成整个实施过程;如何防止走弯路,减少人力、财力和物力的浪费,尽快达到标准的要求;如何达到审核要求;如何正确选择审核机构;如何维持已建立的质量体系并实现不断改进。对此,企业在推行 ISO 9000 质量体系认证中应做好如下关键运作。

(1)做好充分的认证准备工作。ISO 9000 认证工作比较复杂,企业对此一般较生疏,因此,充分的准备工作是必不可少的。

(2)聘请认证咨询顾问。国外发达国家已获认证的组织中,60%以上是通过聘请咨询机构指导完成实施工作的,有不少组织还聘用了长年顾问,使咨询活动延伸到质量体系的维护和改进阶段。

(3)聘请认证咨询机构时,应选择获得国家备案资格的质量认证咨询机构。除客户要求企业申请国外机构认证,或企业出于竞争和宣传的需要,可以选择国外机构认证外,一般可选用国内认证机构,切不可既搞"国家认证",又搞"国际认证"。一定要澄清"中国证书在国外不通行"的错误认识。因为,到目前为止,还不存在一家"国际认证机构",就是说,任何国外机构的认证都不能称为"国际认证"。就具体国家而言,带有国家认可标志的认证证书在一定范围内具有广泛的可接受性。

（4）把握正确有效的认证程序。认证程序一般可分为计划、落实和检查三个阶段。

[案例]宏诚集团：健全的质量管理体系（资料来源 http://fs.zhongsou.net/detail/article/15721522）

质量功绩：健全的质量管理体系，全新的技术装备基础，推动企业产品质量不断跃上新台阶。日前，公司成纱质量达到 2001USTER 公报 5% 的国际先进水平，坯布质量满足或超越了美国 4 分制及严格的内控质量标准要求，用户满意度达 98% 以上。

近日，山东宏诚集团公司自主研发的芭佰瑞缎纹格色织布投放市场，与内地用户"零距离"对接，进而开拓和增加了内地产品市场的占有份额。

为了打开通往国内外市场的"绿色通道"，公司从绿色源头入手，建立了科学、完善的车间班组岗位"四级"质量保证体系，得到了中国进出口质量认证中心的认可，先后通过国际 ISO 9001 质量管理体系和 ISO 14000 环境体系"双认证"，并始终把两个体系与生产、经营和管理高度融合。在生产过程，公司全面推行质量封车制，加大质量否决力度；开展群众性操作练兵、技术比武、科技攻关，攻克影响质量的关键性技术难题；产品出厂实行自检、互检、专检"三检制"，保证把高品质产品交给客户。

第三节　纺织产品质量分析与控制

在一些纺织企业中总有一部分人，当工作中出了问题时，不是想办法解决问题，而是找借口推卸责任。

企业要提高产品质量，就要弄清楚出现这些问题的原因。往往有些问题不是一眼就能看出来，要根据生产数据、应用统计方法分析。质量管理中应用的数理统计方法很多，有的涉及较深的数学理论和较难的运算方法，需要有专门训练的人才能熟练掌握。但对常用的方法，如果能熟练地加以运用，纺织企业质量管理中的大部分问题可以得到解决。在纺织企业质量管理中，这些常用的数据统计工具有统计分析表、分层法、排列图、因果图、直方图、散布图和控制图。

一、纺织产品的质量数据

数据是质量管理的基础。在生产过程中，一切与产品质量有关的数据可以帮助了解产品的质量特性，认识产品质量内在规律，以便发现问题，分析原因，并采取相应的措施，解决问题，为提高产品质量提供依据。因此，正确收集数据，并加以科学地整理和分析，是质量管理中不可缺少的重要环节。

（一）质量差异

生产实践表明，在同样的生产技术条件下，不同的工人所生产出来的产品都不可能绝对相同，其产品质量上总是存在差异，甚至同一个工人生产出来的两件以上的产品，在质量上总是不完全一样的。产品的各道工序波动误差就集中表现为产品的误差，这种误差就称为质量差异或质量波动。质量差异是客观存在的,只要是在规定的幅度范围以内,这种差异是允许的。如服装规格尺寸的正负公差就是承认质量的差异。影响纺织产品质量的主要因素有原料(Material)、设备(Machine)、操作(Manipulate)、工艺(Method)、检测(Measurement)以及环境〔主要指湿度和温度(Moisure and temperature)〕,简称6M因素。

在纺织企业中,由于各种因素的影响,通过测试和调查所得到的质量数据总会有差异,即使是同种原料、相同的工艺流程、同型号的机器生产出的同一种产品,其质量特征数据也不会完全一样,而呈一定的分布。使产品质量波动的主要因素有正常原因和异常原因。

(1)正常原因,又称为随机因素。这种因素的影响在大规模生产过程中不可能完全避免,一般允许在一定限度内存在,而且看作是正常的。如原料质量的微小变化、温湿度的波动等。如果把这些原因找出来,不但经济上不合算,而且事实上也不可能。因此,产品质量永远只能控制在一定的范围内,而不是一个点上。

(2)异常原因,又称为可控因素。由于这种原因可以使产品的某些质量特性发生比较突出的变化,这种变化一旦发生就不会自行消失。如罗拉弯曲、齿轮磨损、针布倒齿等。这些原因从技术角度看是可以消除和避免的,当产品质量出现差异较大时,必须找出原因并予以解决。

(二)质量数据的种类

质量数据可以分为计量值数据和计数值数据两大类。

1. 计量值数据　可以连续取值的数据叫计量值数据,所谓能连续取值是使用计量工具可以测出小数点,如1.1,1.2,1.12,1.112…长度、容量、时间、温度、使用寿命、强度、化学成分、强力、不匀率、捻度等都是可以连续取值的,都是计量值。

2. 计数值数据　不能连续取值的数据叫作计数值数据。这类数据用计量工具测量只能得出整数,不能得到分数或小数。如车辆数、机器数、正点班次、正点率、产品的不合格品数、零件的缺陷数、返修数、棉结杂质粒数、千锭时断头率、坏筒数等,这类数据只能用不连续的,或者说是离散的形式来表示。因此,计数值数据的特点是不连续的整数。

(三)质量数据的来源及收集数据的目的

质量数据主要来自各道检验、测试环节和质量检验的原始记录,及入库单、废品单、翻修单、日产记录、投料单据等,这是质量管理的基础工作。收集质量数据的目的多种多样,主要为掌握现状,分析问题,检查工作,确定所要控制的主要因素,控制生产过剩,调整工艺过程和设备、工艺装备等,判断产品质量等。

(四)数据的整理加工

通过现场调查、测试、检验等可以收集到大量的数据,这些原始记录数据,大多是杂乱无章、毫无规则的,直接从这些数据中还不能对研究对象做出判断。要充分发挥这些数据的作用,把包含在这些数据中的内在规律揭示出来,还需要根据质量管理要求,对它们进行科学的整理加工。所谓整理加工就是把收集到的原始数据按照一定的标志进行分类归组,尽量把属于同一种生产条件的数据归并在一起,如按数据的来源、性质、时间进行归类等。经过整理,把原收集的一大堆杂乱无章的数据使之系统化、规则化,并列为数表,变成能表明总体及其构成的全面资料。再把数表绘制成各种图形,使之反映的事实形象化,把数据体现的本质表示出来,以便从中发现问题,采取措施。

二、常用的质量统计工具

（一）统计调查分析法

统计调查分析法是利用统计图表进行数据整理和粗略的原因分析的一种工具,常用类型有缺陷位置检查表、不合格品分项检查表和频数分布表。

1. 缺陷位置检查表　缺陷位置检查表是将所发生的缺陷标记在产品或零件图的相应位置上,并附以缺陷的种类和数据记录。表 10 - 4 是男上衣质量缺陷位置检查表。

表 10 - 4　男上衣质量缺陷位置检查表

序　号	缺陷项目	缺陷数(件)
1	衣袖成型不良	40
2	腋下起皱	25
3	衣领对格对条不良	20
4	肩线起吊	12
5	肩部归拢不良	8
6	背衩手工针不良	5
7	前肩起壳	3
8	其他	7
9	合计	120

2. 不合格品分项检查表　不合格品分项检查表将不合格品按其种类、原因、工序、部位或内容等情况进行分类记录,能简便、直观地反映出不合格品的分布情况。

3. 频数分布表　频数分布表应用于绘制直方图。

（二）分层法

为了便于分析、控制,在对质量数据的收集过程中,应该注意将数据进行分类。分层法(也叫分类法),是一种把记录的原始质量数据,按照一定的目的、性质、来源、影响因素等加以分类整理,以便分析质量问题影响因素的方法。分层的目的,是为了通过分层把性质不同的数据和错综复杂的影响因素分析清楚,找到问题的症结所在,以便对症下药,解决问题。一般把性质相同,在同一条件下收集的数据归在一起。当数据分散程度较大时,也可以通过分层,将这些数据按某种特征分成两个以上的组。分层时,尤其应使同一层内的数据波动幅度尽可能小,而层间的差别尽可能大,这是分层的关键。常用的分层方法有以下几种。

（1）按不同的时间分,如不同的班次、不同的日期。

（2）按操作人员分,如新老工人、男工、女工、不同工龄、不同技术等级。

（3）按使用设备分,如设备型号、新旧设备。

（4）按操作方法分,如切削用量、温度、压力等。

（5）按原材料分,如供料单位、进料、批次等。

（6）按不同检验手段、测量者、测量位置、仪器、取样方式等分类。

（7）其他分类,按不同的工艺、使用条件、气候条件等进行分类。

(三)排列图法

排列图的全称是"主次因素排列图",是用来寻找影响产品质量主要因素的一种方法。它将经济学上 80/20 原则用到管理领域,区分"关键的少数"和"次要的多少",从而抓住关键因素,解决主要问题。它针对各种问题按原因或状况分类,把数据从大到小排列而作出的累计柱状图。

1. 排列图的结构 一个横坐标,表示影响质量的各个因素,按影响程度的大小从左到右排列。两个纵坐标:左边的纵坐标表示频数(件数),右边纵坐标表示频率(用百分数表示)。 N 个柱形条:柱形条的高度表示某个因素影响的大小。一条曲线:曲线表示各影响因素大小的累计百分数。这条曲线叫做帕累托曲线或者排列线。

2. 绘制排列图的方法和步骤 现以某纺织企业实际生产状况为例,来说明绘制排列图的方法和步骤。

[案例]

现以某纺织企业毛纺织品实际生产状况为例,应用排列图法进行生产过程质量状况的分析。某批毛纺织品生产中,经坯检得出疵点总数为 145 个,其具体质量信息见表 10 - 5。

表 10 - 5 某批毛纺织品质量信息

疵点项目	疵点数目	比率(%)	累计比率(%)
毛纱	66	45.51	45.51
小辫	53	36.55	82.06
粗纱	11	7.59	89.65
乱头	5	3.45	93.10
接头	3	2.07	95.17
色纱	3	2.07	97.24
其他	4	2.76	100.00
合计	145	100.00	

在坐标纸上取两个纵轴、一个横轴,左边纵轴表示疵点项目发生的频数,标明数值的标度;右边纵轴表示累计百分比,标度取 0～100;横轴表示各种疵点项目,按频数大小从左至右依次绘出直方图。直方图的高低表示某疵点项目影响的大小。在每个直方图横线中点的上方标出累计值的点,连接各点即成由左向右的曲线。这条表示各疵点项目影响大小的累计百分数的曲线称为帕累托曲线(图 10 - 8)。

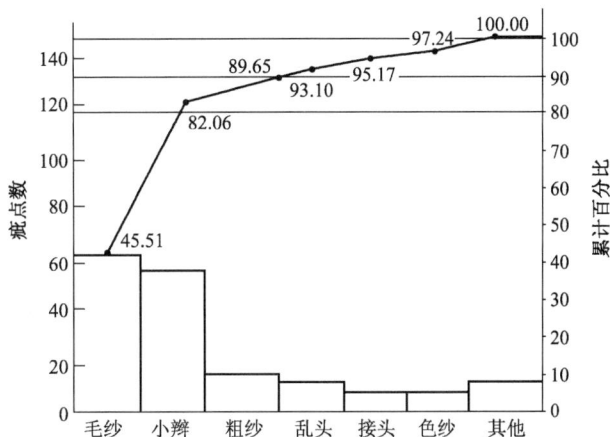

图 10 - 8 某批毛纺产品质量的排列图

3. 绘制排列图注意事项

(1)排列图将影响质量的因素按其频数大小和主次关系排列,有利于寻找关键因素。

(2)一般来说,关键因素最好是1~2个,多了就会失去意义。

(3)排列图左边的纵坐标轴上的标度,是用来表示频数的尺度,标度的单位必须与分析的问题相对应。

(4)不重要的项目很多时,会使横轴变得过长,可将这些项目并入其他项目内,放在横轴最末端。

(5)确定了关键因素,采取了相应措施,为检查措施的效果,可重新绘制排列图,进行验证比较,对措施效果进行评价。

4. 排列图的观察分析 一般来讲,取图中前面的1~3项作为改善的重点就行了。若再精确些,可采用ABC分析法确定重点项目。ABC分析法是把问题项目按其重要的程度分为三级,具体做法是把构成排列曲线的累计百分数分为三个等级:0~80%为A类,是累计80%以上的因素,它是影响质量的主要因素,是要解决的重要问题;80%~90%的为B类,是次要因素;累计百分数在90%~100%的为C类,在这一区间的因素是一般因素。上例中毛纱和小辫是A类因素,是要解决的重要问题。

除了对排列图作ABC分析外,还可以通过排列图的变化,对生产、管理情况作以下分析。

(1)在不同时间绘制的排列图,项目的顺序有了改变,但总的不合格品数没有改变时,可认为生产过程是不稳定的。

(2)排列图的各分类项目都同样减小时,则认为管理效果是好的。

(3)如果改善后的排列图,其最高项和次高项一同减少,但顺序没变,说明这两个项目是相关的。

(四)因果分析图

1. 因果分析图的概念和结构 因果分析图,简称因果图,也叫特性要因图或特性因素图。因其形状像鱼刺和树枝,又称鱼刺图或树枝图。因果图是日本质量管理专家石川馨最早提出,于1953年首先在日本应用,由于使用效果好,逐渐传入其他一些国家,因此,因果图也称为石川图。它是一种充分发动员工动脑筋、查原因、集思广益的好方法,特别适合于工作中实行民主质量管理。当出现了某种质量问题,但未搞清楚原因时,可针对问题发动大家寻找可能的原因,使每个人都畅所欲言,把所有可能的原因都列出来。

因果分析图就是以结果作为特性,以原因作为因素,在它们之间用箭头线联系表示因果关系的一种图形。因果图由特性(生产过程或工作过程中出现的结果,如纱线条干不匀)、原因(对质量特性产生影响的因素,如纱线条干不匀的影响因素)、枝干(表示特性与原因关系的箭头线)组成,其基本图形如图10-9所示。

2. 因果图的用途

(1)根据质量问题逆向追溯产生原因,由粗到细找出产生质量问题的各个层次、各种各样的原因以及各原因传递关系。

(2)因果图可明确原因的影响大小和主次,从而可以作为制订质量改进措施的指导依据。

3. 因果图的类型 因果图通常有三种类型,即问题分解型、原因罗列型和工序分类型。这三种类型各有利弊,应根据实际情况适当选择利用。

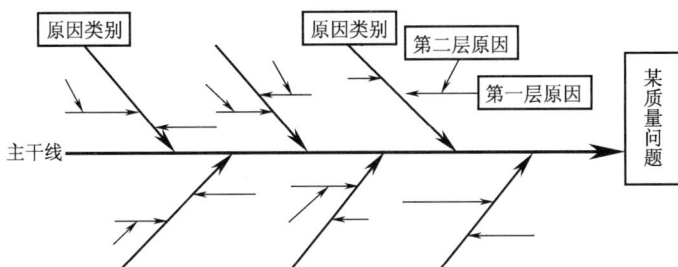

图 10-9 因果图的形式

（1）问题分解型。这种图形对提出的问题沿着为什么发生这个问题的思路一直追到底。其想法是凡存在质量问题的地方就一定要得到改善。其优点是：由于分解了质量问题，可以系统地掌握相互之间的关系。其缺点是：由于将许多原因都归结成问题分解的形式，因而一些小原因容易漏掉。

（2）原因罗列型。这种类型的思路是，尽可能把所有的原因都罗列出来，当然先找大原因，再找中原因、小原因以及更细小原因，找出其中存在真正的原因或者说是改善的关键。其优点是：由于原因全部罗列，所以不大可能遗漏；另外，基于原因之间的因果关系，可采用各种表达形式，使图的内容丰富并且生动、易懂。其缺点是：结果与小枝之间难于联结，所以画起来较麻烦。

（3）工序分类型。其作法是按工序流程画大枝，然后把对质量有影响的原因填写在相应的工序（大枝）上。优点是作图简便，易于理解；缺点是相同原因有时会出现多次，难于表现多个因素联系在一起同时影响质量的情况。

（五）直方图法

1. 直方图的概念和结构 直方图又称质量分布图，它用于分析和描述生产过程中产品质量分布的状况，以便对总体的质量分布特性进行推断，从而掌握和控制生产过程的质量保证能力。直方图是工序质量控制统计方法中主要的工具之一。

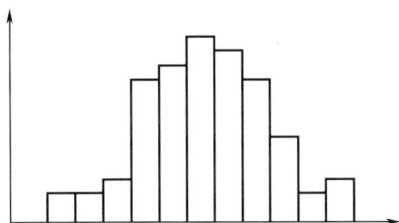

图 10-10 直方图

直方图由直角坐标系中若干个顺序排列的长方形组成，横坐标为观测值。各长方形在横坐标上的底边相等，底边表示观测值区间，长方形的高度表示观测值落入各相应区间的频数。整个直方图高度的变化呈现出一定的规律，一般正常的规律是中间高、两边低，从中间向两边呈逐渐下降的分布，如图 10-10 所示。

2. 直方图的作用 直方图用来揭示质量问题，确定质量改进点，主要表现在以下几个方面。

（1）显示产品质量波动分布状态，通过对数据的收集整理来直观地描述生产过程中的产品质量分布状况。

（2）分析判断生产过程保证产品质量的能力。

（3）估算产品不合格率及产生的可能原因，为质量改进提供信息。

3. 直方图的观察分析 对直方图的观察分析可从直方图的图形进行。从直方图可以直观地看出产品质量特性的分布形态,便于判断过程是否处于控制状态,以决定是否采取相应对策措施。

直方图从分布类型上来说,可以分为正常型和异常型。正常型是指整体形状左右对称的图形,此时过程处于稳定(统计控制状态),如图 10-11(a)所示。如果是异常型,就要分析原因,加以处理。常见的异常型主要有六种。

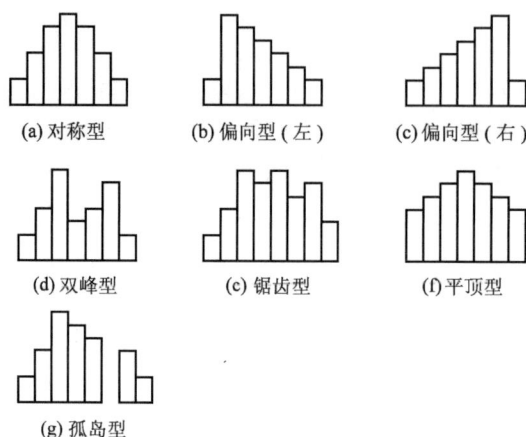

(a) 对称型　　　　(b) 偏向型(左)　　　　(c) 偏向型(右)

(d) 双峰型　　　　(e) 锯齿型　　　　(f) 平顶型

(g) 孤岛型

图 10-11　直方图的不同形状

(1)偏向型[图 10-11(b)、(c)]。偏向型有偏左和偏右两种,其高峰偏向于一侧,另一侧呈缓坡状。通常是由于产品的公差(标准)是单侧标准,或某种加工习惯等原因所造成的。大多数修过的产品,其质量形状都偏向一边。

(2)双峰型[图 10-11(d)]。图形出现两个高峰。这往往是由于两个不同的分布混在一起造成的,如有一定差别的两台机床或两种原料所产生的产品混在一起。这时应按照数据的不同性质进行分层,再作分层后的直方图。

(3)锯齿型[图 10-11(e)]。高峰的变化呈参差不齐的锯齿状,这往往是由于作直方图的过程中分组过多或测量读数有误等原因造成的。

(4)平顶型[图 10-11(f)]。直方形顶部平直,峰谷不明。这往往是由于生产过程中某种缓慢的、带有变动倾向的因素在起作用所造成的,如工具的磨损、操作者的疲劳等。

(5)孤岛型[图 10-11(g)]。即在远离主分布中心的地方出现一些小直方型。这表明工序质量有异常,往往是原材料有变化,短时期内由不熟练工人替班操作,或测量有误差等原因造成的。

(六)散布图

1. 散布图的概念和用途 散布图又叫相关图,它是将两个可能相关的变量数据用点画在坐标图上,用来表示一组成对的数据之间是否有相关性。这种成对的数据或许是特性—原因、特性—特性、原因—原因的关系。通过对其观察分析,来判断两个变量之间的相关关系。这种问题在实际生产中也是常见的,如热处理时淬火温度与工件硬度之间的关系,某种元素在材料中的含量与材料强度的关系等。这种关系虽然存在,但又难以用精确的公式或函数关系表示,在这种情况下用相关图来分析就是很方便的。假定有一对变量 x 和 y,x 表示某一种影响因素,y 表示某一质量特征值,通过实验或收集到的 x 和 y 的数据,可以在坐标图上用点表示出来,根据点的分布特点,就可以判断 x 和 y 的相关情况。

散布图在质量管理中主要用于:向领导汇报质量情况;寻找影响产品质量的各因素并对其进行质量分析;当怀疑两个变量可能有关系,但不能确定这种关系的时候,就可以使用;在 QC 小组活动时可用于课题选择、现状调查,也可用于原因分析、要因确认等。

2. 散布图的类型　两变量之间的散布图大致可分下列六种情形,如图 10 – 12 所示。

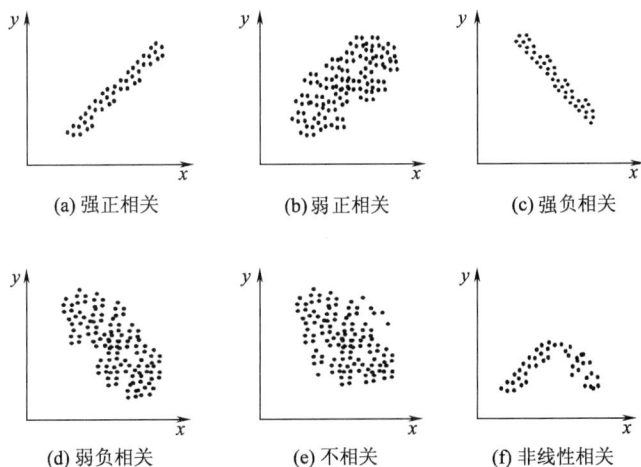

图 10 – 12　散布图的类型

(1)强正相关。x 增大,y 也随之线性增大。x 与 y 之间可用直线 $y = a + bx$(b 为正数)表示。此时,只要控制住 x,y 也随之被控制住了,图 10 – 12(a)就属这种情况。

(2)弱正相关。如图 10 – 12(b)所示,点分布在一条直线附近,且 x 增大,y 基本上随之线性增大。此时,除了因素 x 外,可能还有其他因素影响 y。

(3)强负相关。如图 10 – 12(c)所示,x 与 y 之间可用直线 $y = a + bx$(b 为负数)表示。y 随 x 的增大而减小。此时,可以通过控制 x 而控制 y 的变化。

(4)弱负相关。如图 10 – 12(d)所示,x 增大,y 基本上随之线性减小。此时,除 x 之外,可能还有其他因素影响 y。

(5)不相关。如图 10 – 12(e)所示,x 和 y 两变量之间没有任何一种明确的相关关系,说明两因素互不相关。

(6)非线性相关。如图 10 – 12(f)所示,x、y 之间可用曲线方程表示,根据两变量之间的曲线关系,可以利用 x 的控制调整实现对 y 的控制。

(七)控制图

前面所讲的质量控制方法,所控制的都是质量在某一段时间内的静止状态。但是,在生产或工作过程中,用静态的方法不能随时发现质量问题以调整生产或工作。因此,还需要了解质量特性数据随时间变化的动态情况,并以此为依据来判断生产或工序是否处于正常状态。控制图(又称管理图)就是一种对生产过程进行动态控制的质量管理工具,它用来区分产品质量波动究竟是由于偶然性因素引起还是非偶然性因素引起,从而判断生产是否处于控制状态。其主要作用是进行工序质量过程控制,即起到监控、报警和预防作用。

1. 控制图的基本格式 控制图是对生产过程质量的一种记录图形,图上有中心线和上、下控制线,并有反映按时间顺序抽取的各样本统计量的数值点。中心线是所控制的统计量的平均值,上、下控制线与中心线相距数倍标准差。多数的制造业应用三倍标准差控制界限,如果有充分的证据也可以使用其他控制界限。

控制图的基本格式如图 10-13 所示。横坐标为样本序号,纵坐标为产品质量特性,图上三条平行线分别为:中心线 CL,上限控制线 UCL,下限控制线 LCL。在生产过程中,定时抽取样本,把测得的数据点一一描在控制图中。如果数据点落在两条控制界限之间,且排列无缺陷,则表明生产过程正常,过程处于控制状态;否则,表明生产条件发生异常,需要对过程采取措施,加强管理,使生产过程恢复正常。

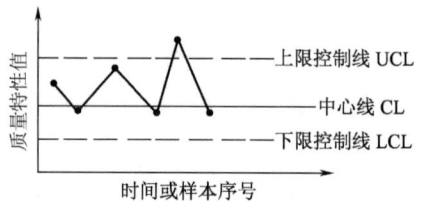

图 10-13 控制图

控制图按产品质量特性主要分为两大类:计量值控制图和计数值控制图。计量值控制图一般适用于以计量值为控制对象的场合。计量值控制图对工序中存在的系统性原因反应敏感,所以具有及时查明并消除异常的明显作用,其效果比计数值控制图显著,计量值控制图经常用来预防、分析和控制工序加工质量。计数值控制图则用于以计数值为控制对象的场合。对于纺织产品质量数据,如强力、不匀率、捻度等,可用计量值控制图控制;如棉结杂质粒数、千锭时断头率、坏筒数等,可用计数值控制图控制。

把采集的质量数据用点子画在图上,并把点子用线段连接起来。如果点子全部落在上下控制界限内,而且点子排列正常,那么可判断生产过程处于控制状态;反之,如果有一些点子落在上下控制界限之外,或点子虽落在上下控制界限内,但点子排列异常,就可以认为生产过程不处于控制状态。控制图的控制界限是判断生产过程是否处于控制状态的标准。

2. 控制图的观察分析 作控制图的主要目的是分析判断生产过程是否稳定,是否处于控制状态。

(1)生产过程处于控制状态必须满足两个条件。

①点子没有超出控制界限。

②点子在控制界限内排列没有缺陷。

(2)出现以下两种情况可判断生产过程失控。

①点子超出控制界限。

②点子在控制界限内排列有缺陷。

(3)凡有下列情况之一,即判断为排列有缺陷。

①点子在中心线一侧连续出现 9 次。

②连续出现 6 点上升或下降的倾向。

③连续 14 点中相邻的点子总是上下交替。

④连续 3 个点中有 2 个点落在中心线同一侧。

⑤连续 5 个点中 4 个点落在中心线同一侧。

[案例]某纺织厂梳棉生条的质量控制图

采集某质量特性的近期数据,一般不少于 100 个。表 10 - 6 为某纺织厂生产定量为 17.5 g/5m 的梳棉生条的 100 个数据。根据表中提供数据作出的控制图如图 10 - 14 所示。

表 10 - 6　某纺织厂 17.5 g/5m 梳棉生条定量数据

组　号	测　定　值	组　号	测　定　值
1	18.85,18.96,18.89,17.20,17.12	11	17.39,18.25,18.45,18.70,18.40
2	17.62,18.88,17.33,17.04,16.60	12	18.39,18.50,16.22,18.29,17.13
3	17.78,16.18,17.53,17.10,18.93	13	17.27,18.20,17.58,18.49,16.20
4	16.17,17.70,19.00,18.90,16.67	14	18.32,16.20,18.00,17.83,18.56
5	17.80,18.33,16.83,16.99,17.59	15	16.98,18.88,18.22,18.65,18.21
6	17.42,17.45,17.85,17.95,17.13	16	16.00,17.96,17.32,16.63,17.91
7	17.50,18.40,17.57,18.15,16.61	17	18.21,18.06,18.30,18.69,17.69
8	18.02,16.55,14.40,16.55,17.12	18	19.30,17.92,18.35,18.13,17.48
9	18.63,17.10,16.33,18.47,17.40	19	19.24,19.57,19.23,19.75,18.40
10	18.37,17.15,17.03,18.60,17.55	20	17.77,18.34,19.74,17.42,18.19

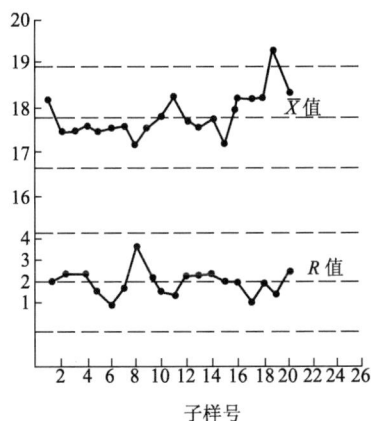

图 10 - 14　定量为 17.5 g/5m 的梳棉生条的质量控制图

三、纺织企业质量管理新七种工具

关联图、KJ 法、系统图、矩阵图、矩阵数据分析法、PDPC 法以及箭条图统称为“新七种工具”。新七种工具的提出不是对“老七种工具”的替代,而是对它的补充和丰富。一般说来,“老七种工具”的特点是强调用数据说话,重视对制造过程的质量控制;而“新七种工具”则基本是整理、分析语言文字资料(非数据)的方法,着重用来解决全面质量管理中 PDCA 循环的计划阶段的有关问题。因此,“新七种工具”有助于管理人员整理问题、展开方针目标和安排时间进度。

1. 关联图法 质量管理中的问题,同样也多是由各种各样的因素组成。解决如此复杂的问题,不能以一个管理者为中心一个一个因素地予以解决,必须由多方管理者与多方有关人员密切配合、在广阔范围内开展卓有成效的工作。关联图法即是适应这种情况的方法。所谓关联图,如图 10 - 15 所示,是把若干个存在的问题及其因素间的因果关系用箭条连接起来的一种图示工具,是一种关联分析说明图。通过关联图可以找出因素之间的因果关系,便于统观全局、分析以及拟定解决问题的措施和计划。

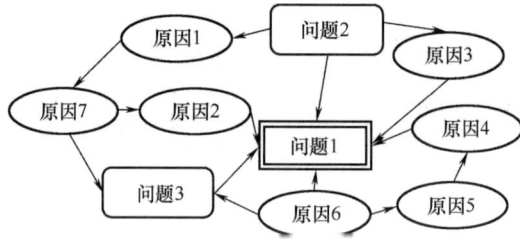

图 10 - 15 关联图

2. KJ 法 所谓 KJ 法,就是针对某一问题,充分收集各种经验、知识、想法和意见等语言、文字资料,通过 A 型图解进行汇总,并按其相互亲和性归纳整理这些资料,使问题明确起来,求得统一认识和协调工作,以利于问题解决的一种方法。A 型图可以帮助人们进行讨论,集思广益,从而将方针自然地贯彻下去。

3. 系统图法 系统图所使用的图(系统图),能将事物或现象分解成树枝状,故也称树型图。系统图就是把要实现的目的与需要采取的措施或手段,系统地展开,并绘制成图,以明确问题的重点,寻找最佳手段或措施。在计划与决策过程中,为了达到某种目的,就需要选择和考虑某一种手段;而为了采取这一手段,又需要考虑它下一级的相应手段(图 10 - 16)。

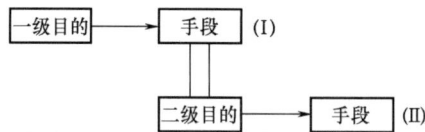

图 10 - 16 系统图形式

4. 矩阵图法 矩阵图法,是指借助数学上矩阵的形式,把与问题有对应关系的各个因素,列成一个矩阵图;然后,根据矩阵图的特点进行分析,从中确定关键点(或着眼点)的方法。这种方法,先把要分析问题的因素,分为两大群(如 R 群和 L 群),把属于因素群 R 的因素(R_1、R_2……R_m)和属于因素群 L 的因素(L_1、L_2……L_n)分别排列成行和列。在行和列的交点上表示着 R 和 L 的各因素之间的关系,这种关系可用不同的记号予以表示(如用"○"表示有关系等)。用于多因素分析时,可做到条理清楚、重点突出。它在质量管理中,可用于寻找新产品研制和老产品改进的着眼点,寻找产品质量问题产生的原因等方面。

5. 矩阵数据分析法 矩阵数据分析法,与矩阵图法类似。它区别于矩阵图法的是:不是在矩阵图上填符号,而是填数据,形成一个分析数据的矩阵。它是一种定量分析问题的方法。目前,只是作为一种"储备工具"提出来的,应用这种方法,往往需要借助电子计算机来求解。

6. PDPC 法　PDPC(Process Decision Program Chart 的英文缩写)法也称为过程决策程序图法,其工具就是 PDPC 图。所谓 PDPC 法,是为了完成某个任务或达到某个目标,在制定行动计划或进行方案设计时,预测可能出现的障碍和结果,并相应地提出多种应变计划的一种方法。这样在计划执行过程中遇到不利情况时,仍能按第二、第三或其他计划方案进行,以便达到预定的计划目标。利用 PDPC 法,可从全局、从整体掌握系统状态以作出全局性判断;可按时间顺序掌握系统的进展情况。

7. 箭条图法　箭条图又称为网络计划技术,我国称为统筹法,它是安排和编制最佳日程计划,有效地实施管理进度的一种科学管理方法。所谓箭条图是把推进计划所必须的各项工作,按其时间顺序和从属关系,可以把各项作业之间的这种依赖和制约关系清晰地表示出来。通过箭条图,能找出影响工程进度的关键和非关键因素,因而能进行统筹协调,合理地利用资源,提高效率与效益。

上面介绍了质量管理常用的一些方法,这些方法集中体现了质量管理"以事实和数据为基础进行分析和判断"的特点。最后需要指出的是:这些方法看起来比较简单,但能够在实际工作中正确、灵活的应用并不是一件容易的事。

➤ 技能实训

1. 收集纺织、服装或印染企业的质量数据,利用质量统计工具进行分析,得出相应的结论,并提出相应的质量管理措施。

实训目的:通过和企业近距离接触和亲自动手测试数据,利用质量统计工具进行分析,进一步掌握质量统计分析工具的运用,并提高质量管理的能力。

实训要求:认真观察了解质量数据的收集过程,将课本所学知识用到实践中去。若有可能,自己亲自动手检测数据。收集完数据,利用所学方法进行统计分析,然后针对分析结果,以小组为单位进行讨论,制订出解决问题的措施。

2. 了解纺织企业质量审核的程序。联系当地一纺织企业进行现场模拟审核或者根据下面提供的背景资料进行模拟审核。

[背景资料]:某纺织有限责任公司是 1999 年 12 月组建的一家民营实业公司,注册资金1 500万元。通过全体员工的卓越奋斗和大规模的技改投入,低成本扩张,目前已发展成为集纺织、棉花加工、交通运输于一体的综合性公司。资产总额从创立初期的 1 630 万元增加到现在的 9 800 万元,"升维"牌商标被评为省著名商标,拥有自营进出口权,连续多年保持当地税收大户地位。公司现有员工 1 250 人,具有大中专以上学历 156 人,高中级技师 65 人。拥有环锭纺 6 万锭,气流纺 800 头,精梳机 1 套,无梭织机 800 台的生产规模,现已形成竹节纱、弹力纱、标准纱、布四个系列 60 多个品种,产品销往 15 个省市,并远销国外,得到用户的一致认可。公司被省工商局评为"AAA 级重合同守信用企业",省国税百佳企业。其组织结构如图 10 – 17 所示。请以该案例提供的资料为背景,编写审核计划并进行模拟审核。

实训目的:通过模拟审核,熟悉和掌握 ISO 9000 标准、质量审核和认证的有关知识,进一步认识到质量审核的重要性。

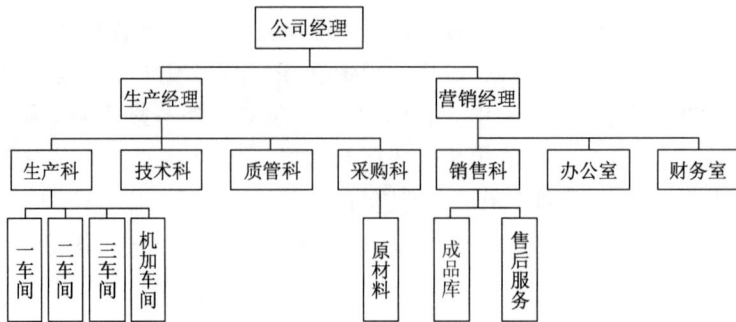

图 10-17 某纺织公司组织结构示意图

实训要求：以认真的态度对待，当成一个项目来完成。认真编制审核计划，审核时，模拟成员分工应明确。

3. 从某工序加工的上衣中随机取样 100 个，经测试其衣长，取得 100 个数据（表 10-7）。

表 10-7 某工序生产上衣衣长 单位：cm

71.6	71.4	72.0	71.5	71.7	72.0	72.1	71.7	72.0	73.2
71.3	71.2	71.4	71.7	71.3	71.6	72.6	72.1	71.1	72.8
71.9	71.8	71.8	71.0	71.8	72.6	71.8	71.2	71.6	73.5
71.7	72.0	71.1	71.4	71.1	71.2	73.0	72.6	70.9	70.8
71.9	71.6	71.6	71.7	71.5	71.8	71.2	72.9	71.1	71.8
72.6	71.3	71.5	72.0	72.6	72.1	71.6	71.4	73.3	73.4
71.8	72.0	72.1	72.3	72.0	72.3	72.3	71.4	71.5	71.3
72.2	71.8	71.6	71.6	72.4	71.7	71.6	72.3	72.3	72.3
71.2	72.3	72.1	72.0	71.3	73.9	73.1	71.3	72.3	71.5
71.0	72.6	72.6	72.7	71.5	71.3	73.3	73.8	72.5	72.3

根据表中提供的数据制作直方图。

➢ 案例综合分析

金蝶质量管理系统在捷德纺织的应用案例

（摘编自 http://www.gze.cn/showcon_108105A20）

捷德纺织（深圳）有限公司是一家外商独资的纺织企业，主要产品为全棉色牛仔布。以新技术、新设备为先导，以生产具有国际一流质量的系列牛仔布为目标，先后从德国、意大利、比利时、日本、瑞士等国引进具有 20 世纪 90 年代中后期国际先进水平的纺纱、整经、浆染、织布及后整理生产设备和品质检测设备。1999 年 6 月，捷德选中金蝶公司的 K/3 企业管理软件来帮助完成企业信息化过程。深谙现代企业经营之道的企业老总，带领具有丰富经验的各分厂厂长，开始了扎扎实实的企业信息化过程。捷德纺织在实施 K/3 系统时，主要围绕财务、生产、质量一条线展开,完成了产品结构、库存管理、质量管理、人力资源、总账管理、财务分析等模块的实施,尤其是质量管理模块。根据捷德纺织的实际情况,可以细分为纱厂质量管理、布厂质量管理和染厂质量管理三大部分。

总体框架:

K/3 系统是一个大型企业管理软件,质量管理模块是 K/3 系统的一个重要模块,它与生产、计划、设备、物料、人力资源等模块有着密切的联系,不但能随时监控生产各环节的质量问题,也能从企业整体流程上为企业领导提供质量信息,供企业领导决策。

K/3 系统质量管理模块在结构上包括数据采集、数据存储、数据处理三层。数据采集完成所有质量数据的采集,数据存储完成对采集数据的存储、导出以及安全控制,数据处理则对存储数据进行多角度处理,产生各类统计分析报表,从而达到监控生产、服务决策的目的。数据采集担负着非常繁重的工作,保证数据的准确性、有效性是该层的重要职责,它包括终端维护、设备接口、数据校验等功能;数据存储对确保数据的准确性、安全性是必不可少的;数据处理采用灵活、多样的处理方式,对数量庞大的存储数据进行统计、分析、对比、模拟,最终产生各类输出报表。

应用特点:

设计上层次分明、效果显著。K/3 系统质量管理在捷德纺织上的应用有着鲜明的特点。数据采集灵活、集成度高。数据采集广泛采用终端机,实现前台零维护。数据采集接口均与机电设备实现无缝连接,直接读取相关产量、质量数据,最大限度地提高了系统的自动化程度,保证采集数据的准确、科学。捷德纺织拥有自动化程度较高的生产设备,根据设备接口的不同,开发简单有效的采集接口小程序,这为数据采集提供了极大的方便。

数据处理效率高、响应时间快。采集数据一般要经过数据校验,这也是在采集层完成的。校验后的数据会按照抽象的格式传递到数据存储层,抽象格式的存在保障了数据处理效率,缩短了系统响应时间。以布厂初验工序为例,每个工作日(24 h,三班轮排)采集 40 000 条质量数据,各类质量情况分布、产值量日报表会随后立刻产生,工厂以此检查生产状况、调整生产要素。用户也可以按每天、每周、每月绘制近期生产质量情况统计图表,可以选择使用曲线图、直方图、饼图等 16 种统计样式。只要数据校验通过,报表的产生是即时的。

实现报表全球传递,最大规模拓展了系统的实用性。设想企业领导远在加拿大,能否让他即时查阅上工作日的验布质量报表呢? K/3 系统质量管理提供了将质量统计报表"PUSH"到 Web 服务器的功能,大大方便了高层决策。2001 年 7 ~ 9 月,捷德老总先后回到香港、远赴加拿大多伦多度假,但对工厂生产情况依旧了如指掌。

质量追踪、质量回溯,建立良好反馈机制。生产管理与质量管理的组合,使质量正向追踪、反向回溯成为可能。在捷德纺织生产质量一条线已经形成,他们可以很轻松地完成如下业务:销售客户对某一批牛仔布(产成品)的质量产生疑问,通过 K/3 系统立即追踪到各工序的产品质量情况,直至棉花批号(最初原材料);某批号棉花产生的成品布质量状况如何? 通过 K/3 系统立即查询到各工序相关产质量数据,显示出不同质量分布。同时可以对各批棉花的产出效果进行对比,当该对比报表传递到采购人员手中时,应采购哪种棉花就不再是问题。

操作人员、质量监控人员实行全面质量管理,保障效果。系统实施要重视人的因素,项目组建立了各工序操作人员、质量监控人员操作规程,强调检查工作的重要性,防止产生人为因素的误差。只有这样，才能保证质量管理长远、健康地运行下去。在项目总结时，这个工作被认为是重中之重。

应用效果：

质量管理是纺织企业的重要组成部分，K/3 系统质量管理也因此在捷德纺织备受青睐。经过一年半的运作，捷德纺织已形成了固定、高效的质量监控、质量保障体系。2001 年 7 月，在捷德纺织 ISO 9000（2000 版）质量评审中，K/3 系统质量管理模块的实施被认为是捷德纺织"采用有效质量监控工具"的极好例证。

实施质量管理前，捷德纺织的质量管理没有形成统一系统，各生产单位虽都有较强的质量意识，也有一套质量管理考核办法，但对产品质量的追踪有较大的难度。虽然对较大的质量问题也能实现质量追踪，但实现过程十分繁杂，记录又难以长期保存，不能满足公司对质量管理的更高要求。由于每天质量数据太多，统计人员根本无法短时间内提交统计报表。统计人员可以在报表中回答"我们今天生产了多少码布""我们花费了多少水电、开动了多少机器"，但是根本无法回答"今天的断纱有多少""今天走机（一种质量问题）多少次""断头数多少"等问题。这样各分厂彼此独立、责任不明确，整个生产经营活动处于分散控制的状况。

实施 K/3 系统质量管理后，捷德纺织建立了质量跟踪体系，对企业生产活动中各质量指标进行分析、统计、汇总，能对用户的质量反馈做出快速反应。实施质量管理模块，完善了从棉花进厂检验到产品入库各阶段质量指标的记录和分析，并最终实现了快速、方便的产品质量追踪。每天，终端机在七大工序采集 10 万条产质量数据，即时产生各类报表，质量监控人员摆脱了一沓沓记录本，高层管理人员可以查看到多角度、全自定义的统计、分析、追踪、回溯、对比报表，经断率、纬断率等重要质量参数的产生也是随时的。

● **讨论题：**

1. 结合该案例，谈谈你对纺织企业质量管理重要性的认识。
2. 金蝶质量管理系统在捷德纺织的应用效果有哪些？

第五单元　纺织企业成本控制与财务分析方法

第十一章　纺织企业成本控制

> ● **本章学习目标** ●
>
> 1.理解成本和费用的基本概念。
> 2.熟悉企业成本核算的几种方法。
> 3.理解企业标准成本和成本差异分析。
> 4.熟悉纺织企业成本和利润之间的关系。
> 5.理解纺织企业成本控制的方法。

☞ **[导入案例]创新成本管理、增强企业优势**（摘编自《江苏纺织》2005 年 9 月）

　　江苏众想集团有限公司是一个国有大型棉纺织企业，面对市场竞争日趋激烈的新形势，他们认识到：企业要生存并不断发展壮大，必须加强企业内部管理，而成本管理是企业内部管理的核心，是提高企业经济效益的关键所在。

一、强化成本意识，确立成本优先战略

　　2002 年，公司领导班子制订并实施了企业稳定发展的新战略：打造成本优势，努力进位争先。经过近几年的实践，此战略效果日见明显，运作方式也日趋规范、成熟。实施总成本优先战略，需要有能够满足市场丰富需求的产品种类和可靠稳定的产品质量两个要素的强力支撑。公司从上到下，从技术人员到普通员工，群策群力，先后完成了多项重大技术改造，如投入近5 000 万元引进了国际一流的自动络筒机、高速并条机和国内领先的高产梳棉机、高档精梳机和粗纱机，更新、改造了部分细纱机；又如和江南大学合作成立了江南大学—众想集团纺织研究中心，开发推出了豆氨缎、丝竹纺、绵竹爽、高支竹节纱等一批省级以上高新技术产品等。这一系列的举措，丰富了众想产品的系列、品种、档次，拉大了与市场其他产品的差异，满足了各层次用户的需求，扩大了市场覆盖面，增强了市场竞争能力。

　　同时，公司以顾客为关注焦点，把质量视为企业生命，制订实施了"开拓创新，做纺织精品，至诚至信，让用户满意"的企业质量方针，坚持生产全过程的持续改进，严把质量考核关，有效运行 ISO 9001 质量体系，创名牌求发展，稳定提高产品质量，确保用户满意。

二、强化成本管理,促进成本最优最低

1.大力拓展市场,扩大产销量,降低单位成本中的固定费用分摊 公司对主导产品实行以销定产,以量定价的原则,有力促进了产销量的增长。2002~2004年,产销每年以平均10%的速度递增,单位产品成本中的固定费用分摊明显降低,规模产出效益明显,为公司拓展市场、营造价格优势奠定了坚实的基础,同时也在很大程度上缓解了原料、煤、电、油、运输的价格上涨带来的成本压力。

2.抓好原料成本,以原料为中心搞好成本核算 对占公司总成本70%以上的原料进行采购、使用上的重组,从使用进口棉入手,合理调整进口原料规格、品种,减少资金占用率。重抓原料采购、进厂检验和使用管理,事先测算,合理配棉,提高原料利用率。与此同时,想方设法充分利用回脚花,注重节约每一斤原料。通过公开拍卖,提高了下脚废旧物资出厂的收益,根据近3年的统计分析,原料成本下降了1.06%。

3.合理调整生产结构,提高工时利用率和设备运转率,降低直接生产成本 以推行计件质量工资制为突破口,进一步完善计件质量考核制度,提高生产工效。在确保客户订单生产量的前提下,从严从紧地压缩非生产人员,根据不同时期的产量变化,适时调整产品结构,使全流程产能最大化,各工序生产始终处于紧张有序、满负荷的状态,工时利用率稳定提高。

本案例展现了成本在纺织企业生产中的重要作用,说明了降低成本是提升企业在纺织行业市场竞争的优势来源。

第一节　纺织企业成本与费用

一、纺织企业的成本与费用分类

企业在生产经营过程中有各种劳动耗费,其货币表现形式是企业的生产经营费用。生产经营费用包括生产费用、管理费用、财务费用、销售费用等。成本是就一定的产品而言的。企业在一定时期内,为生产一定产品而发生的生产费用,即产品成本。从生产经营费用中扣除生产费用后余下的部分,即管理费用、财务费用、销售费用,构成期间费用。

成本和费用综合地反映了企业经营的状况,节约各种费用支出,降低成本,可以增加利润。所以加强成本、费用管理,控制生产经营的耗费,可以提高经营管理水平和经济效益。成本、费用可以按照不同的标准进行分类。

(一)按照经济性质分类

这种分类,可以反映企业在一定时期内各种费用的发生情况,为计算工业净产值和国民收入提供资料,也便于企业业务系统归口管理。纺织企业成本、费用一般可分为外购材料、外购燃料、外购动力、工资、提取的职工福利费、折旧费、利息支出、税金、与生产经营有关的其他支出等九类。

(二)按照经济用途分类

这种分类有利于考核费用定额或计划的执行情况,分析费用支出是否合理,加强成本、费用管理责任,避免虚盈实亏。结合行业的实际情况,棉毛纺织行业一般设置十大成本、费用项

目(表 11 - 1)。

表 11 - 1 棉毛纺织行业的成本、费用项目

项 目	内 容
原料及主要材料	棉、毛等
辅助材料	包装物(棉、毛),浆料(棉),染化料(毛),成品辅料(毛)
燃料和动力	工艺用燃料,工艺用动力
生产工人工资	
提取的职工福利费	
产品厂外加工费	
制造费用	工资,提取的职工福利费,折旧费,修理费,办公费,水电费,差旅费,取暖费,租赁费,机物料消耗,保险费,运输费,低值易耗品摊销,设计图纸费,试验检验费,劳动保护费,在产品盘亏与毁,季节性停工和修理损失,其他
管理费用	公司经费,工会费用,职工教育经费,劳动保护费,待业保险费,董事会经会,咨询费,审计费,诉讼费,排污费,税金,土地使用费,土地损失补偿费,技术转让费,无形资产摊销,业务招待费,其他
财务费用	利息支出(减利息收入),汇兑损失(减汇兑收益),支付给金融机构的手续费,筹集资金发生的其他费用
销售费用	运输费,装卸费,办公费,保险费,委托代销手续费,广告费,展览费,销售服务费,销售部门人员工资、职工福利费、差旅费、办公费、折旧费、修理费、物料消耗、低值易耗品摊销,其他

(三)按照是否应计入产品成本及计入的方式分类

这种分类有利于明确费用的归属对象,正确及时计算产品成本、费用。纺织企业成本、费用可以分为直接费用、间接费用和期间费用。直接费用是指根据原始凭证可直接记入某一成本的费用,如直接材料费、直接人工费等。间接费用是指几个成本计算对象共同发生的费用,它需要采取合适的分配方法分别计入各成本对象。期间费用是指企业行政管理、经营部门为组织生产经营活动而发生的费用(如工会经费、劳保费、职工教育经费等),它不计入产品成本,而直接计入当期损益。

二、纺织企业成本核算的基本要求及方法简介

(一)纺织企业成本核算的基本要求

1. 划分会计期间分期核算 为了充分发挥会计对生产经营活动过程的控制作用,满足决策者对短期信息需求,需要人为地把持续不断的生产经营活动划分成一个个首尾相接、间隔相等的会计期间。成本核算的分期与会计期按月、季、年的划分一致,有利于经营成果的确定。但是产品成本的分期核算与产品成本计算期是有区别的。产品成本计算期是对产品成本负担生产费用所规定的起讫期,它受产品生产类型的影响。可以按会计期间定期进行,也可以按各批或各件产品生产的周期不定期进行。

2. 权责发生制为会计核算基础 权责发生制是在会计核算期间假设的基础上,根据经济权利和责任发生与转移确定收入与费用的归属。对于产品成本计算来说,凡应当由本期产

品成本负担的费用,不管其是否支付,均应计入本期产品成本。如预提机器修理费用,虽未支付,但与机器将来的修理和目前的使用有关,所以应将预计修理费的一部分计入本期产品成本。

3. 与其相关的成本、费用配比 由于划分会计期间进行分期核算,为了正确计算各个会计期间的管理成果,必须将特定时期的收入与同一时期的费用相配比。权责发生制是根据权利、责任的发生或转移确定收入、费用的归属,而配比原则是根据收入与费用之间的内在联系确定它们的归属。收入与费用应根据具体情况采用不同的方式配比,如围绕产品进行直接配比,按照受益期进行间接配比等。对于那些与具体产品无直接因果关系,又无法确认受益期或不能明显提供未来利益费用支出,则在发生时,立即从当期收入中扣除。

4. 收益性支出与资本性支出 进行产品成本核算,必须划分收益支出和资本性支出。凡支出的效益仅限于本会计年度的,属于收益性支出。收益性支出中,与产品生产存在明显因果关系的计入产品成本,无明显因果关系的作为期间成本。凡支出的效益涉及几个会计年度的,属于资本性支出。

5. 合法性 产品成本是计算盈亏和确定应纳所得税款的重要依据,其核算应该体现合法性的原则,应符合国家经济管理的要求。企业的下列支出不列入成本:购置和建造固定资产的支出,购入无形资产的支出,对外投资的支出,被没收的财物,各项罚款、滞纳金、违约金、赔偿金、企业赞助、捐赠支出,以及国家规定不得列入成本的其他支出。

6. 一致性 与成本核算有关的会计处理方法应保持前后的一致,使前后期的核算资料便于衔接,也便于相互比较,避免通过任意改变核算方法以调节各期成本和利润。与成本核算有关的会计处理方法包括计提折旧的方法、发出材料的计价方法、辅助生产费用的分配方法、间接制造费用的分配方法、在产品的计价方法和产品成本的计算方法等。

7. 按实际成本计价 在企业对外的会计报表中,必须按实际成本对产成品、自制半成品和劳务计价。按实际成本计价,可以减少成本计算的随意性,有利于成本信息的客观性和可验证性。

(二)纺织企业成本核算方法

成本核算的方法很多,在这里分别从管理会计和成本会计的角度,介绍几种主要的计算方法。

1. 完全成本法、制造成本法、变动成本法 从管理会计角度来讲,产品成本计算根据成本核算的范围不同分为完全成本法、制造成本法、变动成本法。三者对产品成本核算范围的主要区别见表 11-2。

表 11-2 产品成本核算范围的比较

项 目	完全成本法	制造成本法	变动成本法
直接材料	√	√	√
直接人工	√	√	√
变动费用部分	√	√	√
固定费用部分	√	√	—

项　　目	完全成本法	制造成本法	变动成本法
间接制造费用	—	—	—
管理费用	√	—	—
销售费用	√	—	—
财务费用	√	—	—

注　"√"表示计入对应成本法。

从表 11-2 中可以看出,完全成本法将企业全部生产、管理、销售、财务费用都计入产品成本;制造成本法将生产过程中的全部费用作为产品成本,而把管理费用、销售费用和财务费用作为期间成本;变动成本法只是将生产过程中的变动费用,包括直接材料、直接人工和变动性间接费用作为产品成本,至于固定性间接制造费用、管理、销售和财务管理费用,则都作为期间成本,使期间成本的外延进一步扩大。

以上三种成本计算方法对期间成本有不同的处理,这不仅影响产品成本的构成,还涉及对损益的计量。从长远看,不论产品成本还是期间成本,都会使企业减少收入,但从某一特定期间看,如果产品存货有波动,则期间成本计入产品成本与否和多少,都会影响损益的确定。

制造成本与变动成本法在现阶段两者并存,分别在企业经营管理中发挥不同的作用。在企业对外报告中广泛地运用按制造成本法所提供的信息。如在资产负债表上对成品、半制成品等存货的计价,在损益表上对销货成本的计算等。取得会计报告的合法性和对企业外部提供公认的会计资料,是制造成本法最大的作用。在企业内部经营管理中,则越来越多地运用按变动成本法提供的信息,如对于接受加价订货的决策,最佳生产批量的决策等。为企业内部各级管理人员提供有助于他们对生产经营活动进行预测、决策和控制的成本核算信息,是变动成本法的重要作用。本章在进行成本核算时,均采用制造成本法。

2. 品种法　成本计算的品种法是以产品的品种(不分批次、不分步骤),作为成本计算对象,归集生产费用和计算产品成本的一种方法。

(1)品种法的特点。

①在整个企业范围内,以企业最终产品作为成本计算对象,根据开设生产成本明细账目归集费用和计算成本。

②成本计算期按日历月份划分,成本计算期与会计期间一致,而与产品生产周期不一致。

③生产费记入产品成本的程序如图 11-1 所示。

④一般情况下企业都存在着产品计价问题,即需将生产成本在成品与半成品之间划分,如果产品成本在全部生产费用中所占的比重很小,可以不计。

(2)品种法的适用范围。

①品种法适用于大批量单步骤生产成本的计算。

②品种法还适用于大批量多步骤生产,而管理上不要求分步计算产品成本的企业。

(三)分步法

产品成本计算的分步方法是以各加工步骤的产品为成本计算对象,以归集生产费用计算产品成本的一种方法。

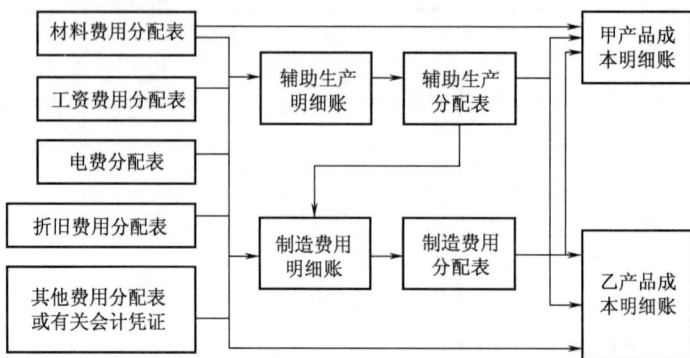

图 11-1　品种法生产费用归集与分配示意图

1. 分步法的特点

(1)以各个加工步骤的各种产品作为成本的计算对象,据此开设生产成本明细账。在大批量多步骤生产中,从原材料投入到产品产出的生产过程是由若干加工步骤组成的。多步骤生产每经过一个步骤加工,便会产生不同的半成品,它们是后面有关步骤的加工对象。所以,其成本计算对象应该是各加工步骤的产品。但是成本计算划分的步骤与实际加工步骤不一定完全一致,它应根据实际加工步骤结合管理要求加以确定。

(2)成本计算期与产品生产周期不一致。在大批量生产条件下,产品不断地投入与产出,成本计算期无法与产品生产周期保持一致,只能定期按月计算产品成本。

(3)需要采取适当的方法划分成品成本与半成品成本。由于多步骤生产下产品需要经若干步骤加工才能完工,月末通常都有较大数量的半成品,而大批量生产又使成品计算期无法与产品生产周期一致。因此,按加工步骤所归集的生产费用,必须用适当的方法在成品与半成品之间进行分配。

2. 分步法的种类　用分步法计算产品成本时,生产费用是按各加工步骤归集的,然后再汇总计算产品成本,所以需要将各步骤费用按一定方式进行结转,结转的方式有以下几种:逐步结转分步法,又称计列半成品成本法或顺序结转分步法;平行结转分步法,又称不计列半成品成本法。

下面以逐步结转分步法为例,说明用分步法计算成品的具体方法。

设某企业生产甲产品,该产品顺序经过三道加工步骤。第一步投入原材料后生产 A 半成品,进入第二步生产 B 半成品,再经过第三步加工成甲产品。企业自制半成品通过半成品仓库收发,发出自制半成品的计价采用加权平均法。该企业 2005 年 4 月有关成品计算资料如下。

(1)产量资料见表 11-3。

表 11-3　甲产品的产量　　　　　　　　　　　　单位:件

项　　目	月初半成品	本月投入	本月完工	月末半成品
第一步	50	300	240	110

续表

项　目	月初半成品	本月投入	本月完工	月末半成品
第二步	30	250	200	80
第三步	80	190	250	20

设材料在第一步开始加工时一次投入,费用随加工程度逐步发生,月末的产品完工程度均为50%。

(2)期初半成品成本资料见表11-4。

表11-4　甲产品期初在产品的成本 单位:件

项　目	直接材料	自制半成品	直接人工	间接制造费用	合　计
第一步	3 500	—	690	1 400	5 590
第二步	—	4 190	430	1 380	6 000
第三步	—	17 550	7 100	3 950	28 600
合计	3 500	21 740	8 220	6 730	40 190

(3)期初库存A半成品资料:A半成品仓库月初结存60件,实际成本8 700元。

(4)本月生产费用发生额见表11-5。

表11-5　甲产品本月的生产费用 单位:元

项　目	直接材料	直接人工	间接制造费用	合　计
第一步	2 800	5 800	9 810	43 610
第二步	—	10 850	10 620	21 470
第三步	—	21 500	19 450	40 950
合计	2 800	38 150	39 880	106 030

(5)各步骤成本计算。

①第一步:产品成本计算见表11-6。

表11-6　第一步骤生产成本明细账

产品名称:A半成品　　　　　　　　　2005年4月　　　　　　　　　单位:元

项　目	直接材料	直接人工	间接制造费用	合　计
期初半成品	3 500	690	1 400	5 590
本月费用	28 000	5 800	9 810	43 610
合计	31 500	6 490	11 210	49 200
半成品成本	21 600	5 280	9 120	36 000
期末半成品	9 900	1 210	2 090	13 200

表 11 - 6 中,A 半成品的单位成本计算如下:

$$单位产品直接材料成本 = \frac{31\ 500}{240 + 110} = 90(元)$$

$$单位产品直接人工成本 = \frac{6\ 490}{240 + 110 \times 50\%} = 22(元)$$

$$单位产品间接制造费用成品 = \frac{11\ 210}{240 + 110 \times 50\%} = 38(元)$$

根据第一步完工半成品交库单和第二步领用半成品领用单,登记 A 自制半成品明细分类账见表 11 - 7。

表 11 - 7   半成品明细分类账

产品名称:A 半成品   2005 年 4 月

摘 要	收 入			发 出			结 存		
	数量(件)	单价(元)	金额(元)	数量(件)	单价(元)	金额(元)	数量(件)	单价(元)	金额(元)
期初余额	—	—	—	—	—	—	60	145	8 700
第一步交库	240	150	36 000	—	—	—	300	149	44 700
第二步领用	—	—	—	250	149	37 250	50	149	7 450

表 11 - 7 中,本月发出 A 半成品的单位成本采用加权平均法计算。

$$单位成本 = \frac{8\ 700 + 36\ 000}{60 + 240} = 149(元)$$

②第二步:产品成本计算见表 11 - 8。

表 11 - 8   第二步骤生产成本明细账

产品名称:B 半成品   2005 年 4 月   单位:元

项 目	自制半成品	直接人工	间接制造费用	合 计
期初半成品	4 190	430	1 380	6 000
本月费用	37 250	10 850	10 620	58 720
合 计	41 440	11 280	12 000	64 720
半成品成本	29 600	9 400	10 000	49 000
期末半成品	11 840	1 880	2 000	15 720

表 11 - 8 中,B 半成品的单位成本计算如下:

$$单位产品自制半成品成本 = \frac{41\ 440}{200 + 80} = 148(元)$$

$$单位产品直接人工成本 = \frac{11\ 280}{200 + 80 \times 50\%} = 47(元)$$

$$单位产品间接制造费用成本 = \frac{12\ 000}{200 + 80 \times 50\%} = 50(元)$$

根据第二步完工半成品交库单和第三步半成品领用单,登记 B 自制半成品明细分类账,登记方式同表 11－7,故不再重复。设第三步领用半成品 B 实际成本为 47 250 元。

③第三步:产品成本计算见表 11－9。

表 11－9　生产成本明细账

产品名称:甲产成品　　　　　　　　　　2005 年 4 月　　　　　　　　　　单位:元

项　　目	自制半成品	直接人工	间接制造费用	合　　计
期初半成品	17 550	7 100	3 950	28 600
本月费用	47 250	21 500	19 450	88 200
合　　计	64 800	28 600	23 400	116 800
产成品成本	60 000	27 500	22 500	110 000
期末产成品	4 800	1 100	900	6 800

表 11－9 中,甲产成品的单位成本计算如下:

$$单位产品自制半成品成本 = \frac{64\ 800}{250 + 20} = 240(元)$$

$$单位产品直接人工成本 = \frac{28\ 600}{250 + 20 \times 50\%} = 110(元)$$

$$单位产品间直接制造费用成本 = \frac{23\ 400}{250 + 20 \times 50\%} = 90(元)$$

(四)分批法

成本计算的分批法是按产品的批别或订单归集生产费用,以计算产品成本的一种方法。在单件小批生产企业中,有些是按订单组织生产的。所谓按批别计算成本,通常也就是按订单计算成本,因此分批法往往又被称为订单法。

1. 分批法的特点

(1)成本计算对象是购买者的订单或企业事先规定的产品批别。企业一般根据订单开设生产通知单,车间则通过生产通知单组织生产,仓库根据生产通知单准备材料,会计部门根据生产通知单开设生产成本明细表,计算产品成本。

(2)产品成本负担的起讫期是从订单开工至订单完工,因此成本计算是非定期的,其成本计算期与生产周期相同,而与会计报告期不一致。

(3)某份订单完工以后,把成本明细账上所归集的生产费用累计,就是该订单的成品成本;月终未完工订单所归集的生产费用则是在生产成本。所以,从理论上说,这种方法在月末不存在将生产费用在成品与半成品之间分配的问题。

2. 分批法的适用范围

(1)单件小批量生产。

(2)修理生产。

(3)新产品试制及工程项目。

第二节　纺织企业成本分析

一、标准成本和成本差异分析

(一)标准成本

1. 标准成本制度　所谓标准成本制度,是指以预先制订的标准成本为基础,通过比较实际成本和标准成本,随时提示分析各种成本差异及其原因,借以加强成本控制、评价经济业绩的一种成本核算和成本控制制度。

所谓标准成本,是指在标准工作条件下,生产产品应当发生的成本。它通常是根据企业已经达到的生产技术水平,经过精密调查、分析和技术测定而制订的。标准成本既是成本控制的目标,又是衡量实际成本水平的尺度。标准成本并不是理想成本,其中包含了一部分无法避免的、不应当发生的成本。

标准成本制度的核心就是按标准成本记录和反映产品成本的形成过程及结果,并借以实现对成本的事前、事中和事后的控制。标准成本制度的主要内容包括标准成本的制订、成本差异的计算和分析、成本差异的账务处理等。其中,标准成本的制订是标准成本制度的前提和关键,成本差异的计算和分析是标准成本制度的重点。

2. 标准成本的种类和作用

(1)标准成本的种类。由于对标准成本的“标准”的认定有不同的观念,所以就有下列几种不同标准成本的概念。

①理想标准。理想标准是指在最理想的生产作业状况下应该达到的标准。包括产量最高而且产销平衡、原材料消耗最低、工资率和间接费用率最低、无浪费、无废料、无废品、生产时间被充分利用、没有管理上的失误等。这种标准完全基于理想主义的指导思想,在实际中不可能存在。由于这种标准高不可攀,职工往往会放弃对标准的追求,因此很难达到控制成本的目的。

②基本标准。基本标准是指以某一基本年度的实际成本作为标准成本,来衡量以后各年度的成本水平,并观察成本的趋势。这种标准比理想标准显得“宽松”,因为它是建立在已成事实的实际耗费、实际价格、生产能力实际利用情况的基础上,包括继承了长期沿袭下来的低效率和高浪费。随着时间的推移,基本标准很难保证“标准”了,所以在实际工作中很少采用。

③正常标准。正常标准是以过去的一个生产周期的平均成本作为标准成本。它考虑了正常的消耗、机器故障停工等不可避免的成本,并可随机修订,比基本标准更趋于合理化。由于这种标准是过去的平均值,虽可稍加改良,但毕竟包含了在过去的因素影响下才出现的一部分浪费和低效率,仍然缺乏先进性,所以也难达到降低成本的最佳效果。

④期望标准。期望标准是指在将来的一个会计期间内,努力改进效率并且避免浪费的状况下所应该发生的成本。它根据预计下期应发生的消耗量、预计价格、预计的生产能力利用率,来制订在预期条件下可能达到的成本标准。这种标准既先进又切实可行,因此也称为现实标准。它是进行成本控制的最佳标准。

(2)标准成本的作用。

①标准成本有利于企业更好地讲求经济效益,强化成本管理的过程性、全员性和责任性,有效地降低成本。

②标准成本可以为经营决策提供有用的数据,有利于经营管理者贯彻"例外管理"和原则,集中精力抓主要问题,提高管理效率,加强成本控制。

③标准成本是一种预计成本,方便企业编制预算。

④标准成本有助于责任会计制度的实施,差异分析是责任中心业绩评价的基础。

⑤标准成本使得原材料、半成品、成品成本和产品销售成本,在日常账务处理中均按标准成本入账,大大简化了成本核算的工作量。

3. 标准成本的制订方法　要确定标准成本,首先须确定单位产品标准成本:

$$单位产品标准成本 = 单位产品标准用量 \times 单位产品标准价格$$

然后确定标准成本:

$$标准成本 = 实际产量 \times 单位产品标准成本$$

产品的标准成本由直接材料、直接人工和制造费用三个要素组成。对每个要素都应该制订数量和价格标准,然后两者相乘,就可以得到各要素的标准成本;再将三者相加,还可以得到产品的标准成本。下面分别针对三要素,说明标准成本的制订方法。

(1)直接材料的标准成本。

①用量标准。用量标准是指材料的消耗定额,是指有关产品在一定技术条件下所确定的、制造单位产品必须耗用的各种材料的数量,包括构成产品实体的材料用量,允许发生的材料损耗量,不可避免的废品所耗费的材料数量。

②价格标准。直接材料的价格标准是指取得某种材料所应该支付的单位材料价格,包括材料的买价和预计的采购费用。

③标准成本。

$$直接材料标准成本 = \sum (直接材料用量标准 \times 直接材料价格标准)$$

例 11 - 1　某纺织企业生产某产品需用 A、B、C 三种直接材料,其单位产品的直接材料的各种资料和标准成本的计算见表 11 - 10。

表 11 - 10　用 A、B、C 三种材料生产某产品的标准成本的计算

项　　目	A	B	C
用量标准(kg)	2	3	5
价格标准(元/kg)	12	10	7
材料成本(元)	24	30	35
标准成本(元)	89		

(2)直接人工的标准成本。

①用量标准。直接人工用量标准是指在正常生产技术条件下,生产某单位产品所需用的标准工作时间,包括产品生产加工过程所需要的时间、必要的间歇或停工时间、不可避免的废品损失所耗费的时间等。制订这一标准时,先按零件加工车间及工序分别计算,然后按产品分

别加以汇总。

②价格标准。价格标准也就是工资率标准,即是单位工资。在计件工资制下,按产品单件计算工资;在计时工资制下,按标准工时计算工资。

$$计时工资标准 = \frac{预计支付直接人工工资总额}{标准总工时}$$

③标准成本。

$$直接人工标准成本 = \sum(直接人工用量标准 \times 直接人工价格标准)$$

例11-2 某企业生产某产品需由甲、乙两个车间连续加工,有关资料和单位直接人工标准成本的计算见表11-11。

表11-11 生产某产品的有关资料和单位直接人工标准成本的计算　金额单位:元

项　目	甲车间	乙车间
直接生产工人人数	30	50
每月标准工时数(20.5×8)	164	164
出勤率(%)	98	98
每人每月工时时数	161	161
月标准总工时时数	4 830	8 050
月标准工资总额	53 130	96 600
小时工资率	11	12
单位产品标准工时数	0.5	0.6
单位产品车间标准成本	5.5	7.2
单位产品直接人工标准成本	12.7	

(3)制造费用标准成本。

①用量标准。用量标准是指生产单位产品所需要的直接人工工时数或机器小时数。

②价格标准。价格标准取决于两个因素,一是企业总的生产能力,也就是达到最大产量时的工时总额;二是制造费用总预算,要把它区分为固定性和变动性两大块:

$$单位工时变动费用分配率标准 = \frac{变动费用预算总额}{标准总工时}$$

$$单位工时固定费用分配率标准 = \frac{固定费用预算总额}{标准总工时}$$

③标准成本。

$$单位产品变动制造费用标准成本 = \sum(单位工时变动费用分配率标准 \times 标准工时)$$
$$单位产品固定制造费用标准成本 = \sum(单位工时固定费用分配率标准 \times 标准工时)$$
$$单位产品制造费用标准成本 = 单位产品变动制造费用标准成本 +$$
$$单位产品固定制造费用标准成本$$

例 11－3　某纺织企业生产某产品需要经过甲、乙两个车间连续加工,甲车间月工时为4 830工时,乙车间月工时为8 050工时,其他制造费用资料和单位产品制造费用标准成本的计算见表11－12。

表 11－12　甲、乙两车间生产某产品的单位产品制造费用标准成本的计算　　　金额单位:元

项　　目	甲车间	乙车间
月标准工时总额	4 830	8 050
单位产品标准工时	0.5	0.6
变动制造费用合计	40 572	68 425
单位工时变动制造费用分配率	8.4	8.5
变动制造费用车间标准成本	4.2	5.1
单位产品变动制造费用标准成本	9.3	
固定制造费用合计	57 960	108 675
单位工时固定制造费用分配率	12	13.5
固定制造费用车间标准成本	6	8.1
单位产品固定制造费用标准成本	14.1	
单位产品制造费用标准成本	23.4	

④标准成本计算单。为了便于标准成本核算,通常应该为每一产品设置一张标准成本计算单。标准成本计算单(标准成材卡),就是将各项标准成本,分别按其用量标准和价格标准汇总编制的单位产品标准成本表。表11－13为一个标准成本计算单的例子。

表 11－13　标准成本计算单示例

项　　目		用量标准	价格标准	标准成本(元)
直接材料	A	2 kg	12 元/kg	24
	B	3 kg	10 元/kg	30
	C	5 kg	7 元/kg	35
小计		—	—	89
直接人工:甲车间		0.5 h	11 元/h	5.5
乙车间		0.6 h	12 元/h	7.2
小计		—	—	12.7
变动制造费:甲车间		0.5 h	8.4 元/h	4.2
乙车间		0.6 h	8.5 元/h	5.1
小计		—	—	9.3
固定制造费用:甲车间		0.5 h	12 元/h	6
乙车间		0.6 h	13.5 元/h	8.1
小计		—	—	14.1
单位产品标准成本				125.1

（二）成本差异分析

1.成本差异的概念及分类　所谓成本差异,是指实际产品成本脱离标准成本的差异额。成本差异可按不同标准进行分类。

（1）有利差异和不利差异。按照成本差异的性质,可以分为有利差异和不利差异。有利差异是指实际成本小于标准成本差异额,也叫做"顺差",因为在差异账务处理中将其记入"贷方",也叫做"贷差";不利差异是指实际成本大于标准成本的差异额,也叫做"逆差",因为在差异账务处理中将其记入"借方",又叫做"借差"。本节中我们用负数表示有利差异,用正数表示不利差异。

（2）价格差异和用量差异。按照成本形成的原因,成本差异可以分为价格差异和用量差异。价格差异是由于价格因素变动而导致实际成本与标准成本之间的成本差异额;用量差异是由于耗用量变动而导致实际成本与标准成本之间的成本差异额。价格和用量是成本构成的两个基本要素。上述成本差异可以用下列通用模型来表示:

$$价格差异 = 实际价格 \times 实际用量 - 标准价格 \times 实际用量$$
$$用量差异 = 标准价格 \times 实际用量 - 标准价格 \times 标准用量$$
$$成本差异 = 实际价格 \times 实际用量 - 标准价格 \times 标准用量$$

2.成本差异的计算和分析　本节的成本差异计算与分析是按通用模型来进行的。由于产品成本是由直接材料成本、直接人工成本、变动制造费用和固定制造费用组成的,所以本节重点分析这几个方面的成本差异。

例11-4　某纺织企业生产某一产品,其标准成本卡见表11-14。

表11-14　某企业生产某产品标准成本卡

项　　目	用量标准	价格标准	标准成本（元）
直接材料	5 kg/件	6 元/kg	30
直接人工	6 h/件	2 元/h	12
变动制造费用	5 h/件	0.4 元/h	2
固定制造费用	6 h/件	0.8 元/h	4.8
单位产品标准成本			48.8

该企业的标准总工时为60 000 h,标准产量是10 000 件,标准固定制造费用是48 000 元。实际产量、实际耗用量和实际价格等资料见表11-15。假设无期初存货、期末存货,试分析各种成本差异。

表11-15　生产某产品的实际产量、耗用量、价格等资料

项　　目	总　　额	单 位 数
实际产量	1 200 件	—
实际耗用总工时	78 000 h	6.5 h/件

项　　目	总　　额	单 位 数
直接材料	66 000 kg	5 元/kg
直接人工	195 000 元	2.5 元/h
变动制造费用	78 000 元	1 元/h
固定制造费用	46 800 元	0.6 元/h

（1）直接材料成本差异计算及分析。

①成本差异计算。

$$实际价格 \times 实际用量 = 5 \times 66\,000 = 330\,000（元）$$
$$标准价格 \times 实际用量 = 6 \times 66\,000 = 396\,000（元）$$
$$标准价格 \times 标准用量 = 6 \times 5 \times 10\,000 = 300\,000（元）$$
$$材料价格差异 = 330\,000 - 396\,000 = -66\,000（元）$$
$$材料用量差异 = 396\,000 - 300\,000 = 96\,000（元）$$
$$材料成本差异 = 330\,000 - 300\,000 = 30\,000（元）$$

②成本差异分析。材料实际成本比标准成本多耗费 30 000 元,表现为:原材料价格降低了 1 元/kg,使得成本下降了 66 000 元;由于产量增加,相应增加了原材料的消耗量,使得成本上升了 96 000 元;两项合计,实际成本比标准成本上升了 30 000 元。企业应该加强材料管理,提高材料的综合利用程度,避免浪费。

（2）直接人工成本差异及分析。

①成本差异计算。

$$实际价格 \times 实际用量 = 2.5 \times 78\,000 = 195\,000（元）$$
$$标准价格 \times 实际用量 = 2 \times 78\,000 = 156\,000（元）$$
$$标准价格 \times 标准用量 = 2 \times 60\,000 = 120\,000（元）$$
$$工资率差异 = 195\,000 - 156\,000 = 39\,000（元）$$
$$工时用量差异 = 156\,000 - 120\,000 = 36\,000（元）$$
$$人工成本差异 = 195\,000 - 120\,000 = 75\,000（元）$$

②成本差异分析。人工实际成本比标准成本多耗费 75 000 元。表现为:工资率上升了 0.5 元/h,使得人工成本上升了 39 000 元;工时总额增加了 18 000 h,使得人工成本上升了 36 000元;两项合计,使得人工成本上升了 75 000 元。企业的生产部门应该加强管理,提高劳动效率。

（3）变动制造费用成本差异及分析。

①成本差异计算。

$$实际价格 \times 实际用量 = 1 \times 78\,000 = 78\,000（元）$$
$$标准价格 \times 实际用量 = 0.4 \times 78\,000 = 31\,200（元）$$

$$标准价格 \times 标准用量 = 0.4 \times 60\ 000 = 24\ 000(元)$$
$$变动制造费用价格差异 = 78\ 000 - 31\ 200 = 46\ 800(元)$$
$$工时用量差异 = 31\ 200 - 24\ 000 = 7\ 200(元)$$
$$变动制造费用成本差异 = 78\ 000 - 24\ 000 = 54\ 000(元)$$

②成本差异分析。变动制造费用实际成本比标准成本多耗费 54 000 元。表现为:变动制造费用实际上升了 0.6 元/h,使得变动制造费用上升了 46 800 元;工时总额增加了 18 000 h,使得变动制造费用上升了 7 200 元;两项合计,使得变动制造费用上升了 54 000 元。

(4)固定制造费用成本差异及分析。

①成本差异计算。由于固定制造费用与变动制造费用具有不同的习性,固定制造费用的成本差异计算分析与其他成本项目的差异分析有所不同,通常有"双差异分析法"和"三差异分析法"。这里介绍相对完善一些的"三差异分析法"。

所谓三差异分析法,就是将固定制造费用的成本差异区分为耗费差异、能量差异和效率差异三部分。三者的代数和即为固定制造费用成本差异额。

$$固定制造费用耗费差异 = 固定制造费用实际总额 - 固定制造费用标准总额$$
$$= 46\ 800 - 48\ 000 = -1\ 200(元)$$
$$固定制造费用能量差异 = 固定制造费用标准分配率 \times (标准工时 - 实际工时)$$
$$= 0.8 \times (60\ 000 - 78\ 000) = -14\ 400(元)$$

$$固定制造费用效率差异 = 固定制造费用标准分配率 \times (实际工时 - 实际产量应耗标准工时)$$
$$= 0.8 \times (78\ 000 - \frac{12\ 000 \times 60\ 000}{10\ 000}) = 4\ 800(元)$$
$$固定制造费用成本差异额 = -1\ 200 - 14\ 400 + 4\ 800 = -10\ 800(元)$$

②成本差异分析。固定制造费用实际成本比标准成本降低了 10 800 元,表现为:实际支出的固定制造费用比标准固定制造费用低 1 200 元;因实际总工时高于标准总工时,使生产能力被充分利用,降低固定制造费用 14 400 元;因实际单位工时(6.5 h/件)比标准单位工时(6h/件)高,实际工时的使用效率下降,使得固定制造费用上升 4 800 元;三者合计,固定制造费用节约了 10 800 元。

二、目标成本与目标利润

(一)成本管理

1. 开展成本预测,确定目标成本,编制成本计划　在认真分析研究现有技术经济条件、发展前景和采取各种相应措施的基础上,根据有关数据,对未来成本水平及其变动趋势,作出科学的估计。

2. 进行成本控制　成本控制是成本形成过程中,事先对成本进行严格控制,切实限制各种费用的发生,及时发现和解决成本形成过程产生的问题。不仅要在生产过程中严格控制成本的发生,使成本不超过目标规定,在产品投产前就要注意工艺设计的经济效益。

3. 准确及时地核算成本　成本核算是指企业对生产经营过程中实际发生的各项费用,

按照合理、科学的方法进行汇集与分配,从而确定产品实际总成本和单位产品成本,并及时提供各种有关的准确的成本信息。

4.开展成本分析与考核　成本分析是通过对成本形成过程的评价与总结,找出影响成本完成情况的各种因素,为未来的成本管理和降低成本的途径找出改进方法和措施,以便为下期目标成本与编制成本计划提供方向和依据。

以上四个方面周而复始地形成了一个成本管理系统,这就是 PDCA 循环在全面成本管理中的运用。

(二)目标成本

按照全面成本管理的要求,实现降低成本的循环周期,是成本管理的一项改革,也是改变事后核算分析,为实现预测和控制的主要环节。实现确定整个生产过程中成本支出的标准范围,可以随时了解实际成本脱离目标成本的情况,在发生差额时及时加以纠正,达到控制成本的目的,保证企业目标利润的实现。

目标成本是指为了实现目标利润而需要达到的成本水平。

$$目标成本 = 预测销售收入 - 目标销售利润 - 应纳税金$$

上式中,首先预测销售收入,再规划目标利润,扣除应纳税金,剩下的部分就是可以供应经营使用的成本,也就是成本必须控制的范围。

(三)目标利润

目标利润是指一定时期内能实现的利润,是经营目标的一个重要组成部分。通过规划目标利润,来综合平衡企业的生产经营活动,这是企业从生产型转变为生产经营型的一个重要步骤。为达到目标利润,要有销售额作为依据,这就要求企业做好市场调查与预测,进行市场分析,并在此基础上制订各种可行方案,尽可能使企业的生产量与销售量保持一致,使产品价值能及时实现,并减少库存和积压产品。

目标成本与目标利润之间的关系是很密切的,可以通过公式来表示:

$$单位产品目标成本 = 单位产品销售价格 \times (1 - 税率) - \frac{目标利润}{预测销售量}$$

$$目标成本总额 = \sum [预测销售量 \times (1 - 税率) - 目标利润总额]$$

[案例]鲁克纺织公司成本差异分析案例(摘编自《管理会计案例教程》,经济出版社,2004 年
11 月)

鲁克纺织公司是生产纺织配件的公司,其中某配件的各项变动性投入的标准见表 11 – 16。

表 11 – 16　某配件的各项变动性投入的标准

变动项目	标准用量	标准价格(比率)(元)	标准成本(元)
直接材料	1.20 kg	1.50	1.8
直接人工	0.16 h	10.00	1.6
变动性制造费用	0.16 h	2.50	0.4
合　计			3.8

7月第一周,公司实际生产的各项成本见表 11-17。

表 11-17　实际生产的各项成本

产量(件)	40 000
实际人工成本(元)	70 000
实际人工小时(h)	6 600
购入及耗用材料(kg)	4 600
实际变动性制造费用(元)	26 500

其他资料:采购员找到一家材料质量稍好一些的供应商,这种材料在7月的第一周用于生产。同时,一种新的生产布局正处于试用期。这种新的生产布局需要更熟练的工人,新材料的运用对人工没有影响,同样地,这一新的生产方式不影响材料的用量。

思考题

1. 计算材料价格和用量的差异。假设材料差异完全归因于高质量材料的使用,你是否建议采购员继续采购这一材料? 假设最终产品的质量不受影响。

2. 计算人工工资率及效率差异。假设人工差异应归因于新的生产布局的采用,那么该继续采用这一布局吗? 解释原因。

第三节　纺织企业成本控制

一、纺织企业成本控制程序

生产过程中的成本控制,就是在产品的制造过程中,对成本形成的各种因素,按照事先拟定的标准严格加以监督,发现偏差就及时采取措施加以纠正,从而使生产过程中的各项资源的消耗和费用开支限定在标准规定的范围之内。成本控制的基本工作程序有如下几步。

1. 制订成本标准　成本标准是成本控制的准绳,成本标准首先包括成本计划中规定的各项指标。但成本计划中的一些指标都比较综合,还不能满足具体控制的要求,这就必须规定一系列具体的标准。确定这些标准的方法大致有三种。

(1)计划指标分解法。即将大指标分解为小指标。分解时,可以按部门、单位分解,也可以按不同产品和各种产品的工艺阶段或零部件进行分解,若更细致一点,还可以按工序进行分解。

(2)预算法。就是用制订预算的办法来制订控制标准。有的企业基本上是根据季度的生产销售计划来制订较短期的(如月份)的费用开支预算,并把它作为成本控制的标准。采用这种方法特别要注意从实际出发来制订预算。

(3)定额法。就是建立起定额和费用开支限额,并将这些定额和限额作为控制标准来进行控制。在企业里,凡是能建立定额的地方,都应把定额建立起来,如材料消耗定额、工时定额等。实行定额控制的办法有利于成本控制的具体化和经常化。

在采用上述方法确定成本控制标准时,一定要进行充分的调查研究和科学计算。同时,还要正确处理成本指标与其他技术经济指标的关系(如成本与质量、生产效率等的关系),从完成企业的总体目标出发,经过综合平衡,防止片面性。必要时,还应搞多种方案的择优选用。

2. 监督成本的形成 这就是根据控制标准,对成本形成的各个项目,经常地进行检查、评比和监督。不仅要检查指标本身的执行情况,而且要检查和监督影响指标的各项条件,如设备、工艺、工具、工人技术水平、工作环境等。所以,成本日常控制要与生产作业控制等结合起来进行。

成本日常控制有以下几个主要方面。

(1)材料费用的日常控制。车间施工员和技术检查员要监督按图纸、工艺、工装要求进行操作,实行首件检查,防止成批报废。车间设备员要按工艺规程规定的要求监督设备维修和使用情况,不符合要求不能开工生产。供应部门材料员要按规定的品种、规格、材质实行限额发料,监督领料、补料、退料等制度的执行。生产调度人员要控制生产批量,合理下料,合理投料,监督期量标准的执行。车间材料费的日常控制,一般由车间材料核算员负责,要经常收集材料,分析对比,追踪原因,并会同有关部门和人员提出改进措施。

(2)工资费用的日常控制。车间劳资员对生产现场的工时定额、出勤率、工时利用率、劳动组织的调整、奖金、津贴等的监督和控制。此外,生产调度人员要监督车间内部作业计划的合理安排,要合理投产、合理派工,控制窝工、停工、加班、加点等。车间劳资员(或定额员)对上述有关指标负责控制和核算,分析偏差,寻找原因。

(3)间接费用的日常控制。车间经费、企业管理费的项目很多,发生的情况各异。有定额的按定额控制,没有定额的按各项费用预算进行控制,如采用费用开支手册、企业内费用券(又叫本票、企业内流通券)等形式来实行控制。各个部门、车间、班组分别由有关人员负责控制和监督,并提出改进意见。

上述各生产费用的日常控制,不仅要有专人负责和监督,而且要使费用发生的执行者实行自我控制,还应当在责任制中加以规定。这样才能调动全体职工的积极性,使成本的日常控制有群众基础。

3. 及时纠正偏差 针对成本差异发生的原因,查明责任者,分情况、分轻重缓急,提出改进措施,加以贯彻执行。对于重大差异项目的纠正,一般采用下列程序。

(1)提出课题。从各种成本超支的原因中提出降低成本的课题。这些课题首先应当是那些成本降低潜力大、各方关心、可能实行的项目。提出课题的要求,包括课题的目的、内容、理由、根据和预期达到的经济效益。

(2)讨论和决策。课题选定以后,应发动有关部门和人员进行广泛的研究和讨论。对重大课题,可能要提出多种解决方案,然后进行各种方案的对比分析,从中选出最优方案。

(3)确定方案实施的方法步骤及负责执行的部门和人员。

(4)贯彻执行确定的方案。

在执行过程中也要及时加以监督检查。方案实现以后,还要检查方案实现后的经济效益,衡量是否达到了预期的目标。

二、纺织企业成本控制方法

后配额时代的到来,意味着全球纺织业一体化进程的加快。未来一段时期,收购与兼并将成为全球纺织业的主旋律。我国是纺织大国,面对国内外市场的变化,中国纺织业应通过管理模式的创新、产业提升、市场升级、质量提高、增加原创技术、打造著名品牌等方式,形成企业核心竞争力,在成长和竞争中保持优势。中国的纺织企业在成本管理中存在诸多问题,成本管理滞后是一个较凸显的问题,要解决这一问题,纺织业必须在成本控制的方法上加以创新。

1. 纺织企业成本管理观念更新

(1)树立绿色成本的新理念。环境保护问题引起了全社会的高度重视,要求企业减少环境污染,降低影响环境的物质能源消耗,建立并实施环境成本制度的呼声越来越高。当前,国际标准化组织颁布了 ISO 14000 系列环境管理体系标准,欧美一些发达国家的企业已开始公布一些环境成本的信息报告,国际贸易中也实施了"绿色贸易壁垒",使得企业建立环境成本制度的紧迫性越来越强烈。在这种背景下,纺织企业更应树立绿色成本新理念,控制污染和妥善处理废物,还要重视绿色环保技术和工艺的开发与应用,积极采用新原料、新工艺推动清洁生产,降耗节能,应用纤维制品的回收技术,开发利用纺织再生资源。

(2)树立源流成本思想。只要提到成本控制,很多人往往只关注制造成本和销售成本,而忽视了设计成本。实际上,产品研发和设计是我们生产、销售的源头所在。从成本管理角度来说"设计的节约是最大的节约",作为后期的产品生产等制造工序来说,最大的可控度只能是降低生产过程中的损耗及提高加工效率(降低制造费用)。因此,源流成本——产品设计(研发)成本的控制是成本管理的核心。我国许多纺织企业对于源流成本的研究不多。

2. 纺织企业成本管理模式创新 成本管理理念的更新,为纺织企业从传统的成本管理向现代成本管理的转变从理念上得到保证,针对目前纺织企业成本管理的现状,纺织企业成本管理模式创新的思路是:以管理创新和技术创新为先导,以目标成本、责任成本、标准成本三个层次为手段,注重战略成本管理和价值链分析,有较系统的信息规划,加强内部控制制度,从而改善成本管理水平,提高企业的核心竞争力。

(1)决策层实现目标成本管理。纺织企业的最高经营管理者(决策层)应运用目标导向策略,按市场规律和企业所处的环境对企业成本进行规划、决策、控制,并实现目标管理,有以下具体步骤。

①目标成本的制订。纺织企业在进行目标成本计算时,应以顾客为导向,考虑顾客认可的价格、功能、需求量等因素,计算产品价格。目标成本是一种对企业未来利润进行战略性管理的技术。其做法是首先确定待开发产品的生命周期成本,然后由企业在这个成本水平上开发生产拥有特定功能和质量的,并以预计的价格出售就有足够盈利的产品。目标成本使得"成本"成为产品开发过程中的积极因素,而不是事后消极结果。企业只要将待开发产品的预计售价扣除期望目标利润和税金,即可得到目标成本。

②目标成本的分解。目标成本确定之后,再将其自上而下按照企业的组织结构逐级分解,使目标成本布局具体化,在每一布局处实施省料且有效的生产方式,在保证质量的前提下,限制所消耗的费用在设定目标成本范围内;实施结果的成本估算值如果不大于目标成本,则可过关进入下一个实施循环。成本分解通常不是一次完成的,需要一定的循环,不断修订,有时甚至需要修改原来设立的目标。这一过程包含了目标成本的设定—分解—达成—再设定—再分

解的多重循环,通过逐次挤压以达到降低成本的目的。

③目标成本的考核与评价。企业为确保成本目标的实现,除建立健全成本管理制度,明确岗位责任外,还必须定期对履行目标成本管理的有关责任部门、责任单位和责任人进行双轨考核和综合评价。把目标成本的完成情况与奖惩制度挂钩,凡按目标成本规定履行职责、实施管理且做出成效的给予奖励;凡不能按规定完成成本控制目标的给予处罚,以促进目标成本管理工作的顺利开展。

(2)经营层实行责任成本管理。

①责任成本的设计。纺织企业属于生产制造企业,它的基本生产车间由于其所生产的产品仅为企业生产过程的一个组成部分,通常不能单独销售,这样就不会形成货币计量的收入。该部门管理人员仅对其所发生的变动成本和直接性固定成本负责。因此,纺织企业应设立成本中心,以成本中心为对象,以企业内部按各自生产经营的特点和一定的控制范围由其主管人员对其可控的生产经营活动负责,并以拥有相应权利的内部单位为对象,进行成本的收集、核算。该成本中心的成本是责任成本,而不是传统的产品成本。

②责任成本控制。责任成本控制可分为事前控制、事中控制和事后控制三个阶段。事前控制是指产品正式投产前对影响责任成本的经济活动进行事前的预测、规划、审核和监督。其具有导向的控制作用,可以防患于未然,把损失浪费消灭在责任行为发生前。事中控制是指产品从生产到销售,在责任成本形成的当时或在责任成本形成之后进行的控制,其主要内容是对责任者的责任行为进行有效的控制。力求通过人的作用,对责任区域内可控的直接材料成本、直接人工成本和可控的间接费用成本在时间上、用途上和作用上加以控制。事后控制是指对责任成本的追溯、监督及其对执行情况的绩效考核。其目的在于将实际执行情况与目标成本进行比较,并对产生的差异加以分析,及时查明责任的原因和责任归属,制订相应的改进措施。

③责任成本的考核。纺织企业可以在各责任成本核算中心建立正常的评价制度和严格的考核制度。评价制度和考核制度的建立应以责任成本为出发点,将成本责任与责任人的业绩挂钩。企业还应成立一个考核小组,依据各责任中心提供的业绩报告,总结分析执行中的效果和存在的问题;实事求是地调节平衡成本指标,做到"违规必罚"而不流于形式。

(3)执行层实行标准成本管理。在管理的过程中,有关的措施应直接面向作业现场和每个作业工人,可在各责任成本中心分解成本,划归至各执行层,在执行层实行标准成本管理。纺织企业的成本项目分为原料(棉、纤、纱、线、包装料、浆料)、能源、人工、制造费用。

①标准成本的制订。纺织企业可按成本项目分别制订标准成本,先确定直接材料、直接人工和制造费用的标准成本,最后确定单位产品的标准成本。标准成本的基本形式是以数量标准乘以价格标准得到的。

②标准成本差异的计算和分析。管理人员在成本形成的过程中应密切注意实际成本的发生额,随时与标准成本进行对比分析。对于无法控制的不利差异应分析形成原因和责任,采取措施;对于有利差异则进一步拓展。有时成本差异是由于标准成本制订得过严或过松而产生的,应根据具体情况具体分析,必要时修订标准成本。

③标准成本的考核与评价。标准成本是事先经过调查研究制订的既先进又可行的成本,为生产经营各有关部门提供了一个努力的目标,并能作为评价和考核工作质量与效果的依据。

在评价和考核过程中,执行的效果与每个员工的收入挂钩,从而达到增强职工对成本的责任感,积极主动挖掘降低成本潜力的目的。

(4)纺织企业成本管理实施。运行良好的企业成本管理体系需要有良好的内控制度和高效率的组织机构及高素质的人员。企业实行目标成本管理的条件是适宜的管理气氛、合理的组织结构、有效的信息系统。要实现纺织企业成本管理模式的创新,应通过一定的方式,在原有的管理机构基础上,加强纺织企业内控制度,对成本管理机构进行相应的改革,减少层次,提高办事效率。

①内控制度。内控制度是一个企业的内部管理控制系统,是企业在处理生产经营活动时相互联系、相互制约的一种管理体系,包括为保证企业正常经营所采取的一系列必要的管理措施。建立有效的纺织企业内控制度系统离不开纺织企业经营的具体环境,及与纺织企业经营环境相适应的内部控制的具体程序和方法。

②组织结构。大多数纺织企业仍然采用简单的直线职能制,企业由领导一人决策,缺乏必要的监控机制。领导仍起着控制和监督的作用,没有转变为支持、协调和激励的作用。跨部门间的沟通交流和协作能力差,内部资源得不到充分利用。因此,纺织企业组织结构可改革为流程式组织结构。流程管理是一种反向的思维,即从结果入手,倒推其过程。关注的重点首先是结果,以外部顾客的观点来设计任务,目的是为了保证价值增值的实现。这意味着企业管理的重点转变为突出顾客服务、突出企业的产出效果、突出企业的运营效率。与之相适应,流程式组织结构最重要的特点是突出流程,强调以流程为导向的组织模式重组,以追求企业组织的简单化和高效化,减少管理费用开支。

③员工责任制度。建立全员、全方位、全过程的责任成本管理体系,改变成本责任由财务部门一力承担的传统格局。瞄准先进的目标水平,确定成本的奋斗目标,层层分解成本指标,实行成本否决,把压力和动力一并交给全体职工,形成一个贯穿全过程的、覆盖全方位的责任成本管理体系。

④成本核算制度。建立以市场为导向的实际成本核算体系。按市场标准选择价值尺度,引入市场价格,直接采用市场价格进行成本核算,改变传统的以内部计划价格加成本差异为依据的核算制度。对外购原燃材料、动力、备件等以实际采购成本计价结转,随当期市场价格的波动而波动;自产自用产品以工序实际制造成本计价结算,随当期工序实际成本的升降而波动;检修、作业、加工产品比照市场价格以合同定价方式确定,随合同协议情况变动。在计划成本核算或模拟市场核算下,由于形成的大量成本差异很难准确分配,因而导致成本核算失真。若各单位、部门完全按市场价格核算成本,这种核算方法可避免上述问题发生,同时防止了计划价格与市场行情脱节的弊端,便于比较工序成本和工序效益,使企业内部各工序之间能够共同感受市场的压力,内部分厂间、工序间的成本信息传递客观、灵敏,有利于企业不同层次管理者在对外投资、技术引进、新产品开发、加强市场开拓和营销、加强内部管理方面作出有效决策。

> **技能实训**

1. 联系一家纺织企业,就该企业的成本现状进行分析,并指出存在的不足。

2. 参观一家纺织企业的生产现场,测算出生产线上各类物料的总量及资金占用量,观察其生产方法,寻找减少成本的各种途径。

➤ 案例综合分析

双山集团抓成本管理增经济效益
（摘编自《江苏纺织》）

江苏双山集团股份有限公司是一家集棉花收购加工、纺织品、毛绒制品制造、房地产开发及国内国际贸易为一体的企业。公司发展进程中狠抓目标成本管理,努力提高经济效益,取得了较好的成效。他们的主要经验如下。

1. 加强基础工作,把好成本控制点　公司首先从基础工作抓起,一是建立健全定额管理制度。在生产经营全过程中,根据一定时期内的人力、物力、消耗和占用水平制定合理的定额。二是制定完整、统一、合理的企业价格。以具有市场竞争力的产品价格为单位产品的价格基数,根据单位产品价格基数和当期经营计划,推算出预期的销售收入;从预期的销售收入中减去增值税和利润目标,推算总成本;公司将原料、辅助材料、燃料、动力、产成品、包装物等都制定一个计划单价,并根据市场情况,每年进行一次调整。三是按市场需求进行内部核算。在日常管理中,不仅做好使用价值的管理,而且重视了价值量化管理。通过内部考核,各部门之间感受到自己的产品在市场竞争中的优劣,从原来容忍一些浪费现象到现在斤斤计较、事事算账。

2. 建立责任中心,归口分级管理　公司坚持严、细、实的管理,努力提高营运质量。即:严格执行规章制度,细化考核责任制,实实在在地抓住工作质量和产品质量控制,对全公司26项主要费用进行分解承包,并实行监控。一是原料成本根据品种的市场售价、设计出配棉单价,由原料科承担原料总成本,原料、仓库、生产办、分厂和车间分担成本,形成原料采购投入到产品产出一条龙成本控制。二是机物料成本、辅料成本结合设备维修和工艺要求,制定出分品种消耗指标,根据标准单耗进行承包。三是动力成本参照国家标准、客户要求和兄弟单位的先进水平制定出吨纱耗电,万米布耗电指标。四是财务费用成本实行定额资金管理,以产品库存、应收货款回收、原料、机物料库存占用,在制品数量均纳入定额管理的范畴,超过定额标准的由责任部门按当期银行利息向公司付息,财务部门负责全公司银行费用总指标,直接与工资奖金挂钩否决。五是制定合理开支标准,实行定额资金管理。在公司费用等非生产性消耗方面,采取分块定额包干,与工资直接挂钩等措施,财务部门逐级对各部门实际发生的费用和定额费用相比较,并结合经济责任制进行考核,较好地控制了各种费用支出。

3. 强化效益管理,努力提高经济效益　公司通过毛益核算指导市场销售,通过对每一个机台,每一纱锭,每一匹布的测算促进销售。一是狠抓增产降耗,从提高设备运转效率抓起,想方设法增加单机台毛益,努力提高设备利用率。当年生产棉纱1.8万吨,生产坯布2600万米,比去年分别增长了35%、40%,增加毛利400多万元。二是调整品种结构,提高劳动生产率。公司通过提高毛益,合理调整生产,棉纺分厂在实际工作中,根据工艺要求,加强市场衔接,对库存原料进行合理配棉,既保证产品质量又选择了最佳成本。他们还根据前后道设备能力,与市场衔接好品种,使机台布局合理,在粗纱量一定的情况下,尽量纺细特纱,以最低原料成本取得较好毛利。

4. 将目标管理导入技改工作，不断增强企业发展后劲　公司通过技术进一步降低企业成本，增强企业的发展后劲。公司已成功收购县绿禾公司、县意利纺织有限公司和县三纺厂，根据"做精做强纺织企业，夯实基础稳妥扩张"的总体思路，针对影响产能、质量的卡脖子部位进行提升性改造。

- **讨论题：**
1. 双山集团的成本管理有何特点？
2. 纺织企业在成本管理上有何共性？

第十二章　纺织企业财务分析

本章学习目标

1. 能看懂纺织业主要财务报表,包括资产负债表、利润表和现金流量表。
2. 通过纺织企业会计报表能进行纺织企业的偿债能力、营运能力、营利能力和现金流量的一般分析。
3. 了解纺织企业财务报表分析与非财务报表分析的差异。

☞【导入案例】某毛纺织品有限公司的会计报告

　　某毛纺织品有限公司于1990年成立,注册资本3 000万元人民币。公司主要经营范围涉及纺织、服装的生产和销售等,现已形成从绵羊、山羊的优良品种研究、养殖,原毛、原绒的初步加工、纺纱到织衫、销售和售后服务完整的产业链,产品遍布各省市。在全国羊绒、羊毛行业中具有较高的知名度。2013年4月9日公司发布了2012年度会计报告,资产负债表和利润表分别见表12-1和表12-2。

表12-1　资产负债表

编制单位:××毛纺织股份有限公司　　　　　　2012年12月31日　　　　　　　　　　单位:万元

资　　产	期末余额	年初余额	负债和所有者权益(或股东权益)	期末余额	年初余额
流动资产:			流动负债:		
货币资金	250	125	短期借款	300	225
交易性金融资产	30	60	交易性金融负债	0	0
应收票据	40	55	应付票据	25	20
应收账款	1 990	995	应付账款	500	545
预付款项	260	75	预收款项	95	40
应收利息	0	0	应付职工薪酬	70	85
应收股利	0	0	应交税费	200	80
其他应收款	110	110	应付利息	0	0
存货	595	1 630	应付股利	0	0
一年内到期的非流动资产	225	0	其他应付款	35	60
其他流动资产	0	0	一年内到期的非流动负债	260	20
流动资产合计	3 500	3 050	其他流动负债	15	25

资　　产	期末余额	年初余额	负债和所有者权益(或股东权益)	期末余额	年初余额
非流动资产:			流动负债合计	1 500	1 100
可供出售金融资产	0	0	非流动负债:		
持有至到期投资	150	225	长期借款	2 250	1 225
长期应收款	0	0	应付债券	1 200	1 300
长期股权投资	0	0	长期应付款		
投资性房地产	0	0	专项应付款		
固定资产	6 190	4 775	预计负债		
在建工程	90	175	递延所得税负债		
工程物资	0	0	其他非流动负债	350	375
固定资产清理	0	60	非流动负债合计	3 800	2 900
生产性生物资产	0	0	负债合计	5 300	4 000
油气资产	0	0	所有者权益(或股东权益):		
无形资产	30	40	实收资本(或股本)	3 000	3 000
开发支出	0	0	资本公积	80	50
商誉	0	0	减:库存股		
长期待摊费用	25	75	盈余公积	370	200
递延所得税资产	0	0	未分配利润	1 250	1 150
其他非流动资产	15	0	所有者权益(或股东权益)合计	4 700	4 400
非流动资产合计	6 500	5 350			
资产总计	10 000	8 400	负债和所有者权益(或股东权益)总计	10 000	8 400

公司法定代表人:×××   财务总监:×××

表 12-2　利润表

编制单位:××毛纺织股份有限公司　　　　2012 年 1~12 月　　　　　　　　单位:万元

项　　目	本期金额	上期金额
一、营业收入	15 100	14 430
减:营业成本	13 220	12 515
营业税金及附加	140	140
销售费用	110	100
管理费用	230	200
财务费用	550	480
资产减值损失		
加:公允价值变动收益(损失以"-"号填列)		

项　　目	本期金额	上期金额
投资收益(损失以"－"号填列)	200	120
其中:对联营企业和合营企业的投资收益		
二、营业利润(亏损以"－"号填列)	1 050	1 115
加:营业外收入	50	85
减:营业外支出	100	25
其中:非流动资产处置损失		
三、利润总额(亏损总额以"－"号填列)	1 000	1 175
减:所得税费用	320	375
四、净利润(净亏损以"－"号填列)	680	800
五、每股收益:		
（一）基本每股收益	0.014	0.02
（二）稀释每股收益		

公司法定代表人:×××　　　　　　　　　　　　　　　　　　财务总监:×××

以上是××毛纺织品有限公司的两张财务报表,该公司为什么要公开发布会计报表呢?这些会计报表又能提供哪些有用的信息呢? 财务报表分析是正确理解公司财务信息,指导企业决策的重要依据。纺织企业管理者要学会进行财务分析,需要掌握以下方面的基本技能。

(1)看懂企业财务报表的能力。

(2)利用会计报表进行财务分析的能力。

(3)利用非会计报表进行财务分析的能力。

(4)全面看懂财务分析报告的能力。

第一节　纺织企业财务分析

一、纺织企业财务分析的意义

纺织企业财务分析以纺织企业财务报告及其他相关资料为主要依据,对纺织企业的财务状况和经营成果进行评价和剖析,反映纺织企业在运营过程中的利弊得失和发展趋势,从而为改进纺织企业财务管理工作和优化经济决策提供重要的财务信息。

纺织企业财务分析是评价其财务状况、衡量经营业绩的重要依据,是挖掘潜力、改正工作、实现理财目标的重要手段,是合理实施投资决策的重要步骤。

二、纺织企业财务分析主体

纺织企业财务分析主体指的是与企业存在着一定的、现实的或潜在的经济利益关系,为特定的目的对企业进行财务分析的单位、团体和个人。它主要有以下几种类型。

1. 债权人 债权人是指借款给企业并得到企业还款承诺的人。债权人关心企业是否具有偿还债务的能力。债权人可以分为短期债权人和长期债权人。

债权人的主要决策是决定是否给企业提供信用,以及是否需要提前收回债权。他们进行财务报表分析是为了得到以下几方面的信息。

(1)公司为什么需要额外筹集资金。

(2)公司还本付息所需资金的可能来源是什么。

(3)公司对于以前的短期和长期借款是否按期偿还。

(4)公司将来在哪些方面还需要借款。

2. 投资人 投资人是指公司的权益投资人即普通股东。普通股东投资于公司的目的是扩大自己的财富。他们所关心的包括偿债能力、收益能力以及风险等。

投资人进行财务报表分析,是为了得到以下几方面的信息。

(1)公司当前和长期的收益水平高低,以及公司收益是否容易受重大变动的影响。

(2)目前的财务状况如何,公司资本结构决定的风险和报酬如何。

(3)与其他竞争者相比,公司处于何种地位。

3. 经营管理者 经营管理者是指被所有者聘用的、对公司资产和负债进行管理的个人组成的团体,有时称之为"管理当局"。

经营管理者关心公司的财务状况、营利能力和持续发展的能力。经理人员可以获取外部使用人无法得到的内部信息。他们分析报表的主要目的是改善报表。

4. 政府机构 政府机构也是公司财务报表的使用人,包括税务部门、国有企业的管理部门、证券管理机构、会计监管机构和社会保障部门等。他们使用财务报表是为了履行自己的监督管理职责,包括征税,签订、制订合同,政策制定,政策干预等需要。

5. 其他人士 包括供应商和客户、企业职工及潜在的投资者。

可以看出,不同的利益主体在决定自己针对企业的行为决策之前,必须对企业所提供的信息进行分析。由于行为导向不同,信息分析的侧重点也各不相同,这些便构成了财务分析的内容体系。

三、纺织企业财务分析的依据

纺织企业财务分析主要以企业财务报告及相关资料为依据,具体包括资产负债表、利润表和现金流量表等财务资料。

(一)资产负债表

资产负债表是反映企业在某一特定时期的财务状况的报表,它静态地反映了企业目前所拥有的资产、目前所承担的负债及其所有者权益的数量及结构。基本原理为:资产 = 负债 + 所有者权益。资产按照流动性大小顺序排列,负债按偿债期长短顺序排列,所有者权益按稳定性排列。

1. 资产负债表提供的信息

(1)通过编制资产负债表,可以反映企业资产的构成及其状况,分析企业在某一特定时期所拥有的经济资源及其分配状况,经营者可以分析企业资产是否分布合理。

(2)通过编制资产负债表,可以反映企业某一特定时期的负债总额及其结构,分析公司目前与未来需要支付的债务数额,投资者和债权人可以据此分析所面临的财务风险。

(3)通过编制资产负债表,可以反映出企业所有者权益的情况,了解企业现有投资者在企业资产总额中所占的份额,分析企业资本结构的合理性。

(4)通过编制资产负债表,可以帮助报表使用者全面了解企业财务状况,分析企业的债务偿还能力,从而为未来的经济决策提供参考信息。

(5)通过对前后资产负债表的对比分析,可以了解企业资本结构及其变化趋势,掌握财务状况的变化。

2.资产负债表的阅读 资产负债表是反映企业会计期末全部资产、负债和所有者权益情况的报表。可以帮助外部使用者对资产的流动性、资金的灵活性和经营能力进行评价。它与企业基本活动的关系见表12-3。

表12-3 资产负债表与企业的基本活动关系

资　产	投资活动结果(经营活动占用的资源)	负债及所有者权益	筹资活动的结果
现金	投资剩余(满足经营意外支付)	短期借款	银行信用筹资
应收账款	应收账款投资(促进销售)	应付账款	商业信用筹资
存货	存货投资(保证销售或生产连续性)	长期负债	长期负债筹资
长期投资	对外长期投资(控制子公司经营)	资本	权益筹资
固定资产	对内长期投资(经营的基本条件)	留存利润	内部筹资

(1)资产。是指由于企业过去的交易、事项形成并由企业拥有或控制的资源,该资源预期会给企业带来经济利益。按照流动性强弱以及变现速度的快慢排列,可以将资产分为流动资产和非流动资产两大类。

流动资产是指可以在1年或超过1年的一个营业周期内变现或耗用的资产,主要包括现金、银行存款、交易性金融资产、应收及预付款项、应收票据、存货、长期待摊费用等,是企业经营的"王牌军"。非流动资产主要包括持有至到期投资、投资性房地产、生物资产、长期股权投资、固定资产、无形资产、长期待摊费用等项目。

例12-1 ××纺织企业在2011年12月31日共有资产8 400万元,其中流动资产3 050万元,非流动资产5 350万元。在2012年12月31日共有资产10 000万元,其中流动资产3 500万元,非流动资产6 500万元。

(2)负债。负债是指过去的交易或事项形成的现时的义务,履行该义务预期会导致经济利益流出企业。负债按照求偿权可以分为流动负债与非流动负债。

流动负债主要包括应付账款、应付票据、应交税费、应付职工薪酬等项目。非流动负债包括长期债券、长期借款、长期应付款等项目。

(3)所有者权益。所有者权益是指企业资产扣除负债后,由所有者享有的剩余权益,又称为股东权益。所有者权益的来源包括所有者投入的资产、直接计入所有者权益的得利和损失、留存收益等。所有者权益可以分为实收资本、资本公积、留存收益(盈余公积和未分配利润)等部分。

例12-2 由导入案例可看出,××纺织企业在2011年12月31日负债和所有者权益总和为 8 400 万元(即 2011 年期初余额),与资产总额相等。其中,负债总额 4 000 万元,所有者权益总额为 4 400 万元。在负债中,流动负债有 1 100 万元,非流动负债有 2 900 万元。

××纺织企业在 2012 年 12 月 31 日负债和所有者权益总和为 10 000 万元,与资产总额相等。其中,负债总额 5 300 万元,所有者权益总额为 4 700 万元。在负债中,流动负债有 1 500 万元,非流动负债有 3 800 万元。

(二)利润表

利润表是反映企业一定时期内的经营活动成果的财务报表,理论依据为:收入 - 费用 = 损益。它动态地反映了企业本期营业收入的实现情况、成本和费用控制情况及利润实现情况;报表内项目按收入、成本、费用、利润排列。

1. 利润表提供的信息 利润表的列报必须充分反映企业经营业绩的主要来源与构成,有助于使用者判断净利润及其风险,有助于使用者预测净利润的持续性,从而做出正确的决策。

通过利润表,可以反映企业一定会计期间的收入实现情况,如实现的营业收入、投资收益、营业收入等;可以反映一定会计期间的费用耗费情况,如耗费的营业成本、营业税费、销售费用、管理费用、财务费用等;可以反映企业生产经营的成果,即净利润的实现情况,据以判断资本保值、增值的情况。根据利润表提供的信息,可以评价一个企业的经营管理效率和成果,分析企业未来的经营状况、获利能力及潜力,了解企业未来一定时期内的营利趋势。

2. 利润表的阅读

利润表主要反映以下几方面的内容。

(1)营业收入。它由主营业务收入和其他业务收入组成。

(2)营业利润。营业收入减去营业成本(包括主营业务成本、其他业务成本)、营业税金及附加、销售费用、管理费用、财务费用、资产减值损失,加上公允价值变动收益、投资收益,即为营业利润。

(3)利润总额。营业利润加上营业外收入,减去营业外支出,即为利润总额。

①净利润。利润总额减去所得税费用即为净利润。

②每股收益。普通股或潜在普通股已公开交易的企业,以及正处于公开发行普通股或潜在普通股过程中的企业,还应当在利润表中列示每股收益信息,包括基本每股收益和稀释每股收益两项指标。

此外,为了使报表使用者通过比较不同期间利润的实现情况,判断企业经营成果的未来发展趋势,企业需要提供比较利润表,利润表内就各项目分"本期金额"和"上期金额"两栏分别填列。

例 12 - 3 在 2012 年,××纺织企业共取得营业收入 15 100 万元,扣除营业成本、营业税金及附加、各项期间费用以及资产减值损失,并对投资收益进行调整后,共获得营业利润 1 050 万元。再经过营业外收支的调节以后,利润总额为 1 000 万元。当期应向国家缴纳所得税 320 万元,余得净利润 680 万元。基本每股收益为 0.014 元。

而在 2011 年,营业收入为 14 430 万元,营业利润 1 115 万元,利润总额为 1 175 万元。当期应向国家缴纳所得税 375 万元,余得净利润 800 万元。基本每股收益为 0.02 元。

可以看出,2012 年企业的各项收入利润较去年都有下降,为国家所贡献的税收也有减少。每股收益降低了 0.006 元。

(三) 现金流量表

现金流量表是以现金为基础编制的财务状况变动表,它反映企业一定时期现金的流入和流出,表明企业获得现金和现金等价物的能力,反映企业现金流量的过程及其原因。理论依据为:现金净流量 = 现金流入 - 现金流出。现金流量表为动态报表,也为期间性报表。

现行现金流量表是按业务活动对现金流量进行排列的。企业的业务活动基本上都可以归为三大类:经营活动、投资活动和筹资活动。

1. 现金流量表提供的信息　在资产负债表和利润表已经反映企业财务状况的经营成果信息的基础上,现金流量表进一步说明企业进出的整体情况和财务状况的变动信息。以便于企业的投资者、债权人和其他的财务报表使用者,了解企业是如何运用经济资源创造现金流量的能力,运用资金产生现金流量的能力以及筹资获得现金流量的能力,从而评价企业的支付能力、偿债能力和周转能力,准确预测企业未来的现金流量,分析企业收益质量及影响现金流量的因素。

2. 现金流量表的阅读

(1)经营活动现金流量。经营活动是指企业投资活动和筹资活动以外的所有交易和事项,如销售商品或提供劳务、购买商品或接受劳务、经营性租赁、支付工资、支付管理费用、缴纳各种税款等。

经营活动现金流入包括销售商品及提供劳务收到的现金、收到的税费返还、收到的其他与经营活动有关的现金;经营活动的现金流出包括购买商品及接受劳务支付的现金、支付给职工以及为职工支付的现金、支付的相关税费、支付的其他与经营活动有关的现金。

(2)投资活动的现金流量。投资活动的现金流入包括收回投资收到的现金、取得投资收益收到的现金、处置固定资产和无形资产及其他长期资产收回的现金净额、收到的其他与投资活动有关的现金;投资活动的现金流出包括构建固定资产和无形资产以及其他长期资产支付的现金、投资所支付的现金、支付的其他与投资活动有关的现金。

(3)筹资活动产生的现金流量。筹资活动的现金流入包括吸收投资收到的现金、取得借款收到现金、收到的其他与筹资活动有关的现金;筹资活动的现金流出包括偿还债务支付的现金、分配股利或利润及偿付利息支付的现金、支付的其他与筹资活动有关的现金。

(4)补充资料的披露内容。用间接法在现金流量表附注中披露,将利润调节为经营活动现金流量的信息,对于财务分析非常重要。如××纺织企业补充资料的披露内容见表12 - 4。

表12 - 4　××纺织企业补充资料的披露内容

将净利润调节为经营活动现金流量	金额(万元)	上期金额
净利润	3 568.5	
加:资产减值准备	13.5	
固定资产折旧	1 500	
无形资产摊销	900	
长期待摊费用摊销	1 500	
处置固定资产、无形资产和其他长期资产的损失	- 750	

将净利润调节为经营活动现金流量	金额(万元)	上期金额
固定资产报废损失	295.5	
公允价值变动损失	0	
财务费用	322.5	
投资损失	−472.5	
递延所得税资产减少	0	
递延所得税负债增加	0	
存货的减少	79.5	
经营性应收项目的减少	−735	
经营性应付项目的增加	−790.5	
其他	285	
经营活动产生的现金流量净额	5 716.5	

表12-4通过债权、债务变动,存货变动,应计及递延项目变动,与投资和筹资现金流量相关的收益和费用项目的计算,将净利润调节到经营活动的现金流量。净利润数额与所列各项目之和即为经营活动的现金流量。

四、纺织企业财务分析的内容

纺织企业财务分析的内容主要包括以下四个方面。

1. 偿债能力分析　偿债能力是指企业如期偿还债务的能力,包括短期偿债能力和长期偿债能力。由于短期债务是企业日常经营活动中弥补营运资金不足的一个重要来源,通过分析有助于判断企业短期资金的营运能力,以及营运资金的周转状况。通过对长期负债能力的分析,不仅可以判断企业的经营状况,还可以促使企业提高融通资金的能力。因为长期负债是企业资本化资金的重要组成部分,也是企业的重要融资途径。而从债权人的角度看,通过偿债能力分析,有助于了解其贷款的安全性,以确保其债务本息能够按时、足额地得以偿还。

2. 营运能力分析　营运能力分析主要是从企业所运用的资产进行全面分析,分析企业各项资产的使用效果、资金周转的快慢以及挖掘资金的潜力,提高资金的使用效果。

3. 营利能力分析　营利能力分析主要通过将资产、负债、所有者权益与经营成果相结合来分析企业的各项报酬率指标,从而从不同角度判断企业的获利能力。

4. 现金流量分析　现金流量分析主要通过现金流量的结构分析、流动性分析、获取现金能力分析、财务弹性分析、收益质量分析等五个方面,分析、评价企业资金的来龙去脉、融资能力和财务弹性。

上述这四个方面是相互关联的,如营利能力会影响短期和长期的流动性,而资产运营的效率又会影响营利能力,偿债能力、营利能力、营运能力又必须以顺畅的现金流作为保证。因此,财务分析需要综合分析上述内容。

五、纺织企业财务分析的方法

财务分析的方法多种多样,但常用的有以下四种方法:比较分析法、比率分析法、因素分析法和趋势分析法。

(一)比较分析法

比较分析法是为了说明财务信息之间的数量关系与数量差异,为进一步的分析指明方向。这种比较可以是将实际与计划对比,可以是本期与上期对比,也可以是与同行业的其他企业对比;按照比较的依据,可以分为经验标准、历史标准、行业标准和目标标准(也可以称为预算标准)四种。作为特定的报表使用人,主要根据需要来选择四种标准中的一种或几种。

1. 经验标准　指依据大量且长期的实践经验而形成的标准(适当)的财务比率值。如西方国家20世纪70年代的财务实践就形成了流动比率的经验标准为2:1,速动比率的经验标准为1:1等。通常认为,当流动负债对有形净资产的比率超过80%时,企业就会出现经营困难;存货对净营运资本的比率不应超过80%;资产负债率通常认为应该控制在30%～70%之间。经验标准的优点为相对稳定、客观。但经验标准并非"广泛"适用,即受行业限制,同时经验标准也会随时间的推移而变化,这是经验标准的不足。

2. 历史标准　指本企业过去某一时期(如上年或上年同期)该指标的实际值。历史标准对于评价企业自身经营状况和财务状况是否得到改善是非常有用的。历史标准可以选择本企业历史最好水平,也可以选择企业正常经营条件下的业绩水平,或者也可以取以往连续多年的平均水平。另外,在财务分析实践中,还经常与上年实际业绩作比较。应用历史标准比较可靠、客观,具有较强的可比性。但历史标准往往比较保守,适用范围较窄(只能说明企业自身的发展变化,不能全面评价企业的财务竞争能力和健康状况);当企业主体发生重大变化(如企业合并)时,历史标准就会失去意义或至少不便直接使用;企业外部环境发生突变后,历史标准的作用会受到限制。

3. 行业标准　行业标准可以是行业财务状况的平均水平,也可以是同行业中某一比较先进企业的业绩水平。在行业竞争比较激烈时,行业标准可以说明企业在行业中所处的地位和水平;也可用于判断企业的发展趋势(如在一个经济萧条时期,企业的利润率从12%下降为9%,而同期该企业所在行业的平均利润率由12%下降为6%,那么,就可以认为该企业的盈利状况是相当好的)。但是,同"行业"内的两个公司并不一定是十分可比的,多元化经营带来的困难,同行业企业可能存在的会计差异,这些都为行业标准的应用带来了问题。

4. 预算标准　指实行预算管理的企业所制订的预算指标。预算标准比较符合战略及目标管理的要求,对于新建企业和垄断性企业尤其适用。

企业可以根据具体的情况,来选择不同的标准。如果分析预算执行情况,要选择目标标准;如果要对企业的发展趋势进行分析,最好选用历史标准;外部分析者独立分析时,通常会采用行业标准或经验标准;实际分析时选择灵活,有时几种标准并用。

(二)比率分析法

比率分析法是把两个相互联系的项目加以对比,计算出比率,以确定经济活动变动情况的分析方法。包括构成比率、效率比率和相关比率。

1. 构成比率 又称结构比率,是某项财务指标的各组成部分数值占总体数值的百分比,反映部分与总体的关系。其公式为:

$$构成比率 = 某项目数值 / 总体数值 \times 100\%$$

2. 效率比率 效率比率,是某项财务活动中所费与所得的比率,反映投入与产出的关系。其公式为:

$$效率比率 = 产出(所得) / 投入(所费)$$

3. 相关比率 相关比率是以某个项目和与其有关但又不同的项目加以对比所得的比率,反映有关经济活动的相互关系。公式为:相关比率 = 某一指标数值 / 相关指标数值。如将流动资产与流动负债进行对比,计算出流动比率,可以判断企业的短期偿债能力。

采用比率分析法时,应当注意以下几点。

(1)对比项目的相关性。

(2)对比口径的一致性。

(3)衡量标准的科学性。

(三)因素分析法

一个经济指标往往是由多种因素造成的,它们各自对某一经济指标都有不同程度的影响。只有将这一综合性的指标分解成各个构成要素,才能在数量上把握每一个因素的影响程度,抓住主要因素,解决主要矛盾。这种通过逐步分解来确定几个相互联系的因素对某一综合性指标的影响程度的分析方法叫做因素分析法或连环替代法。

采用因素分析法时,必须注意以下问题。

(1)因素分解的关联性。指标与因素存在因果关系。

(2)因素替代的顺序性。替代因素时,必须按照各因素的依存关系,排列成一定的顺序并依次替代,不可随意加以颠倒,否则就会得出不同的计算结果。

(3)顺序替代的连环性。每次替代是在上一次的基础上进行的。

(4)计算结果的假定性。分析时应力求使这种假定合乎逻辑、具有实际经济意义。这样,计算结果的假定性,才不至于妨碍分析的有效性。

(四)趋势分析法

趋势分析法是将两期或连续数期财务报告中相同指标进行比较,确定其增减变动的方向、数额的幅度,以说明企业财务状况及经营成果变动趋势的一种方法。主要有重要财务指标的比较、财务报表的比较、财务报表项目构成的比较三种。

上述四种方法有一定程度的重合。在实际工作当中,比率分析方法应用最广。

第二节　纺织企业财务分析指标体系

纺织企业财务报表分析的起点是阅读财务报表,终点是做出某种判断(包括评价和找出问题),中间的财务报表分析过程,由比较、分类、类比、归纳、演绎、分析和综合等认识事物的步骤和方法组成。在分析过程中,就是要着眼于偿债能力分析、营运能力分析、营利能力分析以及现金流量分析四个方面。以下以××纺织企业的财务报表为例,分别对这四个方面加以介绍。

一、偿债能力分析

(一)短期偿债能力分析

短期偿债能力是指企业偿还短期债务的能力,即企业以流动资产偿还流动负债的能力,反映企业日常偿付到期债务的实力,是企业财务状况的重要标志。短期偿债能力不足,不仅会影响企业的资信,增加今后筹集资金的成本与难度,还可能使企业陷入财务危机,甚至破产。因此,短期偿债能力受到投资者、债权人、供应商等主体的特别关注。

一般来说,企业应该以流动资产偿还流动负债,而不应靠变卖长期资产,所以用流动资产与流动负债的数量关系来衡量短期偿债能力。

用于偿债的资产有以下几种分类,因此也就形成了以下几个比较指标,如图 12 – 1 所示。

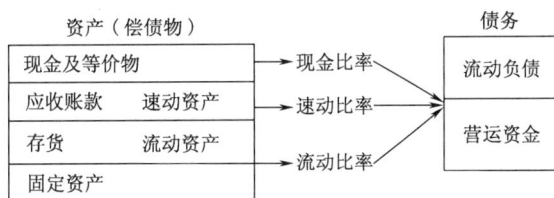

图 12 – 1　偿债的资产及比较指标

短期偿债能力可通过比较短期债务和流动资产的关系来评价。短期债务和流动资产的关系有如下几种。

1. 营运资金　营运资金是指流动资产减去流动负债后的余额,是企业用以维持正常经营所需要的资金,即企业在生产经营中可用流动资产的净额。营运资金的存在表明企业的流动资产占用除了通过流动负债筹集外,还通过长期负债或所有者权益筹集。其公式为:

$$营运资金 = 流动资产 - 流动负债$$

例 12 – 4　2011 年 12 月 31 日,××纺织企业的营运资金为:

$$营运资金 = 3\ 050 - 1\ 100 = 1\ 950(万元)$$

2013 年 12 月 31 日,××纺织企业的营运资金为:

$$营运资金 = 3\ 500 - 1\ 500 = 2\ 000(万元)$$

在这两个时期,偿债之后,企业分别还有 1 950 万元和 2 000 万元的流动资产,是偿债的"缓冲垫"。

2. 流动比率　流动比率是企业流动资产与流动负债之比,它表明企业每一元流动负债有多少流动资产作为偿还保证,反映企业可在短期内转化为现金的流动资产偿还到期流动负债的能力。其计算公式为:

$$流动比率 = 流动资产 \div 流动负债$$

一般情况下,流动比率越高,反映企业的短期偿债能力越强,债权人的权益越有保证。国际上通常认为,流动比率的下限为1,而流动比率等于2时较为适当,它表明企业的财务状况稳定可靠,除了满足日常生产经营的流动资金需要外,还有足够的财力偿还到期短期债务。如果比率过低,则表示企业可能捉襟见肘,难以如期偿还债务。但是,流动比率也不可以过高,过高则表示企业流动资产占用较多,会影响资金的使用效率和企业的筹资成本,进而影响获利能力。究竟应保持多高水平的流动比率,主要视企业对待风险与收益的态度来确定。

例12-5 ××纺织企业流动比率为:

$$期初流动比率 = 3\ 050 \div 1\ 100 = 2.773$$
$$期末流动比率 = 3\ 500 \div 1\ 500 = 2.333$$

××纺织企业期初与期末流动比率均大于2,说明该公司具有较强的短期偿债能力。

3. 速动比率 速动比率是企业速动资产与流动负债之比。所谓速动资产,是指流动资产减去变现能力较差且不稳定的存货、预付账款、一年内到期的非流动资产和其他流动资产之后的金额。由于剔除了存货等变现能力较差的资产,速动比率较之流动比率能更准确、更可靠地评价企业资产的流动性及偿还债务的能力。其计算公式为:

$$速动比率 = 速动资产 \div 流动负债$$

其中:

速动资产 = 货币资金 + 交易性金融资产 + 应收票据 + 应收账款

= 流动资产 - 存货 - 预付账款 - 一年内到期的非流动资产 - 其他流动资产

存货的周转不良或搞不清楚其质量,假设它不能偿债,所以将其从流动资产中扣除,计算速动比率。管理者也通常不愿用存货变现偿债,因为减少存货的数量会损害企业的经营能力。预付账款等本质上属于费用,不能转化为现金。所以这些项目要从流动资产中除去。

一般情况下,速动比率越高,表明企业偿还流动负债的能力越强。速动比率等于1较为合适,表明每一万元流动负债都有一万元易于变现的资产作为抵偿;速动比率过低,偿债能力不足,过高又说明企业持有过量的流动资金,可能因此失去较好的投资机会。速动比率的高低也可以与行业平均水平相比较。

例12-6 ××纺织企业:

$$期初速动资产 = 125 + 60 + 55 + 995 + 110 = 3\ 050 - 1\ 630 - 75 = 1\ 345(万元)$$
$$期初速动比率 = 1\ 345 \div 1\ 100 = 1.22$$
$$期末速动资产 = 250 + 30 + 40 + 1\ 990 + 110 = 3\ 500 - 595 - 260 - 225 = 2\ 420(万元)$$
$$期末速动比率 = 2\ 420 \div 1\ 500 = 1.61$$
$$行业平均 = 1.15$$

可以得出结论:该公司期初、期末速动比率均高于1,且高于同行业平均水平,因此,可以认为其短期偿债能力较好。但是还要结合具体情况进行分析其是否丧失了部分投资机会。

4. 现金比率 现金比率是指企业现金类资产与流动负债的比率,也叫超速动比率或保守速动比率。这里再把应收账款扣除,原因是应收账款可能存在坏账损失,到期又不一定能够收回现金。所以,现金比率是最稳妥的衡量标准。其计算公式为:

$$现金比率 = 现金性资产 \div 流动负债$$
$$现金性资产 = 货币资金 + 交易性金融资产$$

现金比率一般认为20%以上较好。如果这一比率过高,就意味着企业的流动负债未能得到合理利用,使得现金类资产的获利能力较低,又会导致企业机会成本的增加。

例12-7　××纺织企业在期初的现金性资产为185万元,××纺织企业在期末的现金性资产为280万元。公司的现金比率为:

$$期初现金比率 = 185 \div 1\,100 = 0.168$$
$$期末现金比率 = 280 \div 1\,500 = 0.187$$
$$行业平均 = 0.2$$

××纺织企业虽然流动比率和速动比率比较高,而现金比率偏低,说明该公司短期偿债能力还是有一定风险,应缩短收款期,加大应收账款催款力度,以加速应收账款资金的周转。

5. 现金流动负债比率　现金流动负债比率是企业一定时期的经营现金净流量同流动负债的比率,它可以从现金流量角度来反映企业当期偿还短期负债的能力。其计算公式为:

$$现金流动负债比率 = (年经营现金净流量 \div 年末流动负债) \times 100\%$$

其中,年经营现金净流量是指在一定时期内,企业经营活动所产生的现金及现金等价物流入量与流出量的差额。

现金流动负债比率从现金流入和流出的动态角度对企业的实际偿债能力进行考察。由于有利润的年份不一定有足够的现金(含现金等价物)来偿还债务,所以利用收付实现制为基础计量的现金流动负债比率指标,能充分体现企业经营活动所产生的现金净流量可以在多大程度上保证当期流动负债的偿还,直观地反映出企业偿还流动负债的实际能力。用该指标评价企业偿债能力更加谨慎。该指标越大,表明企业经营活动产生的现金流量越多,越能保证企业按期偿还到期债务,但也并不是越大越好,该指标过大则表明企业流动资金利用还不充分,获利能力不强。

例12-8　根据资产负债表资料,可知××纺织企业的年末流动负债为1 500万元,根据现金流量表补充资料可知,××纺织企业的年经营现金净流量为3 568.5万元,从而:

$$现金流动负债比率 = (3\,568.5 \div 1\,500) \times 100\% = 238\%$$

该指标较大,表明企业经营活动产生的现金流量较多,能保证企业按期偿还到期债务。但某种程度上也表明企业流动资金利用还不充分,获利能力不强。

(二)长期偿债能力分析

长期偿债能力是指企业偿还长期负债的能力。一般来说,企业借长期负债主要是用于长期投资,因而最好是用投资产生的收益偿还利息与本金。通常的分析指标有三项:资产负债率、产权比率和利息保障倍数。

1. 资产负债率　资产负债率又称为负债比率,是负债总额对资产总额的比率。它表明企业资产总额中,债权人提供资金所占的比例,以及企业资产对债权人权益的保障程度。其计算公式为:

$$资产负债率 = (负债平均总额 ÷ 资产平均总额) × 100\%$$

一般情况下,资产负债率越小,表明企业长期偿债能力越强。但是也并非说,该指标对谁都是越小越好。

(1)对于债权人来说,他们最关心债权的安全性,即能否按期收回本息。若股东提供的资本只占总资本很小比例,则表明债权人的资金比例较高,大部分风险会转由债权人承担。故债权人希望这个比率越小越好;

(2)对于企业所有者来说,如果该指标越大,说明利用较少的自有资本投资形成了较多的生产经营用资产,不仅扩大了生产经营规模,而且在经营状态良好的情况下,还可以利用财务杠杆的原理,得到较多的投资利润,所以股东关心的是全部资本的回报率是否高于借款利息率。若是这样,股东就会花最少的资本,享有较高的财务杠杆利益。故只要全部资金利润率高于利息率,股东就希望负债比率越高越好。

(3)对于经营决策者来说,如举债比例过高,可能超出债权人心理承受界限,无法再取得借款;若比例过低,企业又无法享受杠杆收益。因此,职业经理人倾向于维持一个适中的负债比率。保守的观点认为资产负债率不应高于50%,而国际上通常认为资产负债等于60%较为适当。

例 12 - 9　××纺织企业在期初资产总额为 8 400 万元,期初负债总额为 4 000 万元;期末资产总额为 10 000 万元,期末负债总额为 5 300 万元。该企业的资产负债率为:

$$期初资产负债率 = (4\ 000 ÷ 8\ 400) × 100\% = 47.62\%$$
$$期末资产负债率 = (5\ 300 ÷ 10\ 000) × 100\% = 53\%$$

该企业期初、期末的资产负债率均控制在50%左右,说明该企业有一定的偿债能力和负债经营能力。

2. 产权比率　产权比率又称资本负债率,是负债总额与所有者权益之比,它是企业财务结构稳健与否的重要标志。它反映了企业所有者权益对债权人权益的保障程度。其计算公式为:

$$产权比率 = (负债总额 ÷ 所有者权益总额) × 100\%$$

一般认为,产权比率越低,表明企业的长期偿债能力越强,债权人权益的保障程度越高,承担的风险越小,但企业不能充分的发挥负债的财务杠杆效应。所以,企业在评价产权比率适当与否时,应从提高获利能力与增强偿债能力两个方面综合进行,即在保障债务偿还安全的前提下,应尽可能地提高产权比率。

例 12 - 10　根据××纺织企业的资产负债表,其产权比率为:

$$年初产权比率 = (4\ 000 ÷ 4\ 400) × 100\% = 90.91\%$$
$$期末产权比率 = (5\ 300 ÷ 4\ 700) × 100\% = 112.77\%$$

该企业年初的产权比率不是很高,而年末该企业举债经营程度偏高,说明财务结构不是很稳定。

产权比率与资产负债率对评价偿债能力的作用基本相同,两者的主要区别在于:资产负债率侧重分析债务偿还安全性的物质保障程度,产权比率则侧重于揭示财务结构的稳健程度以及自有资金对偿债风险的承受能力。

3. 利息保障倍数 利息保障倍数又称已获利息倍数,是指企业息税前利润与利息费用之比,这是衡量债权人投入资金风险的指标,属于正指标。用利息保障倍数评价长期偿债能力的原因有二:收益会成为现金;企业能按时付息,债务到期时可以再借债。其计算公式为:

$$利息保障倍数 = 息税前利润 \div 利息费用$$

其中,息税前利润是指利润表中未扣除利息费用和所得税前的利润。"利息费用"包括财务费用以及资本化的利息支出。

利息保障倍数考察企业的营业利润是否足以支付当年的利息费用,它从企业经营活动的获利能力方面分析其长期偿债能力。它不仅反映了企业获利能力的大小,而且反映了获利能力对偿还到期债务的保证程度。它既是企业举债经营的前提依据,也是衡量企业长期偿债能力大小的重要标志。

一般情况下,利息保障倍数越高,表明企业偿债能力越强。国际上通常认为,该指标为3较为合适。从长期来看,若要维持正常的偿债能力,利息保障倍数至少应大于1,且比值越高,企业长期偿债能力越强。如果利息保障倍数太低,企业将面临亏损、偿债的安全性与稳定性下降的风险。究竟企业利息保障倍数应是多少,才算是偿付能力强,这要根据往年经验结合行业特点来判断。

例 12-11 根据表 12-2 资料,假定表中财务费用全部为利息费用,资本化利息为 0,则××纺织企业的利息保障倍数为:

$$上年同期利息保障倍数 = (1\ 175 + 480) \div 480 = 3.45$$
$$本期利息保障倍数 = (1\ 000 + 550) \div 550 = 2.82$$

从以上计算结果看,××纺织企业这两年的利息保障倍数虽不太高,但都大于1,说明有一定的偿债能力。

二、营运能力分析

企业的经营活动离不开各项资产的运用,对企业营运能力的分析,实质上就是对各项资产的周转使用情况进行分析。一般而言,资金周转速度越快,说明企业的资金管理水平越高,资金利用效率就越高。

1. 营业周期 营业周期即取得存货到销售产品并回收现金所经历的时间。其计算公式为:

$$营业周期 = 存货周转期(天数) + 应收账款周转期(天数)$$

2. 应收账款周转率 应收账款周转率反映应收账款周转速度,是一定时期赊销收入净额与应收账款平均余额的比率。应收账款周转率有两种计算方法:一是按年末余额计算,二是按平均余额计算。其计算公式为:

$$应收账款周转率 = 赊销收入净额 \div 应收账款平均余额$$

$$应收账款周转天数 = 计算期天数(360) \div 应收账款周转率$$

$$= (应收账款平均余额 \times 计算期天数) \div 赊销收入净额$$

应收账款周转率反映企业应收账款变现速度的快慢及管理效率的高低。周转率高表明:收账迅速,账龄较短;资产流动性强,短期偿债能力强;可以减少收账费用和坏账损失,从而相对增加流动资产的投资收益。同时借助于应收账款周转期与企业信用期限的比较,还可以评价购买单位的信用程度,以及企业原来制订的信用条件是否合理。

例12-12 由表12-1可以得出,××纺织企业本期销售收入为15 100万元,应收账款、应收票据净额为2 030(1 990 + 40)万元,年初数为1 050×(995 + 55)万元,则:

$$应收账周转率 = 销售额 \div 应收账款$$

$$= 15\ 100 \div [(2\ 030 + 1\ 050) \div 2] = 9.81$$

$$应收账款周转天数 = 360 \div 9.81 = 37(天)$$

该企业应收账款的周转较慢,需要分析账龄和信用期,进一步寻找原因。

3. 存货周转率 在流动资产中,存货所占比例较大,存货的流动性将直接影响企业的流动比率,因此,必须特别重视对存货的分析。存货流动性的分析一般通过存货周转率来进行。

存货周转率是一定时期销货成本与存货平均余额的比率,是反映企业销售能力和资产流动性的重要指标。其计算公式为:

$$存货周转率 = 销货成本 \div 存货平均余额$$

$$存货周转天数 = 计算期天数(360) \div 存货周转率$$

$$= (存货平均余额 \times 计算期天数) \div 销货成本$$

例12-13 ××纺织企业2012年营业成本为13 220万元,期初存货为595万元,期末存货为1 630万元,则:

$$存货周转率 = 13\ 220 \div [(1\ 630 + 595) \div 2] = 11.88$$

$$存货周转天数 = 360 \div 11.88 = 30(天)$$

$$营业周期 = 30 + 37 = 67(天)$$

一般来讲,存货周转速度越快,存货占用水平越低,流动性越强,存货转化为现金或应收账款的速度就越快,这样会增加企业的短期偿债能力及获利能力。通过存货周转速度分析,有利于找到存货管理中存在的问题,尽可能降低资金占用水平。

存货周转速度的快慢,不仅反映出企业采购、储存、生产、销售各环节管理工作状况的好坏,而且对企业的偿债能力及获利能力产生决定性的影响。一般来讲,存货周转率越高越好。存货周转率越高,表明其变现速度越快,周转额越大,资金占用水平越低。因此,通过存货周转分析,有利于找出存货管理存在的问题,尽可能降低资金占用水平。存货既不能储存过少,否则可能造成生产中断或销售紧张;又不能储存过多,而形成呆滞、积压。一定要保持结构合理、质量可靠。此外,存货是流动资产的重要组成部分,其质量和流动性对企业流动比率具有举足轻重的影响,并进而影响企业的短期偿债能力。故一定要加强存货管理,来提高其投资的变现能力和获利能力。

4. 流动资产周转率　流动资产周转率是反映企业流动资产周转速度的指标,是一定时期内销售收入净额与流动资产平均余额之间的比率。其计算公式为:

$$流动资产周转率 = 销售收入净额 \div 流动资产平均余额$$
$$流动资产周转天数 = (流动资产平均余额 \times 计算期天数) \div 销售收入净额$$

例 12 – 14　根据资料,××纺织企业在 2012 年的销售收入净额为 15 100 万元,流动资产期初数为 3 050 万元,期末数为 3 500 万元,则该企业流动资产周转指标计算如下:

$$流动资产周转率 = 15\ 100 \div [(3\ 050 + 3\ 500) \div 2] = 4.61$$
$$流动资产周转天数 = 360 \div 4.61 = 78(天)$$

在一定时期内,流动资产周转次数越多,表明以相同的流动资产完成的周转额越多,流动资产利用效果越好。从流动资产周转天数来看,周转一次所需要的天数越少,表明流动资产在经历生产和销售各阶段时所占用的时间越短。生产经营任何一个环节上的工作改善,都会反映到周转天数的缩短上来。

5. 固定资产周转率　固定资产周转率是指企业年销售收入净额与固定资产平均净额的比率,它是反映固定资产周转情况,从而衡量固定资产利用效率的一项指标。其计算公式为:

$$固定资产周转率 = 销售收入净额 \div 固定资产平均净值$$

固定资产的周转率高,说明企业固定资产投资得当,结构合理,利用效率高;反之,如果固定资产周转率不高,则表明固定资产利用效率不高,提供的生产成果不多,企业的营运能力不强。

例 12 – 15　××纺织企业 2012 年销售收入为 15 100 万元,固定资产期初数为 4 775 万元,期末数为 6 190 万元。则固定资产周转率计算如下:

$$固定资产周转率 = 15\ 100 \div [(4\ 775 + 6\ 190) \div 2] = 2.75$$
$$固定资产周转天数 = 360 \div 2.75 = 131(天)$$

6. 总资产周转率　反映总资产周转情况的主要指标是总资产周转率,它是企业一定时期营业收入与企业资产平均总额的比率,可以用来反映企业全部资产的利用效率。其计算公式为:

$$总资产周转率 = 销售收入净额 \div 总资产平均总额$$

这一比率用来衡量企业全部资产的使用效率。如果该比率较低,说明企业全部资产营运效率较低,可以采用薄利多销或处理多余资产等方法,加速资金周转,提高运营效率;如果该比率较高,说明资金周转较快,销售能力强,资产运营能力较高。

例 12 - 16　××纺织企业 2013 年销售收入为 15 100 万元,总资产期初数为 8 400 万元,期末数为 10 000 万元。则总资产周转率计算如下:

$$总资产周转率 = 15\ 100 \div [(10\ 000 + 8\ 400) \div 2] = 1.64$$

三、营利能力分析

营利能力是各方面关心的核心,也是企业成败的关键,只有长期营利,企业才能真正做到持续经营。不论是投资人、债权人或是经理人员,都会非常关心和重视企业的营利能力。营利能力是企业获取利润、资金不断增值的能力。反映企业营利能力的指标主要有营业利润率、成本费用利润率、盈余现金保障倍数、总资产报酬率、净资产收益率和资本收益率等六项指标,借以评价企业各要素的获利能力指标还有每股收益、每股股利、市盈率和每股净资产等。

(一)一般分析指标

1. 营业利润率　营业利润率是企业一定时期营业利润与营业收入之比,其计算公式为:

$$营业利润率 = (营业利润 \div 营业收入) \times 100\%$$

营业利润率越高,表明企业市场竞争力越强,发展潜力越大,从而获利能力越强。

需要说明的是,从利润表来看,企业的利润包括营业利润、利润总额和净利润三种形式。而营业收入包括主营业收入和其他业务收入,收入来源有商品销售收入、提供劳务收入和资产使用权让渡收入等。因此,在实务中也经常使用销售净利率、销售毛利率等指标(计算公式如下)来分析企业经营业务的获利水平。此外,通过考察营业利润占整个利润总额比重的升降,可以发现企业经营管理状况的稳定性、面临的风险或可能出现的转机迹象。

$$销售净利率 = (净利润 \div 销售收入) \times 100\%$$
$$销售毛利率 = [(销售收入 - 销售成本) \div 销售收入] \times 100\%$$

例 12 - 17　以××纺织企业为例,通过分析其利润表可以得出:

$$2012\ 年营业利润率 = (1\ 115 \div 14\ 430) \times 100\% = 7.72\%$$
$$2013\ 年营业利润率 = (1\ 050 \div 15\ 100) \times 100\% = 6.95\%$$
$$2012\ 年同期销售利润率 = (800 \div 14\ 430) \times 100\% = 5.54\%$$
$$2013\ 年同期销售利润率 = (680 \div 15\ 100) \times 100\% = 4.50\%$$

从计算结果可以看出,2013 年营业利润率及销售利润率较 2012 年同期均有所下降,说明企业营利能力有所下降,企业应该查明原因,采取相应措施,提高营利水平。

2. 成本费用利润率　成本费用利润率是反映营利能力的另一个重要指标,是一定时期利润总额与成本费用总额之比。其计算公式为:

$$成本费用利润率 = (利润总额 \div 成本费用总额) \times 100\%$$

其中:

$$成本费用总额 = 营业成本 + 营业税金及附加 + 销售费用 + 管理费用 + 财务费用$$

该指标越高,表明企业为取得利润而付出的代价越小,成本费用控制越好,获利能力越好。

同利润一样,成本费用的计算口径也可以分为不同的层次,如主营业务成本、营业成本等。在评价成本费用开支效果时,应当注意成本费用与利润之间在计算层次和口径上的对应关系。

例 12 - 18　××纺织企业近两年的成本费用利润率为:

2011 年成本费用利润率 = 1 115 ÷ (12 515 + 140 + 100 + 200 + 480) × 100% = 8.3%

2012 年成本费用利润率 = 1 050 ÷ (13 220 + 140 + 110 + 230 + 550) × 100% = 7.37%

从以上计算也可以看出,××纺织企业 2012 年的成本利润率指标比 2011 年也有所下降。这就进一步验证了前面营业利润率及销售净利率指标所得出的结论,说明其营利能力下降。该企业应进一步分析利润下降、成本上升的因素,采取有效措施,降低成本,提高营利效率。

3. 盈余现金保障倍数　盈余现金保障倍数是企业一定时期经营现金净流量与净利润的比值,反映了企业当期净利润中现金收益的保障程度,真实反映了企业盈余的质量,是评价企业营利状况的辅助指标。其计算公式为:

$$盈余现金保障倍数 = (经营现金净流量 ÷ 净利润) × 100\%$$

盈余现金保障倍数是从现金流入和流出的动态角度,对企业收益的质量进行评价,在收付实现制的基础上,充分反映出企业当期净利润中有多少是有现金保障的。一般来说,当企业当期净利润大于 0 时,盈余现金保障倍数应当大于 1。该指标越大,表明企业经营活动产生的净利润对现金的贡献越大。

例 12 - 19　××纺织企业 2012 年的盈余现金倍数 = 5 716.5 ÷ 680 = 8.41

可以看出,该指标远大于 1,说明企业经营活动产生的净利润对现金的贡献较大。

4. 总资产报酬率　总资产报酬率是企业息税前利润与企业资产平均总额的比率。由于资产总额等于债权人权益和所有者权益的总额,所以该比率既可以衡量企业资产综合利用的效果,又可以反映企业利用债权人及所有者提供资本的营利能力和增值能力。其计算公式为:

$$总资产报酬率 = (息税前利润 ÷ 资产平均总额) × 100\%$$

总资产报酬率全面反映了全部资产的获利水平,企业所有者和债权人对该指标都非常关心。一般情况下,该指标越高,表明企业的资产利用效益越好,整个企业获利能力越强,经营管理水平越高。企业还可以将该指标与市场资本利率进行比较,如果前者较后者大,则说明企业可以充分利用财务杠杆,进行举债经营,以获得等多的收益。

例 12 - 20　××纺织企业 2011 年净利润为 800 万元,所得税费用 375 万元,假设财务费用 480 万元均为利息费用,年末资产总额 8 400 万元;2012 年净利润为 680 万元,所得税费用 320 万元,利息费用 550 万元,期末资产总额 10 000 万元。假设 2011 年初资产总额 7 500 万元,则××纺织企业总资产报酬率计算如下:

2011 年总资产报酬率 = {(800 + 375 + 480) ÷ [(7 500 + 8 400) ÷ 2]} × 100% = 20.82%

2012 年总资产报酬率 = {(680 + 320 + 550) ÷ [(8 400 + 10 000) ÷ 2]} × 100% = 16.85%

由计算结果可知,××纺织企业 2012 年资产报酬率要大大低于 2011 年,需要对企业资产的使用情况、增产节约情况,结合成本效益指标一起分析,以改进管理,提高资产利用效率和企业的经营管理水平,增强营利能力。

5.净资产收益率 净资产收益率是净利润与平均所有者权益的比值,它反映企业自有资金的投资收益水平。其计算公式为:

$$净资产收益率 = (净利润 \div 平均股东权益) \times 100\%$$

净资产收益率是评价企业自有资本及其积累获取报酬水平的最具综合性与代表性的指标,反映企业资本运营的综合效益。该指标通用性强,适应范围广,不受行业限制,在国际上的企业综合评价中使用率非常高。通过对该指标的综合对比分析,可以看出企业获利能力在同行业中所处的地位,以及与同类企业的差异水平。一般认为,净资产收益率越高,企业自有资本获取收益的能力越强,运营效益越好,对企业投资人和债权人权益的保证程度越高。

例12－21 ××纺织企业2011年净利润为800万元,期末所有者权益总额4 400万元;2012年净利润为680万元,期末所有者权益总额4 700万元。假设2011年初所有者权益总额4 000万元,则××纺织企业净资产收益率计算如下:

$$2011年净资产收益率 = \{800 \div [(4\ 000 + 4\ 400) \div 2]\} \times 100\% = 19.05\%$$
$$2012年总资产报酬率 = \{680 \div [(4\ 400 + 4\ 700) \div 2]\} \times 100\% = 14.95\%$$

由于该企业所有者权益的增长快于净利润的增长,2012年净资产收益率要比2011年低了4个多百分点,营利能力明显降低。

6.资本收益率 资本收益率是企业一定时期净利润与平均成本(即资本性投入及其资本溢价)的比率,反映企业实际获得投资额的回报水平。其计算公式如下:

$$资本收益率 = (净利润 \div 平均资本) \times 100\%$$
$$平均资本 = [(实收资本年初数 + 资本公积年初数) + (实收资本年末数 +$$
$$资本公积年末数)] \div 2$$
$$资本公积 = 实收资本(股本)中的资本溢价(股本溢价)$$

需要说明的是,企业所有者权益的来源包括所有者投入的资本、直接计入所有者权益的利得和损益、留存收益等。其中,所有者投入的资本,反映在实收资本(股本)和资本公积(资本溢价或股本溢价)中;直接计入所有者权益的利得和损益反映在资本公积(其他资本公积)中;留存收益则包括未分配利润和盈余公积。换句话说,并非资本公积中的所有金额都属于所有者投入的资本,只有其中的资本溢价(股本溢价)属于资本性支出。

例12－22 2012年××纺织企业的平均资本 = (3 000 + 80 + 3 000 + 50) ÷ 2 = 3 065

$$资本收益率 = (680 \div 3\ 065) \times 100\% = 22.19\%$$

(二)股份公司分析指标

1.每股盈余 每股盈余又叫作普通股每股收益额,是指平均每股普通股可以摊得的净利润。反映企业普通股股东持有每一股份所能享有的企业利润和承担的企业亏损,是衡量上市公司获利能力时最常用的财务分析指标。每股盈余越高,说明公司的获利性越强。其计算公式为：

$$每股盈余 =（税后利润 - 优先股利）÷ 发行在外普通股数$$

例 12 - 23　由资料可知,××纺织企业在 2011 年税后利润为 800 万元,企业发行普通股 4 000 万股,没有发行优先股,则每股盈余为：

$$每股盈余 = 800 ÷ 4 000 = 0.2（元）$$

2. 每股股利　每股股利是指上市公司本年发放的普通股现金股利总额与年末普通股股份总数之比,即每一股股票一定期间内所分得的现金股利。其计算公式为：

$$每股股利 = 股利总额 ÷ 流通股数$$

例 12 - 24　经公司董事会研究决定,将 80 万元用于发放现金股利,则每股股利为：

$$每股股利 = 股利总额 ÷ 流通股数 = 80 ÷ 4 000 = 0.02（元）$$

3. 市盈率　市盈率是指普通股每股市价与每股收益额之比。它是投资者判断企业未来业绩的最佳指标,代表投资者为获得的每一元钱利润所愿意支付的价格。它一方面可以用来证实股票是否被看好;另一方面也是衡量投资代价的尺度,体现了投资该股票的风险程度。其计算公式为：

$$市盈率 = 普通股每股市价 ÷ 每股盈余$$

例 12 - 25　××纺织企业每股市价 10 元,可以计算出该企业的市盈率为：

$$市盈率 = 10 ÷ 0.4 = 25$$

该项比率越高,表明投资者认为企业获利的潜力越大,愿意付出更高的价格购买该企业的股票,但同时投资风险也高。市盈率也有一定的局限性,因为股票市价是一个时点数据,而每股盈余则是一个时段数据,这种数据口径上的差异和收益预测的准确程度都为投资分析带来一定的困难。同时,会计政策、行业特征以及人为运作等各种因素也使每股收益的确定口径难以统一,给准确分析带来困难。

(三)成长性分析

在实际企业管理当中,更值得关心的可能还有企业未来的营利能力,即成长性。成长性好的企业具有更广阔的发展前景,因而更能吸引投资者。分析发展能力主要考察以下八项指标：营业收入增长率、资本保值增值率、资本积累率、营业利润增长率、总资产增长率、技术投入比率、营业收入三年平均增长率和资本三年平均增长率。

1. 营业收入增长率　营业收入增长率是企业本年营业收入增长额与上年营业收入总额的比率。它反映企业营业收入的增减变动情况,是评价企业成长状况和发展能力的重要指标。其计算公式为：

$$营业收入增长率 = [（本期营业收入 - 上期营业收入）÷ 上期营业收入] × 100\%$$

营业收入增长率是衡量企业经营状况和市场占有能力、预测企业经营业务拓展趋势的重要标志。不断增加的营业收入,是企业生存的基础和发展的条件。该指标若大于0,表示企业本年的营业收入有所增长;该指标值越高,表明增长的速度越快,企业市场前景越好;若该指标小于0,则说明产品或服务不适销对路、质次价高,或是在售后服务等方面存在问题,市场份额萎缩。该指标在实际操作时,应结合企业历年的营业收入水平、企业市场占有情况、行业未来发展及其他影响企业发展的潜在因素进行前瞻性预测,或者结合企业前三年的营业收入增长率作出趋势性分析判断。

例 12 – 26 ××纺织企业的营业收入增长率 = [(15 100 – 14 430) ÷ 14 430] × 100% = 4.64%

2. 资本保值增值率 资本保值增值率是企业扣除客观因素后的本年末所有者权益总额与年初所有者权益总额的比率,反映企业当年资本在企业自身努力下的实际增减变动情况。其计算公式为:

$$资本保值增值率 = (扣除客观因素后的本年末所有者权益总额 ÷$$
$$年初所有者权益总额) × 100\%$$

一般认为,资本保值增值率越高,企业的资本保全状况越好,所有者权益增长越快,债权人的债务越有保障。该指标通常应大于100%。

例 12 – 27 根据表 12 – 1 资料,同时假设不存在客观因素,××纺织企业 2012 年度资本保值增值率为:

$$(4 700 ÷ 4 400) × 100\% = 106.82\%$$

3. 资本积累率 资本积累率是企业本年所有者权益增长额与年初所有者权益的比率。它反映企业当年资本的积累能力,是评价企业发展潜力的重要指标。其计算公式为:

$$资本积累率 = (本年所有者权益增长额 ÷ 年初所有者权益) × 100\%$$
$$本年所有者权益增长额 = 所有者权益年末数 – 所有者权益年初数$$

资本积累率是企业当年所有者权益总的增长率,反映企业所有权益在当年的变动水平,体现了企业资本的积累情况,是企业发展强盛的标志,也是企业扩大再生产的源泉,展示了企业的发展潜力。资本积累还反映了投资者投入企业资本的保全性和增长性。该指标若大于0,则指标值越高表明企业的资本积累越多,应付风险、持续发展的能力越大;该指标如为负值,表明企业资本受到侵蚀,所有者利益受到损害,应予以充分重视。

例 12 – 28 根据表 12 – 1 资料,××纺织企业 2012 年度资本积累率为:

$$[(4 700 – 4 400) ÷ 4 400] × 100\% = 6.82\%$$

4. 营业利润增长率 营业利润增长率是企业本年营业利润增长额与上年营业利润总额的比率,反映企业营业利润的增减变动情况。其计算公式为:

$$营业利润增长率 = [(本期营业利润 – 上期营业利润) ÷ 上期营业利润] × 100\%$$
$$净利润增长率 = [(本期净利润 – 上期净利润) ÷ 上期净利润] × 100\%$$

例 12 - 29 以××纺织企业为例:

$$营业利润增长率 = [(本期营业利润 - 上期营业利润) ÷ 上期营业利润] × 100\%$$
$$= [(1\,050 - 1\,115) ÷ 1\,115] × 100\% = -5.83\%$$
$$净利润增长率 = [(本期净利润 - 上期净利润) ÷ 上期净利润] × 100\%$$
$$= [(680 - 800) ÷ 800] × 100\% = -15\%$$

从这几项指标来看,××纺织企业的获利能力的成长性都较差,较之上年同期营业利润和净利润都为负增长。

5. 总资产增长率 总资产增长率是企业本年总资产增长额同年初资产总额的比率,它反映企业本期资产规模的增长情况。其计算公式为:

$$总资产增长率 = (本年总资产增长额 ÷ 年初资产总额) × 100\%$$
$$本年总资产增长额 = 资产总额年末数 - 资产总额年初数$$

总资产增长率是从企业资产总量扩张方面衡量企业的发展能力的,表明企业规模增长率对企业发展后劲的影响。该指标越高,表明企业一定时期内资产经营规模扩张的速度越快。但在实际分析时,应注意考虑资产规模扩张的质和量的关系,以及企业的后续发展能力,避免资产盲目扩张。

例 12 - 30 根据表 12 - 1 资料,计算××纺织企业 2012 年度总资产增长率为:

$$[(10\,000 - 8\,400) ÷ 8\,400] × 100\% = 19.05\%$$

6. 技术投入比率 技术投入比率是企业本年科技支出(包括用于研究开发、技术改造、科技创新等方面的支出)与本年营业收入金额的比率,反映企业在科技进步方面的投入,在一定程度上可以体现企业的发展潜力。其计算公式为:

$$技术投入比率 = (本年科技支出合计 ÷ 本年营业收入净额) × 100\%$$

当然,在评价企业成长性时,最好掌握该企业连续若干年的数据,以保证对其获利能力、经营效率、财务风险和成长性趋势的综合判断更加精确。

四、现金流量分析

(一)获取现金能力分析

获取现金能力可以通过经营活动现金流量净额与投入资源之比来反映。投入资源可以是销售收入、资产总额、营运资金净额、净资产或是普通股股数。

1. 销售现金比率 销售现金比率是指企业经营活动现金流量净额与企业销售额的比值。其计算公式为:

$$销售现金比率 = 经营活动现金流量净额 ÷ 销售收入$$

例 12 - 31 ××纺织企业销售收入为 15 100 万元,经营活动现金流量净额为 5 716.5 万元,则:

$$销售现金比率 = 5\ 716.5 \div 15\ 100 = 0.379$$

该比率反映每元销售收入得到的现金流量净额,其数值越大越好。

2. 每股营业现金净流量 每股营业现金净流量是通过企业经营活动现金流量净额与普通股股数之比来反映的。其计算公式为:

$$每股营业现金净流量 = 经营活动现金流量净额 \div 普通股股数$$

例 12 - 32 假设××纺织企业有普通股 40 000 万股,则:

$$每股营业现金净流量 = 5\ 716.5 \div 40\ 000 = 0.14(元/股)$$

该指标反映企业最大的分派股利能力,超过此限度,可能就要借款分红。

3. 全部资产现金回收率 全部资产现金回收率是通过企业经营活动现金流量净额与企业资产总额之比来反映的,它说明企业全部资产产生现金的能力。其计算公式为:

$$全部资产现金回收率 = (经营活动现金流量净额 \div 企业资产总额) \times 100\%$$

例 12 - 33 假设××纺织企业全部资产总额为 85 000 万元,则:

$$全部资产现金回收率 = (5\ 716.5 \div 85\ 000) \times 100\% = 6.73\%$$
$$行业平均 = 7\%$$

说明××纺织企业产生现金的能力较弱。

(二)收益质量分析

收益质量分析是指会计收益与公司业绩之间的相关性。如果会计收益能如实地反映公司业绩,则其收益质量高;反之,则收益质量不高。

1. 净收益营运指数 净收益营运指数指企业经营净收益与净利润之比。其计算公式为:

$$净收益营运指数 = 经营净收益 \div 净利润$$

例 12 - 34 ××纺织企业净利润为 680 万元,经营净收益为 1 050 万元,则:

$$净收益营运指数 = 1\ 050 \div 680 = 1.54$$

净收益营运指数越小,非经营收益所占比重越大,收益质量越差,因为非经营收益不反映公司的核心竞争力及正常的收益能力,可持续性较低。

2. 现金营运指数 现金营运指数反映企业经营活动现金流量净额与企业经营现金的比值。其计算公式为:

$$现金营运指数 = 经营活动现金流量净额 \div 经营所得现金$$

例 12 - 35 ××纺织企业经营活动产生的现金流量净额为 5 716.5 万元,经营所得现金为 6 877.5 万元。则:

$$现金营运指数 = 5\ 716.5 \div 6\ 877.5 = 0.83$$

该企业现金营运指数小于1,说明收益质量不够好。

第三节　纺织企业财务综合分析与财务报告撰写

一、纺织企业财务综合分析

前述对企业偿债能力分析、营运能力分析、盈利能力分析、企业发展能力分析,可以就企业某一方面的财务活动作出评价。但是,企业的各种财务活动、各项财务指标是相互联系着的,并且相互影响,必须结合起来加以研究。因此,财务分析应该将企业财务活动看作一个大系统,对系统内的相互依存、相互作用的各种因素进行综合性分析。

杜邦分析法(The Du Pont Analysis Method)就是利用各个主要财务比率指标之间的内在联系,来综合分析企业财务状况的方法。这种方法系由美国杜邦公司最先采用的,故称杜邦分析法。利用这种方法可把各种财务指标间的关系绘制成杜邦分析图。

(一)杜邦分析指标体系

杜邦分析指标,以净资产收益率作为综合指标,对其层层分解,体现出各指标之间数量关系,发现企业在财务方面的问题所在。杜邦分析法主要包含以下几种主要的指标关系:

$$净资产收益率 = 净利润/所有者权益$$
$$= (净利润/资产总额) \times (资产总额/所有者权益)$$
$$净利润/资产总额 = (净利润/销售收入) \times (销售收入/资产总额)$$
$$则净资产收益率 = (资产总额/所有者权益) \times (销售收入/资产总额) \times$$
$$(净利润/销售收入)$$

其中:资产总额/所有者权益 = 权益乘数,销售收入/资产总额 = 总资产周转率,净利润/销售收入 = 销售净利率。

所以:净资产收益率 = 权益乘数 × 总资产周转率 × 销售净利率

上述三个具有代表性的指标反映企业三个能力,其中:权益乘数体现企业的偿债能力,反映企业资本结构对股东收益的影响;总资产周转率体现企业的营运能力,反映企业管理者的管理效率;销售净利率体现企业的盈利能力,反映企业在市场竞争中的相对优势和产品的盈利空间。

杜邦分析是对企业财务状况的综合分析。它通过几种主要的财务指标之间的关系,全面系统地反映出企业的财务状况。

1.权益利润率　权益利润率是一个综合性最强的财务比率,是杜邦系统的核心。财务管理的目标是使所有者财富最大化,权益利润率反映所有者投入资金的获利能力,反映企业筹资、投资、资产运营等活动的效率,提高权益利润率是所有者财富最大化的基本保证。所以,所有者、经营者都十分关心这一财务指标,权益利润率的高低,取决于总资产利润率和权益总资产率的水平。

2.总资产利润率　总资产利润率也是一个重要的财务比率,综合性也较强。它是销售利润率和总资产周转率的乘积,因此,要进一步从销售成果和资产运营两方面来分析。

3.销售利润率　销售利润率反映了企业利润总额与销售收入的关系,从这个意义上看,提高销售利润率是提高企业盈利能力的关键所在。要想提高销售利润率,一是要扩大销售收入,二是要降低成本费用。

扩大销售收入具有重要的意义,它首先有利于提高销售利润率,同时它也是提高总资产周转率的必要前提。

降低成本费用是提高销售利润率的另一重要因素,利用杜邦分析图可以研究企业成本费用的结构是否合理,从而加强成本控制。这里联系到资本结构来分析,还应研究利息费用同利润总额(或息税前利润)的关系,如果企业承担的利息费用太多,就需要查明企业的负债比率是否过高,防止资本结构不合理影响企业所有者的收益。

4.在资产营运方面 在资产营运方面,要联系销售收入分析企业资产的使用是否合理,流动资产和非流动资产的比例安排是否恰当。企业资产的营运能力和流动性,既关系到企业的获利能力,又关系到企业的偿债能力。如果企业持有的现金超过业务需要,就可能影响企业的获利能力;如果企业占用过多的存货和应收账款,则既会影响获利能力,又会影响偿债能力。为此,就要进一步分析各项资产的占用数额和周转速度。

5.权益乘数 权益乘数反映股东权益同企业总资产的关系。在总资产需要量既定的前提下,企业适当开展负债经营,相对减少股东权益所占的份额,就可使此项财务比率提高。因此,企业既要合理使用全部资产,又要妥善安排资本结构,这样才能有效地提高权益利润率。

(二)杜邦分析图

具体见杜邦分析图(图12-2)。

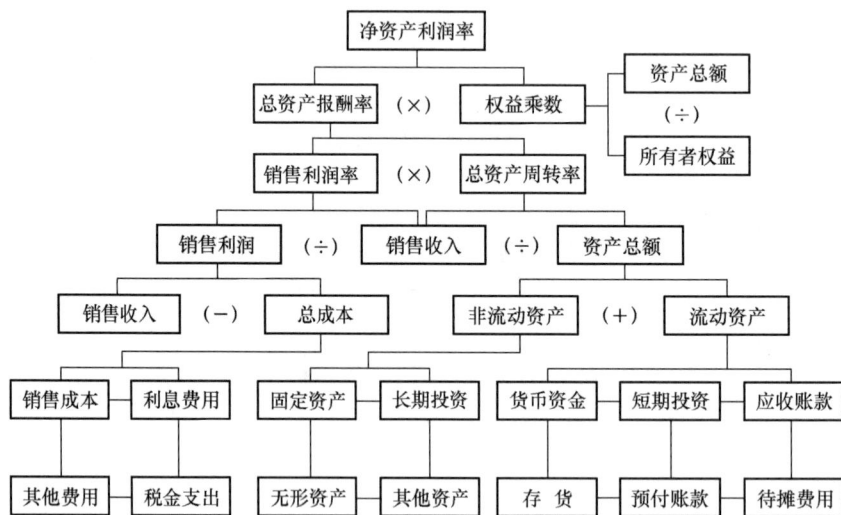

图12-2 杜邦分析图

(三)杜邦分析法的运用

作为××纺织股份有限公司的财务分析人员,现利用掌握的杜邦分析原理对公司的财务进行综合分析。

1. 指标体系　财务指标体系见表12-5。

表 12-5　财务指标体系

财务指标 ＼ 年份	2011 年	2012 年
销售净利率(%)	5.5%	4.5%
总资产周转率(次)	1.76	1.64
权益乘数	1.97	2.02

2. 因素分析法替代　采用因素分析法测定各因素变动对净资产收益率的影响程度,以菲达环保和××纺织公司 2011 年的指标为计划指标,××纺织公司 2012 年的指标为实际指标,各项计划指标、实际指标及替代指标的计算情况如下:

2011 年的指标　　净资产收益率 $=0.055 \times 1.76 \times 1.97 = 19\%$ ……………… ①

第一次替代　　　净资产收益率 $=0.045 \times 1.76 \times 1.97 = 15.6\%$ …………… ②

第二次替代　　　净资产收益率 $=0.045 \times 1.64 \times 1.97 = 14.5\%$ …………… ③

公司 2012 年的指标净资产收益率 $=0.045 \times 1.64 \times 2.02 = 14.9\%$ ……… ④

由于销售净利率因素变动的影响 $=② - ① = 15.6\% - 19\% = -3.4\%$

由于总资产周转率因素变动的影响 $=③ - ② = 14.5\% - 15.6\% = -1.1\%$

由于权益乘数因素变动的影响 $=④ - ③ = 14.9\% - 14.5\% = 0.4\%$

分析:相对于 2011 年,××纺织公司 2012 年的净资产收益率下降 4.1%,分析其原因,引起净资产收益率下降的主要原因是销售利润率的下降,销售利润率下降导致净资产收益率下降 3.4%,进一步分析,销售利润率下降的主要原因是营业成本的上升,销售收入与 2011 年相比,上涨 4.6%,但营业成本上升 5.6%,上升幅度大于收入的上涨幅度;这还需要进一步分析营业成本的上升到底是原材料、应付职工薪酬还是制造费用的上升导致的。净资产收益率下降的次要原因是总资产周转率的下降,导致净资产收益率下降 1.0%,这说明管理者的管理效率与去年相比,存在一定程度的下降。权益乘数的改变导致净资产收益率上升 0.4%。

二、财务分析报告的撰写

(一)财务分析报告的分类

财务分析报告从编写的时间来划分,可分为两种:一是定期分析报告,二是非定期分析报告。定期分析报告又可以分为每日、每周、每旬、每月、每季、每年报告,具体根据公司管理要求而定,有的公司还要进行特定时点分析。从编写的内容可划分为三种,一是综合性分析报告,二是专项分析报告,三是项目分析报告。综合性分析报告是对公司整体运营及财务状况的分析评价;专项分析报告是针对公司运营的一部分,如资金流量、销售收入变量的分析;项目分析报告是对公司的局部或一个独立运作项目的分析。

(二)财务分析报告的格式

严格地讲,财务分析报告没有固定的格式和体裁,但要求能够反映要点、分析透彻、有实有据、观点鲜明、符合报送对象的要求。一般来说,财务分析报告均应包含以下几个方面的内容:

提要段、说明段、分析段、评价段和建议段,即通常说的五段论式。但在实际编写分析报告时要根据具体的目的和要求有所取舍,不一定要囊括这五部分内容。

此外,财务分析报告在表达方式上可以采取一些创新的手法,如可采用文字处理与图表表达相结合的方法,使其易懂、生动、形象。

(三)财务分析报告的内容

如上所述,财务分析报告主要包括上述五个方面的内容,现具体说明如下。

第一部分提要段,即概括公司综合情况,让财务报告接受者对财务分析说明有一个总括的认识。

第二部分说明段,是对公司运营及财务现状的介绍。该部分要求文字表述恰当、数据引用准确。对经济指标进行说明时可适当运用绝对数、比较数及复合指标数。特别要关注公司当前运作上的重心,对重要事项要单独反映。公司在不同阶段、不同月份的工作重点有所不同,所需要的财务分析重点也不同。如公司正进行新产品的投产、市场开发,则公司各阶层需要对新产品的成本、回款、利润数据进行分析的财务分析报告。

第三部分分析段,是对公司的经营情况进行分析研究。在说明问题的同时还要分析问题,寻找问题的原因和症结,以达到解决问题的目的。财务分析一定要有理有据,要细化分解各项指标,因为有些报表的数据是比较含糊和笼统的,要善于运用表格、图示,突出表达分析的内容。分析问题一定要善于抓住当前要点,多反映公司经营焦点和易于忽视的问题。

第四部分评价段。作出财务说明和分析后,对于经营情况、财务状况、盈利业绩,应该从财务角度给予公正、客观的评价和预测。财务评价不能运用似是而非,可进可退,左右摇摆等不负责任的语言,评价要从正面和负面两方面进行,评价既可以单独分段进行,也可以将评价内容穿插在说明部分和分析部分。

第五部分建议段。即财务人员在对经营运作、投资决策进行分析后形成的意见和看法,特别是对运作过程中存在的问题所提出的改进建议。值得注意的是,财务分析报告中提出的建议不能太抽象,而要具体化,最好有一套切实可行的方案。

(四)撰写财务分析报告应做好的几项工作

1. 积累素材,为撰写报告做好准备

(1)建立台账和数据库。通过会计核算形成了会计凭证、会计账簿和财务报表。但是编写财务分析报告仅靠这些凭证、账簿、报表的数据往往是不够的。如在分析经营费用与营业收入的比率的增长原因时,往往需要分析不同区域、不同商品、不同责任人实现的收入与费用的关系,但这些数据不能从账簿中直接得到。这就要求分析人员平时就做大量的数据统计工作,对分析的项目按性质、用途、类别、区域、责任人,按月度、季度、年度进行统计,建立台账,以便在编写财务分析报告时有据可查。

(2)关注重要事项。财务人员对经营运行、财务状况中的重大变动事项要勤于做笔录,记载事项发生的时间、计划、预算、责任人及发生变化的各影响因素。必要时马上作出分析判断,并将各类各部门的文件归类归档。

(3)关注经营运行。财务人员应尽可能争取多参加相关会议,了解生产、质量、市场、行政、投资、融资等各类情况。参加会议,听取各方面意见,有利于财务分析和评价。

(4)定期收集报表。财务人员除收集会计核算方面的有些数据之外,还应要求公司各相关部门(生产、采购、市场等)及时提交可利用的其他报表,对这些报表要认真审阅、及时发现问题、总结问题,养成多思考、多研究的习惯。

(5)岗位分析。大多数企业财务分析工作往往由财务经理来完成,但报告素材要靠每个岗位的财务人员提供。因此,应要求所有财务人员对本职工作养成分析的习惯,这样既可以提升个人素质,也有利于各岗位之间相互借鉴经验。只有每一岗位都发现问题、分析问题,才能编写出内容全面的、有深度的财务分析报告。

2.建立财务分析报告指引　财务分析报告尽管没有固定格式,表现手法也不一致,但并非无规律可循。如果建立分析工作指引,将常规分析项目文字化、规范化、制度化,建立诸如现金流量、销售回款、生产成本、采购成本变动等一系列的分析说明指引,就可以达到事半功倍的效果。

3.财务分析报告注重财务分析与非财务分析的结合　有效的财务分析报告不能仅仅就报表数据分析而分析,更应从公司的行业背景、公司的竞争策略、会计政策分析等方面来解释报表数据,这样才能更好地了解公司价值。解读会计数据,只有将报表分析结合行业发展趋势、产品竞争程度以及管理层对会计政策的选择,报表分析的结果才较为客观和准确。在撰写报告时主要注意以下几点。

(1)行业分析先于报表分析。行业分析有助于了解公司所处的经济环境和发展前景。企业的经营与外部环境、投资环境、市场环境、政治环境、金融环境、经营环境等是密不可分的。这些环境因素与产业政策、信贷政策、税收政策、区域发展关系密切。

企业所处的环境对其经营状况有重要影响。一个企业是否有长期发展的前景,首先同它所处的行业本身的性质有关。身处高速发展的行业,对任何企业来说都是一个财富;当一个企业处于弱势发展行业中,即使财务数据优良,也因大环境的下行趋势而影响其未来的盈利能力。对一个企业的行业环境评价,也可以从证券分析、信用分析、公司并购、债务评估、红利政策评估等方面分析,这些分析有助于估计企业与行业间的经营差别和持续经营能力,有利于估算企业为保持竞争优势所需的投资。

(2)竞争策略与利润走势。竞争策略分析的目的是确认利润动因和业务风险,对公司潜在利润和持续经营能力作进一步的了解,从而为会计和财务分析奠定基础。

公司的价值取决于能否获取超过资本成本的回报,而达到资本增值的能力又取决于企业的行业选择和竞争策略。在激烈的市场竞争中,企业会面临许多竞争与挑战,因而分析竞争来自何方,出于何种动机,哪个威胁更大,其随时间变化的趋势等,对于帮助报表读者准确分析公司前景有莫大的帮助。主要考虑下列因素对利润格局的影响:进入者威胁利润分配的格局,现有竞争对手间的竞争程度与利润摊薄,替代品威胁利润大餐,退出障碍和进入壁垒,供求双方的强弱对利润的影响。

(3)竞争优势分析。为了分析竞争优势的来源,有必要检查企业所实施的全部活动以及多项活动之间的相互联系,这些活动的每一项都对企业的成本发生和经营差异化创造基础。如果企业能保持成本优势和差异化,则有助于建立持久的竞争优势。

[案例]××毛纺织品有限公司财务分析报告

2012年度,我公司在加大了改革开放力度,全市经济持续稳步发展的形势下,坚持以提高效益为中心,以搞活经济、强化管理为重点,深化企业内部改革,深入挖潜,调整经营结构,扩大经营规模,进一步完善了企业内部经营机制,努力开拓,奋力竞争。销售收入实现 15 100 万元,比去年同期增加 670 万元,并在取得较好经济效益的同时,取得了较好的社会效益。

(一)主要经济指标完成情况

××纺织企业在 2012 年 12 月 31 日共有资产 10 000 万元,其中流动资产 3 500 万元,非流动资产 6 500 万元。负债总额 5 300 万元,所有者权益总额为 4700 万元。在负债中,流动性负债有 1500 万元,非流动性负债有 3800 万元。

在 2012 年,××纺织企业共取得营业收入 15 100 万元,比去年增长 4.64%。扣除营业成本、营业税金及附加、各项期间费用以及资产减值损失,并对投资收益进行调整后,共获得营业利润 1 050 万元,比上年减少 5.83%。再经过营业外收支的调节以后,利润总额为 1 000 万元。当期应向国家缴纳所得税 320 万元,净利润 680 万元,比上年减少 15%。基本每股收益为0.014 元,每股收益比去年降低了 0.006 元。

应收账款周转天数为 18 天,存货周转天数为 15 天,全部流动资金周转天数为 39 天。

(二)主要财务情况分析

1. 偿债能力分析

在短期偿债方面,2012 年末,××纺织企业的营运资金为 2000 万元,即偿债之后 2000 万元的流动资产,是偿债的"缓冲垫"。流动比率 2.333;期末速动比率为 1.79,高于行业平均1.25;企业的现金比率 0.186,而行业平均为 0.2。可以看出,××纺织企业虽然流动比率和速动比率比较高,而现金比率偏低,说明企业短期偿债能力还是有一定风险,应缩短收款期,加大应收账款催款力度,以加速应收账款资金的周转。

××纺织企业的现金流动负债比率为 238%,该指标较大,表明企业经营活动产生的现金流量较多,能保证企业按期偿还到期债务,但某种程度上也表明企业流动资金利用还不充分,获利能力不强。

在长期偿债方面,企业期末资产负债率为 53%,比上年增加了 5.38%。期末产权比率为112.77%,比上年下降了 21.86%。利息保障倍数为 2.82,比上年下降了 0.63。说明企业有一定的偿债能力和负债经营能力。但财务结构不是很稳定。

2. 营运能力分析

2012 年末,全部资金占用额为 10000 万元,比上年增加 19.05%。其中:储备资金占用额595 万元,占全部流动资金的 17%,比上年下降 214%。结算资金占用额为 2200 万元,占62.9%,比上年上升了 62.5%。其中:应收货款和其他应收款比上年增加 995 万元。可以看出,2012 年度企业销售情况较好,但销售方式大部分为债权形式,加大了企业的收账风险。从资金占用情况分析,各项资金占用比例严重不合理,应继续加强"三角债"的清理工作。

应收账款周转天数为 18 天,存货周转天数为 15 天,流动资产周转天数为 9 天,固定资产周天数为 131 天,总资产周转天数为 220 天。

结论:应收账款的周转较慢,还要分析账龄和信用期,进一步寻找原因。

3. 盈利能力分析

本年营业利润率为 5.63%,比上年下降 1.26%;本期销售利润率为 4.50%,比上年下降1.04%;2012 年成本费用利润率为 7.37%,比上年下降 0.93%。2011 年总资产报酬率 = (800 +

375 + 480）÷[（7500 + 8400）÷ 2]= 20.82%

2012 年总资产报酬率为 16.85%，比上年下降 3.97%。说明企业盈利能力有所下降，主要因素如下。

①销售收入比上年增加 670 万元，营业成本增加了 705 万元，使利润减少 35 万。

②期间费用水平比上年提高 110 万元，其中财务费用增加较多。联系资金运用情况，主要是因为赊销份额太大，企业增多了短期融资费用。

③其他业务利润比上年减少 45 万元，由于营业外收支比上年少收入 35 万元，多支出 75 万元，使利润减少 110 万元。

④投资收益增加了 80 万元。

以上③④两种因素剔除后，本年度利润额少实现 45 万元。

营业收入增长率为 4.64%，资本保值增值率为 106.82%，年度资本积累率为 6.82%，营业利润增长率为 −5.83%，净利润增长率为 −15%。可见企业的营业收入、资本保值与资本积累情况虽然不是很突出，但也达到平均水平，营业利润与净利润都呈负增长，经分析也是由于上述所讲的盈利水平下降的因素引起。

4. 现金流量分析

销售现金比为 0.378，该比率反映出来每元销售收入得到的现金流量净额，其数值偏低。全部资产现金回收率为 6.73%，低于行业平均（7%），企业产生现金的能力较弱。净收益营运指数为 0.83，现金营运指数为 0.83，小于 1，表明收益质量较差。

（三）存在的问题和建议

1. 资金占用增长过快，结算资金占用比重较大，比例失调

特别是其他应收款和销货应收款大幅度上升，如不及时清理，对企业经济效益将产生很大影响。因此，建议各企业领导要引起重视，应收款较多的单位，要领导带头，抽出专人，成立清收小组，积极回收；也可将奖金、工资同回收贷款挂钩，调动回收人员积极性；同时，要求企业经理要严格控制赊销商品管理，严防新的三角债产生。

2. 企业各部门资产使用情况、增产节约情况效率不高

建议改进管理，提高资产利用效率和企业的经营管理水平，增强盈利能力。

3. 企业存在不同程度的潜亏行为

建议各企业领导要真实反映企业经营成果，该处理的处理，该核销的核销，以便真实地反映企业经营成果。

➤ 技能实训

1. 给出某纺织企业的资产负债表、利润表、现金流量表，请学生分析会计报表的结构，认识报表中的主要会计指标。

2. 利用给出的会计报表，进行财务分析。主要进行纺织企业偿债能力分析，营运能力分析，盈利能力分析和现金流量分析。

3. 根据分析结果编制该纺织企业的财务分析报告。

➢ **案例综合分析**

Y 纺织有限公司财务分析

经过几年的快速增长后,2011 年春天,Y 纺织有限公司希望以银行融资,享受商业购买折扣的方式,进一步加快公司销售增长。公司准备筹集 200 000 元的资金,并已获得城市商业银行 50 000 元贷款,这是这家银行能够提供的最大的一笔贷款。为筹集余下的 150 000 元资金,公司经理王海打算向与之有良好关系的第一银行贷款,为此,第一银行调查了公司经营情况。

Y 纺织有限公司成立于 2004 年,为有限责任公司,公司租赁的经营场地位于城市郊区,经营生产纺纱产品。公司通过提高服务水平,享受商业购买折扣,控制商品成本,并以竞争性价格获得了大量的销售额,给客户的信用为 $(1/30, n/60)$。公司 40% 的装饰材料和 20% 的与门和窗有关的产品用于房屋装修,大约 80% 的销售额发生在每年的三月到八月间。公司大量采用电话订货销售,没有销售代理。2009~2012 年(1~3 月)的资产负债表和损益表见表 12-6、表 12-7。

经理王海今年 45 岁,吃苦耐劳,精力充沛,对经营活动有良好的控制和判断能力。他不仅做管理工作,而且还做一般职员的工作。银行审计报告认为,预计 2000 年纺织市场前景较好,公司销售额将接近 2 900 000 元,从有关供货商那里了解到,公司经营是保守的,可得到的购买信用为 $(2/10, n/30)$。公司总是尽可能地降低经营成本,保证货款的支付,这些良好的形象使公司有比较好的销售业绩。

表 12-6 Y 纺织有限公司利润表   单位:千元

项目	2009 年	2010 年	2011 年	2012(1~3 月)
商品销售收入	1,481	1,830	2,358	621
减:商业销售折扣	33	42	57	15
商品销售成本	1,241	1,565	2,050	543
营业成本	75	109	146	41
营业利润	132	114	105	22
所得税	57	48	44	9
净利润	75	66	61	13
减:利润分配	0	0	20	5
留存收益	75	66	41	8
注:				
商业购买折扣	9	9	11	1

表 12-7 Y 纺织有限公司资产负债表   单位:千元

项目	2009	2010	2011	2012(1~3 月)
现金	3	3	3	4
应收账款(净值)	114	153	230	256

项目	2009	2010	2011	2012(1~3月)
存货	194	368	409	497
流动资产合计	311	524	642	757
固定资产净值	22	23	25	24
递延资产	5	6	10	8
资产总额	338	553	677	789
负债				
短期借款	0	0	43	50
应付票据(银行)	0	0	0	47
应付账款	163	298	350	421
其他应付款	5	8	0	4
应付工资	0	0	0	10
应付税金	37	48	44	9
流动负债合计	205	354	437	541
所有者权益				
实收资本	58	58	58	58
留存收益	75	141	182	190
所有者权益合计	133	199	239	247
负债及所有者权益	338	553	677	789

Y纺织有限公司财务分析评价报告

在财务分析报告中主要包括以下内容。

1.公司的经营优势是什么？

2.公司的经营劣势是什么？

3.公司存在的财务问题是什么(进行财务专项分析和综合分析)？

4.公司出现财务问题的主要原因是什么？

5.通过财务分析,你对该企业的建议是什么？

参考文献

[1] 曹德斌. 新公司法与公司登记[M]. 北京：中国工商出版社，2007.

[2] 杨乃定. 企业管理理论与方法[M]. 北京：机械工业出版社，2004.

[3] 董文尧. 企业管理基础[M]. 天津：南开大学出版社，2004.

[4] 王毅. 纺织企业管理基础[M]. 北京：中国纺织出版社，2008.

[5] 董保胜. 现代企业制度[M]. 上海：复旦大学出版社，2004.

[6] 叶守礼. 企业管理[M]. 北京：高等教育出版社，2000.

[7] 柏群. 管理学[M]. 重庆：重庆大学出版社，2003.

[8] 张震. 人力资源管理[M]. 南京：东南大学出版社，2004.

[9] 林子务. 纺织企业现代管理[M]. 北京：中国纺织出版社，2001.

[10] 陆君伟. 纺织企业现场管理[M]. 北京：中国纺织出版社，2005.

[11] 陆君伟. 纺织企业班组管理[M]. 北京：中国纺织出版社，2006.

[12] 严成根，等. 现代企业管理[M]. 北京：清华大学出版社，2005.

[13] 赵有生. 现代企业管理[M]. 2 版. 北京：清华大学出版社，2006.

[14] 李丽华，周惠兴. 现代企业管理学[M]. 重庆：重庆大学出版社，2001.

[15] 朱成全. 企业文化概论[M]. 大连：东北财经大学出版社，2005.

[16] 黎群. 试论企业文化的形成机制与建设[J]. 北方交通大学学报，2001(5).

[17] 肖胜萍. 资本运营[M]. 北京：中国纺织出版社，2002.

[18] 曹洪军，等. 资本运营新论[M]. 北京：经济管理出版社，2004.

[19] 白光. 品牌经营的故事[M]. 北京：中国经济出版社，2005.

[20] 中国纺织工业联合会. 2011/2012 中国纺织工业发展报告[R]. 北京：中国纺织出版社，2012.

[21] 中国纺织工业联合会. 2012/2013 中国纺织工业发展报告[R]. 北京：中国纺织出版社，2013.

[22] 宁俊. 服装生产经营管理[M]. 3 版. 北京：中国纺织出版社，2006.

[23] 张蕾，等. 现代企业管理[M]. 北京：中国人民大学出版社，2010.

[24] 菲利普·科特勒. 市场营销管理[M]. 亚洲版. 洪瑞云，等译. 北京：中国人民大学出版社，1997.

[25] 高炬. 试论环保棉纺织品及服装的目标市场定位与品牌策略[J]. 管理现代化，2001(2).

[26] 吴勇，邵国良. 市场营销[M]. 北京：高等教育出版社，2005.

[27] 杨以雄. 服装市场营销[M]. 上海：东华大学出版社，2004.

[28] 宁俊. 服装营销管理教学案例[M]. 北京：中国纺织出版社，2004.

[29] 梁东，刘建堤. 市场营销学[M]. 北京：清华大学出版社，2007.

[30] 张学琴，李建峰. 市场营销实务[M]. 北京：北京交通大学出版社，2006.

[31] 赵浩兴. 市场营销理论与实践[M]. 北京：中国商业出版社，2005.

[32] 祝海波，等. 市场营销战略与管理[M]. 北京：中国经济出版社，2005.

[33] 江辛. 企业营销战略管理[M]. 北京：中国物资出版社，2002.

[34] 彼特·杰威顿. 决胜市场营销：策略、工具和技巧[M]. 周建安，张书琴译. 广州：广东经济出版社，2005.

[35] 张彦欣. 纺织品外贸操作实务[M]. 北京：中国纺织出版社，2006.

[36] 姜怀. 服装企业营销管理[M]. 北京：中国纺织出版社，2001.

[37]邬适融.现代企业管理—理念、方法、技术[M].北京:清华大学出版社,2005.

[38]崔平.现代生产管理[M].北京:机械工业出版社,2007.

[39]赵山.生产主管绩效管理方法[M].北京:中国经济出版社,2003.

[40]高海晨.企业管理[M].北京:机械工业出版社,2003.

[41]朱少军.工艺管理简单讲[M].广州:广东经济出版社,2006.

[42]赵辉,刘婷.设备管理简单讲[M].广州:广东经济出版社,2006.

[43]郁君平.设备管理[M].北京:机械工业出版社,2001.

[44]赵艳萍,等.设备管理与维修[M].北京:化学工业出版社,2004.

[45]毕新华,等.现代物流管理[M].北京:科学出版社,2004.

[46]胡军.供应链管理理论与实务[M].北京:中国物资出版社,2006.

[47]冯耕中.现代物流与供应链管理[M].西安:西安交通大学出版社,2003.

[48]李晓春,曾瑶.质量管理学[M].2版.北京:北京邮电大学出版社,2006.

[49]胡子谷.质量管理[M].上海:上海交通大学出版社,2004.

[50]韩之俊,许前.质量管理[M].北京:科学出版社,2005.

[51]张一风.加强纺织企业产品质量管理的探讨[J].河南纺织高等专科学校学报,2006(2).

[52]中国纺织大学旭日工商管理学院.现代纺织企业管理[M].北京:中国纺织出版社,1995.

[53]张端明.管理会计实务[M].北京:高等教育出版社,2000.

[54]朱连生.管理会计[M].北京:科学出版社,2004.

[55]《纺织企业管理手册》编审委员会.纺织企业管理手册[M].北京:纺织工业出版社,1989.

[56]财政部会计资格评价中心.中级会计资格财务管理[M].北京:中国财政经济出版社,2005.

[57]财政部会计资格评价中心.中级会计资格中级会计实务[M].北京:经济科学出版社,2005.

[58]中国注册会计师协会.2007年度注册会计师全国统一考试辅导教材——会计[M].北京:中国财政
经济出版社,2007.

[59]中国注册会计师协会.2007年度注册会计师全国统一考试辅导教材—财务成本管理[M].北京:中
国财政经济出版社,2007.

[60]李海波.新编会计学原理[M].上海:立信会计出版社,2005.

[61]上海立信会计学院.财务管理[M].北京:高等教育出版社,2004.

[62]江苏省会计从业资格考试辅导教材编写组.江苏省会计从业资格考试辅导教材——会计基础[M].
北京:中国财政经济出版社,2006.

[63]无锡市明仁纺织印染有限公司.印染企业管理手册[M].北京:中国纺织出版社,2007.